Das Buch

Nach dem großen Erfolg ihres autobiographischen Berichts ›Ich trug den gelben Stern‹ erzählt Inge Deutschkron hier von ihrem Leben nach dem 8. Mai 1945 bis heute. Ihre Erlebnisse im Dritten Reich waren ihr Startkapital in ein neues Leben nach dem Krieg, aber zugleich auch eine Hypothek: »Ich malte mir ein Idealbild vom neuen Deutschland aus – ein Deutschland, in dem es einen neuen Geist geben würde. Erfahrung hatte ich zwar im Kampf ums Überleben, aber, wie sich bald zeigen sollte, war ich sehr naiv, was des Lebens Wirklichkeit betraf.« Unbequem gestaltete sich ihr Leben; unbequem aus Überzeugung war die engagierte und streitbare Journalistin auch selbst. Ihre Aufzeichnungen führen uns ein halbes Jahrhundert Zeitgeschichte vor, die in ihren persönlichen Erlebnissen und durch ihre unbestechliche, ungewöhnliche Sichtweise begreifbar wird.

Die Autorin

Inge Deutschkron, 1922 in Finsterwalde (NL) geboren, war nach dem Krieg 1945 Sekretärin in der Zentralverwaltung für Volksbildung in Berlin. Nach acht Jahren Aufenthalt in England Reisen unter anderem nach Indien und Israel. Seit 1955 freie Journalistin in Bonn, seit 1958 Mitarbeiterin der israelischen Zeitung ›Maariv‹. 1966 erwarb sie die israelische Staatsangehörigkeit. 1989 Premiere am Berliner Grips-Theater von ›Ab heute heißt du Sara‹ (nach: ›Ich trug den gelben Stern‹). Seither zu Vorträgen und Besuchen häufig wieder in Berlin. Inge Deutschkron wurde 1994 mit dem Berliner Moses-Mendelssohn-Preis ausgezeichnet.

Inge Deutschkron:
Mein Leben nach dem Überleben

Deutscher
Taschenbuch
Verlag

Aktualisierte Ausgabe
April 1995
Deutscher Taschenbuch Verlag GmbH & Co. KG,
München
© 1992 Verlag Wissenschaft und Politik, Köln
Claus-Peter von Nottbeck
unter dem Titel: Unbequem ... Mein Leben nach
dem Überleben
ISBN 3-8046-8785-7
Umschlaggestaltung: Klaus Meyer
Umschlagfoto Vorderseite: Stefanie Herken
Satz: IBV Satz- und Datentechnik, Berlin
Druck und Bindung: C. H. Beck'sche Buchdruckerei,
Nördlingen
Printed in Germany · ISBN 3-423-30460-X

Inhalt

1. Vom Gestern zum Morgen 7
2. Die sogenannte Stunde Null 23
3. Ein Traum wird zerstört 42
4. »Bekanntschaften« 59
5. »Ich habe manchmal Heimweh,
   ich weiß nur nicht wonach« 73
6. Das Provisorium 96
7. Ohrfeigen 110
8. Ein »anderes« Deutschland? 129
9. »Ach, wär' ich doch kein Deutscher!« 152
10. Justiz mit zweierlei Maß 170
11. Das Milliardending 190
12. … und am Anfang war es peinlich 206
13. Östliches
    oder: Bonn – keine Cocktail-Party 224
14. Halbwegs Vergnügliches 250
15. Die Abrechnung 263
16. »Der Brief« 277
17. Die unkündbare Lebensversicherung 292
18. Von Krieg und Frieden 314
19. Nahöstliche Bilanz 336
20. ›Sara‹
    oder: Ein Theaterstück verläßt die Bühne 358

Anmerkungen 368
Personenregister 379

1. Vom Gestern zum Morgen

»Hier in diesem Zimmer, hier an diesem Tisch« habe sie vorher gearbeitet, sagte die junge Frau zu den Umstehenden, die sie interessiert ansahen. Meiner Schätzung nach war sie Anfang zwanzig und sah aus wie eine »deutsche Maid« oder so, wie man junge Mädchen in der Nazizeit als Vorbild hingestellt hatte. Sie war quasi eine junge Reliquie aus nazistischer Zeit.

Sie trug ein hellblaues Dirndlkleid und darunter eine blütenweiße Bluse mit Puffärmeln. Am Halsausschnitt prangte eine runde Brosche, ähnlich denen, die die Frauen der Nazi-Organisationen zu tragen pflegten. Mit ihren – wohl vom Schreibmaschineschreiben – ungewöhnlich beweglichen Fingern strich sie sich des öfteren nervös über das ebenso reinliche weiße Schürzchen. Ihre Frisur war so perfekt, daß jedes der dunkelblonden Haare seinen Platz in einer nach innen gedrehten Rolle zu haben schien. Große hellblaue Kulleraugen, die den Eindruck von großen Fragezeichen machten, beherrschten ihr Gesicht. Ihre etwas gezierte Art ließ auf ein sehr bürgerliches Zuhause schließen. Ich, etwa gleichen Alters, sah sie fasziniert an.

Diesem Typ war ich nie begegnet. In der Nazizeit hatte ich junge Leute wie sie wohlweislich gemieden. Und ich hatte bisher eigentlich nur junge Menschen mit politischen Idealen kennengelernt oder solche, die die Angst vor der Verfolgung geprägt hatte.

Sie habe hier im Kultusministerium als Sekretärin gearbeitet, sagte sie eine Spur zu laut, wohl um selbstsicherer zu wirken. Sie stand da, den Kopf zur Seite gewandt, und hielt sich mit der einen Hand an einem Schreibmaschinentisch fest – einem der wenigen Büromöbel, die noch so aussahen, als hätten sie bis vor kurzem ihrem Zweck gedient.

Das ehemalige Reichskultusministerium in der Wilhelmstraße 68, in dem diese Begegnung stattfand – es war Anfang September 1945 –, war stark beschädigt, wie so viele der Prachtgebäude im Regierungsviertel der einstigen Reichshauptstadt Berlin. Die eine Hälfte des Gebäudes war trotz seiner starken Mauern, wie sie am Ende des letzten Jahrhunderts gebaut worden waren, vom Hagel der Bomben vollkommen zerstört worden. Die andere war noch stabil genug, um wieder nutzbar gemacht zu werden. Im russischen Sektor der von den vier Alliierten besetzten und in vier Sektoren aufgeteilten Stadt gelegen, sollte diese Halbruine die Zentralverwaltung für Volksbildung für die russisch besetzte Zone (die spätere DDR) aufnehmen. Sozusagen als Fortsetzung des Reichskultusministeriums, wenn auch zunächst nur für einen begrenzten Teil des ehemaligen Deutschen Reichs.

Zum Arbeitsbeginn im September 1945[1] fehlte diesem Hause eigentlich noch alles: Wasserrohre und Heizkörper waren beschädigt oder aus der Wand gerissen. Die Telefone gaben keinen Laut von sich. Kabel hingen herum. Die wenigen noch vorhandenen Möbel hatten allen Glanz verloren, waren zerkratzt und abgestoßen, hatten Brand- oder Wasserschäden, mußten aber trotzdem zunächst zur Möblierung der Büros herhalten. »Man gab mir einen Tisch mit drei Beinen, und die Fenster waren mit Pappe verklebt«, erinnerte sich lachend Hans Mahle[2], der im September 1946 als Intendant des Berliner Rundfunks der Zentralverwaltung unterstellt war. All dies konnte zunächst aus Materialmangel nur notdürftig repariert und erst im Laufe der Zeit allmählich erneuert werden, während man in diesem »Ministerium« bereits emsig an Plänen für eine Schulreform arbeitete.

So pfiff in einer der Etagen der Wind in die Damentoilette hinein, die nur durch eine dünne Holzverschalung vom Abgrund getrennt war. In den folgenden Wintermonaten qualmten Ofenrohre aus den Fenstern der einzelnen Büroräume auf die einst von wuchtigen Regierungsgebäuden gesäumte Wilhelmstraße. Sie waren an kleine eiserne

Kanonenöfen angeschlossen, die als Notbehelf aufgestellt worden waren und in kurzen Abständen mit den uns zugeteilten Briketts gefüttert werden mußten. Diese Aufgabe hatte die Sekretärin, die aus Platzmangel vielfach das Zimmer mit ihrem Chef teilte, zwischen dem Schreiben von Vorlagen und Anordnungen an die fünf Länderregierungen der russisch besetzten Zone mitzuerfüllen. Aber solche Unzulänglichkeiten behinderten den Eifer und die Eile nicht, mit denen man in diesem Hause an die Arbeit ging.

Nun, da man die Arbeit wiederaufnehme, wolle auch sie wieder anfangen, sagte das junge Mädchen und drehte wieder ihren Kopf zur Seite, so daß ich ihren Gesichtsausdruck nicht sehen konnte. Ihre Hand schien sich an dem Schreibmaschinentisch zu verkrampfen. Sie mußte wieder Geld verdienen und wollte es gern am gleichen Platz tun wie zuvor. Offensichtlich erschreckt ob ihrer eigenen Kühnheit, guckte sie nach diesen Worten ängstlich auf die erstaunten Gesichter um sie herum. Keiner der Anwesenden – es waren die ersten Mitarbeiter der Personalabteilung – sagte zunächst etwas. Sie tat mir leid. Sie schien nicht so recht zu begreifen, was um sie herum vorging, und vor allem, was jene meinten, die ihr schließlich erklärten, daß hier alles nun ganz anders sein würde. »Ja, natürlich«, brachte sie heraus. Sie wiederholte es mehrmals. Es klang beflissen, aber nicht überzeugend. Die neuen Herren im Hause zeigten sich amüsiert, auch etwas belustigt über soviel Naivität. Für die meisten von ihnen war dieses Mädchen so fremd wie für mich.

Ähnlich wie sie mußte auch ich Geld verdienen. Der Unterschied zu mir war nur, daß sie eine Ausbildung und einen Beruf hatte. Während des Krieges hatte ich ganz selbstverständlich daran geglaubt, daß am Ende dieser schrecklichen Zeit mein Vater sofort vor mir stehen und dann alles ganz einfach für uns werden würde.

Nach dem 8. Mai waren meine Mutter und ich sozusagen wieder »legal«. Unsere Situation war aber immer noch sehr schwierig und völlig anders, als wir es uns für die Zeit nach der Befreiung vorgestellt hatten. Natürlich waren wir nicht mehr in Gefahr, unserer jüdischen Herkunft wegen verfolgt zu werden. Wir waren nun den Deutschen gleichgestellt, den Verlierern des von den Nazis angezettelten Krieges. Keine der Siegermächte nahm von uns Notiz. Unsere Geschichte – daß wir fast zweieinhalb Jahre von Berlinern versteckt worden waren, um der Deportation in ein Vernichtungslager zu entgehen – erregte Zweifel, schien unglaubwürdig, auch wenn alliierte Soldaten dies nicht immer aussprachen. »Uns wird nicht geholfen«, schrieb meine Mutter an meinen Vater nach England. »Die Russen haben kein Interesse an uns und die anderen wohl nicht die Macht. So müssen wir alles doppelt durchmachen, einmal illegal, einmal legal.« Ja, es war sogar mit Schwierigkeiten verbunden, zu unserer Identität zurückzukehren.

»Ich muß so schnell wie möglich diesen fremden Namen loswerden«, sagte meine Mutter sehr energisch. Sie war viel zu preußisch erzogen worden, um diese »Unrichtigkeit« länger zu ertragen als nötig. Sie bezog sich dabei auf unseren Decknamen Richter aus »jenen Jahren«, der in unseren Papieren angeblicher Flüchtlinge aus Guben stand. »Ich will wieder ganz legal sein.«

Doch zur polizeilichen Anmeldung in Berlin mußten wir Zeugen beibringen, die mit ihrer Unterschrift bestätigten, daß wir in Wahrheit Deutschkron hießen. Es wäre ein leichtes gewesen, den in der Illegalität angenommenen Namen einfach beizubehalten. Freunde, die in jener Zeit ihren Kopf riskiert hatten, damit wir überlebten, bezeugten das natürlich für uns. Sonst aber halfen sie uns verständlicherweise nicht mehr. Sie hatten mit sich zu tun und wurden zunächst, wie alle anderen Deutschen auch, mit Argwohn betrachtet.

Die Startbedingungen für ein neues Leben waren für uns tatsächlich schwieriger als für unsere nichtjüdischen Mitbürger. In den zwölf Jahren der Nazizeit waren wir zunächst als Juden gezeichnet, gedemütigt, verfolgt und aus der deutschen Gesellschaft ausgeschlossen worden, hatten während der Kriegsjahre wenig zu essen und überhaupt keine Kleidung bekommen und waren zum Schluß zur Ermordung bestimmt worden, ein Schicksal, dem wir uns durch »Untertauchen« entzogen. Mein Vater hatte sich wegen damals schon sehr erschwerter Auswanderungsbedingungen im April 1939 nur allein nach England retten können. Die Möglichkeit einer Auswanderung kam für meine Mutter und mich zu spät. Wir waren noch in Berlin mit den Formalitäten beschäftigt, als der Krieg am 1. September 1939 ausbrach.

Mit der ständigen Angst im Nacken und während der letzten zweieinhalb Jahre des Krieges auf der Flucht von einem Versteck zum anderen, überlebten wir wie durch ein Wunder. Am Ende des Krieges waren unsere Kräfte aufgezehrt, unsere Nerven zerrüttet. Wir waren unterernährt und hatten ungenügende Kleidung und schon gar keine, die geeignet gewesen wäre, uns vor der Kälte zu schützen. Wir waren zwei Überlebende einer großen Familie, von der die meisten Mitglieder auf die grausamste Weise von Deutschen »vernichtet« worden waren.

In einem Brief an meinen Vater in England schrieb ich am 2. Oktober 1945: »Ja, guter Paps, unserer lieben Mutti geht es nicht gut. Ihr Gewicht, 75 Pfund, sagt ja wohl alles... Du kannst mir glauben, daß das, was wir in den letzten Jahren durchgemacht haben, sich nicht in die Kleider setzte und seine Folgen haben muß. Solltest Du uns einmal wiedersehen, so mußt Du aus uns beiden erst wieder Menschen machen, die nicht den minderwertigsten aller Triebe den Vorrang geben, sondern auch für das Schöne, das es eben doch wohl auch jetzt noch auf der Welt geben muß, einen Sinn haben.«

»Du schaffst das schon«, sagte Erich Thaus zu mir, als ich Zweifel äußerte, ob ich den von ihm angebotenen Posten als seine Sekretärin ausfüllen könne. Dr. Thaus war vor Hitler Rektor einer weltlichen Schule in Berlin gewesen, in der der Unterricht viel freier und moderner gehalten wurde, als es zu jener Zeit üblich war, und die sofort nach Hitlers Machtübernahme geschlossen wurde. Als Sozialdemokrat wurde er fristlos aus dem Schuldienst entlassen und hatte zunächst viel Mühe, in der freien Wirtschaft eine Verdienstmöglichkeit zu finden. Nun sollte er in der Zentralverwaltung für Volksbildung das Dezernat Volks- und Mittelschulen übernehmen.

Meine Bedenken, daß ich außer Stenographie – ein Hobby, das mein Vater an mich schon als Zehnjährige weitergegeben hatte – nichts für diese Aufgabe mitbrachte, wies Thaus energisch zurück. Er schien offensichtlich bemüht, Versäumtes nachzuholen. Während der Nazizeit hatte er sich unserer, seiner halbjüdischen Frau wegen, nicht angenommen. Sie schien gefährdet und war es wohl auch. Und so lebten sie sehr zurückgezogen und unauffällig in der Hoffnung, daß der Kelch an ihnen vorübergehen würde. Die Personalabteilung der Zentralverwaltung stimmte seinem Wunsch, mich einzustellen, sofort zu mit dem Bemerken, daß es gut sei, auch für die unteren Positionen politisch zuverlässige Menschen zu gewinnen. Ob ich die entsprechenden Qualifikationen dafür mitbrächte, interessierte anscheinend niemanden. Ich indes dachte insgeheim mit Schrecken an das blonde Mädchen, das fraglos eine kompetente und erfahrene Sekretärin war und, wie ich, in der Schulabteilung arbeiten sollte.

Aber was hätte ich sonst tun sollen? Ich hatte mit siebzehn Jahren meine Schulbildung erzwungenermaßen abbrechen müssen, einen einjährigen Lehrgang als Kinderpflegerin absolviert und nichts weiter gelernt als das, was das Leben von mir zunächst als Verfolgte und dann als Illegale gefordert hatte. Und schließlich gingen wir davon aus, daß wir nicht mehr lange in Deutschland bleiben würden.

Mein Vater wollte seine Frau und seine Tochter, von denen er über sechs Jahre getrennt war und jahrelang hatte annehmen müssen, daß sie nicht mehr am Leben seien, wieder bei sich haben. Briefe von ihm trafen nur sehr spärlich ein.

Es gab in den ersten Monaten nach dem Kriege keinen Postverkehr zwischen den ehemaligen Feindstaaten. Britische Soldaten, die Verständnis für unsere Lage hatten, übernahmen es, ab und zu Verbindung zu meinem Vater über die englische Feldpost herzustellen, obwohl ihnen das als ein Akt der verbotenen Fraternisierung mit Deutschen ausgelegt werden konnte. Meine Versuche, ihre Freundschaft zu erringen, galten einzig und allein diesem Zweck. Meine Mutter nannte mich in einem Brief an meinen Vater vom 11. November 1945 eine »Regiments-Marie, die, nur um Verbindung mit Dir zu bekommen, alles Mögliche anstellt«.

Erst als ausländische jüdische Hilfsorganisationen Büros in Berlin eröffneten, wurden die Briefe zahlreicher. Aus ihnen ging hervor, daß mein Vater unsere Einreise nach England beantragt hatte. Aber wann das Königreich England seine Tore für die Einreise von Ausländern, auch für solche, die vom Naziregime verfolgt worden waren, öffnen würde, war ungewiß. »Ich fürchte mich vor dem kommenden Winter. Wir besitzen noch nicht einmal Wollhandschuhe oder sonstige warme Sachen. Zu allem Überfluß sind unsere Ersparnisse aufgebraucht und die Verdienstmöglichkeiten gering«, schrieb meine Mutter an meinen Vater. »Hoffentlich überleben wir diesen Winter und erfrieren und verhungern nicht, dann haben wir es geschafft.«

Ich war dreiundzwanzig Jahre alt. Meine Zukunft beunruhigte mich sehr. Auch wenn es mir gelingen sollte, den Posten einer Sekretärin auszufüllen, so war es gewiß nicht das, was ich für mein Leben anstrebte. Obwohl ich davon noch gar keine rechte Vorstellung hatte. Aus den ersten Briefen meiner Mutter sprach die gleiche Sorge.[3] Am 15. März 1946 berichtete sie meinem Vater, daß mich die Frage nach meiner beruflichen Zukunft unentwegt beschäftige. »Inge ist sehr mit den Nerven runter. Ich hatte schon mehrmals Grund, das Schlimmste zu befürchten«, schrieb meine Mutter. »Sie fühlt sich um ihre Jugend und um alle Chancen zu studieren betrogen«, und sie bat meinen Vater inständig, nie wieder zu erwähnen, daß ich in England Schwierigkeiten haben würde, ein Studium aufzunehmen. Ich hätte ja weder Abitur noch ausreichende Sprachkenntnisse, so hatte er gewarnt. »Ich habe Mühe gehabt, ihre Verzweiflung einzudämmen und ihre Tränen zu stillen.« Mehrmals erwähnte meine Mutter auch Krankheiten, unter denen ich als Folge der Illegalität litt. »Augenblicklich hat sie Wasser in den Beinen, dann wieder alle Arten Ausschlag, Abszesse, Blutvergiftungen, die Beine sind blau von Erfrierungen. Und dazu keinen vernünftigen Arzt, die wenigen Ärzte, die praktizieren, sind überlaufen und völlig desinteressiert, um so mehr, als es auch fast keine Medikamente gibt.«

Natürlich kam in einigen Briefen meines Vaters auch die Frage seiner möglichen Rückkehr nach Deutschland hoch. Aber die Verhältnisse waren viel zu verworren, um darüber ernsthaft nachzudenken. Dem stand natürlich auch der Mord an den Juden im Wege, dessen Ausmaß und Ungeheuerlichkeit erst allmählich zutage trat. Zwar schien es, als begriffe mein Vater das noch nicht so recht, denn immer wieder fragte er nach Angehörigen und verstand offenbar nicht, daß es sie nicht mehr gab. Von unserer Familie überlebte nur ein einziger Cousin von mir. Er überstand siebeneinhalb Jahre Konzentrationslager, in das er 1938 als sogenannter »Asozialer« eingewiesen worden war – er hatte als einer der ersten Autofahrer Verkehrsregeln mißachtet. »Wir beide sind mit Ausnahme von Willy die einzigen von unseren Verwandten und Freunden, die diese Zeit überstanden haben«, schrieb ich an meinen Vater (2. Oktober 1945).

Wenig später entdeckten wir den Ehemann einer Cousine im Jüdischen Krankenhaus in Berlin. Er hatte Auschwitz überlebt, aber eine schwere Herzkrankheit davongetragen. Wir besuchten ihn jede Woche. Immer wieder sprach er von seiner Frau und seinem 1938 geborenen Töchterchen Bela, deren Tod er nicht akzeptieren konnte.

von »anderen« – wohl mehr instinktiv – kein Verständnis erwarteten. Ich erinnere mich, daß ich dem blonden Mädchen, das mir eine Zeitlang an der Maschine gegenübersaß und zu der ich freundschaftliche Beziehungen entwickelte, nie Genaueres über mein Schicksal erzählte. Machte ich Andeutungen, dann füllten sich ihre Augen mit Tränen und ihre Hände zitterten, und sie ergriff irgend etwas, wie um sich festzuhalten. Nur einmal hat sie sehr beschämt gesagt, daß sie nichts, aber auch gar nichts vom Mord an den Juden gewußt habe. Sie habe auch keine Juden gekannt. Ich glaubte ihr das. Und wenn ich zufällig auf diese Zeit zu sprechen kam, hielt ich von selbst inne, fast um sie nicht zu verletzen.

Auch wenn wir fest daran glaubten, daß jene, die nun an der Spitze eines neu zu schaffenden Deutschlands stehen würden, sich nicht schuldig gemacht hatten, waren unsere Gefühle Deutschen gegenüber noch sehr ambivalent. Auf der einen Seite standen die Freunde, die ihren Kopf für unser Überleben riskiert hatten, auf der anderen die Mörder, die Tausende und Abertausende ihrer Helfershelfer und die Millionen, die zu allem geschwiegen hatten.

»Natürlich würde ein Leben hier wieder nur Kampf bedeuten«, schrieb ich meinem Vater am 11. November 1945 im Zusammenhang mit der Frage seiner möglichen Rückkehr. »Die Schwierigkeiten sind ungeheuerlich. Wir stehen hier in jeder Hinsicht vor einem Trümmerfeld – ganz besonders natürlich auf moralischem und geistigem Gebiet, gar nicht zu sprechen von den äußeren Einflüssen wie Hunger und Kälte.« Aber dann ließ ich doch noch meinen Gefühlen freien Lauf. »Der Deutsche hat offensichtlich noch immer nichts gelernt!«

Mit diesem Satz bezog ich mich auf die Tatsache, daß die meisten Deutschen zu jener Zeit die Wahrheit über die schrecklichen Verbrechen nicht hören wollten. Den Kriegsverbrecherprozessen, über die in allen Zeitungen in großer Aufmachung berichtet wurde, schenkten sie nur geringe Beachtung. Umfragen zufolge waren sie der Meinung, daß sie durch Bomben, Vertreibung und Hunger ebenso gelitten hatten wie die KZ-Opfer. In Gesprächen mit ihnen konnte man auch den Eindruck gewinnen, daß die NSDAP die größte Untergrundbewegung Deutschlands gewesen war. Man sei nur Mitglied geworden, so hieß es da vielfach, um den Nazismus von innen zu bekämpfen, hatte natürlich nie mit »Heil Hitler« gegrüßt oder gar das Parteiabzeichen getragen. »Jeder noch hier lebende Jude und viele unserer Freunde haben nur ein Ziel, und das ist, Deutschland so schnell wie möglich den Rücken zu kehren«, so schrieb ich meinem Vater. Meine Mutter fügte dem hinzu, daß ihrer Meinung nach die Deutschen nie lernen würden. »Die politische Reife liegt noch in weiter Ferne, soweit man überhaupt von gutem Willen reden kann.«

In einem Brief vom 25. April 1946 erzählte ich meinem Vater von der bevorstehenden Auswanderung meiner besten Freundin und ihrer Familie nach Amerika, weil auch sie zu der Überzeugung gekommen waren, daß man Deutschen noch nicht wieder trauen könne. »Denk nur, sie werden ohne Einwanderungspapiere in Amerika einreisen.«[6] Das war ein Hinweis auf die Jahre vor dem Krieg, als die Amerikaner keinen noch so gefährdeten Juden aus Deutschland aufgenommen hatten, wenn er nicht die nötigen Papiere beibringen konnte und die Jahresquote der zugelassenen Einwanderungen überschritten war.

Mir fiel es indes nicht schwer, mich für die Mitarbeit in der Zentralverwaltung zu entscheiden. Die ersten, die diese neue Verwaltung im wahrsten Sinne des Wortes aus dem Boden stampften, waren Funktionäre der alten Schule, also Menschen, die schon in der Weimarer Republik gegen den Nationalsozialismus gekämpft hatten. Sie hatten nichts von Beamten oder Bürokraten an sich, und sie wollten es offenbar auch nicht sein. In den ersten Wochen des Aufbaus glich dieses Haus in keiner Weise einer Behörde oder einem Ministerium. Es herrschte eine emsige Geschäftigkeit. Und die war nicht nur spürbar, sondern auch sichtbar.

Da eilten Männer, die keine Boten waren, mit Akten unter dem Arm durch das Haus, trafen sich zu hastigen Gesprächen in den Korridoren oder im Treppenhaus. Die Türen der Zimmer, auch die der Herren in höheren Positionen, waren für jeden offen. Das »Du« und eine legere Umgangsform überwogen. Entscheidungen wurden schnell gefaßt, manchmal zu schnell, wie ich den Worten von Dr. Thaus entnahm, dem eine solche Arbeitsweise nicht lag. »Aber es gilt doch, so schnell wie möglich die Grundlage zu schaffen«, sagten sie, wenn man mit einem von ihnen darüber sprach, »damit die Rechtlosigkeit ein Ende hat.« Darin schienen sie auch von der russischen Besatzungsmacht, die für den Aufbau eines demokratischen Deutschland in ihrer Zone verantwortlich war, unterstützt zu werden. »Wir haben doch so vieles gemeinsam.«

Dies war fraglos eine ehrliche Erklärung des ersten Personalchefs der Zentralverwaltung in einem Gespräch mit mir. »Wir«, sagte Herr Hoffmann und fügte noch betonter hinzu, »wir Antifaschisten wollen doch einen neuen deutschen Staat aufbauen, in dem das Schreckliche der letzten zwölf Jahre nie wieder geschehen kann.« Ich pflichtete ihm bei, eigentlich begeistert, denn er entsprach meinem Denken. Ja, er wisse, daß ich Mitglied der SPD sei, und er wisse auch den Grund dafür. Mein Vater sei ja vor Hitler Funktionär dieser Partei gewesen, und vorwiegend Sozialdemokraten waren es gewesen, die mir das Leben gerettet hatten. Er allerdings sei Kommunist. Aber was bedeute das heute schon im Kampf gegen die Reaktion. Wir beide seien Antifaschisten und hatten uns als solche bewährt. Ich im Untergrund, er im KZ.

Natürlich fühlte ich mich mit ihm solidarisch. Er war nicht der einzige, der sich, aus dem KZ kommend, wenige Monate nach der Befreiung dem Aufbau des neuen Staates zur Verfügung gestellt, ja sich in die Arbeit gestürzt hatte. Die Gesichter dieser Menschen waren noch gezeichnet von ihren Leiden, ihre Hautfarbe war grau, und ihre Augen waren ohne Glanz und hatten den Ausdruck eines Fliehenden. Aber dennoch ging etwas von ihnen aus, was mehr war als physische Kraft. Sie waren unermüdlich, saßen oft über die Arbeitsstunden hinaus im Büro. Man begegnete ihnen mit Ehrfurcht und Bewunderung. Sie machten keinen Hehl aus ihrer Zugehörigkeit zur Kommunistischen Partei. Andere waren aus dem Exil gekommen, meist aus Moskau – direkt in das zerbombte Berlin mit seinen vom Krieg und den Ereignissen verwirrten Bürgern.[7] Auch sie waren eifrig, betriebsam, meist einsilbig. Von ihnen kamen keine Bekenntnisse ähnlich denen des Personalchefs. Sie waren höflich in ihren Umgangsformen, aber darüber hinaus ging es selten. Daß sie das Sagen unter den Genossen hatten, konnte man nur ahnen.

Die Ernennung des Altkommunisten Paul Wandel, der ebenfalls aus Moskau gekommen und dort Sekretär des späteren Präsidenten der DDR, Wilhelm Pieck, gewesen war, zum ersten Präsidenten der Zentralverwaltung für Volksbildung schien das zu verdeutlichen.[8] Erwin Marquardt, der SPD zugehörig, wurde zu seinem Stellvertreter ernannt. Er wirkte farblos. Man sah ihn selten außerhalb seines Zimmers oder im Gespräch mit Kollegen. Seine Ernennung galt uns als Beweis, obwohl man dessen damals noch nicht bedurfte, daß man es mit der Zusammenarbeit der antifaschistischen Kräfte ernst meinte – so war es auch in den Konzentrationslagern gewesen –, eine Tatsache, auf die sich Kommunisten und Sozialdemokraten in jener ersten Nachkriegszeit oft beriefen. Nichts ließ damals Zweifel an der Ehrlichkeit des Vorhabens aufkommen. Man rechnete die Anzahl der Ernennungen noch nicht nach Parteizugehörigkeit auf, sie mußten aber von der russischen Besatzungsmacht sanktioniert werden, der »Sicherung der antifaschistischen Gesinnung« wegen, wie es hieß.

Einige der führenden Positionen in der Schulabteilung der Zentralverwaltung wurden mit Sozialdemokraten besetzt. Unter ihnen waren bewährte Fachleute, die schon vor 1933 eine fortschrittliche Schulbildung erarbeitet und in Berlin teilweise auch schon durchgeführt hatten.[9] Die meisten von ihnen waren von den Nazis »gemaßregelt« worden, wie das schreckliche Wort damals hieß, hatten zwölf Jahre »draußen« gestanden, entehrt, gedemütigt, ihres Amtes enthoben, wenn nicht sogar im KZ mißhandelt. Auch sie brauchte man nicht anzuspornen. Es war, als würde für sie ein Traum Wirklichkeit, da sie den Moment für gekommen hielten, in dem sie ihre Gedanken zur Erziehung freier Menschen in die Tat umsetzen konnten.

Auch der »unpolitische« Dr. Ernst Hadermann (er war damals parteilos), ehemals Studienrat und einer der deutschen Offiziere, die in russischer Gefangenschaft das Nationalkomitee Freies Deutschland mitbegründet hatten, wurde ohne weiteres akzeptiert.[10] Er wurde stellvertretender Leiter der Abteilung Schulwesen. Es war sicher keine Einbildung, daß seine Art des Umgangs anders war als die seiner Kollegen. Gespräche mit ihm hatten vorwiegend rein dienstlichen Charakter. Es fehlte das Kameradschaftliche, die menschliche Wärme. Er war sehr höflich, eine gewisse Gleichgültigkeit war aber nicht zu übersehen. Anders verhielt er sich Vorgesetzten gegenüber. Dann hatte er etwas Beflissenes, Unterwürfiges.

Er war übrigens der einzige in diesem Haus, der sich für mein Schicksal nicht zu interessieren schien, jedenfalls nie mit mir darüber sprach – im Gegensatz zu allen anderen, die mir spontan ihre Sympathien entgegenbrachten als Ausdruck der Freude, daß ich überlebt hatte. Es war fast selbstverständlich, daß das blonde Mädchen, dessen Fähigkeiten bald außer Frage standen, Dr. Hadermanns Sekretärin wurde. Sie schienen sich übrigens auch äußerlich ähnlich zu sein: der hochgewachsene Hadermann, auch in Zivil noch jeder Zoll ein Offizier, während sie in Art und Gehabe das Bürgermädchen blieb. Ihre anfängliche Unsicherheit war schnell geschwunden. Sie wußte um ihre Qualifikationen. Und sie spürte auch bald, daß sie, die möglicherweise noch bis gestern, wie jedes deutsche Mädchen damals, die braune Kletterweste getragen hatte, eine fast magische Anziehungskraft auf jene Männer ausübte, die sie zunächst belächelt hatten. Sie hatte schnell Freude an diesem Spiel, wobei man den Eindruck gewinnen konnte, daß sie dies für einen Teil der »neuen menschlichen Beziehungen« hielt.

Im Laufe der Zeit schloß sie sich eng an mich an mit dem sehr wohl begreiflichen Wunsch, durch mich die neue Zeit zu verstehen. Ich hatte nichts dagegen. Im Gegenteil. Mir schien es, als fiele mir wie selbstverständlich die Aufgabe zu, jenen jungen Menschen zur Seite zu stehen, die in der Nazizeit aufgewachsen waren und für die mit dem Ende des Hitlerregimes eine Welt zusammenstürzte. »Im Elternhaus zur Liebe für den Führer erzogen, in der Schule den Elementen des Nazismus nähergebracht, von der Hitlerjugend planmäßig gegen die Juden aufgehetzt – was kann das Wort Demokratie für eine Jugend bedeuten, die erzogen worden ist, es zu verachten?«, so stand es in einem Leserbrief des Jahres 1945, der mich sehr beeindruckte und der so treffend den Tatsachen entsprach.

Die neuen Aufgaben, die vielen interessanten Menschen, die ich nun kennenlernte, die neu gewonnene Freiheit – all das führte allmählich dazu, daß meine anfänglichen Depressionen, die Folge einer ungewissen beruflichen Zukunft, der Freude am Leben zu weichen begannen. Ich sah wieder Sinn im Leben, erkannte, daß es auch Schönes zu bieten hatte. Ich brauchte nicht mehr um mein Überleben zu bangen. Ich wurde nicht mehr gejagt. Jeden Morgen, wenn ich aufwachte, wurde mir dies bewußt. Selbst Krankheiten, Folgeerscheinungen mangelnder Ernährung der letzten Jahre, nahm ich nun mit stoischer Ruhe hin, fest überzeugt davon, daß dies nur noch das Nachklingen einer schrecklichen Zeit war. In dieser Stimmung bewegte ich mich – strahlend, freundlich, heiter.

Ja, auch ich wurde von dem Eifer der anderen erfaßt, daß es etwas Neues zu schaffen galt, ein anderes Deutschland, eine andere, mit neuem Geist erfüllte Welt. Auch mich begann nun die Zukunft des Landes zu interessieren, in dem ich geboren war. Sicher spielte dabei auch eine Rolle, daß meine Mutter und ich, der Familientradition entsprechend, im September 1945 in die wenige Monate zuvor wiederbegründete Sozialdemokratische Partei eingetreten waren.[11] Sehr bald schon übernahm ich in dieser Partei einige Aufgaben. »Es sind ja nur so wenige aus der Zeit vor Hitler übriggeblieben«, so erklärte ich meinem Vater etwas verlegen die Funktionärstätigkeit einer Unerfahrenen. Ich wolle unter keinen Umständen die Ungeheuerlichkeiten vergessen, die man mir in Deutschland angetan hatte, so schrieb ich ihm. Natürlich wollte ich gern mal ins Ausland, um andere Länder, andere Menschen kennenzulernen. »Ich weiß aber auch, daß ich immer wieder nach Deutschland zurückkehren werde. Ich bin nun mal Deutsche und will mithelfen, unser Vaterland aufzubauen«, ließ ich meinen Vater wissen.

Ich malte mir ein Idealbild vom neuen Deutschland aus – ein Deutschland, in dem es einen neuen Geist geben würde, einen Geist, der versprach, daß Unmenschlichkeit, Diktatur, Terror nie wieder ihr Haupt erheben würden. Es würde, ja, es müßte unweigerlich nun alles ganz rein, durchschaubar und offen sein. Nach den Geschehnissen der Nazizeit schien mir etwas anderes ganz ausgeschlossen zu sein. Das nach den Schrecknissen des Krieges wieder erwachende Berlin und die Menschen, mit denen ich Umgang hatte, schienen mir Grund zu dieser Hoffnung zu geben. Erfahrung hatte ich zwar im Kampf ums Überleben, den ich nun so schnell wie möglich als ein abgeschlossenes Kapitel meines Lebens einsortieren wollte, aber, wie sich bald zeigen sollte, war ich sehr naiv, was des Lebens Wirklichkeit betraf.

2. Die sogenannte Stunde Null

Da standen Männer auf dem Sprung. Hagere Gestalten in
zerfetzten Kleidern. Ihre Augen verfolgten wachsam wie
die eines Tieres die Bewegungen eines englischen Soldaten,
der scheinbar gelassen und genüßlich eine Zigarette
rauchte. Er gab nicht zu erkennen, ob er begriff, was um
ihn herum vorging. Die Männer schienen geduldig zu warten. Doch mit gierigen, fast fiebrigen Blicken sahen sie
dem Fortschreiten des Prozesses zu. Ging der Soldat ein
paar Schritte, so folgten sie ihm in respektvollem Abstand.
Auch der Konkurrenten gewärtig, die alle wie besessen auf
den Moment warteten, da der wohlgenährte Soldat die
Kippe wegwerfen würde. Einer Kippe konnten sie noch
einige Züge abgewinnen. Zigaretten waren schließlich damals ebenso Mangelware wie Lebensmittel. Oder aber sie
entnahmen ihr die letzten Krumen Tabak, sammelten sie,
bis es ausreichte, um daraus eine Zigarette zu drehen. Zu
Preisen von zehn bis fünfzehn Mark pro Stück stellten Zigaretten in jenen Nachkriegstagen des Jahres 1945 die eigentliche Währung Berlins dar und ermöglichten den Erwerb von Schwarzmarktwaren anderer Art, die die kargen
Rationen auffüllen sollten.

Dies war einer meiner ersten Eindrücke in der Stadt Berlin, die ich im Juli 1945 nach einem Fußmarsch von etwa
sechs Stunden von Potsdam aus – das Streckennetz der
Stadtbahn war noch nicht wiederhergestellt – zum ersten
Mal nach Kriegsende wiedersah.

Berlin war damals eine Ansammlung von Trümmerhau-
fen aus Schrott, Steinen und zerfetzten Bäumen, aus denen
Menschen wie Maulwürfe aus ihren Hügeln ans Tageslicht
krochen. Müde und erschöpft schlichen sie durch die von
Bomben aufgerissenen Straßen, manche standen apathisch
an Pumpen nach einem Eimer Wasser an, andere suchten

verzweifelt in Trümmern nach brauchbaren Dingen. Flüchtlinge aus den Ostgebieten Deutschlands zogen ein paar Habseligkeiten auf Leiterwagen hinter sich her. Dazwischen sah man Soldaten, noch in des »Führers Rock«, zerlumpt, abgezehrt, scheu um sich blickend wie ertappte Sünder, die hastig die Anschläge an Zäunen und Überresten von Häusern auf der Suche nach Adressen ihrer Angehörigen überflogen.

Schließlich waren elf Prozent aller Gebäude der Stadt in Bombenangriffen der vorangegangenen vier Jahre und als Folge einer sinnlosen Verteidigung gegen die Übermacht der russischen Armee völlig zerstört worden. Andere – 8,4 Prozent – waren so beschädigt, daß ein Wiederaufbau nicht möglich war.[12] Manche Fassade, die von ferne eine heile Welt vorgaukelte, durch deren Fensterhöhlen man aber beim Näherkommen den Himmel sah, glich einer Hollywoodkulisse. Von den 1,5 Millionen Wohnungen des Jahres 1939 gab es gerade noch 870 000, und von diesen galten nur 370 000 als winterfest.[13] »Sperlingslust« nannten die Berliner jene Wohnungen in den oberen Stockwerken, durch deren Dächer der Regen fiel und der Wind pfiff.

Parkanlagen ähnelten verlassenen Schlachtfeldern. Zerschossene Panzer waren dort gestrandet, standen neben provisorisch aufgehäuften Gräbern russischer oder deutscher Soldaten; zerbeulte Helme und verdreckte Fetzen von Uniformen lagen herum, wie für ein Antikriegs-Theaterstück arrangiert. Kein Wunder, daß in den verregneten Sommermonaten des Jahres 1945 ein moderner Geruch über der Stadt hing. Der Zustand schien so hoffnungslos wie der Ausdruck der Gesichter der abgehärmten Menschen. Aber weder die Statistiken über den Grad der Zerstörung noch die vielen Bilder der Erniedrigung, der Apathie und der Hoffnungslosigkeit gaben die Realität des damaligen Lebens in Berlin wieder.

»Resignation? Das hielt nicht lange an.« So der im Nachkriegs-Berlin bekannt gewordene Theaterkritiker Friedrich Luft, der meine Erinnerungen auffrischen half.[14]

»Die Berliner waren sehr schnell wieder obenauf.« Die jämmerlichen Gestalten, die da vor den Kantinen der Alliierten gierig nach Eßbarem suchten oder ihre letzte Habe gegen Lebensmittel eintauschten, waren, wie Luft es nannte, »von einem Gemisch von Gefühlen« beherrscht. In erster Linie hatten sie natürlich Hunger. Sie hatten aber auch ein schlechtes Gewissen. Die Siegermächte hatten ihnen sehr bald in Bildern und Filmen die von Deutschen verübten furchtbaren Verbrechen in den KZs, in Polen und in Rußland vorgeführt. Im übrigen wußten die meisten selbst genug darüber, auch wenn sie nicht bereit waren, es offen zuzugeben. Sie entwickelten einen unglaublichen Aufbauwillen – möglicherweise der bewußte oder unbewußte Versuch, die Sorgen und Probleme jener Tage zu verdrängen. Aufrufe in Zeitungen, an Säulen und Zäunen wie »Berliner, an die Arbeit!« waren wahrhaftig nicht notwendig, um sie anzuspornen, erinnerte sich Friedrich Luft.

Es drängte meine Mutter und mich, aus Potsdam, wo wir die letzten Wochen des Krieges erlebt hatten, nach Berlin zurückzukehren. Zwar hatten wir inzwischen als Opfer des Faschismus von den Potsdamer Behörden eine Wohnung zugewiesen bekommen. Aber mir behagte das gar nicht. Eine aktive Nationalsozialistin war gezwungen worden, diese Wohnung für ein Opfer des Faschismus zu räumen. Für mich war der Gedanke unerträglich, in den Möbeln anderer zu leben, von denen ich nicht einmal wußte, ob sie diese nicht vorher von Juden gestohlen hatten. Meine Mutter entgegnete mir zu Recht, daß sie nicht länger, mehr oder weniger provisorisch, in einem ehemaligen Ziegenstall hätte leben können, der durch Bombensplitter noch weniger bewohnbar geworden war. Überdies stand der Winter bevor. Sie brauchte mir ihre Frostbeulen an Händen und Füßen nicht zu zeigen, um ihre Argumente zu bekräftigen.

Wir waren daher froh, in Berlin ein möbliertes Zimmer in einer Wohnung zu finden, in der – typisch für jene Zeit –

jeder Raum vermietet war, außer dem sogenannten »Berliner Zimmer«, das allen Mietern als Durchgang zum hinteren Teil der Wohnung mit Küche und Bad diente. Das Haus Konstanzer Straße 3, ein Bau der Gründerzeit, hatte dem Bombenhagel standgehalten. Aber die meisten Fenster waren wie in fast allen noch erhaltenen Häusern Berlins ohne Glas, die Türen aus den Angeln gehoben, der Putz von den Wänden gefallen. Überall hörte man Hämmern und Klopfen – es waren nicht immer fachmännische Versuche, ein bescheidenes Zuhause zu zimmern.

Mit Holzlatten, Dachziegeln und Backsteinen, die die Menschen aus beschädigten Häusern »mitgehen« ließen und unter Aufbietung letzter Kräfte heranschleppten, vernagelten sie Fenster, richteten Türen wieder auf, dichteten Wände und Dächer ab. Da die Männer meist noch in Kriegsgefangenschaft waren, entwickelten Frauen und junge Mädchen dafür ungeahnte Energien.[15] Später arbeiteten sie als sogenannte »Trümmerfrauen«. An jeder Ecke konnte man das Klick-Klack der Hammerschläge hören, mit denen sie unermüdlich Ziegelsteine putzten, die dann von Hand zu Hand gingen und schließlich am Straßenrand gestapelt wurden. Ganze Straßenzüge verwandelten sich so in geordnete Wüsteneien aus Stein.

Die russischen Kommandanten begannen nur wenige Tage nach Kriegsende, Bürgermeister und Verwaltungen einzusetzen. Sogleich empfahlen sich ihnen Menschen für die vielen Aufgaben einer Verwaltung, die vorgaben, Antifaschisten, Kommunisten oder KZler gewesen zu sein. Die Russen ließen sich keine Zeit – und es lag wohl auch nicht in ihren Möglichkeiten –, diese Angaben zu überprüfen. Unter diesen Leuten waren vielfach zweifelhafte Existenzen, auch ehemalige Nazis, die auf diese Weise »unterzutauchen« hofften. Walter Rieck[16], einer unserer Helfer während der Nazizeit, stellte sich dem Bezirk Potsdam, in dem wir damals wohnten, zur Verfügung. Dies schien ihm die Pflicht eines Mannes, der von den Nazis seiner politischen Überzeugung wegen aus dem Schuldienst entlassen worden war. Aber er kam zu spät. Ich erinnere mich noch sehr gut an unsere Empörung, als er uns den Namen des von den Russen eingesetzten Bürgermeisters unseres Bezirkes nannte, dessen Vergangenheit sich wahrhaftig nicht für die Verwaltung in einem demokratischen, antifaschistischen Deutschland eignete.

Wie Pilze waren darüber hinaus alle möglichen Gruppen aus dem Boden geschossen, die sich antifaschistisch oder antinazistisch gaben, auch sie nicht immer so integer, wie ihr Name es verhieß. Es entstanden aber auch Einheitskomitees von Sozialdemokraten und Kommunisten, oft als Folge gemeinsamer Leiden in den KZs. Sie wären zweifellos berufener gewesen, die Grundlage für eine neue Ordnung in Deutschland schaffen zu helfen. Aber offensichtlich hatte man in Moskau schon andere Pläne und wandte sie auch sogleich an.

»Die Gruppe Ulbricht« – so beschreibt es Wolfgang Leonhard[17] –, die noch vor dem offiziellen Kriegsende in Berlin eintraf und sofort an die Arbeit ging, ignorierte diese Bewegungen »von unten«. Sie wurden aufgelöst mit der Begründung, die SMAD dulde keine politischen Organisationen. Dafür setzten sie »von oben« in allen zwanzig Berliner Bezirken Männer ihrer Wahl für die neuen Verwaltungen ein. Dabei versuchten sie vollendete Tatsachen zuallererst in den Bezirken zu schaffen, die nur zwei Monate später, am 11. Juli 1945, in die Hände der westlichen Alliierten übergehen sollten. So sollten – nach Leonhard – in vornehmlich bürgerlichen Bezirken Bürgerliche an der Spitze der Verwaltung stehen, die schon vor 1933 einer bürgerlichen Partei angehört hatten und Antifaschisten gewesen waren. In Arbeitervierteln entschieden sie sich für ehemalige Sozialdemokraten, die sie auch als Leiter der Verwaltungen für Soziales, Gesundheit und Ernährung bevorzugten, weil sie noch vor Hitler auf diesen Gebieten Erfahrungen gesammelt hatten. Sie gingen dabei nach dem Motto Walter Ulbrichts vor: »Es muß demokratisch aussehen, aber wir müssen alles in der Hand haben.«[18] Darum blieben wichtige Schlüsselpositionen Kommunisten vorbehalten.

Nach diesem Plan handelten sie auch bei der Besetzung der Posten des Berliner Magistrats. Der Mann, den sie zum Oberbürgermeister der Stadt kürten, hieß Dr. Arthur Werner, war Architekt, parteilos und nicht mehr ganz jung. Karl Maron, einer von Ulbrichts zuverlässigsten Funktionären, wurde sein Stellvertreter. Zum Personaldezernenten ernannten sie Arthur Pieck, den Sohn des späteren ersten Präsidenten der DDR. Der Kommunist Otto Winzer übernahm das Dezernat Volksbildung. Am 19. Mai, also nur 17 Tage nach der Kapitulation Berlins und in einem wahrhaft unglaublichen Chaos, gab es wieder eine Verwaltung in der Stadt, die emsiger nicht hätte arbeiten können. Jeder war eigentlich dafür dankbar, und ich glaube nicht, daß es viele waren, die in jener Phase der Nachkriegszeit die Strategie der Kommunisten durchschauten. Wir waren auch viel zu sehr mit uns beschäftigt, mit dem Auftreiben von Lebensmitteln, der Suche nach Kleidung und mit den Sorgen, ob es für uns überhaupt noch eine Zukunft geben würde.

»Das ›Jahr Null‹ hat es nie gegeben«, schrieb der Amerikaner Brewster S. Chamberlin.[19] Nur wenige Tage nach der Kapitulation wurden schon die Grundlagen für ein unglaublich vitales und dynamisches kulturelles Leben gelegt, vergleichbar höchstens mit der kulturellen Blütezeit der Stadt in den zwanziger Jahren. Und das war nicht allein das Verdienst der für die Kultur Verantwortlichen. Der Anteil der Berliner Bevölkerung, die voller Begeisterung in die Veranstaltungen strömte, war mindestens ebenso groß. Die Menschen waren nach den schrecklichen Jahren des Krieges wie ausgehungert nach Kultur – die Theater waren 1944 geschlossen worden – und sogen sie auf wie ein Schwamm. Besonders die kulturellen Ereignisse, die ihnen zwölf Jahre lang vorenthalten worden waren. Die Nazis hatten ja zunächst alle Gegner ihres Regimes und alle Juden aus dem Kulturleben »ausgemerzt«, wie sie es nannten. Im Kriege waren außerdem auch noch alle Ausländer auf den Index der verbotenen Kultur gekommen.

Die Russen schürten geradezu die Begeisterung der Berliner für kulturelle Ereignisse.[20] Unter denen, die für Kultur zuständig waren, waren viele Akademiker, Literaten und Germanisten, die es mit ihrer Unterstützung für eine kulturelle Erneuerung in Deutschland ernst meinten. »Sie glaubten wohl, daß unsere schmutzige Seele und unsere blutbefleckten Hände wieder sauber würden, wenn wir Goethe oder Schiller spielten«, meinte Friedrich Luft. »Sie hatten in dieser Hinsicht fast etwas Missionarisches an sich.« Boleslaw Barlog, erster Generalintendant des Schloßpark-Theaters in Berlin-Steglitz, war der Ansicht, daß die Russen die Deutschen mit Hilfe eines geistigen Lebens vom Nazismus abzubringen hofften.[21] Die Russen hätten ohnehin die Liebe zur Kunst, zum Theater, zur Malerei in ihrem Blut, meinte er. Daß das Renaissance-Theater als erstes Theater Berlins am 27. Mai die Nachkriegstheater-Ära mit dem noch vor Kriegsende einstudierten Stück ›Der Raub der Sabinerinnen‹ eröffnete, schien sie nicht zu stören. Die Berliner hingegen, die auch in ihrer Misere ihren sprichwörtlichen Humor nicht verloren hatten, amüsierten sich königlich über die zufällige Anspielung auf die Vergewaltigungen, mit denen sich die Russen in Berlin eingeführt hatten und durch die sie zum Frauenschreck geworden waren.

Wie ausgehungert die Menschen nach Kultur waren, bewies Luft an einem Erlebnis der ersten Nachkriegstage: Ein Flügel ohne Beine lag da im Vorgarten eines ausgebrannten Hauses im Bezirk Zehlendorf. Man hatte ihn wohl nach einem Luftangriff aus einem oberen Stockwerk geworfen, um ihn vor dem Verbrennen zu retten. Jeden Abend kam ein junger Mann, kauerte sich vor dem Flügel nieder und »spielte hinreißend Chopin«. Die Leute der Umgebung kamen, um ihm zuzuhören. Ja, sie warteten jeden Abend ungeduldig darauf, daß der Unbekannte zu spielen anfange. Für sie war das offensichtlich nicht nur ein unterhaltsames Erlebnis in jenen Tagen der Unsicherheit und des Chaos. Die Musik entrückte sie der Wirklichkeit, stärkte ihre Hoffnung auf eine bessere Welt.

Das erste offizielle Konzert fand bereits am 13. Mai statt. Das Berliner Kammerorchester spielte im Bürgersaal des Rathauses Schöneberg. Symphoniekonzerte, Liederabende, Operettenkonzerte folgten. Die Begeisterung des Publikums war grenzenlos. Es war, als wollte man so schnell wie möglich die Vergangenheit hinter sich lassen und zu einem normalen Leben zurückfinden. In fast allen Konzerten spielte man Werke jüdischer Komponisten, die zwölf Jahre lang nicht gehört werden durften. Dann war es ganz besonders still in den Konzertsälen. Angespornt von der Begeisterung für die Kunst nahmen Künstler es auf sich, ihre Instrumente aus Mangel an Möglichkeiten auf Kinderwagen – ein zu jener Zeit beliebtes Transportmittel – oder auf Rollschuhen durch die zerstörte Stadt von Konzert zu Konzert zu transportieren.

Und es waren die gleichen Menschen, die zu den bald sehr zahlreichen und vielfältigen kulturellen Ereignissen strömten, die den Tag über voll damit beschäftigt waren, auf irgendeine Weise, auch auf unehrenhafte, Eß- oder Heizbares zu beschaffen. Man stahl von Gemüsefeldern, stürmte Kohlenzüge, ja, man machte sogar Jagd auf Vögel, vor allem aber kannte man keine Rücksicht auf andere. Stadt- und Untergrundbahnen verkehrten zunächst nicht, später nur auf reparierten Teilstrecken. Schienenstränge waren demontiert oder zerstört worden, Wagenparks dezimiert, Tunneldecken von U-Bahn-Schächten von Bomben durchschlagen. Und wenn die Bahnen fuhren, dann waren sie so voll, daß man von den drängelnden Menschen hineingeschoben wurde, über dem Fußboden schwebte, auf der einen Seite gegen Gepäckstücke gedrückt wurde und auf der anderen gegen mehr oder weniger gut gepolsterte Busen. (Die meisten Männer waren ja noch in Kriegsgefangenschaft.) Ähnlich verhielt es sich mit den

Straßenbahnen, deren Oberleitungen lange Zeit zerfetzt waren. Brücken lagen teilweise im Wasser, vielfach von der sich zurückziehenden SS noch im letzten Moment gesprengt.

Wir alle gingen damals, meist auf unbiegsamen Holzsohlen, viele Stunden zu Fuß, sei es, um etwas zu »organisieren« oder um zu erkunden, ob Freunde überlebt hatten. Wenige waren noch im Besitz von Fahrrädern – ein seltener Glücksfall, denn russische Soldaten hatten gerade diese mit Vorliebe »requiriert«. Oft waren die Räder ohne Bereifung und klapperten fürchterlich oder hatten Gartenschläuche als Ersatz. Jeder »wandernde« Berliner trug stets einen Rucksack auf dem Rücken oder Taschen in den Händen, immer bereit, irgend etwas zu sammeln, was ihm der Zufall so bot – Kienäpfel oder Reisig zum Heizen oder Kochen, denn Gas und Elektrizität gab es zunächst auch nicht und später nur rationiert. Im Herbst ging es hauptsächlich um die nahrhaften Pilze aus den umliegenden Wäldern. Ich erinnere mich, daß es zu meinen Träumen gehörte, einmal wieder durch einen Wald oder einen Park schlendern zu können, »mit dem Kopf nach oben«, also nicht, um ständig etwas zu suchen.

Am 15. Mai kamen Lebensmittelkarten zur Verteilung. Sie unterschieden zwischen Schwerarbeitern, Arbeitern, Angestellten und »Sonstigen«, womit hauptsächlich Frauen und Kinder gemeint waren. Später wurden sie auf sechs Kategorien erweitert. Die Tagesrationen schwankten damals bei Brot zwischen 300 und 600 Gramm, Fleisch 20 bis 100 Gramm, Fett 7 bis 30 Gramm, Zucker 15 bis 25 Gramm. Lediglich die Kartoffelrationen von 400 Gramm täglich und die Monatsrationen für Kaffee-Ersatz von 100 Gramm, Tee von 20 Gramm waren für alle Berliner gleich.[22] Noch im Juli lebte der Durchschnittsbürger von 600 bis 800 Kalorien täglich. Später wurde den Opfern des Faschismus die höchste Karte zuerkannt, wie übrigens auch den Vertretern der »Intelligenz«, denen die Russen stets hohen Respekt zollten.

Die Berliner entwickelten einen ungewöhnlichen Erfindungsgeist, um diese mageren Rationen aufs äußerste zu strecken. So wurde aus Gries, etwas Fett und Majoran ein Brotaufstrich hergestellt, den man Schmalz nannte. Eine Mischung aus Mehl, Süßstoff und Selters ergab eine Suppe; Brennesseln, Löwenzahn und Kartoffelschalen ersetzten das Gemüse. Dazu trank man »Alkolat«, ein Gesöff, das aus etwas Alkohol, 20 Prozent Sirup und einem Geschmacksstoff bestand und bei Genuß größerer Mengen zu fürchterlichen Kopfschmerzen führte. Man delektierte sich am »Heißgetränk«, einem undefinierbaren Gesöff, das an warmen Tagen auch als »Heißgetränk kalt« angeboten wurde. Vorgärten, Parkanlagen, Straßenrabatten verwandelten sich in Kartoffeläcker oder Gemüsebeete, die man entweder zu bewachen gezwungen war oder so abschirmen mußte, daß auch der gerissenste Dieb nichts davon stehlen konnte. Ja, sogar im Tiergarten, in dem kaum noch ein heiler Baum stand, wuchsen mit Genehmigung und Ermunterung der Stadt auf gepachteten Parzellen Kohlköpfe, Bohnen und Zuckerrüben. In Balkonkästen schossen Tabakpflanzen hoch, zärtlich gehegt und gepflegt von Männerhänden, die nach entsprechender Bearbeitung einen nicht gerade wohlriechenden Tabak ergaben.

»Wir mußten unsere Werkzeuge von zu Hause mitbringen, um überhaupt arbeiten zu können«, erzählte ein Berliner von jenen Tagen.[23] Wie viele andere fand auch er an seinem Arbeitsplatz nichts mehr vor. Die Demontagen waren vollkommen gewesen.[24] Die Russen hatten selbst vor Telefonen oder Bleistiftanspitzern nicht haltgemacht. Und so stellten die Arbeiter in den ersten Nachkriegsmonaten das Nächstbeste her, wofür es Material gab. Gebraucht wurde schließlich alles. Aus Stahlhelmen wurden Kochtöpfe, aus Flugzeugteilen Schüsseln, Blechreste verwandelten sich in Löffel. »Bis Mitte Juli arbeiteten wir ohne Lohn«, heißt es in dem Bericht. Das Wirtschaftsleben kam erst Mitte Juli wieder in Gang, nachdem das Amt für Handel und Handwerk wieder aktiv geworden war. »Man hatte eben einfach den Willen zur Arbeit und wollte unbedingt einen neuen Anfang machen.«

Berliner Zeitungen berichteten von freiwilligen Aufbauarbeiten der Bürger in den einzelnen Bezirken. Einer spornte den anderen an. Man reparierte Wasserrohre, sah zu, daß das soziale Leben wieder in Gang kam, half bei Erntearbeiten, machte Spielplätze wieder benutzbar, Hausgemeinschaften reparierten ihre Häuser. »Wir müssen anpacken«, hieß es in einem Bericht über den einstimmigen Beschluß des Bezirksamtes Friedrichshain, eine zehnstündige Arbeitszeit einzuführen.[25] Dabei fällt auf, daß die von den Russen lizenzierten Zeitungen wie die ›Berliner Zeitung‹ oder die ›Deutsche Volkszeitung‹ solchen Berichten sehr viel Platz einräumten, überhaupt im Tenor ihrer Berichterstattung eine viel optimistischere Tendenz verfolgten, wenn es um den Aufbau der Stadt ging, als z. B. ›Der Tagesspiegel‹, der sich in jener Zeit mehr auf trockene Berichterstattung beschränkte.

»Ich befehle Ihnen, noch heute mit den Rundfunksendungen zu beginnen.« Das waren die Worte, die der russische General Bersarin am 13. Mai an Hans Mahle richtete, den gerade ernannten Intendanten des Senders Berlin. Der Sender war im unversehrten Rundfunkhaus in der Masurenallee untergebracht. Hans Mahle, der kurz zuvor nach 18 Jahren Exil aus Moskau zurückgekehrt war, erinnerte sich: »Ich sollte dort der Hausherr sein, aber ich war es in Wirklichkeit nicht, denn im großen Sendesaal kampierten noch etwa 3000 Flüchtlinge, die keine andere Bleibe hatten.«[26] Dennoch wurde schnell aus der einen Stunde, in der an jenem 13. Mai zunächst nur Anweisungen der Kommandantur an die Bevölkerung gesendet wurden, ein richtiges Rundfunkprogramm, das innerhalb von einer Woche 18 Stunden umfaßte.

Die Nazis hatten bei der Einrichtung des Funkhauses nicht gespart. Das Instrumentarium, fast unversehrt, war vorbildlich, berichtete Mahle. Auf der Suche nach Mitarbeitern stieß er allerdings auf Schwierigkeiten. »Ich mußte wohl oder übel auf alte Nazis zurückgreifen. Sie waren die einzigen Experten, die ich finden konnte.« Er wies sie jedoch sofort darauf hin, daß dies nur als Übergang gedacht war. Am 13. Mai hatte Mahle mit fünf Mitarbeitern begonnen, nach 14 Tagen waren es 1000. Und so wurde innerhalb kurzer Frist der Rundfunk zu einem ganz wichtigen Instrument. »Er half mit«, so sagte Mahle, »das Wunder von 1945« zu schaffen, nämlich die Leute mitzureißen und damit den Wiederaufbau der Stadt voranzutreiben. Zeitungen waren aufgrund der Papierknappheit in ihrer Wirksamkeit begrenzt. »Es war wirklich eine dolle Zeit damals, in der alles in Bewegung war«, sagte er.

Friedrich Luft erinnerte sich: »In Garagen, stillgelegten Kinos, auf Hinterhöfen, in kleinen Schuppen, selbst ungenutzten Stallungen führte man Theaterstücke auf. Irgend jemand hatte einen Text, der zufällig nicht den Nazis oder den Bomben zum Opfer gefallen war.« Dabei waren, so Luft, Texte von in der Nazizeit verbotenen Schriftstellern besonders begehrt – Ringelnatz, Tucholsky, Brecht, Heine. Sie wurden gemeinsam gelesen oder auf die Bühne gebracht. Es gab viele beschäftigungslose Schauspieler, die sich für solche Abende sofort zur Verfügung stellten. »Es kam einem Aufatmen gleich, einem völligen Neubeginn, einem Glück in sich, denn es wurde trotz allem gespielt.«

So entwickelte sich zunächst in den einzelnen Bezirken ein aktives kulturelles Leben, das vom Mangel an Verkehrsmitteln profitierte. Im Herbst 1945 hatten die Gesuche für Theateröffnungen die groteske Zahl von über 400 erreicht. Es war kennzeichnend für die Zeit, daß Paul Wegener, der Präsident der Kammer der Kunstschaffenden, am 5. August 1945 die Bevölkerung aufrief, ihre Bücherschränke zu durchsuchen. »Es fehlt an Klassikern, vom Reclamheft bis zum noch ungedruckten Dramenmanuskript. Bitte stellen Sie uns leihweise zur Verfügung, was Sie haben.« Die Sehnsucht nach Freude und Lachen förderte die Wiederkehr von Kabaretts, die in der Nazizeit, sofern sie überhaupt überlebten, ihrer Funktion kaum gerecht geworden waren. Das vor 1933 berühmt gewordene »Kabarett der Komiker« war eines der ersten, das mit einer Revue, »Berlin kommt wieder«, wieder an die Öffentlichkeit trat. Ihm folgten viele andere Kleinkunstbühnen. Im Herbst 1945 lagen nicht weniger als 1000 Gesuche auf Wiedereröffnung von Kabaretts vor. Am 19. Juni kündigte die »Femina« die Wiedereröffnung ihrer Vergnügungsstätte an, fügte ihrer Anzeige aber die Bitte hinzu, ihr Kochtöpfe und weiße oder hell gemusterte Tischdecken zu überlassen. Der Plaza-Dachgarten mit Tanz und Varieté war am 1. Juli wieder da. Ähnlich war es mit »...und abends ins Maxim«, das mit »Attraktionen von Weltruf« lockte.

Bald begannen auch die großen Theater wieder ihre Pforten zu öffnen. Ihre Aufführungen wurden zu großen Erlebnissen für die Bevölkerung Berlins, die dafür stundenlang nach Karten anstand und ebenso lange zu Fuß durch die Stadt ins Theater »wanderte«. Die Sperrstunden von 22 Uhr bis in die frühen Morgenstunden machten frühe Anfangszeiten erforderlich; das galt auch später noch wegen der am späten Abend fehlenden öffentlichen Verkehrsmittel. Im Theater oder im Konzert vergaß man einfach alles – die Ruinen, den Hunger, die Probleme, ja selbst die Sorgen um verschollene Angehörige. Am 4. September begann die Deutsche Oper wieder zu spielen. Sie eröffnete mit ›Fidelio‹, einer Aufführung, von der so etwas wie eine Art Weihe ausging.

In den Theatern entdeckte man Neues oder ausländische Autoren, die den Berlinern durch die Abgeschlossenheit der Jahre unter dem Naziregime entgangen waren. O'Neill, Gogol, Cocteau, Sartre, Zuckmayer. Im Eifer des Nachholbedarfs war das Publikum, was das Niveau anging, nicht wählerisch, und seine Begeisterung übertrug sich natürlich auf die Schauspieler. »Die Schauspieler regieren diese Stadt«, so schrieb die Schriftstellerin Hilde Spiel. »Die Gesellschaft ist dahin. An ihre Stelle ist das Premierenpublikum getreten.« Auch der Applaus, so Luft, zeigte nur wenig kritische Einschränkungen. »Das Phänomen des befreiten Spiels war allen köstlich. Selten war ein Publikum so dankbar.«

An zwei der ergreifendsten Aufführungen erinnere ich mich sehr genau: ›Nathan der Weise‹ im Deutschen Theater.[27] Paul Wegener spielte die Hauptrolle unter der Regie von Fritz Wisten, dem jüdischen Regisseur, der dank seiner nichtjüdischen Ehefrau überleben durfte. Als der alte Mönch den Satz sprach »...und unser Herr war auch Jude«, gab es tosenden Beifall. Ich sehe Wegener in seiner Rolle als Nathan noch heute vor mir. Es war, als wollte er, stellvertretend für viele, der Welt zeigen, daß es auch unter Deutschen noch Menschen gibt, die Lessings Gedanken von der Toleranz zu ihrer Maxime machen. Das zweite Stück war Friedrich Wolffs ›Professor Mamlock‹ im Hebbel-Theater[28], das die Judenverfolgungen zum Inhalt hat; es führte zu tiefer Ergriffenheit. Dem Publikum schien im wahrsten Sinne des Wortes der Atem zu stocken, vor Entsetzen.

Reprisen wie Molnars ›Liliom‹ mit Hans Albers in der Hauptrolle oder Brechts ›Dreigroschenoper‹ mit Kathie Kühl, die an die goldenen Zwanziger erinnerten, gehörten zu Theaterereignissen, die keiner missen wollte. Der Satz in der ›Dreigroschenoper‹: »Erst kommt das Fressen und dann die Moral«, der jedes Mal mit großem Beifall bedacht wurde, hätte beinahe zur Absetzung der Aufführung durch die Alliierten geführt, denen jedes Stück zur Genehmigung vorgelegt werden mußte. Ihre Anweisungen waren schließlich, diesen Satz weniger provokativ zu spielen.

Die Alliierten nutzten ihr Vorrecht, auf den Spielplan Einfluß auszuüben. Die Russen bestanden darauf, daß alle Stücke, die in ihrem Sektor aufgeführt werden sollten, ins Russische übersetzt wurden. Sie verboten die Aufführung von Thornton Wilders ›Unsere kleine Stadt‹, weil sie ihnen »ungeeignet« schien, »der Inhalt zu passiv, zu poetisch, zu sehr reine Kunst«. Ähnlich war es mit Wilders ›Wir sind noch einmal davongekommen‹. Sie erklärten, die Deutschen hätten schon zuviel Tod erlebt. Tatsächlich spielt der 3. Akt auf dem Friedhof. »Die haben davon genug«. Im Gegenzug verboten die Engländer in ihrem Sektor die Aufführung eines Stückes des Expressionisten Georg Kaiser.

Aber das war schon zu einer Zeit, als sich die Anzeichen für den kalten Krieg zu mehren begannen. Die drei westlichen Alliierten, die erst am 11. Juli 1945 ihre Sektoren in der von ihnen geteilten Stadt übernahmen, empfanden den zweimonatigen Vorsprung der Russen auf kulturellem Gebiet als Herausforderung. Sie versuchten, mit Filmen nachzuziehen, die während der Nazizeit im Ausland entstanden waren und in Deutschland nicht gezeigt werden durften. Später brachten sie international bekannte Schauspieler in die Stadt, die wegen ihres lebendigen Kulturlebens für Künstler aus allen Teilen der Welt ohnehin attraktiv geworden war. Als die in den zwanziger Jahren in Berlin verehrten Schauspieler Fritz Kortner und Elisabeth Bergner in die Stadt zurückkehrten, waren die Berliner nicht zu halten vor Begeisterung. Sie standen stundenlang vor dem Theater, um wenigstens einen schnellen Blick auf die im Nazi-Deutschland Verfemten zu werfen und ihnen ihre Zuneigung zu zeigen.

Natürlich hatte Barlog im Grunde recht, wenn er meinte, daß die meisten Berliner in Wirklichkeit »sehr bedrückt« waren. Deswegen wollte er etwas »ganz Fröhliches« auf die Bühne bringen. Und er eröffnete das Schloßparktheater in Steglitz mit ›Hokuspokus‹ von Curt Goetz.[29] Drei Tage vor der Premiere war das gesamte Gestühl des Theaters über Nacht verschwunden. Erst am Tage der Aufführung schaffte es die Kriminalpolizei wieder herbei. Ein cleverer Kinobesitzer hatte es für sich »organisiert«. »Wir hätten auch ohne Klappsitze eröffnet, und das Publikum wäre dennoch gekommen«, sagte Barlog. Bretter, die, auf Ziegelsteine gelegt, Sitzgelegenheiten ergaben, lagen schon bereit. Tatsächlich hatte Barlog richtig kalkuliert. »Die Menschen waren so ausgehungert nach Fröhlichkeit und Humor und die Schauspieler so glücklich, wieder Theater spielen zu können, daß ein wochenlang ausverkauftes Haus die Folge war.« Allerdings fehlten dem Theater für seine weitere Arbeit Kostüme und Kulissen. Aber Barlog wußte sich zu helfen. Ein Anschlag an der Kasse ging in die Theatergeschichte ein: »Tausche Eintrittskarte gegen Nägel.« Nur so gelang es, die Dekorationen herzustellen, für die man Bretter aus den Trümmern gesucht hatte, erzählte Barlog.

Im Winter gelangte man mit einem eingewickelten Brikett zu einer Eintrittskarte. Denn viele Theater waren ungeheizt. Im Parkett saß das Publikum in Decken gehüllt, hatte Säcke über den Füßen, die Mantelkragen hochgeschlagen, Mützen bis über beide Ohren gezogen. Auf der Bühne wurde der Atem der Schauspieler sichtbar. Im Hebbel-Theater wurden an einem der Theaterabende auf der Bühne zwei Grad unter Null gemessen. Zum Festakt anläßlich der Wiedereröffnung der Universität im Admiralspalast am 29. Januar 1946 (anstelle der beschädigten Staatsoper) erschienen die Gäste in ähnlicher Aufmachung. Paul Wandel, der Präsident der Zentralverwaltung für Volksbildung, sprach damals den bedeutungsvollen Satz: »Am Beginn der neu erstehenden Universitäten verkünden wir lauter und fester als zuvor die Idee der Humanität und der Freiheit.«

Einige Theater, im russischen Sektor gelegen, kündigten auf ihren Spielplänen an, daß sie geheizt waren (dank russischer Zuteilung) – sich der Zugkraft dieses Versprechens wohl bewußt in einer Stadt, in der Gas und Elektrizität rationiert waren und andere Heizmaterialien zur Mangelware gehörten. Es war meiner Erinnerung nach ein harter Winter, den wir, wenn wir nicht ausgehen mußten, »vollständig angezogen, im Wintermantel und mit Handschuhen, im Bett verbrachten, um nicht zu erfrieren«, so schilderte meine Mutter unsere Situation meinem Vater nach England. »Das Zimmer ist eiskalt und trostlos. Das Wasser in unserer Waschschüssel ist heute nacht eingefroren. An den Fenstern haben sich Eisblumen gebildet.«

Quoten für den Verbrauch von Elektrizität waren für die einzelnen Wohnungen festgesetzt worden.[30] Überschritt man sie, kostete es Strafe. Manche lernten den – natürlich strafbaren – Trick, die Scheibe des Zählers zum Rückwärtslaufen zu bewegen. Die Benutzung von Staubsaugern und elektrischen Geräten anderer Art war bei Strafe bis zu einem Jahr Gefängnis und einer Geldbuße von 500 Mark untersagt. Lebensmittelgeschäfte und Apotheken durften von 8.00 Uhr morgens bis 18.00 Uhr nachmittags geöffnet sein, alle anderen Geschäfte nur bei Tageslicht. Theater und Lichtspielhäuser blieben von Montag bis Donnerstag geschlossen und durften an den übrigen Tagen nur Notlicht einschalten. Manchmal gingen wir am Wochenende in ein Kino, an dem ein Schild Wärme verhieß. Im Dunkeln fragten wir einen Nachbarn, was eigentlich gespielt wurde. Aber allem zum Trotz: Selten gab es irgendwo in der Welt so viel Lebenswillen und neben so viel Leid so viel Hoffnung.

»Der letzte Schrei – das Flickenkleid.« Die Presse vom 13. September brachte Bilder vom ersten Modetee im »Clou«. Man zeigte ein weitschwingendes Röckchen, das aus allerlei Stoffresten gezaubert worden war. »Kleidersorgen? Kommen Sie zu uns. Wir beraten Sie unverbindlich, wie Ihr alter Anzug, Mantel oder Kleid vorteilhaft repariert werden kann«, lockte eine Firma. Eine andere kündigte schon am 21. Juni 1945 an, daß sie neue Kleider liefere. »Liefern Sie uns zwei alte Kleider dafür.« »Das kleine Schwarze« kam schon im Oktober wieder, »über das die Dame eine blaue Weste trägt, die aus einer gesteppten Bettdecke gefertigt wird«, pries ein Magazin. Die dazu passende Frisur konnte der Friseur nur »kreieren«, wenn man ihm zwei Briketts oder zwei Kloben Holz mitbrachte, damit er heißes Wasser zum Waschen bereiten konnte. War aber plötzlich Stromsperre oder hatte er sein Stromkontingent überschritten, wurde die Dame je nach

Saison oder Wetter zum Trocknen nach Hause geschickt oder auf die Straße in die Sonne gesetzt.

Auch mir halfen solche eifrigen Modeschöpfer des Jahres 1945. Ich hatte in den letzten Kriegstagen bei der Auflösung eines Lagers der Organisation Todt in der Nähe von Potsdam »mitgeholfen« und dabei einen Eisenbahnermantel »mitgehen lassen«, der für einen großen, starken Mann gedacht gewesen sein muß. Aus ihm wurde ein warmer Wintermantel für mich, der erste seit vielen Jahren. Zwar schickte mein Vater uns ab und zu Pakete, aber oft waren die darin enthaltenen Sachen zu klein. Schrecklich enttäuscht standen wir dann davor. Am schlimmsten war es mit Schuhen, die wir schließlich aus Not trotzdem trugen, ganz gleich, ob sie drückten oder zu groß waren.

»Tausche« – das war ein weiteres Lebenselixier. Man suchte und fand etwas, das zur Verbesserung der Lebensbedingungen eingetauscht werden konnte. An improvisierten Anschlagtafeln, an Bäumen und Zäunen bot man an: »Sommermantel gegen Zuchtkaninchen«, »Sechsröhren-Radio ›Telefunken‹ gegen Pferd und Wagen«, »Matratze gegen Rasierapparat«, »Mehl, Zucker, Fett gegen Kinderwagen«. Diese Art des Geschäftemachens war noch vornehm im Vergleich zu den meist »fliegenden« Schwarzmärkten, auf denen alles angeboten wurde zum Tausch oder zum Kauf, vom verrosteten Nagel oder der Tasse ohne oder mit Henkel bis zum Abendkleid oder zum Anzugsstoff. Besonders ältere Frauen brachten ihre »guten« Stücke aus vergangener Zeit dorthin – Lederetuis, Seidenschals, Glacéhandschuhe –, die sie für Schmalz oder Zigaretten anboten. Für zehn »Amis« – so nannte man amerikanische Zigaretten – bekamen sie sechs Pfund Brot, zwei »Amis« brachten ein kleines Stück Margarine oder einen kleinen Beutel Kartoffeln ein.

Alliierte Soldaten profitierten von dieser Situation und handelten sich auf billige Weise Stoffe und Kameras ein. Den Behörden waren diese Schwarzmärkte ein Dorn im Auge, und sie bekämpften sie mit Polizeirazzien, konnten aber nicht verhindern, daß die »Händler« einfach ein paar Ecken weiter ihre unterbrochenen Geschäfte wiederaufnahmen.

Und so arrangierte man sich im ersten Nachkriegsjahr in Berlin. Man lebte für den nächsten Tag, tat alles, um die Vergangenheit auszuschalten, wollte wieder eine Zukunft haben, eine, in der das Leben wieder einen Wert hatte. Und dieses Ziel war wohl die Ursache dafür, daß die Berliner ungeahnte Kräfte entwickelten, unglaublich erfinderisch waren, genossen, was es zu genießen gab. Das Leben hatte sie wieder. Und ich empfand das nicht anders.

3. Ein Traum wird zerstört

»Ich will nicht, daß der Kollegin Deutschkron etwas geschieht. Sie ist schließlich Antifaschistin.« In diesem Sinne habe sich Paul Wandel, Präsident der Zentralverwaltung für Volksbildung, im Kreis kommunistischer Mitarbeiter geäußert. So berichtete mir ein Kollege – natürlich unter dem Siegel der Verschwiegenheit. Er war einer von denen, für die Kommunismus nicht einfach ein Machtanspruch, sondern ein Ideal ihres Lebens war. Er spielte offenbar darauf an, daß ich Führung und Gebaren der kommunistischen Mehrheit in der Verwaltung laut und hemmungslos kritisierte, ja mich sogar offen dagegen auflehnte. Sie schien mir in nichts mit dem übereinzustimmen, was der Kommunismus auf seine Fahnen geheftet hatte. Im Gegenteil. Es wurden Symptome offenbar, die dem System der Nazi-Diktatur ähnelten, das erst so kurze Zeit vorher Deutschland und die ganze Welt ins Unglück gestürzt hatte. Die Bemerkungen des Herrn Wandel nahm ich zunächst nicht sehr ernst, kaum verwunderlich für einen Menschen, für den es Jahre zuvor ständig um Leben und Tod gegangen war.

Die Zentralverwaltung für Volksbildung entwickelte sich rapide. Zuerst wurde der Apparat für das Schulwesen aufgebaut. Denn innerhalb kürzester Frist sollten die Grundlagen für ein neues Schulsystem gelegt werden. Die Schwierigkeiten, die dem entgegenstanden, waren unvorstellbar. Die Bombenangriffe hatten den bestehenden Schulraum dezimiert. Es mangelte an Inventar. Von Schulheften und Schreibstiften konnte man nur träumen. Die meisten Lehrer waren noch in Kriegsgefangenschaft. Und dennoch wurden die Schulen in der russisch besetzten Zone am 1. Oktober 1945 aufgrund eines Erlasses des Chefs der SMAD, Marschall Schukow, vom 25. August

1945 wieder eröffnet. In diesem Erlaß hieß es auch, alle Maßnahmen müßten getroffen werden, daß das wiedererstehende Schulwesen von faschistischen und militaristischen Einflüssen frei sei. Dafür aber fehlten nach einer ersten Bilanz wenigstens 30 000 Lehrer. Denn 90 Prozent aller Lehrer waren auf irgendeine Weise in den Nationalsozialismus verstrickt gewesen. 28 000 wurden wegen ihrer Zugehörigkeit zur NSDAP entlassen und mußten ersetzt werden.[31]

Die Zahl der zur Verfügung stehenden antifaschistischen Lehrer war minimal. Darum wurden schnellstens 15 000 antifaschistisch gesinnte Arbeiter, Angestellte und Bauern ohne jegliche pädagogische Ausbildung nach kurzen Lehrgängen in den Schuldienst geholt. Man war sicher zu Recht der Ansicht, daß sie zwar in vieler Hinsicht unzulänglich waren, aber auf politischem Gebiet weniger Schaden anrichten würden als die im nazistischen Geist erzogenen Lehrer. Dabei standen diese neuen Lehrer vor schier unlösbaren Aufgaben. Jedes fünfte Kind hatte im Krieg seinen Vater verloren. Viele Kinder suchten ihre Angehörigen. Ihnen fehlten Kleider und Schuhe. Sie waren unterernährt. Viele von ihnen zogen den Schwarzmarkt der Schule vor, wo sie sich zu gewieften Händlern und nicht selten zu Kriminellen entwickelten. Ältere Jugendliche hatten meist in der Hitlerjugend gedient und waren noch in faschistischen Idealen befangen.

Zwei Monate später begann man mit der Ausbildung weiterer 30 000 Lehrer in Acht-Monats-Kursen. Ihre Auswahl hing nicht von Zeugnissen ab, sondern einzig und allein von den Charaktereigenschaften der Kandidaten und ihrer politischen und geistigen Gesinnung. Das im Januar 1946 erarbeitete Schulgesetz legte die einheitliche achtklassige Grundschule als Kernstück eines neuen Einheitsschulwesens fest. Ihm sollten zwei- und dreijährige Berufsschulen beziehungsweise vier Jahre Oberschule folgen. Am 1. Juli 1946 gab die Zentralverwaltung die ersten einheitlichen Lehrpläne für die Grund- und Oberschule heraus. Die Lehrpläne für Geschichte waren neu erarbeitet worden, für die anderen Fächer griff man meist auf die aus der Zeit der Weimarer Republik zurück. Der Verlag Volk und Wissen, der ebenfalls in der Zentralverwaltung untergebracht war, brachte noch im Herbst 1945 neue Fibeln, Rechen- und Lesebücher heraus und lieferte im Jahr 1946 9,3 Millionen Schulbücher, die den Ansprüchen des neuen Geistes entsprachen. Derartige Leistungen unter so erschwerten Bedingungen hat es sicher nie zuvor in der Geschichte des deutschen Schulwesens gegeben.

Dabei aber vergaßen die Verantwortlichen des Hauses niemals ihre politische Aufgabe. Die Kommunistische Partei hat seit eh und je den Schwerpunkt ihrer politischen Arbeit am Arbeitsplatz gesehen.[32] Ihrem Beispiel folgend, wurden in der Zentralverwaltung politische Betriebsgruppen gebildet. Der Betriebsgruppe SPD, der ich sofort beitrat, gehörten etwa 30 Personen an gegenüber den etwa 150 der KPD. Edith Baumann[33], Vertreterin der SPD im Zentralen Jugendausschuß[34], übernahm den Vorsitz. Den Sozialdemokraten, die ihre politische Tätigkeit im Unterschied zu den Kommunisten am Wohnsitz ausübten, war diese Arbeit eigentlich fremd, und sie nahmen sie darum auch nicht sonderlich ernst.

Allerdings entging ihnen nicht, daß im Laufe der Zeit in unserem Hause immer neue Organisationen und Institutionen gegründet wurden, die irgendwie mit der Zentralverwaltung verbunden waren, und daß die Zahl der Mitarbeiter des Hauses ständig stieg. Die Vorarbeiten für die Wiedereröffnung der Universität brachten neue Mitarbeiter ins Haus. Der Aufbau-Verlag nahm seine Arbeit in unserem Haus auf, die DEFA-Filmgesellschaft nahm dort ihren Anfang, und selbst die »Freie Deutsche Jugend«[35] ging von dort aus. Die SPD-Betriebsgruppe hingegen hatte keinerlei Zugänge zu verzeichnen.

Zu jener Zeit, im Spätherbst des Jahres 1945, begann die KPD bereits mit allen Mitteln für eine Verschmelzung der beiden Arbeiterparteien zu werben. Die Atmosphäre in der Zentralverwaltung veränderte sich merklich. Zwar behinderte sie noch nicht den Eifer, mit dem wir alle arbeiteten, immer noch vom Glauben beseelt, an der Schaffung eines neuen Deutschland beteiligt zu sein. Aber mir fielen die mehr und mehr bedrückt aussehenden Gesichter meines Chefs und seiner sozialdemokratischen Kollegen in den höheren Positionen auf, die ich zunächst nicht zu deuten wußte. Es wunderte mich, daß Dr. Thaus immer öfter nach einem kurzen Telefonanruf ohne Angabe von Gründen aus dem Zimmer ging und mit einem betroffenen Gesicht zurückkehrte. Auf meine Fragen, zu denen mich unser enges freundschaftliches Verhältnis berechtigte, hatte er immer nur eine abwehrende, Schweigen gebietende Handbewegung als Antwort. Erst viel später erfuhr ich, daß Vertreter des NKWD im Hause tätig waren und die Arbeit der Dezernenten unter Kontrolle hielten. Manchmal kam er auch mit einem vollen Rucksack zurück.

Mein Chef gehörte zu den Privilegierten, denen die Russen das Arbeiten in den von ihnen überwachten Behörden durch sogenannte »Pajoks«[36] schmackhafter machen wollten. Es war damals nichts Außergewöhnliches, daß Dr. Thaus wie jeder Berliner immer einen Rucksack bei sich trug. Tatsächlich verließ er die Verwaltung jeden Tag mit einem gefüllten Rucksack. Meist enthielt er Briketts. Der Kohlenträger, der uns die tägliche Ration für unseren Kanonenofen zu liefern hatte, erhöhte diese, wenn wir ihn mit Zigaretten erfreuten. Mangels anderer Möglichkeiten lagerten wir diese Briketts in den Schreibtischschubladen, die eigentlich für Akten vorgesehen waren. Die Akten wurden darum auf dem Schreibtisch plaziert. Jeden Tag nahm sich jeder von uns seinen Brikettanteil oder eben so viel, wie er zu tragen in der Lage war. Privathaushalte erhielten damals noch keine Zuteilung von Brennmaterial. Ein ritterlicher Kollege, der mir auf dem Nachhauseweg stets die Tasche trug, wunderte sich immer über ihr ungewöhnliches Gewicht.

»Heute nacht ist ein Lastwagen mit Fleisch aus der Zone

eingetroffen und sogleich entladen worden.« Eine Putzfrau flüsterte mir dies eines Tages mit vielsagendem Lächeln zu. Ich verstand sie nicht. Was sollte das heißen? Ich
war so aufgebracht, daß ich sie geradezu einem Verhör un-
terzog. Schließlich erfuhr ich, daß schon des öfteren nachts
solche Lastwagen mit Fleisch oder frischem Gemüse eingetroffen waren, deren Inhalt dann an »bestimmte« Mitglieder des Hauses verteilt worden waren. Nur zögernd
fand sie sich bereit zu sagen, daß es sich ihrer Meinung
nach dabei ausschließlich um Kommunisten handelte.

Ich forschte weiter, befragte Nachtwächter, befreun-
dete kommunistische Kollegen und begegnete nur verlege-
nen Gesichtern. Unter ihnen war Leo H. Er hatte als Kommunist und Jude verschiedene KZs überstanden. Es war
wie selbstverständlich, daß wir uns anfreundeten. Leo,
zwar schon 37 Jahre alt und von Beruf Kürschner, studierte nach dem Krieg Medizin. Um sich diesen Herzens-
wunsch leisten zu können, arbeitete er halbtags in der Zentralverwaltung. »Das nennst du Sozialismus?« fauchte ich
ihn an. »Dafür hast du gelitten, dafür willst du weiter-
kämpfen?« Von Leo kam keine Antwort. Sein Gesicht war
bewegungslos. Er drehte sich weg. Es war nicht das erste
Mal, daß ich von ihm auf solche oder ähnliche Fragen
keine Antwort bekam, so oft ich auch in ihn drang.

Das sollte Sozialismus sein, der Sozialismus, der allen
Menschen Gleichheit der Rechte und Möglichkeiten versprach? Ich mußte mich mit diesen Fragen allein auseinan-
dersetzen. Ich erkannte damals den Konflikt noch nicht, in
den alte Genossen – offenbar auch Leo – in ihrem Verhältnis zur Parteilinie von Zeit zu Zeit gerieten. Bald war klar,
daß in dieser neuen Verwaltung ein Mann damit beschäftigt war, für Aufbesserungen der geringen Lebensmittelra-
tionen »bestimmter« Leute zu sorgen. Noch voller Empörung über diese für meine Begriffe bodenlose Ungerechtigkeit ging ich schnurstracks zu dem Mann, dessen Name
Willi Gast war und der in der Liste der leitenden Angestellten als Abteilungsleiter (Interne Verwaltung, Wirt-

schaftsangelegenheiten) geführt wurde. Ohne viele Umschweife offenbarte ich ihm, daß ich von einer nachts eingetroffenen Lebensmittelsendung gehört hatte, »die doch sicher für alle Mitarbeiter bestimmt ist«, und fragte so harmlos wie möglich, wann diese denn nun verteilt würde.

Noch heute sehe ich das verdutzte Gesicht des Herrn Gast vor mir. Er war sprachlos und hatte Mühe, eine Antwort zu finden. Nach längerem Schweigen sagte er, er wisse von all dem nichts. Aber wenn sich meine Angaben bewahrheiten sollten, würde selbstverständlich eine Verteilung an die Mitarbeiter erfolgen. Ich brauchte nicht lange zu warten. Per Telefon teilte mir Herr Gast mit, daß meine Angaben den Tatsachen entsprächen und daß er nun die Verteilung vorbereite.

Es versteht sich von selbst, daß ich von da an über jede eingetroffene Lebensmittellieferung schnellstens unterrichtet wurde. Putzfrauen und Nachtportiers waren meine Informationsquellen. Herr Gast gewöhnte sich daran, daß ich ihm meine Kenntnisse übermittelte. Mit der Zeit konnte ich mir sogar erlauben, Einsicht in den Lieferschein zu fordern und gemeinsam mit ihm die Menge der an jeden einzelnen zu verteilenden Rationen zu bestimmen. Es gab Gelegenheiten, bei denen ich selbst statt mit der Schreibmaschine mit einem großen Wurstmesser hantierte, um einer gerechten Verteilung sicher zu sein. Es war wohl nicht verwunderlich, daß ich zu jener Zeit des Hungerns in Berlin in dieser Verwaltung populär wurde.

Ich freute mich über diesen Erfolg, weil ich – naiverweise – damit gezeigt zu haben glaubte, was meiner Meinung nach demokratisches und sozialistisches Handeln im Alltag ist. Ich machte wohl auch keinen Hehl aus meiner Freude darüber, obwohl oder gerade weil ich sehr bald das Unbehagen spürte, das meine kommunistischen Kollegen mir nun entgegenbrachten. Mein Freund Leo sagte wiederum nichts dazu. Er ließ sich auch nicht zu einem Kommentar zwingen. Ich ahnte damals noch nicht, daß ich einer im Kommunismus üblichen Ordnung entgegenarbeitete.

In einem mir später zugespielten Dokument war das alles niedergelegt. So heißt es in einem Protokoll über ein Gespräch im Zentralkomitee der KPD, das ein Angestellter der Zentralverwaltung führte[37], daß beim Aufbau einer Kantine folgende Verpflegungsregeln zu beachten seien: »1. einfacher Arbeiter = ein Mittagessen; 2. mittlerer Angestellter = zum Frühstück 400 Gramm Brot, belegt mit Butter und Käse oder Butter und Marmelade, zum Mittag ein warmes Essen; 3. der Chef und die erste Sekretärin = zum Frühstück 400 Gramm Brot, Butter, Käse, Marmelade (Zuteilung etwas mehr als unter 2.), zum Mittag ein warmes Essen, das sich von 2. zum Besseren unterscheidet. Da der Sonntag als Erholungstag für die kommende Woche gilt, erhält am Sonnabend jeder für den Sonntag Kartoffeln; Fleisch, Gemüse, Brot, Butter, Textilien, Tabakwaren, Konfitüre werden entsprechend der Person verteilt.« So verfahre man im Zentralkomitee der KPD, hieß es in dieser Niederschrift.

Laut diesem Protokoll erläuterte Frau Pieck dem Herrn von der ZV, daß man diese Lebensmittel von Gütern in der Nähe von Berlin beziehen könne, die nicht der allgemeinen Aufteilung anheimfielen. Sollten diese Güter ohne Viehbestand sein, könnten nach Verhandlungen 100 Stück Rindvieh herangeschafft und dadurch Schlachtungen und Konservierungen vorgenommen werden. Aus diesen Gütern könnten auch Gemüse, Kartoffeln, Milch und Butter zusätzlich für die Angestellten herausgezogen werden. Tatsächlich sei das Einkaufen der Waren in Sachsen und Mecklenburg nicht schwierig, sagte Frau Pieck dem Herrn Szal.

Aber das Hereinbringen der Ware nach Berlin brächte Probleme mit sich. Darum müsse man beachten, mit der eingekauften Ware nicht durch die englische oder amerikanische Zone zu fahren. Man müsse auf dem Weg nach

Berlin einen Umweg von 30 Kilometern machen. Auch den Streifen der Roten Armee dürfe man nicht erlauben, den Inhalt der Lastwagen zu inspizieren, sondern müsse darauf dringen, mit der Streife zum Kommandanten zu fahren. Bei Streifen der deutschen Polizei fahre man am besten sofort zum Bürgermeister, riet Frau Pieck. Auf alle Fälle müßten Schokolade und Bonbons bei der Verladung so liegen, daß sie bei der Überprüfung nicht ins Auge fielen. Auf dem Transport sei es angebracht, wenn eine Person etwas Russisch spräche, um die Verhandlungen mit der russischen Streife führen zu können. Gut sei es auch, »nur ganz gewitzte Personen zum Einkauf zu entsenden«.

Mein Kampf gegen die Ungerechtigkeiten in der Verwaltung wurde für mich noch von zusätzlicher Bedeutung. Meine Vergangenheit als verfolgte Jüdin hatte es mir anfänglich schwergemacht, das Vertrauen der jungen Kollegen zu gewinnen. Eben weil viele von ihnen an die Nazis geglaubt, das Leben in deren Jugendorganisationen genossen hatten und für manche am Ende des Krieges eine Welt zusammengestürzt war, fühlten sie sich mir gegenüber verwirrt und beschämt. Juden waren in der Nazizeit als Kriminelle hingestellt worden, die es auszurotten galt. Wenige junge Menschen hatten meines Wissens diesen Teil der nazistischen Ideologie in Frage gestellt, da sie meist gar keine Juden kannten. Um so verständlicher war ihre Zurückhaltung mir gegenüber, einer Jüdin, die so anders aussah als das Bild, das ihnen Jahre hindurch vorgeführt worden war, und die allen Verfolgungen zum Trotz überlebt hatte, und das mit Hilfe anderer Deutscher. Ihre Zurückhaltung mir gegenüber wich nun einer Art Zuneigung. Ich gebe zu, daß mir das wichtig war. Ich war jung und wollte es endlich auch im Kreis anderer junger Menschen sein können.

Später beschlossen wir, eine Jugendgruppe in der Verwaltung zu gründen, um einerseits nachzuholen, was uns durch die Nazis vorenthalten worden war, andererseits, um uns mit den Problemen unserer Zeit auseinanderzusetzen. Da ich sehr wesentlich am Zustandekommen dieser Gruppe beteiligt war, wurde ich mit dem Vorsitz betraut, ein kommunistischer Kollege wurde mein Stellvertreter. Wir wanderten am Wochenende in der Umgebung Berlins, schliefen in Heuschobern, gingen gemeinsam ins Theater – besonders zu Stücken ehemals verfemter Autoren. Wir hörten Vorträge, diskutierten darüber. Vor allem aber feierten wir Feste. Kurz, wir taten all das, was zum Jungsein gehört, aber damals keineswegs selbstverständlich war. Ich genoß das sehr, und ich spürte, daß ich mit der Zeit die anfängliche Scheu der Gleichaltrigen überwand.

Es war das erste Mal in meinem Leben, daß ich unbeschwert mit jungen Menschen meines Alters zusammensein konnte. Der Zulauf zu dieser Gruppe war groß. Mir entging jedoch nicht, daß die der KPD angehörenden führenden Angestellten immer zurückhaltender mir gegenüber wurden. Ohne es zu beabsichtigen, hatte ich offenbar auch politischen Einfluß auf die Jungen in unserer Verwaltung gewonnen. Besonders augenfällig wurde das, als ich bei den ersten Betriebsratswahlen alle diese Stimmen auf mich vereinigen konnte. Das war nicht schwer feststellbar. Die Zahl der in der Verwaltung arbeitenden Kommunisten schlug sich haargenau im Wahlergebnis nieder, da bei der KPD Fraktionszwang üblich war. Die Stimmen, die ich erhielt, kamen offensichtlich von den Sozialdemokraten und den Mitgliedern der Jugendgruppe, von denen die meisten politisch ungebunden waren. Vom kommunistischen Standpunkt aus gesehen, kam ich der Mitgliedschaft des Betriebsrates bedenklich nahe. Ich betrachtete das alles damals noch als ein Spiel, das mir große Freude bereitete.

»Sie vergaßen, die Gegenprobe zu machen.« Der Vorsitzende der Versammlung, Wilhelm Girnus, erstarrte, als er meinen Einwurf hörte. Er stand vor einem Plakat mit den verschlungenen Händen, dem Symbol der zu schaffenden Einheitspartei, und war gerade im Begriff zu sagen, daß sich die Versammlung der beiden Betriebsgruppen – SPD und KPD – einstimmig für die Einheit der Arbeiterklasse ausgesprochen hatte. Seine Überraschung hielt nicht lange an, dann sagte er eiskalt: »Die Kollegin hat recht« und bat um das Handzeichen jener, die gegen eine Vereinigung beider Parteien seien. Drei Hände gingen hoch. Eine lächerliche Minderheit gegenüber der Mehrheit der Kommunisten. Aber die Atmosphäre des Triumphs der Kommunisten war gestört. Unmut kam auf und schlug sich in offenkundigem Haß mir gegenüber nieder. Dennoch hatte ich zu jener Zeit noch so etwas wie Narrenfreiheit.

Die meisten Sozialdemokraten waren dieser und auch späterer Versammlungen ferngeblieben. Sie spürten, daß hier der Versuch gemacht wurde, sie mit List und Tücke in die geplante Einheitspartei zu zwingen. Das ging viele Wochen so. Jede Gelegenheit wurde wahrgenommen, um gemeinsame Veranstaltungen zu organisieren und dabei das Thema der Vereinigung anzusprechen. In privaten Gesprächen drangen sie in uns, riefen die unselige Vergangenheit als Beweis dafür an, wie schädlich die Spaltung der Arbeiterklasse gewesen sei und daß es heute niemanden geben könne – es sei denn, er sei ein Feind der Arbeiterklasse –, der sich dem Ruf nach Einheit entziehen wolle. Und in überschwenglichen Reden priesen sie es als ein großes Glück, erstmals den historischen Traum von einer vereinigten Arbeiterpartei verwirklichen zu können.

Tatsächlich hatten sich noch unter dem Eindruck der gemeinsamen Leiden in den Konzentrationslagern Sozialdemokraten und Kommunisten gleich nach Kriegsende im Frühjahr 1945 zusammengefunden, um eine einheitliche Arbeiterpartei zu gründen. Die Kommunisten beriefen sich dabei auf die Berner Konferenz der KPD von Anfang 1938. Damals war in einer letzten offiziellen Resolution des ZK vor dem Ausbruch des Zweiten Weltkriegs ausdrücklich erklärt worden, daß »eine einheitliche revolutionäre Partei der deutschen Arbeiterklasse geschaffen werden muß«. Man sprach sogar noch nach Kriegsende freimütig über die Fehler der Partei vor Hitlers Machtergreifung.

Man erwähnte dabei besonders die Spaltung der Arbeiterklasse oder, genauer gesagt, den Kampf der Kommunisten gegen die Sozialdemokraten, der so entscheidend zum Untergang der ersten deutschen Republik beigetragen hatte. Eine einheitliche Arbeiterbewegung hätte möglicherweise Hitlers Aufstieg zur Macht abwenden können. Ja, sie schworen, daß dies nie wieder geschehen dürfe.

Aber als dann die »Gruppe Ulbricht« aus Moskau nach Berlin kam und sofort mit dem Aufbau der KPD begann, war keine Rede mehr von einer einheitlichen Arbeiterpartei. Im Gegensatz dazu standen die Sozialdemokraten noch lange zu ihrem Vorschlag, der auch historisch begründet war. Im »Prager Manifest« der Exil-SPD vom Januar 1934 stand zu lesen »Die Einigung der Arbeiterklasse wird zum Zwang, den die Geschichte selbst auferlegt...« Bei einem ersten Zusammentreffen ehemaliger SPD-Funktionäre am 17. Juni 1945 im Hotel »Luckauer Hof« sagte Otto Grotewohl: »Das höchste und wertvollste Gut der Arbeiterklasse ist die Einheit...«

Zwar beschlossen das ZK der KPD und der ZA der SPD die Bildung eines gemeinsamen Arbeitsausschusses, dem jeweils fünf Mitglieder der beiden Parteien angehören sollten. Seine Aufgaben sollten eine enge Zusammenarbeit im Kampf gegen die Überreste des Nationalsozialismus sein, die Vorbereitung des Aufbaus einer antifaschistischen Republik sowie die Durchführung gemeinsamer Veranstaltungen. Zum Thema »vereinigte Arbeiterpartei« hieß es nun von seiten der Kommunisten, daß einer organisatorischen Vereinigung eine ideologische Klärung vorangehen müsse.[38]

Es wurde mit der Zeit immer deutlicher, daß die Sinnesänderung der Kommunisten nicht zufällig war. Sie hatten irrtümlicherweise angenommen, daß sie mit Hilfe der russischen Besatzungsmacht die Mehrheit des Volkes für ihre Sache gewinnen könnten. Ihre Unterstützung durch die Russen war nicht unbeträchtlich. Sie wußten zum Beispiel im voraus den Termin, an dem der Befehl zur Gründung politischer Parteien gegeben werden sollte, und konnten sich entsprechend vorbereiten.[39] Sie erhielten erhöhte Papierzuteilungen, die ihnen die Herausgabe großer Mengen von Informationsmaterial und Zeitungen ermöglichten. Sie hatten zahlreiche Lastwagen zur Verfügung, die anderen Parteien verweigert wurden. Selbst bei der Installierung von Telefonanschlüssen, die nach dem Prinzip der Wichtigkeit der Organisation erfolgte, hatten die Kommunisten Vorrang.[40]

Die Rechnung ging trotzdem nicht auf. Das Volk identifizierte die Kommunistische Partei mit der russischen Armee. Man sprach von der »Russenpartei«. Das Verhalten dieser Armee beim Einmarsch, die Vergewaltigungen, die Plünderungen, die zum Teil sinnlosen Demontagen, hatte nur Furcht und Schrecken verbreitet. Zu Recht sahen die Kommunisten bereits im Herbst 1945 in den Sozialdemokraten ihre stärksten Konkurrenten. Da holten sie die Idee der einheitlichen Arbeiterpartei wieder hervor. Am 9. November rief Wilhelm Pieck aus: »Es lebe die brüderliche Zusammenarbeit der Kommunisten und Sozialdemokraten mit dem Ziel ihrer Vereinigung in eine einheitliche Arbeiterpartei.« Im Namen der Sozialdemokratie antwortete ihm Grotewohl zwei Tage später, daß die Einheit der Arbeiterbewegung nicht durch einen Beschluß zentraler Instanzen herbeigeführt werden könne.[41] »Sie muß auf dem Willen der Mitglieder beider Arbeiterparteien beruhen.« Die Absicht der Kommunisten, die der tödlichen Umarmung, war zu offensichtlich geworden. Die meisten Sozialdemokraten hatten das klar erkannt.

In der Zentralverwaltung hatten die KP-Funktionäre allem Anschein nach den Auftrag, die Sozialdemokraten für die Verschmelzung »gefügig« zu machen. Das galt besonders für die Dezernenten, die einem ständigen Druck ausgesetzt wurden. Die Begeisterung über den Auftrag, am Aufbau eines freiheitlichen Schulsystems mitarbeiten zu können, wich einer wachsenden Bedrückung, ja lähmte geradezu die Arbeit. Die Gespräche der Sozialdemokraten drehten sich nun meist darum, wie man mit dieser Situation fertig werden solle. Es war nicht leicht, den aggressiven Diskussionen der Kommunisten standzuhalten und Argumente gegen eine Vereinigung zu finden, die man selbst immer gewollt hatte, aber natürlich nicht unter Zwang.

Das Netz, in dem die Sozialdemokraten gefangen werden sollten, zog sich immer enger zusammen. Zu unserer Überraschung mußten wir feststellen, daß unsere Gespräche zu diesem Thema in der SPD-Betriebsgruppe schon einen Tag später den Kommunisten zur Kenntnis gekommen waren. Schließlich wurde klar, daß Edith Baumann, unsere Vorsitzende, den Kommunisten als »Spitzel« diente. Gerüchten zufolge war sie schon damals die Freundin von Erich Honecker.[42] Niemand glaubte allerdings zu jener Zeit an eine solche Verbindung. Denn Honecker interessierte sich mehr für junge Mädchen, deren Freundschaft er aufzukündigen pflegte – so berichten Beobachter aus jenen Tagen –, sobald sie der Kommunistischen Partei beigetreten waren. Edith Baumann erklärte später, daß sie der SPD nur beigetreten sei, um für die Vereinigung der beiden Parteien zu arbeiten. Sie war schließlich auch eine der ersten, die die SPD-Betriebsgruppe verließen. Andere folgten zögernd, unfähig, sich dem Druck länger zu entziehen. Ich vergesse nie die Tränen in den Augen von Dr. Richard Fuchs[43], einem kleinen, gutherzigen Mann, der von Natur kein Kämpfer war: »Ich trete zur SED über. Ich habe schon bei den Nazis zwölf Jahre draußen gestanden. Ich kann das nicht noch einmal.« Er sprach das aus, was manch anderer empfand.

Um so aktiver wurden wir, die 15 (in der Mehrzahl Frauen, vornehmlich kleine Angestellte), die in der SPD-Betriebsgruppe blieben. Ich wurde zur Vorsitzenden dieser Gruppe gewählt. Die Zahl meiner kommunistischen Freunde schrumpfte zusehends. Viele mieden mich – aus Angst, wie sie mir, wenn sie sich unbeobachtet fühlten, zuflüsterten. Auch meinen Freund Leo sah ich kaum noch.

So schlich sich Mißtrauen von meiner Seite in unsere Verbindung. Ich verstand das natürlich alles nicht und hielt mit meiner Meinung auch nicht hinter dem Berg. Die Vorstellung, daß es schon wieder Kräfte geben könne, die die kaum gewonnene Freiheit und die erstehende demokratische Ordnung untergraben wollten, wie es hier den Anschein hatte, erschien mir nach den Erfahrungen der Nazizeit unerträglich.

Die Propagandakampagne der Kommunisten lief bereits Ende November 1945 auf Hochtouren. Überall sah man Plakate mit dem Einheitssymbol. Flugblätter, die die Einheit als höchstes Ziel der Arbeiterklasse priesen, lagen überall aus. Es verging auch kaum ein Tag, an dem nicht am Ende irgendeiner Veranstaltung, auch wenn sie etwas anderes zum Thema hatte, ein Aufruf zur Einheit der Arbeiterklasse erging. Je stärker der Druck wurde, desto mißtrauischer wurden nun auch jene, die einer solchen Vereinigung zunächst zuneigten. Großkundgebungen wurden angesetzt. SPD-Leute wurden vorgeführt, die sich zur Einheit bekannten. Gegnerstimmen vom Rednerpult waren nicht vorgesehen und wurden auch meist verhindert. Jede oppositionelle Stimme, auch vom Saal her, wurde mit Hilfe zahlreicher Ordner zum Schweigen gebracht.

Ich erinnere mich an eine Veranstaltung, auf der es uns gelang, uns durch Zwischenrufe Gehör zu verschaffen. Sie endete tumultartig. Wir freuten uns über diesen Erfolg wie über einen großen Sieg, weil es uns gelungen war, öffentlich zu zeigen, daß es Opposition gegen diese Zwangsvereinigung gab. Die folgenden Großkundgebungen glaubten die Kommunisten darum sorgfältiger vorbereiten zu müssen. Sie ließen Eintrittskarten verteilen. Allerdings nur an jene, von denen sie überzeugt waren, daß sie der lautstark propagierten Einheit als Claqueure dienen würden. Als ich bei der KPD um Karten für die Zentralverwaltung bat, hatte offensichtlich keiner Bedenken dagegen. Wir bekamen sie anstandslos. Daß es in der Zentralverwaltung für

Volksbildung, einer der Hochburgen des Kommunismus, noch Sozialdemokraten gab, die gegen die Einheit waren, schien ausgeschlossen zu sein.

Dr. Siegfried Nestriepke[44], einer der Mitbegründer der Volksbühne und Mitarbeiter in der Kulturabteilung der Zentralverwaltung, und einige wenige Sozialdemokraten, die wie wir gegen die Zwangsvereinigung mit allen zur Verfügung stehenden Mitteln angehen wollten, kamen mit uns. Nestriepke hielt mir seinen Hausschlüssel hin, einen jener alten, schweren Schlüssel mit großer, runder Öffnung im Bart. Darauf ließe sich ausgezeichnet pfeifen, sagte er lachend. Aber wir waren derart in der Minderzahl, daß Zwischenrufe oder die Pfiffe auf Nestriepkes Hausschlüssel nur dazu führten, daß wir als »Störenfriede« von der großen Zahl der Ordner umringt und rausgeschmissen wurden. Aber was immer wir taten, es schien sinnlos zu sein.

Es war, als hätten die Kommunisten eine Dampfwalze gegen uns in Gang gesetzt. Über die Verhandlungen in der sogenannten Sechziger-Konferenz[45] erfuhren wir wenig. Was aber durchsickerte, war beängstigend. Die Abwehrstellung der Sozialdemokraten und ihre Meinung, eine Vereinigung der beiden Parteien könne nur von einem Reichsparteitag vollzogen werden, schien nach der Sechziger-Konferenz vom 20./21. Dezember erschüttert zu sein. In den 20 Berliner Kreisverbänden, einschließlich der acht aus dem sowjetisch besetzten Sektor, protestierte man gegen alle Vereinigungsbestrebungen. Auf den unteren Ebenen der Partei war eine wahre Rebellion im Gange. Ich erinnere mich an eine Parteiversammlung meiner Abteilung (Wilmersdorf-Nord), in der in Gegenwart eines russischen Offiziers nur eine verschwindend kleine Minderheit der Vereinigung das Wort redete. Die Mehrheit ließ sich auch von der Gegenwart des Russen nicht einschüchtern.

Dennoch – es wurde immer deutlicher, daß die Russen die Vereinigung herbeiführen wollten, koste es, was es wolle. In der Partei begann man zu spüren, daß Otto Grotewohls Haltung nicht mehr so fest war wie zuvor. Einem Bericht von Erich Gniffke[46] zufolge sei Grotewohl Ende Januar 1946 zu Marschall Schukow beordert worden, der ihm den »Wunsch« der Russen, die Einheit der Arbeiterpartei sofort zu vollziehen, vorgetragen habe. Grotewohl verheimlichte seiner Partei diese Tatsache, die er zwei Jahre nach dem Geschehen Erich Gniffke anvertraute. Aus Hannover, dem Sitz des SPD-Parteivorstandes, kamen Botschaften, der geplanten Vereinigung zu widerstehen. Die Diskussionen zu diesem Thema nahmen kein Ende.

»Du hast es gut«, pflegte Dr. Thaus zu mir zu sagen. Und er meinte damit, daß ich mir die Entscheidung leichtmachen konnte, da ich doch in Kürze nach England auswandern würde, während für ihn und seine SPD-Kollegen ein Verbleiben in der Zentralverwaltung unmöglich werden würde, wenn sie bei ihrer Entscheidung gegen die Vereinigung bleiben würden. Diese Situation lähmte die Arbeit. Der Schwung, mit dem man nur wenige Monate zuvor den Anfang gemacht hatte, war wie weggefegt. Man tat das Notwendigste. Es reizte niemanden mehr, sich über Gebühr in die Aufgabe zu stürzen.

Für den 1. März 1946 war eine Funktionärskonferenz der SPD in den »Admiralspalast« (russischer Sektor) einberufen worden. Davor standen sowjetische Soldaten mit aufgepflanzten Bajonetten. Auch im Saal sah man russische Offiziere, aber auch westliche Alliierte, wenn auch in geringerer Zahl. Die Atmosphäre war gespannt. Otto Grotewohl kämpfte in einer fast zweistündigen Rede gegen einen Sturm der Entrüstung an, denn er sprach sich zum ersten Mal klar und deutlich für die Vereinigung der beiden Parteien aus. »Die Einheit der Arbeiterklasse ist eine nationale Verpflichtung, der sich niemand entziehen kann, der mehr an sein Volk denkt als an seine Partei.« Zwischenrufe wie »kurz fassen«, »Spalter«, »aufhören«, »abtreten« ließen die meisten seiner Worte untergehen. Als er schließlich rief: »Ich weiß, daß ihr meiner Überzeugung nicht zustimmen wollt, wozu seid ihr dann gekommen?«[47] war der Tumult vollkommen. Er konnte nicht weiterreden.

Plötzlich sah ich, wie jemand, mit einem Papier in der Hand, aufs Podium ging, sich hinter Grotewohl stellte und ihn schließlich einfach beiseite schob. Es war Franz Neumann, der nun ans Rednerpult trat und in die plötzlich eintretende Stille hinein eine Resolution vortrug, in der er eine Urabstimmung der Berliner SPD-Mitglieder zur Frage der Vereinigung forderte. Drei Viertel der 2000 Delegierten stimmten dem Vorschlag zu. Die Funktionäre sprangen auf, gestikulierten, klatschten begeistert Beifall, schienen wie erlöst, als sei endlich die Periode des Zauderns, des Zweifelns, des Überlegens vorbei. Die Urabstimmung wurde auf den 31. März festgesetzt.

Ich weiß noch, wie stolz ich war, weil ich das erste Mal in meinem Leben an einer demokratischen Entscheidung teilnehmen konnte. Das Ergebnis der Urabstimmung, die im sowjetisch besetzten Sektor Berlins nicht stattfinden durfte, war eindeutig. 82,2 Prozent erklärten sich gegen den sofortigen Zusammenschluß beider Arbeiterparteien. Hingegen stimmten 61,1 Prozent für ein Bündnis beider Parteien, welches gemeinsame Arbeit sicherte und den Bruderkampf ausschloß. Aber diese Entscheidung interessierte die Kommunisten nicht, denn ihr Interesse war es, die SPD aufzusaugen, wie es in der von den Russen besetzten Zone, der späteren DDR, tatsächlich geschah. Dort war der Druck der Besatzungsmacht entscheidend. Das Ergebnis der Urabstimmung in West-Berlin beendete einen Nervenkrieg, der mehr als einen Traum zerstörte. Er trug dazu bei, Deutschland 40 Jahre lang zu spalten.

4. »Bekanntschaften«

»Meine amerikanischen Freunde möchten dich gern kennenlernen«, sagte eines Tages Manfred Klein zu mir. Er war Vertreter der Katholischen Jugend im Zentralen Jugendausschuß, dem Vorläufer der FDJ. Klein war Anfang 20, hatte ein offenes Jungengesicht und etwas Schwärmerisches im Blick.[48] Zwar unterschieden uns unsere politischen Ansichten – er neigte der Christlich-Demokratischen Union zu –, aber die Versuche der Kommunisten, die Macht an sich zu reißen, verbanden uns in gemeinsamer Abwehr. Ich war zunächst verblüfft. Ich verstand nicht so recht, was die Amerikaner an mir interessant finden könnten. Natürlich fühlte ich mich auch geschmeichelt. Ganz Berlin nahm damals Anteil an dem politischen Kampf, den die Sozialdemokraten gegen die Zwangsvereinigung mit den Kommunisten führten. Zwar erhöhte er vielfach noch die Abneigung, die viele Menschen nach der Nazizeit für Politik empfanden. Andere aber reizte die Möglichkeit des Kampfes gegen eine von einer ungeliebten Besatzungsmacht unterstützte Diktatur.

Die westlichen Alliierten sahen der Entwicklung zunächst scheinbar passiv zu und vermieden allen Anschein, sie stünden auf seiten der Deutschen, die in den Kampf um die Freiheit verwickelt waren. Später änderte sich das, als die Herausforderung der Russen auch sie anging und die Welt in zwei Lager zu spalten drohte. Ich sah keine Veranlassung, eine Einladung der Amerikaner auszuschlagen, und erklärte mich zu einem Treffen bereit. Seine amerikanischen Freunde hätten von meiner Vergangenheit gehört und von der Art, wie ich mich nun gegen die undemokratischen Methoden auflehnte, mit denen die Kommunisten die Sozialdemokraten auf ihre Seite zwingen oder, besser gesagt, sie einverleiben wollten. Soweit die Erklärung Manfred Kleins für die unerwartete Einladung.

Tatsächlich fuhren die Kommunisten mit ihrer Propaganda für die Vereinigung der beiden Arbeiterparteien auch noch nach der Urabstimmung in der SPD fort, ja, sie verstärkten sie noch. »Du wirst schon sehen, auch du kommst noch zu uns«, die Kommunisten machten auch vor mir nicht halt, obwohl ich ihnen eine so deutliche Absage erteilt hatte und dies auch weiter tat. Kommunistische Kollegen, mit denen mich der Kampf gegen den Nationalsozialismus verband, versuchten es immer wieder, mich zu bekehren. Oft hatten sie verlegene ehemalige Sozialdemokraten im Gefolge, von denen ich übrigens einige später in der SPD wiedersah. Sie hatten in der Praxis erfahren müssen, was das eigentliche Ziel der Kommunisten war. »Sieh doch, der Kollege ist auch für die Einheit, und ausgerechnet du, die du die Folgen einer gespaltenen Arbeiterschaft erfahren hast, willst abseits stehen?« Sie taten so, als ob die Urabstimmung nie stattgefunden hätte.

Als sich am 7. April 1946 ein neuer Bezirksverband SPD Berlin in der Zinnowwaldschule konstituierte, sprachen die Kommunisten verächtlich vom »Zehlendorfer Krankenhaus-Klub« und wollten ihren Anhängern weismachen, es sei nur eine lächerliche Minderheit von Sozialdemokraten, die sich dort zusammengefunden hätte. Sie schoben die Schuld für ihre Existenz auf den »Spalter« in Hannover, Dr. Kurt Schumacher, und schreckten nicht davor zurück, diesen Mann, der Jahre im KZ gequält worden war, als einen neuen Goebbels zu bezeichnen und ihn sogar der Zusammenarbeit mit Nazischergen im KZ zu bezichtigen. Der Vereinigungsparteitag der KPD und der SPD-Minderheit wurde am 21. April 1946 mit großem Pomp begangen. Vor dem »Admiralspalast« standen Tausende, die die Vereinigung bejubelten. Drinnen rief Walter Ulbricht den Delegierten zu: »Mit dem heutigen Tag gibt es keine Sozialdemokraten und keine Kommunisten mehr. Mit dem heutigen Tag gibt es nur noch Sozialisten.«[49]

Weder Zeitungen noch Rundfunk durften im Ostsektor über die in Wahrheit mißlungene Vereinigung der beiden Parteien berichten. Uns interessierte das schon nicht mehr. Wir waren mit der Konstituierung der neuen/alten Sozialdemokratie beschäftigt. Die vier Alliierten, die zu jener Zeit noch recht und schlecht kooperierten, beschlossen am 31. Mai 1946, beide Parteien – also SPD und SED – in den vier Sektoren der Stadt zuzulassen. Ein entsprechender Antrag war von der SPD schon bald nach der Neukonstituierung der Partei (im April 1946) gestellt worden, aber die vier hatten zunächst keine einigende Formel finden können.[50] Im Ostsektor wurde die SPD allerdings von Anfang an in ihrer Arbeit behindert, aber erst mit dem Bau der Mauer in Berlin, am 13. August 1961, wurde sie verboten.

Manfred Klein schlug mir also eines Tages ein Treffen mit »Captain Beer« am Potsdamer Platz vor, direkt an der Grenze zum russischen Sektor. Er selbst und ein Kollege, der meiner Erinnerung nach zu den Liberalen gehörte, wollten mich begleiten. Eine schwarze Limousine fuhr an der verabredeten Stelle vor. Den russischen Wächtern an der Grenze zu ihrem Sektor kann sie nicht entgangen sein. Der Fahrer in amerikanischer Uniform stieg nicht aus, sondern hieß uns mit einer Handbewegung einsteigen. Von mir nahm er keine Notiz. Wir fuhren durch West-Berlin. Aber trotz meiner guten Kenntnis der Stadt konnte ich die Strecke nicht verfolgen. Er schien viele Umwege zu fahren, bis er schließlich vor einer Villa hielt. Obwohl es heller Nachmittag war, erkannte ich die Gegend nicht, wußte nur, daß ich mich im Bezirk Zehlendorf befand.

Captain Beer führte uns ins Haus. Auf dem Tisch im Wohnzimmer waren belegte Brote, Kaffee und Kuchen vorbereitet. Während wir uns daran delektierten, trafen weitere junge Leute ein, die ich nicht kannte und die mir auch nicht vorgestellt wurden. Ich war offensichtlich die einzige, die zum ersten Mal hier eingeladen war. Die anderen zeigten ein sehr kameradschaftliches Verhältnis zu diesem Captain Beer, den ich als dunkelhaarigen, schlanken Mann von etwa Anfang 30 in Erinnerung habe. Deutsch mit einem Akzent, den ich zunächst nicht zuordnen konnte, war offenbar seine Muttersprache. Das Gespräch drehte sich um Nichtigkeiten, war eher eine Plauderei über Ereignisse in der Stadt ohne politischen Inhalt. Nachdem wir uns gestärkt hatten, verschwand Beer in einem Nebenzimmer mit einem seiner Gäste. Nach einer gewissen Zeit kam dieser ins Wohnzimmer zurück, und der nächste ging – ähnlich wie beim Zahnarzt – ohne besondere Aufforderung ins Nebenzimmer.

Es war, als liefe hier ein Ritual ab, dessen Regeln mir unbekannt waren. Wir saßen weiter herum und warteten sozusagen darauf, »dran« zu kommen. Ich wurde nicht nach »nebenan« gebeten, und ich fragte mich, wozu ich eigentlich eingeladen worden war. Als der Captain seine Gespräche beendet zu haben schien, kam er aus dem Nebenzimmer und sagte, er würde uns nun wieder zurückbringen. Wir stiegen wiederum in die schwarze Limousine ein. Er fuhr zunächst drei junge Männer nach Hause, unter ihnen war Manfred Klein, der im Ostsektor wohnte. Ich blieb übrig.

Erst jetzt wandte sich Beer mir zu. Sagte mir, daß er mit Interesse meinen Kampf in der Zentralverwaltung verfolge, und machte mir Komplimente. Er würde sich freuen, wenn wir in Kontakt bleiben könnten. Vielleicht könnte ich ihm von Zeit zu Zeit etwas über die Arbeit der Zentralverwaltung berichten. Ich stimmte zu. Die Bitte schien mir zunächst nicht ungerechtfertigt. Und dann fuhr er fort, vielleicht erführe ich dort auch mal etwas über die Russen oder deren Machenschaften in der Zone, auch über die Bewegungen ihrer Armee. Er blieb vage. Ich wußte nicht so recht, was ich davon halten sollte. Ich war viel zu unerfahren, um den Sinn dieses Angebotes zu durchschauen. Ich sagte auch dazu ja, wies aber darauf hin, daß ich nicht wüßte, wie lange ich noch in Berlin sein würde. Wir verabredeten, daß ich ihn über Manfred Klein benachrichtigen würde, wenn ich etwas zu übermitteln hätte. Ich weiß noch sehr genau, daß ich meiner Mutter nichts von dieser Begegnung berichtete. Trotz meiner Unerfahrenheit empfand ich, daß hier etwas auf mich zukam, was eigentlich nicht in meinem Sinne war.

Ich habe Captain Beer nie wiedergesehen. Manfred Klein wurde später von den Russen verhaftet und wegen seiner Kontakte zum amerikanischen Geheimdienst und wegen eines Besuches beim »Erzreaktionär« Adenauer zu 25 Jahren Zwangsarbeit verurteilt. Er verbrachte neun Jahre in Haft (1947–56). Ich traf ihn erst viele Jahre später in Bonn wieder. Er galt als Opfer des Stalinismus. Von Captain Beer sprachen wir nicht.

»Wir müssen uns ein Stück blauen Himmel schaffen in diesem Grau um uns herum.« So ähnlich formulierte ich es vor einigen jungen Leuten, die der SPD im Kreis Wilmersdorf beigetreten waren und die nach Beschluß des SPD-Parteivorstandes Berlin am 2. Mai 1946 in eine sozialistische Jugendbewegung übergehen sollten. Kurt Schmidt, der sich im Berliner Parteivorstand zunächst auch mit dem Aufbau der Jugendarbeit beschäftigte, bat mich, dabei behilflich zu sein. Dabei galt es, auf diese Weise auch andere junge Menschen an die Partei heranzuziehen, um die Kontinuität zu sichern. In den Jahren vor Hitler war die Sozialistische Arbeiterjugend mit über 3400 Mitgliedern eine wichtige Organisation der SPD Berlin gewesen, die neben den üblichen Aktivitäten wie Wandern und Sport eine intensive politische Bildungsarbeit betrieb. Ich selbst war damals zu jung, um ihr anzugehören. Ich erinnere mich aber sehr genau daran, mit welcher Ehrfurcht ich diese jungen Sozialisten betrachtete, die so viel »Gläubiges« an sich hatten.

Die Organisation der SAJ war durch die Nazis zerschlagen worden und mußte von Grund auf neu aufgebaut werden. Die Mitglieder der SAJ von vor 1933 waren in den zwölf Jahren der Nazizeit zum Wehrdienst eingezogen worden, in Gefangenschaft geraten, gefallen oder gar wegen aktiven Widerstands gegen die Naziherrschaft in Konzentrationslagern oder Gefängnissen ermordet worden. Wer von ihnen nach Berlin zurückkehrte, war längst dem jugendlichen Alter entwachsen. Um eine Organisation wieder aufzubauen, brauchte man neue Kräfte. Es fanden sich zunächst meist junge Menschen dazu bereit, die wie ich aus sozialdemokratischen Elternhäusern stammten.

Unter ihnen waren Heinz Westphal[51], Sohn des von den Nazis ermordeten Max Westphal, von 1921 bis 1925 Vorsitzender der Arbeiterjugendvereine Deutschlands und Mitglied des Parteivorstandes der SPD vor 1933; die Söhne und Töchter des im KZ ermordeten letzten Vorsitzenden der SPD-Fraktion im Preußischen Landtag, Ernst Heilmann; Dr. Klaus-Peter Schulz, Sohn des 1932 verstorbenen Heinrich Schulz, Kultur- und Bildungspolitiker der SPD und von 1919 bis 1927 Staatssekretär im Reichsinnenministerium; Dörte Klühs, Tochter des letzten Chefredakteurs des ›Vorwärts‹ vor 1933, Franz Klühs, der an den Folgen der Haft in Nazi-Kerkern 1938 verstarb.

Die Aufgabe war nicht leicht, denn die Geschehnisse der vorangegangenen zwölf Jahre, in denen viele junge Menschen den Nazis voller Bewunderung gefolgt waren, hatten viele von ihnen desillusioniert. Sie wollten meist von Politik nichts mehr wissen.

Ich übernahm die Aufgabe mit dem mir eigenen Eifer. Die Arbeit in der Zentralstelle hatte ohnehin ihren Reiz für mich verloren. Ich avancierte sehr bald zur Kreisjugendleiterin im Kreis Wilmersdorf und hatte als solche Sitz und Stimme in einigen Parteigremien. Entsprechende Sitzungen empfand ich als große Ehre und Verpflichtung. Es war mir, als führte ich die Arbeit meines Vaters fort, der Funktionär der Partei gewesen war. Der Aufbau meiner Gruppe nahm mich voll in Anspruch. Wir ahmten in vieler Hinsicht die Arbeit der SAJ nach, feierten die Sonnenwende[52] und sangen die alten sozialistischen Lieder. Unsere Feste dehnten sich notgedrungen bis in die frühen Morgenstunden aus, weil von 22.00 bis 5.00 Uhr früh kein öffentliches Verkehrsmittel fuhr. Ich war schließlich in all meine Aufgaben derart involviert, daß mir der Gedanke, alles wieder abzubrechen und nach England zu gehen, gar nicht mehr gefiel. Ich begann den Sinn dieser Auswanderung zu bezweifeln. Meine Mutter redete mir gut zu und überzeugte mich schließlich davon, daß es zweifellos für mich von Vorteil wäre, eine gewisse Zeitspanne im Ausland gewesen zu sein, wenn ich schon nach Deutschland zurückkehren wollte. Und überdies wäre mein Vater sicher sehr enttäuscht, wenn ich nicht zu ihm nach England käme, und wäre es auch nur für kurze Zeit.

Als meine Mutter und ich endlich beim englischen Konsulat einen Visumsantrag stellen konnten, fragte uns der Beamte, aus welchen Gründen wir nach England reisen wollten. Meine Mutter antwortete ihm, daß sie seit sieben Jahren von ihrem Mann getrennt sei, worauf der Engländer nur kühl bemerkte, ihm sei das mit seiner Frau ähnlich ergangen, schließlich sei Krieg gewesen. Ich schäumte vor Wut über diese Taktlosigkeit, denn es ging aus unseren Papieren klar hervor, daß wir von den Nazis verfolgt worden waren und daß mein Vater sich nur allein im letzten Moment hatte nach England retten können. Noch auf der Treppe erklärte ich meiner Mutter, daß ich im Höchstfall sechs Monate in England zu bleiben gedächte, weil es mir schon jetzt reichlich ungastlich vorkam. Diese Entscheidung teilte ich auch der SPD mit, die mich hauptamtlich in der Jugendarbeit einsetzen wollte.

»Sind Sie Inge Deutschkron?« Eine freundliche männliche Stimme meldete sich am anderen Ende des Telefons in meinem Arbeitszimmer in der Zentralverwaltung für Volksbildung. »Ich möchte Sie gern kennenlernen.« Meine Verblüffung wuchs, als er mich aufforderte, in Zimmer 36 zu kommen. An diesem Zimmer, das stets verschlossen schien, war ich immer mit Scheu vorbeigegangen. Denn dort saß ein Vertreter des NKWD (des späteren KGB) – ein offenes Geheimnis unter den Angestellten des Hauses. Obwohl uns die fürchterlichen Verbrechen dieses Geheimdienstes nur sehr vage bekannt waren, flößte uns die Anwesenheit dieser Leute Unbehagen ein. Aber damals entschuldigte man solche Dinge noch, weil die Deutschen schließlich in Rußland furchtbar gehaust hatten und die Russen sich deshalb nun das Recht nahmen, die Deutschen genauestens zu überwachen. Und ich wußte, daß sie dies auch in unserer Verwaltung taten, indem sie in regelmäßigen Gesprächen Einfluß auf die Arbeiten der führenden Dezernenten nahmen.

Um so erstaunter war ich, daß ich, eine unbedeutende Sekretärin, zu einer Unterredung gebeten wurde. Ich gestehe, daß ich unruhig war und sich zum erstenmal in diesem Haus bei mir so etwas wie Furcht einstellte. Dr. Thaus war nicht im Haus. So ging ich zu Dr. Knolle, dem Dezernenten für das höhere Schulwesen, einem alten Sozialdemokraten. Er verstand meine Bedenken, konnte aber nichts anderes tun, als mir Mut zuzusprechen. Der Mann, der mich in Zimmer 36 empfing, trug die Uniform der Sowjetarmee. Er sprach fließend deutsch, hieß mich Platz nehmen und sprach zu mir wie ein Freund. Er hatte über meine Vergangenheit gehört und bat mich noch einmal um Einzelheiten. Teilnahmsvoll, so jedenfalls hatte es den Anschein, hörte er mir zu, stellte ab und zu Fragen, und dann sagte er plötzlich: »Wie ich höre, sind Sie politisch interessiert?« Ich erzählte von meines Vaters Tätigkeit vor 1933 in der SPD und daß ich diese Gesinnung sozusagen mit der Muttermilch aufgesogen habe. »Warum sind Sie nicht Mitglied der SED?« fragte er mit der Miene eines Neugierigen und mit einem Lächeln auf dem Gesicht, als wolle er eine freundliche Kaffeeklatschatmosphäre schaffen. Ich aber blieb angespannt und auf der Hut. »Ich kann doch nicht Mitglied zweier Parteien sein«, antwortete ich mit gespielter Entrüstung. Wie er wisse, sei ich Mitglied der SPD.

Aber diese Antwort genügte ihm nicht. Ich könne doch

übertreten. Zu jener Zeit war die SED im britischen Sektor, meinem Wohnbezirk, noch nicht zugelassen. Als ich ihn darauf aufmerksam machte, meinte er leutselig, ich könne ja der SED-Betriebsgruppe des Hauses beitreten. Ich zeigte mich empört. Mir schien es unmoralisch, zwei Parteien anzugehören. Er ließ aber von diesem Thema nicht ab, schließlich hob er die Stimme und fragte in der Art eines guten Onkels: »Was würden Sie tun, wenn Sie die Möglichkeit hätten, in die Sowjetunion oder in die USA zu reisen – wohin würden Sie fahren?«

Je länger diese Befragung dauerte, desto unruhiger wurde ich, denn ich fürchtete, daß sich doch mehr dahinter verbarg, als es zunächst den Anschein hatte. Ich antwortete mit gespielter Begeisterung: »Ich würde sehr gern in die Sowjetunion fahren.« Schließlich sei ich Sozialistin und natürlich daran interessiert zu sehen, wie dieser sozialistische Staat funktioniere. Und ohne viel nachzudenken, fügte ich hinzu: »Auch Amerika würde ich gern kennenlernen. Wie kann man über die Übel des Kapitalismus urteilen, wenn man sie nicht kennt?« Meinen Triumph spielte ich nun aus: »Aber nach England werde ich sehr bald fahren.« Er horchte auf und wollte mehr wissen.

Ich erzählte, daß meine Mutter und ich so bald wie möglich zu meinem Vater nach England übersiedeln würden. »Haben Sie denn von Ihrem Vater Nachricht?« fragte er nun gar nicht mehr so freundlich. Sein Ton war eher scharf und streng. Diese Frage war eine Falle für mich, denn es war Deutschen streng verboten, alliierte Soldaten um die Übermittlung von Post zu bitten. Das hatten wir selbstverständlich getan, denn nach dem Krieg gab es keine Postverbindung zwischen ehemaligen Feindstaaten. Ich antwortete ihm so arglos wie möglich: »Ach, es war so schwierig, mit meinem Vater in Kontakt zu kommen.« Aber nun, da es Büros jüdischer Organisationen in Berlin gebe, hätten wir die Möglichkeit, über diese eine Art kargen Briefwechsel mit ihm zu führen. Das nahm er zur Kenntnis und entließ mich schnell. Der Gedanke war ihm offensichtlich nicht angenehm, daß ich schon bald über unser Gespräch im Ausland berichten könne. Ich gebe zu, daß ich das Zimmer 36 mit weichen Knien verließ. Große Bedeutung maß ich diesem Gespräch jedoch dennoch nicht bei, und ich ging meiner vielseitigen politischen Tätigkeit ohne die geringsten Skrupel weiter nach.

Ich weiß nicht mehr, wieviel Zeit nach diesem Gespräch vergangen war, als mich ein kommunistischer Kollege, der in der Personalabteilung arbeitete, heimlich wissen ließ: »Die Russen haben aus Karlshorst[53] deine Papiere angefordert.« Ich verstand kein Wort. Dieser Kollege, vor Hitler Mitglied der SAJ, war in russischer Gefangenschaft zu den Kommunisten übergegangen, hatte entsprechende Kurse absolviert und war einer derjenigen geworden, die meinten, daß nur der Kommunismus das Heil über die Menschheit bringen könne. Er war so ehrlich in dieser Ansicht, daß er Ungerechtigkeiten ebensowenig ertrug wie ich. (Jahre später floh er in den Westen.) »Das bedeutet, daß deine Verhaftung bevorsteht«, klärte er mich auf. Ich guckte ihn ungläubig an. »Mach, daß du von hier wegkommst«, fügte er in dringendem Ton hinzu.

Diese Warnung schien mir übertrieben ängstlich zu sein. Eine mächtige Partei wie die Kommunistische mußte doch die Kritik einer jungen Sekretärin ertragen können. Zwar wußte ich von Verhaftungen. Schon Anfang August 1945 war der Sozialdemokrat Karl Heinrich (vor Hitler Mitglied des Reichsbanner und Polizeimajor, unter den Nazis aus dem Amt gejagt und verhaftet), der im Mai 1945 Kommandeur der Berliner Schutzpolizei geworden war, auf Geheiß der SMAD inhaftiert worden. Angeblich habe er Gnadengesuche an Hitler und Himmler gerichtet. Man hörte nie wieder von ihm.[54] Im Juli wurde Willi Jesse, gewähltes Vorstandsmitglied des Vorstandes der SED, verhaftet und lange Zeit festgehalten.

Der ›Sozialdemokrat‹ meldete um die gleiche Zeit zahlreiche Fälle, nach denen SPD-Funktionäre im Ostsektor »verschwunden« waren. Franz Neumann sprach in seinem letzten Interview 1974 von 5413 Fällen von Verhaftungen und Verschleppungen aus den Westsektoren, die ihm im Laufe der Jahre durch Angehörige bekannt geworden waren. Schließlich berichtete ich auch in der SPD-Zentrale von meinem Gespräch in Zimmer 36. Und auch dort gab man mir den dringenden Rat, da nicht wieder hinzugehen. Am darauffolgenden Tag bat ich in der Zentralverwaltung um meinen Jahresurlaub, den ich bis zu meiner Abreise nach England auszudehnen beabsichtigte. Da wir im britischen Sektor wohnten, war ich vor einem Zugriff des NKWD relativ sicher.

Wieder einmal richtete sich der Hauptkampf der Kommunisten gegen die Sozialdemokraten, trotz aller Beschwörungen, aus den Fehlern von vor 1933 gelernt zu haben. Damals verstanden die Kommunisten die Sozialdemokraten als Hauptfeind, der ihnen den Weg zur Macht versperrte. 1945/46 war es nicht anders. Nur daß sie dieses Mal die sowjetische Besatzungsmacht hinter sich wußten und dem Volk ihren Willen mit deren Hilfe aufzwingen konnten. Einen Kampf gegen die Nazis führten sie nicht, obwohl sie ständig vor der Gefahr des Wiederauflebens dieser verbrecherischen Ideologie warnten. Im Gegenteil. Sie gaben ehemaligen PGs die Möglichkeit, in ihre Partei einzutreten. Ja, sie buhlten geradezu um die Stimmen der kleinen PGs, der »gutgläubigen Mitläufer«, wie sie sie nannten: »Die SED hält den Zeitpunkt für gekommen, einfache Mitglieder und Mitläufer der ehemaligen Nazipartei in den demokratischen Aufbau einzugliedern«, so hieß es am 20. Juni 1946 in einer Erklärung »SED und nominelle PGs«.[55]

Mit dem neuen Parteibuch erhielten sie auch meist eine neue Position. Ich erinnere mich eines nicht sehr bedeutenden Wissenschaftlers, der in unserer Potsdamer Kolonie wohnte und als Nazi bekannt war. Zuerst war er so verängstigt, daß er tagelang das Haus nicht verließ. Als er eines Tages wieder auftauchte, aufrecht und selbstsicher, hatte er offensichtlich das Parteibuch gewechselt und zugleich eine neue, höhere Position als zuvor. »Und ich hatte angenommen, daß es nach dem Krieg den PGs hundertmal schlechter gehen würde als mir«, schrieb ich an meinen Vater.

Auf diese Weise hoben die Kommunisten unfreiwillig das Ansehen der Westmächte. Dabei waren die Dienststellen der westlichen Alliierten vielfach mit Menschen besetzt, die die Unzufriedenheit aus ihrem eigenen Land getrieben und die Verdienstmöglichkeiten nach Berlin gelockt hatten. Nicht zu sprechen vom Schwarzmarkt, dem die meisten von ihnen allzu leicht verfielen. Diese Leute, die nur mit einer Zigarette zu winken brauchtest, um jeden Wunsch erfüllt zu bekommen, waren zuständig für Genehmigungen von politischen Versammlungen, Texten für Flugblätter oder für die Zulassung neuer politischer Gruppierungen. Es war fraglich, ob sie viel von dem verstanden, was damals zu ihren Aufgaben gehörte. Man konnte sich des Eindrucks nicht erwehren, daß vielen von diesen Besatzungssoldaten die Arbeit, die sie machten, völlig gleichgültig war. Hinzu kam noch eine verständliche Abneigung gegen die Deutschen, die soviel Unheil über die Welt gebracht hatten. Trotz allem Verständnis war es nicht leicht für die Sozialdemokraten, den westlichen Alliierten die Bedeutung ihres Kampfes, der schließlich der Freiheit und der Unabhängigkeit Berlins galt und damit auch für die freie Welt von Bedeutung war, begreiflich zu machen.

Nach diesen Erfahrungen wurde mein Interesse an England geringer, und mein Entschluß, nur kurze Zeit dort zu bleiben, um meinen Vater wiederzusehen und mich ein bißchen zu erholen, festigte sich. Danach wollte ich wieder nach Berlin zurückkehren. Es war für mich ungeheuer reizvoll geworden, an einem Neuaufbau aus dem Nichts mitarbeiten zu können.

Anfang Juli wurde uns die Genehmigung zur Einreise nach England mitgeteilt. Ein sogenannter Transport von DPs (Displaced persons), die Angehörige in England hatten, sollte in Kürze Berlin verlassen. Eine jüdische Hilfsorganisation übernahm die Organisation dieser Reise. Als erstes erfuhren wir, daß wir die Reisekosten selbst zu tragen hätten. Daran hatten wir nicht gedacht. Meine Mutter war verzweifelt, denn über die dafür erforderlichen Mittel verfügten wir natürlich nicht. Sie weinte, wie ich sie noch nie zuvor hatte weinen sehen. Sie wußte einfach nicht mehr weiter. Wir überlegten hin und her. Da es Bankverbindungen mit dem Ausland noch nicht wieder gab, konnte mein Vater uns auch nicht helfen. Wir hatten ein paar ererbte Wertstücke, die mehr emotionalen Wert hatten. Wir dachten darüber nach, sie zu verkaufen.

Da geschah so etwas Ähnliches wie ein Wunder. Eine entfernte Verwandte in Amerika hatte uns auf einer Liste von Überlebenden entdeckt und uns spontan ein Paket geschickt. Es enthielt neben anderen nützlichen Sachen 100 Zigaretten, »Amis«, deren Schwarzmarktkurs zu jener Zeit zehn Reichsmark pro Stück betrug. Bedenkenlos verkaufte ich sie und sicherte uns damit die Reisekosten nach England.

Die Reise war beschwerlich. Sie begann in Berlin in einem Autobus der britischen Besatzungsmacht mit etwa 30 anderen Passagieren. Wir fuhren durch die russische Zone nach Bad Oeynhausen, wo die Engländer ihr Hauptquartier für die britische Zone unterhielten. Dort übernachteten wir. Am nächsten Tag fuhren wir mit der Eisenbahn durch Belgien bis an die Kanalküste. Ich stand wie gebannt am Fenster und blickte auf eine mir unbekannte Welt. Am meisten beeindruckten mich die vom Krieg verschonten Ortschaften. Es sah aus, als sei ihre pastorale Ruhe nie gestört worden. Sie schienen mir nicht zu derselben Welt zu gehören, die ich während der letzten sieben Jahre ausschließlich gekannt hatte.

An die Überfahrt über den Kanal von Ostende nach Folkestone erinnere ich mich nicht mehr, denn mittlerweile war uns bewußt geworden, daß wir nur noch Stunden von der Wiederbegegnung mit meinem Vater entfernt waren. Wir sprachen von nichts anderem mehr. Meine Mutter bat mich, meine Zukunftspläne zunächst für mich zu behalten und erst einmal das Land kennenzulernen. Ich akzeptierte ihre Ermahnungen. Aber meine Bereitschaft, in diesem fremden Land wenigstens für kurze Zeit eine neue Heimat zu sehen, hielt nur bis zu den Leuchttürmen von Folkestone an.

5. »Ich habe manchmal Heimweh, ich weiß nur nicht wonach«

(Mascha Kaleko)

»Hier«, der Beamte der englischen Einwanderungsbehörde in Folkestone hielt mir ein Papier zur Unterschrift hin. »Sie melden sich sofort nach Ihrer Ankunft bei der Polizei in Birmingham« – der Stadt, in der mein Vater seit 1940 lebte. »Man wird Ihnen dort sagen, wie Sie sich zu verhalten haben.« Ich guckte verständnislos auf den Mann, der so grau aussah wie der Himmel an jenem 2. August 1946 und genauso kühl war wie der Wind, der dort wehte. Er und seine Kollegen würdigten uns Ankömmlinge keines Blickes. Sie fragten auf englisch: »Geburtsort? Geburtstag?« Wir antworteten. Sie schrieben. Sie machten keine unnötigen Bemerkungen. Sie müßten doch wissen, daß wir Verfolgte waren, dachte ich bei mir. Niemand anders hatte seit Kriegsende ihr Land betreten dürfen. Ich suchte, aber ich entdeckte nichts Freundliches an ihnen.

Auf dem Papier, das sie mir aushändigten, stand auch, daß ich in kein Arbeitsverhältnis eintreten und nicht länger als sechs Monate im Land bleiben dürfe. Gegen beides hatte ich eigentlich nichts einzuwenden. Ich sah indes, daß das Papier, das meine Mutter zu unterschreiben hatte, diese Zusätze nicht enthielt. Wir verstanden das nicht, rätselten herum. »Dein Vater wird das schon klären«, sagte meine Mutter beschwichtigend. Unwillkürlich hatte ich schon in Folkestone nach ihm gesucht. Ich wußte, daß er uns erst in London erwarten würde. Aber Angehörige anderer Reisender waren doch gekommen. Ich war neidisch. »Sei nicht komisch«, sagte meine Mutter. »Warum sollte er hierherkommen?« – »Ja, natürlich«, sagte ich, und es schien mir dennoch nicht in Ordnung.

Die Bahnfahrt von Folkestone nach London war sehr

lang. Jedenfalls kam es uns so vor. Ich sah auf eine Landschaft, die etwas Spielzeughaftes hatte. Lange Zeilen von kleinen Häusern, eins mit dem anderen identisch, rote Backsteine, weiß abgesetzt, sehr grüne satte Wiesen mit Bäumen dazwischen und lange Reihen von Hecken. Alles war ganz flach, und der Horizont schien weit – man konnte vergessen, daß England eine Insel ist.

Ich sah ihn schon von weitem, obwohl er einer der letzten war, der hastig am Zug in Londons Victoria Station entlangging. Wie außer Atem schien er, bleich im Gesicht, die Augen weit aufgerissen. Die kurzen Beine schienen dem Körper voranzulaufen. Er starrte in jedes Gesicht. Ich rief »Paps«, so wie ich ihn als Kind gerufen hatte. Trotz des Türenschlagens, des Zischens der Lokomotive, der Trillerpfeife des Schaffners schien er es gehört zu haben. Er fing an, schneller zu laufen. Endlich sah er uns. Meine Mutter stand wie angewurzelt zwischen unseren armseligen Gepäckstücken, die wir wie einst, als wir vermeintliche Flüchtlinge aus Guben waren, mit Schnur und Riemen umwickelt hatten.

Ich lief ihm ein paar Schritte entgegen. Aber irgend etwas hielt mich zurück, als könne ich meine Mutter in diesem Moment nicht allein lassen. Und dann war er da, konnte nichts sagen, faßte uns nur an. Meine Mutter fiel ihm um den Hals. Ich hörte, daß sie zu weinen begann, als wenn sich die Spannung der letzten sieben Jahre nun löste. Mein Vater, der nie etwas für Rührung übrig gehabt hatte und offenbar den vom Temperament her unterkühlten Engländern keine Szene bieten wollte, entzog sich ihren Armen, klopfte ihr auf den Rücken und murmelte immer wieder: »Ist ja schon gut, nun ist ja alles gut.« Mit der anderen Hand hielt er meinen Arm. Die Worte meiner Mutter über die furchtbaren Jahre wollte er offensichtlich nicht hören. »Aber jetzt ist doch alles gut«, sagte er immer wieder und beendete die Szene mit dem Hinweis darauf, daß wir nun zu einem anderen Bahnhof müßten, um von dort nach Birmingham zu gelangen.

Ein Taxi brachte uns dorthin. Meine Mutter hatte ihre Fassung wiedergefunden, erzählte von den Strapazen der Reise und den Problemen in Berlin, erwähnte Namen von Freunden, die Grüße schickten. Ab und zu lachte sie sogar wieder, als sie von mir erzählte und was ich alles angestellt hatte. Nie zuvor hatte sie so ihren Stolz auf mich eingestanden, als wolle sie meinen Vater für mich gewinnen. Mein Vater drückte mir die Hand, und es sah so aus, als habe er feuchte Augen. Diese erste Familienszene fand ihr Ende mit der Ankunft am Londoner Bahnhof Paddington. Während der ganzen Fahrt hatte ich mit einem Auge auf das lebhafte Getriebe in den Londoner Straßen geblickt. Alles war so ganz anders als in Berlin. Ich sah die von Waren überquellenden Geschäfte, die marktschreierischen Aufschriften an den Schaufenstern, die Massen, die sich diszipliniert in die U-Bahn-Stationen zu ergießen schienen. Aber es blieb nur ein Blick, denn sehr schnell saßen wir wieder im Zug, nun in Richtung Birmingham. Dort hatte mein Vater 1940 seine erste Lehrerstelle in einer englischen Schule gefunden, und das nur, weil englische Lehrer zu jener Zeit an der Front dienten.

Jetzt, gerade jetzt, wo er wieder eine Familie zu versorgen hatte, hatte man ihm gekündigt. Der aus Deutschland stammende Immigrant hatte nur als Notnagel gedient. Er war und blieb Bürger zweiter Klasse, der den »Makel« seiner Geburt in einem fremden Land und seine nicht akzentfreie Aussprache nicht abwerfen konnte. Nun hatte er natürlich auch keine Wohnung für uns mieten können. Die Zahl der Wohnungen war durch den Krieg dezimiert, und die Mieten waren gestiegen. Darum hatte er die Stelle eines Heimleiters angenommen. In diesem Heim waren jüdische Jungen untergebracht, die vor dem Krieg mit Kindertransporten aus Deutschland und Österreich nach England gekommen waren.

Meine Mutter sollte die Leitung der Küche übernehmen. »Aber natürlich«, sagte meine Mutter eifrig. »Ich freue mich schon darauf, wieder etwas Sinnvolles tun zu können.« Vielleicht würde er ja wieder eine Lehrerstelle bekommen, meinte mein Vater. Schließlich gebe es in England nicht sehr viele qualifizierte Deutschlehrer. Andererseits sei er auch nicht mehr so jung. Es klang nicht gerade optimistisch. »Und Inge?« Mein Vater hatte sich mir zugewandt. Aber meine Mutter brach dieses Thema schnell ab, indem sie die Meinung äußerte, ich müßte mich erst einmal erholen, zur Ruhe kommen, dann erst solle man weitersehen.

Ich schwieg. Ich fand diese Unterhaltung ohnehin ein bißchen unwürdig in Gegenwart anderer im Abteil. Sicher verstanden sie uns nicht. Sie sahen übrigens auch genauso aus, wie ich mir Engländer vorgestellt hatte. Steif, sehr still und zurückhaltend in ihren Bewegungen. Ihre Augen schienen wie blicklos auf die vorbeifliegende Landschaft gerichtet zu sein. Manche verbargen ihr Gesicht hinter einer Zeitung. Ab und zu hielt mein Vater uns zum Flüstern an. »Nicht so laut«, sagte er und streichelte wie entschuldigend meine Hände. Ihm war es offenbar peinlich, daß wir uns so ungezwungen gaben. Er sagte auch mal was in englisch, als wolle er klarmachen, daß er eigentlich zu den anderen im Abteil gehörte. Warum sollte ich nicht zeigen, daß ich eine Fremde war?

Als der Zug in Birmingham einfuhr, wurde mein Vater nervös. Da würden Leute auf uns warten, sagte er und tat sehr geschäftig mit dem Gepäck. Tatsächlich stand da eine Art Empfangskomitee. Die Damen seien vom Birmingham Jewish Refugee Club, erklärte mein Vater. Sie kamen mit wohlwollendem Lächeln auf uns zu, drückten ihre Freude über unser Kommen aus, brachten Blumen und wünschten uns Glück. Sie sprachen deutsch. Ab und zu streuten sie ein englisches Wort in ihre Rede ein. Ihr Interesse schien hauptsächlich mir zu gelten. Sie nannten mich sofort beim Vornamen und taten so, als wäre ich ihnen seit langem vertraut. Sie störten mich. Ich fühlte unwillkürlich, daß die Neugier sie zum Bahnhof getrieben hatte.

Mein Vater war sechs Jahre lang im unklaren über unser

Schicksal gewesen. Einmal nur, 1944, hatte er einen verschlüsselten Rot-Kreuz-Brief erhalten, aus dem hervorging, daß wir noch am Leben waren. Genaueres erfuhr er erst im August 1945, als ein britischer Soldat, der kurze Zeit anläßlich der Potsdamer Konferenz in Potsdam stationiert war, ihm über seine Feldpost schrieb.

Meine Mutter hatte in den letzten Wochen vor unserer Abreise öfter die Vermutung geäußert, daß mein Vater vielleicht nicht mehr allein sei. Erst später, als ich erwachsen war, begriff ich, wie sie darunter gelitten haben mußte. Besonders kurz nach dem Krieg, als unser Leben nicht mehr bedroht war und wir wieder über den Tag hinaus denken konnten. Meines Vaters Briefe trafen damals nur spärlich ein. Möglicherweise fiel es ihm schwer, einen »illegalen« Weg zu finden, mit uns zu korrespondieren, da offizielle Postverbindungen noch nicht wiederhergestellt waren. Dennoch schrieb meine Mutter ihm erregt am 3. Dezember 1945: »Ich wundere mich, und wundern ist wohl der geringste Ausdruck für das, was ich dabei empfinde, daß Du Dich so wenig um uns kümmerst. Seit unserer Befreiung haben wir erst drei Briefe von Dir erhalten. Sollte Dir das Schicksal Deiner Angehörigen gleichgültig sein?« Ich bin überzeugt davon, daß es ihr in jenem Moment egal war, ob sie meinen Vater mit ihren Worten verletzte.

Tatsächlich hatte er auch vor dem Krieg zu lange gebraucht, um die Gefahr eines militärischen Konflikts richtig einzuschätzen. Und so kam es, daß wir noch in Berlin waren, als der Krieg ausbrach. »Ich glaube, Du hast noch keinen Begriff davon, was wir durchgemacht haben und noch durchmachen müssen, sonst würdest Du nicht so viel Zeit brauchen, um Dich zu besinnen.« Nein, an das alles dachte ich nicht, als wir auf diesem verrußten Bahnhof von Birmingham standen. Ich war viel zu verwirrt von der neuen Umgebung, todmüde von der Reise, zu keiner Regung fähig. Ich erinnere mich dennoch, daß ich ein wenig neidisch auf die für meine Begriffe schönen Kleider der

Damen guckte, die da erschienen waren. Ich wurde mir meines ärmlichen Kleidchens bewußt – das beste, das ich besaß und das in einem der Pakete gewesen war, die mein Vater geschickt hatte. Seit 1939 hatten wir keine Möglichkeit mehr gehabt – Juden erhielten keine Kleiderkarten –, neue Sachen zu kaufen.

Am besten gefiel mir der Garten. Das Grün des Rasens, der hinter dem im viktorianischen Stil erbauten Haus lag. »Nach zweihundertjähriger Pflege kein Wunder«, lachte mein Vater, der nun viel gelöster schien, seit wir in »Elpis Lodge« (der Name des Hauses) angekommen waren. Nach der schreienden Innenstadt Birminghams – erst später wurde mir klar, daß diese eigentlich nur aus wenigen Straßen bestand – waren wir durch vorortartige Bezirke gefahren. Da standen ein- oder höchstens zweistöckige Häuser in langen Reihen, meist wieder aus rotem Backstein, manchmal mit hellem Stuck abgesetzt, die keinen Eigencharakter aufwiesen. Das Heim für Jungen, das mein Vater nun führte, war in einem solchen Haus untergebracht. Eine alte Zeder stand wie ein Wachsoldat davor und half mir später immer bei der Identifikation unseres Hauses.

Die Köchin kam gelaufen. Auch sie sprach deutsch. Ihre Freude schien ehrlich zu sein. Jedenfalls ging von ihr nicht die gleiche Neugier aus wie von den Damen am Bahnhof. Ich war enttäuscht. Ein eigenes Zimmer, wovon ich im Krieg immer geträumt hatte und das so ein bißchen mein eigenes Reich hätte sein können, hatte ich nun wieder nicht. Gerade ein Bett und ein Stuhl paßten in die Kammer, in der ich schlafen sollte. Auch meine Eltern hatten nur ein Zimmer. Beide Räume lagen unmittelbar in der Nähe der Schlafsäle der Jungen. Das Büro im Erdgeschoß war für uns drei der einzige Aufenthaltsraum, der auch im Winter so eine Art Heizung hatte. Eine jener Gasheizungen, die nur wärmt, wenn man direkt davorsteht. Und auch in diesem Raum waren wir eigentlich selten unter uns, denn abgesehen von der täglichen Büroarbeit, die hier verrichtet wurde, kamen häufig die Jungen mit ihren Sorgen zu meinem Vater hierher.

»Ihr Ausweis verpflichtet Sie, sich in regelmäßigen Abständen bei der Polizei zu melden.« Es schien mir, als solle ich für mein unvollkommenes Englisch bestraft werden, als der Beamte hinzufügte, man habe mir den Status eines »feindlichen Ausländers«[56] zuerkannt. Nein, es war kein Irrtum. Aufgrund dieses Status' war mir untersagt, nach Mitternacht außer Haus zu sein. Wenn ich mich weiter als fünf Meilen von Birmingham entfernen wollte, mußte ich die Genehmigung der Polizei einholen.

Kleidung und Süßigkeiten, die in England noch rationiert waren, blieben mir vorenthalten. Und dann wiederholte der Beamte, was ich ja schon wußte, daß es mir untersagt sei, Arbeit anzunehmen, und daß ich nicht länger als sechs Monate im Lande bleiben dürfe. Mein Vater zog mich schnell aus dem Polizeirevier. Denn ich war gerade dabei, mich furchtbar aufzuregen. Ein »feindlicher Ausländer«! – ein Mensch, der von den Nazis verfolgt worden war und dessen Vater über sieben Jahre junge Engländer unterrichten durfte!

Ich war zutiefst verletzt und empfand diese Diskriminierung als eine unerträgliche Demütigung, und meine Beziehungen zu England blieben eigentlich für immer davon bestimmt. Daß ich die Ausgangssperre mißachtete und daß ich die Polizei zum Narren hielt, indem ich so oft wie möglich auf dem Revier erschien, um eine Fahrtgenehmigung über fünf Meilen hinaus zu verlangen, versteht sich aus meiner Vergangenheit, in der ich auch nur die nötigsten der menschenunwürdigen Nazigesetze zu erfüllen bereit gewesen war. Bei den zahllosen Vorträgen über Nazi-Deutschland und die Nachkriegszeit in Berlin, zu denen ich von internationalen, jüdischen wie auch politischen Gremien in Birmingham aufgefordert wurde, versäumte ich niemals, auf diese für mich unglaubliche Regelung hinzuweisen. Schließlich verwandte sich ein englischer Politiker im Innenministerium für eine Änderung meines Status, und ich wurde wie meine Mutter zu einem »normalen« Ausländer »erhoben«.

»Er ist der Sohn eines Berliner Universitätsprofessors«, sagte mein Vater sorgenvoll. Peter M. hatte ein nettes Jungengesicht, dem man nichts Schlechtes zutraute. Und doch hatte er bereits alles hinter sich, was auf dem Wege vom Jugendstreich zum Kriminellen lag. Peters Eltern, deren Spuren nach dem Krieg nicht auffindbar waren, hatten es für richtig gehalten, wie so viele jüdische Eltern, den Sohn 1939 mit einem Kindertransport nach England »vorauszuschicken«. Nach der Pogromnacht im November 1938 hatten sich die englische und die schwedische Regierung bereit erklärt, wenigstens Kindern ohne Eltern Aufnahme zu gewähren.[57] Die meisten dieser Kinder hatten keine Angehörigen und kannten auch niemanden in diesem für sie fremden Land. Es kamen Kinder jeden Alters, verwirrt, verweint, verängstigt, verlassen.

Sie wurden fremden Leuten zugeteilt. »Die zukünftigen Pflegeeltern wurden meistens während der Mahlzeiten herumgeführt. Wir saßen immer in Altersgruppen zusammen. Mädchen und Jungen getrennt. Die Leute spazierten durch die Reihen der Kinder und suchten sich dieses oder jenes Kind aus, fast wie auf einem Viehmarkt«, so erinnert sich eines dieser ehemaligen Kinder. »Große Jungen waren schwerer unterzubringen als Mädchen.«[58] Manche von ihnen hatten Glück, fanden ein richtiges neues Zuhause und wurden von den Pflegeeltern wie die eigenen Kinder behandelt. »Als Mädchen von zehn Jahren kam ich in eine wunderbare Pflegefamilie. Ich war dort sehr glücklich und erinnere mich noch heute voller Freude an diese Zeit. Ich konnte mich kaum erinnern, daß meine Eltern jemals so jung, so sorglos und froh gewesen waren wie das junge Paar, zu dem ich gekommen war.« Andere wurden ausgenutzt, mußten trotz ihrer jungen Jahre schwere Arbeiten verrichten. »Als Mädchen von 14 kam ich in ein Pfarrhaus in Essex. Dort erwarteten sie, daß ich viel arbeitete, besonders die Frau des Pfarrers.« Und wieder andere enttäuschten ihre neuen Eltern, weil sie so anders waren als englische Kinder. »In der ersten Pflegefamilie, in die ich als Mädchen von elf kam, war ich sehr unglücklich. Die Leute verstanden mich einfach nicht. Da sie es selbst einsahen, wurde ich von dort weggenommen und kam zu einem anderen Ehepaar.« Diese Kinder wurden weitergereicht, kamen in Heime, und nur die wenigsten lernten das kennen, was man als Nestwärme bezeichnet.

Nach Dünkirchen[59] verschärfte sich die Situation für die Kinder. Die kleinen »feindlichen Ausländer« durften sich nicht in militärisch wichtigen Zonen aufhalten. Schulkameraden riefen ihnen »Nazis« nach oder »Du Spion«. Die Älteren von ihnen wurden sogar interniert. »Es war ein schrecklicher Augenblick, als ich, ein Mädchen von 17 Jahren, von zwei Polizisten abgeholt und an einen ›unbekannten Ort‹ gebracht wurde.« Und dennoch verschwamm das Bild von den »richtigen« Eltern allmählich. Komitees nahmen sich der Kinder an und suchten auszugleichen, zu verbessern, zu helfen, Beruf und Zukunft zu sichern.

Aber trotz allen Verständnisses, trotz aller Bemühungen konnten sie die Eltern natürlich nicht ersetzen. Und nicht alle Betreuer waren für diese ehrenamtliche Aufgabe geeignet. Ich lernte eine dieser Damen kennen, als sie unserem Heim einen Besuch abstattete. Wie die Karikatur einer Lady, die standesgemäß in ihrer Freizeit Sozialarbeit macht, saß sie da mit einem großen Hut auf dem Kopf und versuchte ihrer Rede einen mütterlichen Klang zu geben. Sie sprach zu den Jungen über die Not der Kinder ihres Alters, die das KZ überlebt hatten, und sie bat um Hilfe für jene Bemitleidenswerten mit dem Hinweis, sie selber hätten das Glück gehabt, vor diesem Schicksal bewahrt geblieben zu sein. »Was immer ihr entbehren könnt, gebt es für sie her. Selbst zerrissene Sachen sind für diese armen Menschen noch gut genug.« Ich konnte mich über diese Bemerkung nicht beruhigen und glaubte mir vorstellen zu können, wie diese Frau ihre Arbeit mit den Flüchtlingskindern auffaßte.

Aber tatsächlich war sie eine von den wenigen, mit denen die Kinder überhaupt in Kontakt kamen. Es kamen Geldspenden von vielen aus der Stadt, aber selten menschliche Fürsorge, so heißt es in Berichten darüber.[60] Einige der Kinder waren stark genug und machten auch in der Fremde ihren Weg. Andere litten darunter, wurden ihr ganzes Leben von Problemen geplagt, gelangten nie in die Gemeinschaft gleichaltriger englischer Jugendlicher, sei es, weil sie deutsch klingende Namen hatten, sich ihrer deutschen Erziehung gemäß benahmen oder – was seltener vorkam – weil sie einen fremden Akzent in der englischen Aussprache behielten. Vielfach hielt sie die Suche nach Eltern oder Angehörigen noch Jahre nach dem Krieg davon ab, sich in England ganz integrieren zu können. Wieder andere taten alles, um nichts von der Vergangenheit zu hören, und mieden darum auch die sich ihnen bietende Gesellschaft.

Solche wie Peter hatten ein verpfuschtes Leben, das nicht unbedingt vom fehlenden Elternhaus und der Entwurzelung herrühren mußte, aber doch wohl stark davon beeinflußt war. Mein Vater hatte sich bereit erklärt, Peter in »Elpis Lodge« aufzunehmen, obwohl er wußte, daß bisher niemand – kein Heim und keine Familie – ihn hatte behalten wollen und für ihn im Grunde nur noch eine Erziehungsanstalt in Frage kam. Er hatte sich in vielen Gesprächen mit ihm befaßt, aber Diebstähle, Demolierungen und ein schlechter Einfluß auf andere labile Jungen im Heim brachten ihn schließlich doch dorthin.

Die anderen Jungen im Heim, die wir in »Elpis Lodge« vorfanden, gehörten meist zu denen, die Schwierigkeiten gehabt hatten, sich einzuordnen. Sie waren quasi die letzten, die aus den Kindertransporten stammten und noch in Heimen waren. Ihre Schwierigkeiten äußerten sich meist darin, daß sie es auf keiner Arbeitsstelle aushielten, ständig mit jemandem im Streit lagen, ihr Geld in auffallender Kleidung anlegten oder »merkwürdige« Freundschaften pflegten. Die Aufgabe hielt meine Eltern oft bis spät in die

Nacht wach. Ob sie dazu beitrug, die Ehe meiner Eltern nach siebenjähriger Trennung und einer zeitweiligen Bindung meines Vaters – der Klatsch darüber hatte auch meine Mutter erreicht – neu zu beleben, vermag ich nur zu vermuten.

»Es war am 14. 7. 1947, und es war die 147. Bewerbung«, so erzählte mein Vater strahlend jedem, der es hören wollte. Die County High School in Redditch, in der Nähe von Birmingham, hatte ihn als Lehrer engagiert. Er war schon völlig verzweifelt gewesen, sah keine Hoffnung mehr, als 54jähriger noch eine ihn befriedigende Lehrerstelle zu finden. Manchmal hatte er die erste Hürde genommen, war aufgefordert worden, sich vorzustellen. Aber dann scheiterte er, und das meist an seinem Namen. »Deutschkron?« Die Herren des Ernennungsausschusses in Redditch zerbrachen sich die Zunge und fragten meinen Vater zweifelnd, ob er wirklich meine, daß seine Schüler seinen Namen aussprechen könnten. Alle gutgemeinten Ratschläge, seinen Namen zu anglisieren, hatte er immer wieder ausgeschlagen. Es spielte dabei natürlich eine Rolle, daß die Gestapo ihn kurz vor seiner Ausreise aus Berlin veranlaßt hatte, eine »freiwillige« Namensänderung zu beantragen, da ein Jude nicht einen Namen tragen dürfe, in dem das Wort deutsch enthalten sei. Er durfte zwischen den Geburtsnamen seiner beiden Großmütter wählen. Bevor die Bürokratie den Antrag bearbeiten konnte, war mein Vater jedoch abgereist.

»Sie können doch ›Droitwich‹ aussprechen«, sagte mein Vater, jeder Zoll ein Lehrer. Überrascht sprachen ihm die Herren den Namen dieser englischen Stadt nach. »Dann können Sie auch Deutschkron sagen«, lehrte er sie. Und zu meines Vaters Begeisterung sprachen die Herren nunmehr nicht nur seinen Namen richtig aus, sie stellten ihn auch ein.

Das war ein Freudentag für die ganze Familie. Die Anstellung ließ die Hoffnung zu, daß wir uns wieder eine Wohnung leisten und ein normales Familienleben führen konnten. Aber das schlösse die Möglichkeit keinesfalls aus, daß er eines Tages doch noch nach Berlin zurückkehren würde, sagte mein Vater auf meine Frage. Ich hatte mit meiner Begeisterung für Berlin, für den Kampf der Menschen dort, die neu gewonnene Freiheit mit allen ihnen zur Verfügung stehenden Mitteln zu verteidigen, und mit meiner Entschlossenheit, dorthin zurückzukehren, nicht hinter dem Berg gehalten. Er hatte dabei immer aufmerksam zugehört. Manchmal war es, als wollte er die alten Zeiten hervorzaubern, wenn er dann von der Parteiarbeit vor 1933 und dem politischen Kampf erzählte und daraus folgerte, was heute zu tun sei, um der deutschen Jugend neue Ideale zu geben. Aber wenn man ihn dort brauchte, würde man ihn sicherlich rufen, meinte er. Man kannte ihn ja und auch seine Fähigkeiten, und man wußte, wo er zu finden sei.

Aber dieser Ruf kam nie, weder von denen, die ihn vor 1933 als Lehrer geschätzt und gefördert hatten, noch von jenen, mit denen er gemeinsam gegen die Nazis gekämpft hatte. Er war nicht der einzige, der so enttäuscht wurde. Ich erinnere mich an zwei Journalisten, die ihrer sozialistischen Gesinnung wegen aus Deutschland nach London geflohen waren und dort recht und schlecht ihren Lebensunterhalt verdienten. Jedes Jahr sprachen sie anläßlich ihrer Urlaubsreise bei der SPD in Bonn vor mit der Frage, ob es denn gar keine Möglichkeit mehr für sie gebe, einen Arbeitsplatz in Deutschland zu finden. Das »Nein« wurde stets verbrämt mit dem Vertrösten auf bessere Zeiten für die Sozialdemokratie und damit auf deren größeren Einfluß in Deutschland.

Ich habe mich oft gefragt, was der wahre Grund dafür gewesen sein mag, daß es so wenig Bereitschaft gab, die ehemals Verfolgten wieder in Deutschland aufzunehmen. Meinem Gefühl nach hätte alles getan werden müssen, um wenigstens den Versuch zu unternehmen, sie wieder an das Land zu binden, das sie so schmählich enttäuscht hatte. Natürlich wäre es nicht damit getan gewesen, nach den schrecklichen Geschehnissen in der Nazizeit die ehemaligen Verfolgten einfach zur Rückkehr aufzufordern, als sei nichts weiter geschehen. Aber gerade die, die frei von Schuld waren und auch selbst unter den Nazis gelitten hatten und im neuen Deutschland nun eine Rolle spielten, hätten doch die richtigen Worte finden können, um jenen, die man auf so schändliche Weise vertrieben hatte, zu sagen, daß sie beim Aufbau eines neuen demokratischen Deutschlands gebraucht würden. Eines Deutschlands, in dem Vergleichbares nie wieder geschehen dürfe, nicht nur um Deutschlands, sondern auch um der ganzen Menschheit willen.

Möglicherweise hätten einige Verfolgte ein solches Ansinnen als Beleidigung empfunden. Das hätte man in Kauf nehmen müssen. Man könnte auch einwerfen, daß die Verantwortung für einen Ruf zur Rückkehr zu groß war. Die spätere Entwicklung der Bundesrepublik gab in der Tat zu Zweifeln Anlaß, ob es sich hier wirklich um ein »anderes« Deutschland handelte. Mir ist auch bekannt, daß Rückkehrer nicht unbedingt populär waren. Man nannte sie »Vaterlandsverräter« oder »Nestbeschmutzer«. Zu wenig oder gar nichts wurde damals getan, gegen solche Schändlichkeiten anzukämpfen. Es schien eher, daß die politischen Parteien zu jener Zeit mehr damit beschäftigt waren, die Stimmen der großen und kleinen Nazis zu gewinnen. Sie waren, praktisch gesehen, für sie auch viel mehr wert als die moralische Genugtuung jener Menschen, die einst Beiträge geleistet hatten zur Größe des Landes, in dem sie geboren waren. Und so blieben die ehemals Verfolgten meist im Exil. Viele – wie mein Vater – verständnislos, verbittert über den Mangel an Hinwendung aus ihrem früheren Heimatland und nie mehr irgendwo zu Hause.

Am Flügel stand eine weißhaarige, hochgewachsene Dame im langen schwarzen Samtkleid mit einer Stoffrose am Kragenaufschlag und sang das Lied »Die Forelle« von Schubert. Wie einst im Konzertsaal hielt sie ihr Taschentuch verkrampft in der Hand, hob den Kopf in die Höhe, sog die Luft tief ein, sah wie beschwörend auf ihr Publikum, um dann die Töne gleichsam aus ihrem Mund herauszustoßen. Auch wenn die Stimme ihrem Alter zufolge nicht mehr jubilieren konnte, erhielt sie rauschenden Beifall. Das Publikum, Mitglieder des Jewish Refugee Clubs, waren dankbar, während ich ihren Vortrag fast komisch fand. Ich war von Berlin her, wo es im Nachkriegsjahr einen faszinierenden kulturellen Aufschwung gegeben hatte, sehr verwöhnt. Aber ich begriff sehr schnell, daß es hier nicht so sehr um den künstlerischen Genuß ging, sondern um ein Stück heimatlicher Kultur.

Tatsächlich war dieser Klub nicht ein Klub wie jeder andere, in dem sich Mitglieder einschreiben, um zu tanzen, einem Hobby zu frönen oder um sich irgendwie zu amüsieren. Seine Mitglieder verband ein gemeinsames Schicksal: ihre Heimatlosigkeit. Mit ihrer Flucht aus Deutschland hatten sie zweifellos ihr Leben gerettet. Aber sie hatten ihr Zuhause verloren und lebten auch im Exil in einem Exil. Vielfach konnten sie ihrem erlernten Beruf nicht nachgehen, hätten ein neues Studium gebraucht, um anerkannt zu werden. Die fremde Sprache behinderte sie. Andere waren als Konkurrenz gefürchtet, die Löhne drücken und englische Arbeiter aus ihren Stellungen drängen konnten. Am 21. Februar 1933 erklärte der Innenminister im Unterhaus, bei der Aufnahme der Flüchtlinge sei zu berücksichtigen, daß die »Interessen unseres Landes bei allen Überlegungen Vorrang haben müssen«.[61] Das hieß, daß international anerkannte Wissenschaftler, Künstler, Architekten usw. gern aufgenommen wurden. Weniger prominente Flüchtlinge hatten – selbst bei nachweisbarer Unterstützung durch britische Gastgeber – die Entscheidung des Innenministeriums abzuwarten, die längst nicht immer positiv war.

Nach der Pogromnacht von 1938 erleichterte die britische Regierung die Einreise für Transemigranten (die Visa für andere Länder erwarten konnten), Lehrlinge und Personen über 60 und erhöhte die Quoten für diejenigen, die als Hausangestellte Beschäftigung finden durften. Die Britische Ärztevereinigung beschäftigte sich 1938 mit der Frage eines Berufsverbotes für ausländische Ärzte. Ein entsprechender Antrag wurde zwar abgelehnt, aber viele jüdische Ärzte aus Deutschland erinnern sich noch heute an den kühlen Empfang, den ihnen ihre englischen Kollegen bereiteten. Der Zweite Weltkrieg verhalf den meisten zur Rückkehr in ihren Beruf, da ihre englischen Kollegen eingezogen waren. Dennoch erreichten sie nur selten die berufliche und finanzielle Anerkennung, die ihnen eigentlich zukam.

Anwälte hatten es besonders schwer. Das englische Recht war mit dem deutschen nicht vergleichbar. So arbeitete Dr. Walter Seelig, ein in seiner deutschen Heimatstadt gesuchter Anwalt, in Birmingham als Fußpfleger. Im eleganten Anzug mit passender Fliege blieb er zumindest äußerlich das, was er einmal gewesen war. Die Ehefrauen fanden schneller Beschäftigung, wenn sie bereit waren, Hausarbeit zu übernehmen. Diese Art Arbeit gab es relativ oft. Aber sie hatte ihre Tücken für Menschen, die vielfach aus komfortablen Häusern stammten oder gar selbst Personal beschäftigt hatten, was in Deutschland in den zwanziger Jahren häufig der Fall gewesen war. In Birmingham arbeiteten ein Mann und seine Frau als Dienerpaar. Anläßlich einer großen Party versah der Ehemann den Dienst des Kellners. Er trug ein weißes Dinnerjackett, das er einst zu einem anderen Zweck gekauft haben mochte. Auf die Frage, wo er den Beruf des Kellners erlernt hätte, antwortete er: »In den Hotels, in denen wir unsere Ferien verbrachten.«

Die Engländer, die sich gern dieses meist sehr willigen und billigen Hauspersonals bedienten, machten sich nicht die Mühe, darüber nachzudenken, wie schwer die Umstellung für Menschen war, die oft nur das nackte Leben gerettet hatten, als sie vor den Nazis flohen. Vielen Berichten darüber ist zu entnehmen, daß sie auch physisch litten. Ihre Unterbringung in eiskalten Dachkammern, schwerste

Arbeit, schlechte Löhne, ungenügende Ernährung waren eher die Regel als die Ausnahme. Und dennoch waren die meisten froh, eine Stellung und einen kleinen Verdienst zu haben.

Die langen Spalten ihrer Anzeigen in englischen Zeitungen aus jener Zeit zeugen davon: »In großer Not, Ehepaar mit elfjähriger Tochter beschwören gutherzige Menschen, ihnen eine Garantie bis zum Eintreffen des Visums im Oktober zur Verfügung zu stellen. Ehefrau, 31 (katholisch), sehr gut in jeder Hausarbeit, gute Schneiderin, Mann, 40 (jüdisch), geschickt, übernimmt alle Arten von Arbeiten. Beide an harte Arbeit gewöhnt und anpassungsfähig. Antworten an Karp, Wien XX, Hannovergasse 11/7.« Oder: »Diener, Chauffeur, auch perfekter Koch, Hausarbeit und Gärtner, ausgezeichnete Zeugnisse, angenehme Erscheinung, sucht dringend Arbeit, Kirstein, Berlin W 50, Nürnberger Straße 16.« Nicht selten kamen diese Hausangestellten im Persianermantel zu ihrer neuen Arbeitsstelle, das einzige Wertstück, das sie hatten retten können, da ihnen die Mitnahme ihres Geldes mit Ausnahme von zehn Reichsmark verwehrt war.

Kein Wunder, daß es den Engländern schwerfiel, diese Menschen zu verstehen. Im allgemeinen waren die Flüchtlinge aus Deutschland so anders als sie und für viele einfach nur »deutsch« in ihrem Gehabe, in ihrer Lebensart, in ihren Gewohnheiten. Dies machte sie nicht gerade beliebt. Ein kleines Buch, Anfang des Krieges vom Board of directors of British Jewry herausgegeben, läßt daran keinen Zweifel. »Sie sind Gäste Großbritanniens. Höflichkeit und gutes Betragen werden Ihnen überall herzliche Aufnahme und Sympathie zusichern…« Der Engländer liebt Bescheidenheit, heißt es da auch, und er sagt bei jeder Gelegenheit danke. Am bedeutsamsten erschien den Verfassern dieses Büchleins aber der Rat, die Flüchtlinge sollten umgehend Englisch lernen und vermeiden, in der Öffentlichkeit deutsch zu sprechen. Es wurde weiter vermerkt, das Innenministerium würde streng darauf achten, daß britischen Männern und Frauen durch die Anwesenheit der Flüchtlinge kein Schaden zugefügt würde. »Auf keinen Fall darf es heißen, daß die Flüchtlinge britischen Arbeitern die Arbeit wegnehmen.«

Die Gründung des Birmingham Refugee Clubs wurde fast zu einer Notwendigkeit. Hier konnten die Menschen Rat bekommen und auch Trost beim Austausch von Erfahrungen. Das leitende Komitee stand den Flüchtlingen zur Seite, als Mitte September 1939 besondere Gerichte in Verhören festzustellen suchten, bei wem es sich um »echte Flüchtlinge« oder nur um »Ausländer« handelte.[62] Und schließlich tat man auch etwas für die Entspannung. Man sang – natürlich deutsche Lieder –, man spielte Theater – ebenfalls in der Muttersprache –, man las deutsche Gedichte, diskutierte ihre Bedeutung, man machte Ausflüge in die Umgebung der Stadt Birmingham.

Dies wurde jäh unterbrochen, als sich im Mai 1940 die Engländer bei Dünkirchen vom Kontinent zurückziehen mußten und eine Invasion der Deutschen nicht mehr auszuschließen war. Jeder Ausländer war nun verdächtig, ein deutscher Spion zu sein. Der Bericht des britischen Botschafters Neville Bland (der sich kurz vor der Besetzung Hollands nach England retten konnte), in dem es heißt, daß eine Fünfte Kolonne die Deutschen bei der Besetzung Hollands unterstützte, gab dafür den Ausschlag. Zu den Verdächtigen gehörten auch die jüdischen Flüchtlinge.[63] Sie wurden wie alle anderen interniert. Zu ihrem Entsetzen fanden sich manche in den Lagern nun Seite an Seite mit alten Nazis.

Mein Vater entging dieser Aktion. Als die englische Polizei um fünf Uhr morgens bei ihm klingelte, zeigte er eine Bescheinigung vor, die besagte, daß er im Bloomsbury House, der Zentralstelle für Flüchtlinge, arbeitete. Die Frage der Polizisten, ob er eine Schlüsselstellung innehabe, bejahte er. Er wurde nicht interniert. Mit Fug und Recht habe er diese Behauptung aufgestellt, so berichtete er später, denn da er morgens meist der erste im Büro war, hatte man ihm die Schlüssel des Hauses anvertraut.

Zwar wurden die meisten Flüchtlinge noch im Laufe des Krieges aus den Internierungslagern entlassen und waren durch den Krieg dann gerade in der Lage, in einen normalen Arbeitsprozeß eintreten zu können. An ihrer Isolierung innerhalb der englischen Gesellschaft änderte sich aber nichts. Den Engländern, die ein ganz anders geartetes gesellschaftliches Leben kennen, blieben die Flüchtlinge aus Deutschland fremd. Das Zusammentreffen mit anderen jüdischen Flüchtlingen blieb oft ihre einzige Erbauung. Das wurde mit den Jahren geradezu ein Bedürfnis für die Älteren, die das Erlernen der Fremdsprache als große nervliche Belastung erlebten. Daß das enge Zusammenleben auch psychische Probleme hervorrief, versteht sich von selbst.

»Deutsche Kinder? Sollen sie doch alle krepieren!« Das sagte eine gebildete Frau zu mir, Lehrerin von Beruf, und ihr Gesicht trug dabei das gleiche Lächeln wie zuvor, so als habe sie etwas ganz Normales gesagt. Nur ihre Augen schienen vor Wut aufzuflammen. Ich hatte von der Not der Kinder im Nachkriegs-Berlin gesprochen und davon, daß sie noch nicht einmal genügend Milch zu trinken hätten. Sie, eine deutsche Jüdin, hatte Vater und Mutter in Auschwitz verloren. Die Fakten über die bestialische Ermordung von sechs Millionen Juden, die erst nach dem Krieg in ihren Einzelheiten bekannt wurden, führten zu solchen Ausbrüchen von Haß gegen Deutsche. Viele, die sich diesem Haß hingaben, wußten ihre engsten Angehörigen unter den Opfern und litten Höllenqualen bei dem, was sie nun über deren grausames Schicksal hörten. Und dazu klagten sie sich an, daß sie vielleicht nicht genug getan hatten, um ihre Angehörigen und Freunde rechtzeitig aus den Klauen der Nazis zu befreien.

Ich verstand lange Zeit nicht, weshalb mein Vater nichts über das Schicksal seiner Geschwister, die allesamt ihren Kindern in Auschwitz umgekommen waren, wissen wollte. Auch hörte er es sich offensichtlich nur unwillig an, wenn wir über unsere qualvolle Zeit in Nazi-Deutschland sprachen. Kurz vor seinem Tode entschuldigte er sich bei mir dafür, daß er wahrscheinlich nicht genug getan hatte, um uns rechtzeitig aus der Hölle zu befreien. Offenbar ein Gefühl vermeintlicher Schuld, das er sein ganzes Leben lang mit sich herumgetragen haben muß. Wie sehr mag er aber darunter gelitten haben, daß er seinem Bruder die Unterschrift auf ein gefälschtes Auswanderungspapier verweigert hatte und damit für dessen Deportation und Ermordung wie auch für die seiner Frau und seiner Tochter verantwortlich geworden war. Aber wer, wenn er so »deutsch« war in der Achtung von Recht und Gesetz wie mein Vater, war den Notwendigkeiten einer rechtlosen Zeit gewachsen?!

Zwar verstand ich auch damals schon die Ausbrüche des Hasses, mit denen die Menschen in gewisser Weise nicht nur die Opfer, sondern auch ihr eigenes Geschick beklagten, nur schienen sie mir unsinnig, wenn sie gegen Kinder und unterschiedslos gegen alle Deutschen gerichtet waren. Mein eigenes Schicksal hatte mich anderes gelehrt. Und ich sprach das auch aus. Als Folge davon wurde ich von vielen geächtet. In einer Gesellschaft von ehemaligen deutschen Juden, die davon hörten, daß ich in Kürze nach Berlin zu reisen beabsichtigte, meinte jemand: »Nach allem, was Sie durchgemacht haben, ist es wohl nicht verwunderlich, daß Sie nicht mehr ganz normal sind.«

Ich versuchte, mich aus diesen Kreisen zu befreien und wurde, wie es meiner politischen Einstellung entsprach, Mitglied der englischen Arbeiterpartei. Dort traf ich auch auf Menschen, die ebenfalls unter dem Krieg gelitten hatten. Viele von ihnen hatten ihre Brüder, ihre Väter, ihre Söhne verloren, andere hatten Opfer in ihrer Familie als Folge der Luftangriffe zu beklagen. Aber wie ich waren sie der Ansicht, daß Haß kaum geeignet ist, eine neue, bessere Welt zu schaffen. Auf diese Weise fanden wir zueinander. Trotzdem führte es nicht dazu, daß ich ein Gefühl der Zugehörigkeit empfand.

Zunächst ignorierte ich diese Tatsache. Ich beteiligte mich mit viel Energie an ihren Aktivitäten, ging bei Wahlkämpfen mit ihnen von Wähler zu Wähler (Canvassing). Erst später kam mir zu Bewußtsein, daß ich ihnen dabei vielleicht mehr geschadet als genützt habe, denn es geschah doch ab und zu bei den unterschiedlichsten Gelegenheiten, daß Engländer mich mit »bloody foreigner« titulierten. Unter vielen war der Haß auf Deutsche, die diesen schrecklichen Zweiten Weltkrieg begonnen hatten, noch sehr fühlbar. Die Genossen der Labour Party ließen mich gewähren. Am wohlsten fühlte ich mich im Arbeiterbezirk Market Hall, der zum Teil ein richtiger Slum war mit fehlenden sanitären Anlagen und heruntergekommenen und für meine Begriffe unmenschlichen Behausungen. Dort war man stolz darauf, daß eine Ausländerin sich mit ihnen identifizierte.

Aber all das und die Gemeinsamkeit der politischen Einstellung derjenigen, die meinem Niveau entsprachen, genügte nicht, um mich dort heimisch zu fühlen. Dazu war ihre Lebensweise zu unterschiedlich von der, mit der ich aufgewachsen war. Für sie blieb ich eine Fremde. Sicher lag das auch an mir. Ich fand es komisch, wenn sie freundlich lächelnd dem verziehen, der ihnen Schmerz verursacht hatte, mit den Worten: »Oh, das macht gar nichts.« Die Disziplin, in der sie höchstens ein kurzes »Oh« äußerten, wenn man sie angriff oder einen Witz machte, ging mir zu weit. Menschen, die einander nahe waren, hatten – so schien es mir – nichts anderes zueinander zu sagen als »Was für ein schöner Tag!« oder »Möchtest du noch eine Tasse Tee, Darling?« Nichts schien sie zu tangieren. Sie blieben immer gelassen und damit unnahbar. Ich fand keinen Weg zu ihnen, auch wenn ich das zunächst versuchte. Ein Witz, der unter den Flüchtlingen aus Deutschland kursierte, spricht dafür, daß es nicht nur mir so erging. Auf die Frage eines Beamten des Innenministeriums, aus welchem Grunde er Engländer werden möchte, antwortet der Fremde nach einigem Nachdenken: »Des Klimas wegen.«

»Die Engländer haben mich zwar gerettet, als sie mich in ihrem Lande aufnahmen. Und weil sie mich brauchten, akzeptierten sie mich auch. Aber es wäre einfach lächerlich, wenn ich mich als Engländer bezeichnen würde«, erklärte ein Wissenschaftler, ehemaliger deutscher Jude, in einem Fernseh-Interview. Ein zweiter meinte: »Ich bin ein Wanderer zwischen zwei Welten. Wenn ich gefragt werde, sage ich, daß ich einen englischen Paß habe. Kulturell gesehen, blieb ich Deutscher. Andererseits fühle ich mich nicht als Deutscher.« Er habe so viele verschiedene Leben geführt, so viele verschiedene Erfahrungen gemacht, sagte ein anderer, daß es für ihn kein Gefühl der Kontinuität gebe.

Ich erinnere mich des Tages, an dem mein Vater seine Naturalisierungsurkunde als britischer Staatsbürger erhielt. Er hatte sie erst nach dem Kriege beantragen dürfen, und er tat dies, weil er ohne Staatsangehörigkeit – die Nazis hatten die Juden ausgebürgert – wohl noch größere Schwierigkeiten gehabt hätte, eine Stelle als Lehrer in England zu finden. Ich sehe ihn noch vor mir an jenem Morgen im Jahre 1947 mit dem Dokument in der Hand, das ihm die Post gebracht hatte. Er ging damit zum Fenster seines kleinen Büros, hielt das Papier dicht vor seine Augen, als wolle er jedes Komma darin prüfen. Dann legte er es auf den Tisch, stand davor, den Kopf gesenkt, so als empfinde er eine tiefe Niedergeschlagenheit. Als meine Mutter eintrat, glaubte sie bei seinem Anblick, es sei ihm etwas Unangenehmes widerfahren. Dann kommentierte sie kurz: »Das ist doch eigentlich nur eine Formalität.« Für meinen Vater hatte dieses Dokument offenbar sehr viel Bedeutung, war es doch, als ob die Nabelschnur erst jetzt und nun endgültig durchschnitten war.

Von da an lehrte er seine Schüler die deutsche Sprache mit einer Inbrunst, die fast religiös zu nennen war. Und er tat dies bis zu seinem 88. Lebensjahr. Mit vergleichbarem Eifer leitete er jahrelang einen Schüleraustausch zwischen einer Schule in Köln, später in Baiersbronn, und der englischen Schule in Redditch, an der er lehrte, unter dem Vorwand, daß dies der Erlernung der jeweiligen Sprache dienlich sei. Für ihn hatte es sicher tiefere Bedeutung.

Ich sann indes darüber nach, was ich mit meinem Leben anfangen sollte. Obwohl ich schließlich als Sekretärin des Generalsekretärs der Sozialistischen Internationale (von 1950 bis 1954) eine sehr interessante Aufgabe übernommen hatte, wollte ich auf keinen Fall in England bleiben. Für mich gab es zu jener Zeit nur eine einzige Alternative – nämlich nach Deutschland zurückzukehren. Zu Israel hatte ich keine Beziehungen, weder persönliche noch ideelle. Bevor ich aber diesen Schritt tat, wollte ich ein bißchen von der Welt sehen, die mir so lange verschlossen geblieben war. In der Sozialistischen Internationale galt mein besonderes Interesse den Asiaten, die – gerade vom Kolonialismus befreit – sich im Gegensatz zu den etwas blasiert und selbstgefällig wirkenden Europäern durch Eifer und Begeisterung für ihre Sache auszeichneten.

Die indischen Sozialisten luden mich schließlich in ihr Land ein. Nur die Überfahrt hatte ich zu bezahlen. Nach der Ankunft in Bombay sollte ich ihr Gast sein. Mich reizte diese Reise so sehr, daß ich die Einladung trotz meiner Zweifel, ob sie auch ernst gemeint sei, annahm. Es wurde ein Abenteuer. Monatelang durchquerte ich Indien, vornehmlich in Dritter-Klasse-Frauencoupés, von indischen Sozialisten geführt und in ihren oft sehr bescheidenen Häusern aufgenommen. Zu einer bequemeren Art des Reisens reichten meine Finanzen nicht aus. Diese fremde Welt faszinierte mich so sehr, daß ich die Schwierigkeiten und Strapazen ohne Murren auf mich nahm. Ja, ich nahm sie eigentlich gar nicht wahr. Die unbeschreibliche Armut, für die ich bis dahin keine Vorstellungskraft gehabt hatte, die Stagnation einer Gesellschaftsordnung aus dem vorigen Jahrhundert, die – als Folge des Kolonialsystems – keinen Fortschritt zuließ, der ebenso unbeschreibliche Reichtum weniger, der gnadenloser nicht sein konnte, die verzweifelten und nicht immer sehr sinnvollen Anstrengungen einer Regierung, das Land zu entwickeln, und die eindrucksvollen Hinterlassenschaften einer großen Kultur – all das beeindruckte mich tief und erschloß mir eine neue Welt.

Ja, ich fühlte mich bereichert, und ich kehrte nach Europa zurück, fest davon überzeugt, daß ich nun die Aufgabe hatte, für Indien zu werben, dafür, daß der reiche Westen alles tun müsse aus Gründen der Menschlichkeit und aus politischer Notwendigkeit für sich selbst und für das indische Volk, um diesem zu einem menschenwürdigen Dasein zu verhelfen. Diese Mission wurde mein Beruf. Ich begann zu schreiben.

6. Das Provisorium

»Adenauers Entscheidung, Bonn als Bundeshauptstadt vorzuschlagen, hat seit der Gründung der Bundesrepublik das Gesicht der Stadt bestimmt«, so stand es in der Bonner Wochen- und Bad Godesberger Vorschau.[64] »Die Beethovenstadt wurde in seiner Ära zu einer der großen europäischen Metropolen, in denen der Glaube der christlich-abendländischen Mission zu neuem Leben erwacht ist.« Dies war eine Beschreibung der Stadt Bonn, die mich neugierig machte – war's Witz oder Wahrheit, Überheblichkeit oder Ironie? Europäische Metropole? Für eine Berlinerin, die zwar nicht in Berlin geboren, aber dennoch dem Geist dieser Stadt erlegen war, hörte sich das seltsam an. Unter christlich-abendländischer Mission konnte ich mir noch weniger vorstellen. Das Wort christlich hatte mich außerhalb seiner religiösen Bedeutung schon immer irritiert. Steht es für Menschlichkeit, soziale Gerechtigkeit und Nächstenliebe, so ist es ein Ideal, nach dem auch andere Religionsbekenntnisse und politische Parteien streben. Vielleicht war dieser Anspruch genauso hohl wie der der ehemaligen DDR, einen sozialistischen Staat geschaffen zu haben. Egal – ich wollte nicht zweifeln. Zunächst verhieß es mir einen anderen Geist im neuen deutschen Staatsgebilde, der sich von dem alten ganz wesentlich unterschied.

Meine Eltern hatten meine Rückkehr nach Deutschland im Jahre 1955 mit Unbehagen gesehen. Für mein Motiv, daß ich in England nur als geduldete Ausländerin lebte und mich darum nicht wohl fühlte, hatte besonders mein Vater, der sich als langjähriger Immigrant daran gewöhnt hatte, kein Verständnis. Noch weniger begriff er, wie ich eine so interessante Tätigkeit wie die einer Sekretärin im Büro der Sozialistischen Internationale in London, dem

Zusammenschluß aller sozialistischen und Arbeiterparteien der Welt, durch die ich in der Welt herumkam und bedeutende Politiker und Staatsmänner kennenlernte, so einfach aufgeben konnte.

Die Bedenken meiner Eltern zum Umgang der Deutschen mit ihrer Vergangenheit wischte ich einfach vom Tisch. Ich erinnerte mich an das erste Nachkriegsjahr in Berlin, wo es in den Reihen der Menschen, die mir nahestanden, selbstverständlich gewesen war, die entsetzlichen Verbrechen der Nazis zu verdammen und zu schwören, alles zu tun, daß etwas Vergleichbares nie wieder geschehe. Diesen Deutschen fühlte ich mich verpflichtet, so sehr, daß ich glaubte, ich könnte ihnen beim Aufbau eines neuen demokratischen Deutschland behilflich sein. Der 1948 entstandene Staat Israel war mir fremd, ja, ich hatte noch nicht einmal wesentliche Kenntnisse, die diesen Staat für mich hätten wichtiger erscheinen lassen als irgendeinen anderen Staat in der Welt.

Ich füge mich der Bitte meiner Eltern, wenn schon nach Deutschland, dann nicht nach Berlin zu gehen, das als Enklave inmitten der sowjetischen Besatzungszone auch noch 1955 in Gefahr schien, von den kommunistischen Machthabern mit Hilfe russischer Bajonette annektiert zu werden. Zwar war die Blockade der Stadt durch die Russen an der Hartnäckigkeit der westlichen Alliierten und der Entschlossenheit der Berliner gescheitert.[65] Aber der kalte Krieg dauerte an. Berichte über Verfolgungen und Verschleppungen von Gegnern des Kommunismus machten auch mir den Verzicht auf Berlin leichter. So gelangte ich nach Bonn, das mir als Hauptstadt der neugegründeten Bundesrepublik Arbeitsmöglichkeiten zu versprechen schien, zumal mir Politiker, die ich von der Sozialistischen Internationale her kannte, Unterstützung bei der Arbeitssuche zugesagt hatten.

»Guck nur, da kommen sie wieder, die Juden, um ihre Geschäfte zu machen und uns auszusaugen.« Der Mann mittleren Alters, der dies zu seiner neben ihm stehenden

Frau sagte, sprach es lautstark ohne die geringsten Hemmungen. Beide standen wie meine Mutter und ich – wir erwarteten die Ankunft meines Vaters aus England – auf dem Flughafen Köln/Bonn und beobachteten die Landung einer El-Al-Maschine aus Tel Aviv. Als ihre Türen geöffnet wurden, sah ich gerade noch, wie einige ältere Menschen nach einem flüchtigen Blick auf die unbekannte Umgebung zögernd die Gangway herunterstiegen. Dann mußte ich meine Mutter fast gewaltsam fortziehen, die im Begriff war, auf den Mann loszugehen. Dieses Erlebnis, das meine Mutter noch tagelang beschäftigte und auch ängstigte, schien mir nur eine Lappalie zu sein, ja eigentlich nur der trotzige Aufschrei eines Gestrigen, der mir keine Veranlassung zu Befürchtungen gab. Natürlich, es mußte noch alte Nazis und Antisemiten in Deutschland geben – das war klar, doch gewiß hatten sie weder Bedeutung noch Einfluß. Anders konnte und wollte ich es mir nicht vorstellen.

Aber es sollte sich bald herausstellen, daß alles anders war, als ich angenommen hatte. Und es begann mit dieser Bundeshauptstadt, die viele verächtlich als Bundesdorf bezeichneten. Bei meiner endgültigen Ankunft in Bonn nach mehreren vorausgegangenen Besuchen hievte ich mit Mühe und Not und mit letzter Kraft meine Koffer aus dem Zug. Kaum hatte ich sie alle um mich versammelt, als der Zug auch schon wieder anfuhr. Das Schild »Bonn« überzeugte mich davon, daß ich nicht auf der falschen Station ausgestiegen war. Der Zug hatte auch keine Verspätung, die er aufholen mußte. D-Züge hielten eben nur zwei Minuten auf dem Bahnhof der Hauptstadt der Bundesrepublik. Hinter der Sperre öffnete sich damals dem Reisenden eine weite, hohe Halle, die mehr versprach, als diese kleine Stadt zu bieten vermochte. Geradezu symbolisch dafür schien mir das 1909 im Stil der Gründerzeit erbaute Bahnhofsgebäude zu sein, zu dem – einer stolzen Freitreppe gleich – einige Stufen hinaufführen, die dem Bau etwas Monumentales hinzufügen.

Zu jener Zeit, als er errichtet wurde, war Bonn eine ruhige Provinzstadt gewesen. Die Glocke an den für den Verkehr hinderlichen Bahnschranken erinnert bis in unsere Tage daran. Der unwirsche Spruch der Neu-Bonner: »Entweder es regnet in Bonn, oder die Schranken sind runter«, hat sicher jene, vorwiegend Pensionäre, nicht gestört, die Bonn einst als Wohnsitz bevorzugten, wegen seines milden Klimas und der Nähe zur Großstadt Köln. Die in einem ehemaligen kurfürstlichen Schloß untergebrachte Universität, die Persönlichkeiten wie Thomas Mann die Ehrendoktorwürde verlieh, sie ihm in der Nazizeit wieder wegnahm und auch in der Nachkriegszeit nur schwer dazu zu bewegen war, sie ihm zurückzugeben, erhöht das Ansehen von Bonn noch heute. Der Bahnhofsausgang führt Ankömmlinge ganz automatisch der Stadtmitte und damit dem Rhein zu, dem großen Strom, der auf seinem »scheelen« (rechten) Ufer vom Siebengebirge mit dem sagenumwobenen Drachenfels und dem historisch gewordenen Petersberg gesäumt wird. Auf der anderen Seite tragen gepflegte Parks vor prächtigen Villen, die zu Regierungssitzen und Residenzen umfunktioniert sind, und Hotels mit gespenstischer Vergangenheit wie das »Dreesen«[66] großbürgerlichen Wohlstand zur Schau.

Eine wahre Postkartenlandschaft, deren Schönheit für einen Sonntagsmaler geeignet ist. Die dem Bahnhof gegenüberliegende Poststraße übt die Funktion eines Zubringers zu dieser für das Rheinland typischen Landschaft aus. In zwei-, höchstens dreistöckigen Häusern, auch sie um die Jahrhundertwende erbaut, zeigten nur die Geschäfte mit ihren Auslagen, die mir, der Großstädterin, zwar meist phantasielos vorkamen, etwas Leben. An Sonn- und Feiertagen hallte in der Innenstadt nach jedem Schritt nur ein Echo – so verlassen war sie dann. Einige schöne alte Gebäude im Stadtkern, die die Hauptpost, die Stadtverwaltung, die Bürgermeisterei und das Museum aufgenommen haben, versöhnten mich ein wenig mit der Provinzialität. Jedenfalls der äußerlichen.

Ich deutete es damals auch noch als Provinzialität, als eine Beamtin des Paßamtes in Bonn den mir von den Nazis hinzugefügten Vornamen »Sara« in meinen neuen Paß eintragen wollte, weil es im Jahre 1938 so, samt Hakenkreuz, auf meiner Geburtsurkunde vermerkt worden war. Als ich die etwa 50jährige Beamtin auf das Datum dieser Eintragung hinwies und ihr erklärte, daß dies nach einem der Nazigesetze erfolgt sei und längst keine Gültigkeit mehr habe[67], sagte sie schroff, »das geht mich nichts an« und ließ sich von ihrer Haltung auch nicht durch den Hinweis abbringen, daß die deutsche konsularische Vertretung in London meinen ersten Paß 1953 ohne diesen Zusatznamen ausgestellt hatte. »Der Zusatzname ist auf Ihrer Geburtsurkunde eingetragen, folglich ist es Ihr Vorname, und ich werde ihn in Ihrem Paß vermerken«, fügte sie fast grob hinzu. Daß sie es dann doch nicht tat, war wohl meiner heftigen Reaktion zuzuschreiben. Als ich meinen am 15. Dezember 1960 ausgestellten Paß in der Bonner Stadtverwaltung abholte, sprach keiner ein Wort mit mir.

Es war fraglos reiner Opportunismus, daß die Stadt Bonn die von den Nazis 1938 zerstörte Synagoge für ihre 99 Juden und jüdischen Amerikaner, die von Zeit zu Zeit in der US-Botschaft dienten, wieder aufbaute. Denn die Bonner Stadtväter taten dies früher als die mancher anderen deutschen Stadt mit größeren jüdischen Gemeinden. Und sie errichteten die Synagoge nicht etwa wieder an ihrem ursprünglichen Platz – dort weist nur eine Tafel darauf hin. Sie stellten sie an die Straße, auf der Diplomaten und ausländische Staatsmänner auf dem Wege zum Auswärtigen Amt an ihr vorbeizufahren gezwungen sind.

Der dreieckige Marktplatz gefiel mir besonders gut mit seinen bunten Markisen und dem lärmenden Treiben vor dem schönen, mit goldenen Schnörkeln und rosa Stuck verzierten alten Rathaus und der wie Filigranarbeit wirkenden schmiedeeisernen Balustrade am Treppengeländer – ein Bild, das eigentlich nicht in unsere hektische Zeit paßt. Die mächtige Beethoven-Statue auf dem Platz neben dem klotzigen Münster gibt dem Mittelpunkt der Stadt seine Würde, ist aber auch wieder ein Zeichen dafür, daß Bonn schon früher gelegentlich seine Bedeutung überschätzte. Denn dieser Große der Musik war zwar in Bonn geboren worden, zog es aber vor, sein Leben in Wien zu verbringen. Ihm – wie den Politikern dieses Jahrhunderts – muß es an Inspiration in dieser Stadt gefehlt haben, der es, im Rheintal gelegen, an frischer Brise mangelt, was dazu führt, daß man immer vergebens gegen eine lähmende Müdigkeit ankämpft.

»Aber es ist doch nur ein Provisorium«, entschuldigten jene die Stadt, die es ihrer Arbeit oder politischen Aufgabe wegen nach Bonn verschlagen hatte. Adenauers Intimus, Staatssekretär Dr. Hans Globke, ein Mann mit zweifelhafter Vergangenheit, vertraute dem Chefredakteur der Zeitschrift ›Der Monat‹[68] an: »Wir hatten einen fabelhaften Plan, aus Bonn eine wirkliche Hauptstadt zu machen, einen wunderbaren Entwurf für ein imposantes Regierungsviertel. Aber es sollte ja nicht sein«, und er bedauerte, daß, da dieser Plan nicht zur Ausführung gelangt war, Bonns Regierungsgebäude »nicht besonders hübsch geraten (sind)« und es »unserer Hauptstadt an Atmosphäre fehlt«. Erklärend fügte er hinzu: »Bedauerlicherweise hat der Bundestag die Ankündigung, daß Bonn nur eine provisorische Hauptstadt ist, viel zu wörtlich aufgefaßt.« Bundeskanzler Adenauer hatte es mit Bonn als Regierungssitz zweifellos leichter als mit Frankfurt, das ebenfalls als Hauptstadt im Gespräch gewesen war. Bonn lag in der Nähe seines Wohnsitzes Rhöndorf. Es war damals im Gegensatz zu Frankfurt eine vorwiegend katholische Stadt, und die Unterstützung für Adenauers Partei, die CDU, schien hier, der Bevölkerungsstruktur entsprechend, unerschütterlich.

Adenauers Bekundungen und Bekenntnisse zugunsten der Stadt Berlin, die der Rheinländer Adenauer wohl nie richtig verstand und zu der er zeit seines politischen Schaffens keine Bindungen hatte, hatten immer den Anstrich

der Halbherzigkeit. Dennoch erforderte es die Nach-
kriegssituation, daß er und seine Partei die Stadt Bonn als
Provisorium bezeichneten, da die einstige Hauptstadt Berlin, von den Russen bedroht, wie eine Insel der Demokratie inmitten der kommunistisch regierten DDR lag. Die
Sozialdemokraten, die einen harten Kampf für die Erhaltung der Freiheit in der Stadt Berlin geführt hatten, als sie
sich mit Klauen und Zähnen der Zwangsvereinigung mit
den Kommunisten widersetzten, nahmen das Provisorium
am wörtlichsten. Sie ließen ihre Parteizentrale aus Fertig-
teilen errichten, was ihr den Namen »Die Baracke« ein-
trug. Ein Name, der ihr bis heute anhängt, obwohl der spätere Umbau nur noch bedingt an den ersten provisorischen
Bau erinnert.

»Sieh nur, die Kuhnerts haben schon wieder Besuch.«
Die Dame, bei der ich zu Gast war, beugte sich vor, um
besser auf den Balkon eine Etage tiefer sehen zu können.
»Wer das nur wieder sein mag?« Und zu mir gewandt –
fast klang es neidisch: »Sie sind genauso lange hier wie wir,
aber sie kennen schon so viele Leute.« In großer Eile waren
Siedlungen in Bonn hochgezogen worden, wahre Wohnsi-
los, die den nun in die kleine Stadt strömenden Abgeordneten, Angestellten der politischen Parteien und der Ministerien Unterkunft bieten sollten. Die im Schnellverfahren
errichteten Bauten waren nicht unbedingt schön, aber
zweckmäßig. Darunter viele Kleinwohnungen für Sekretärinnen und Abgeordnete und alle jene, die an Wochen-
enden wie fluchtartig die Stadt verließen, um bei ihren Familien zu sein, die den Umzug nicht mitgemacht hatten.
Teils weil sie in Bonn keine ihnen zusagende Unterkunft
fanden, teils weil sie nicht sicher waren, ob dieses Provisorium von längerer Dauer sein würde. Nein, natürlich sei es
nicht gut, daß sie alle zusammenlebten, fügte die Dame hastig hinzu. Man lernte einander zu gut kennen. Sie arbeiteten ja alle in der gleichen Dienststelle, sahen einander den
ganzen Tag und nun auch noch nach Feierabend. Es gäbe
ja in dieser Stadt zuwenig Anregungen.

Einst hatten Pensionäre die Stadt geprägt. Anspruchslos und genügsam und wohl auch müde nach einem arbeitsreichen Leben genossen sie die Behaglichkeit in Bonn. Studenten pflegten sich in den Häusern ihrer Burschenschaften auszuleben. Noch heute künden Fahnen mit ihren Symbolen in den gepflegten Teilen der Stadt von der Antiquiertheit ihrer Aktivitäten. Dazu ein paar Angestellte, wenige Arbeiter – die Stadt hatte keine nennenswerte Industrie –, das war die gesellschaftliche Struktur der Stadt Bonn, bevor das Schicksal sie ereilte, als Hauptstadt dienen zu müssen. Nun strömte ihr ein Heer von Beamten zu, das zur Stammbevölkerung nur schwer Kontakt bekam und ihn wohl auch nicht suchte. Vielfach war das Niveau zu unterschiedlich, oder die fröhliche Oberflächlichkeit des Rheinländers fand nichts Gemeinsames mit dem im Vergleich so reservierten Hamburger oder dem großschnäuzigen Berliner.

Und so ist es noch heute. Drei Gruppen leben in dieser Stadt nebeneinander her – Alteingesessene, Studenten und Neu-Bonner. Die gegenseitige Achtung ist – wenn auch nicht offen ausgesprochen – eher gering geblieben.

»Moby Dick« – so nannte man den Wal, der sich irgendwann, sein Leben riskierend, in den Rhein verirrte – machte eine scharfe Kehrtwendung, als er der Bundeshauptstadt ansichtig wurde, und schwamm, so schnell ihn seine Flossen trugen, zurück in Richtung Meer. Regierung und Opposition, die den merkwürdigen Gast ungeachtet ihrer üblichen Differenzen bejubelten, rätselten vergebens darüber, was ihn an Bonn so abgeschreckt haben könnte. Die Neu-Bonner hatten diese Wahl einer Umkehr nicht. Hatten sie eine Regierungskarriere gewählt, mußten sie sich in dieser Stadt ein Zuhause schaffen. Und dazu gehörte, daß sie nach Möglichkeiten der Ablenkung suchten, damit der Sonntag nicht zum Alltag wurde.

Das Theater der Stadt Bonn war von Bomben zerstört worden. Anders als bei der Synagoge eilte es den Stadtvätern nicht so sehr mit seinem Wiederaufbau. Schließlich gab es Ausweichmöglichkeiten. Da war der Contra-Kreis, der unter seinem Initiator Kurt Hoffmann in einem ehemaligen Luftschutzkeller mit unbequemen Klappsitzen gutes Theater machte. Zwar versagten die Stadtväter ihm zunächst wegen seines Avantgardismus jede Unterstützung, ja befehdeten ihn sogar, ziehen ihn der Frivolität und ähnlicher Dinge. Für die Hautevolee der Neu-Bonner, die schon vom Wirtschaftswunder profitierten, ihre Ferien auf Mallorca verbrachten, Nierentische als letzten Schrei in ihre neuen Wohnungen stellten, war dieses Theater mit seiner Bohemien-Atmosphäre nicht der geeignete Ort. Da ging man schon lieber in den »Bürgerverein«, einen Mehrzweckbau mit vielen Sälen, der später einem modernen Hotel zu weichen hatte.

Dort gab es Gastspiele und Veranstaltungen, bei denen man meist unter sich war. Einen Ballettabend zum Beispiel, der aus Anlaß des Besuchs von Hamani Diori, Präsident des afrikanischen Staates Niger, veranstaltet wurde. Nur von der Regierung geladene Gäste waren anwesend. Regierungsmitglieder, höhere Ministerialbeamte, höhere Chargen des Militärs, einige wenige Journalisten. »Wir waren zwei Jahre dort«, sagte eine Diplomatengattin zur anderen, die direkt hinter mir saßen. »Zuerst waren wir selig, als wir die ersten Schwarzen sahen. Aber dann, zwei Jahre später, konnten wir sie nicht mehr ertragen.« Die zweite versicherte ihrer Nachbarin ihr vollstes Verständnis. Einmal kam sogar die große Schauspielerin Käthe Gold zu einem Gastspiel in die Bundeshauptstadt. Als sie mit zarter Stimme Ibsen sprach, dröhnten im Nebensaal die Trommeln einer Karnevalsgesellschaft, die sich schon Monate im voraus auf ihre traditionellen Tollen Tage vorbereitete. Der Genuß war getrübt. Dabei war es nicht leicht, Karten für solche Gastspiele zu ergattern. Der Hunger nach Kultur war groß.

Einmal gelang es mir, eine Karte für ein Gastspiel des Ehepaars Knef/Cameron in den Godesberger Kammerspielen – zu jener Zeit noch hauptsächlich Kino – zu bekommen. Ich verspätete mich zu dieser Aufführung um wenige Minuten; Glatteis hatte mir die Anfahrt erschwert. Das Personal verweigerte mir den Zutritt zum Zuschauerraum, stellte ihn mir für die Pause in Aussicht. Ich protestierte. Es gesellten sich andere Personen zu mir, denen es ähnlich ergangen war. In ganz Deutschland wäre eine solche Anordnung unüblich, erklärten wir dem Theaterdiener und verlangten den Geschäftsführer zu sprechen. Nach langem Hin und Her wurde festgestellt, daß man uns nur den »Kommissar« bieten könne. Der als solcher bezeichnete uniformierte Polizeirat erschien, offensichtlich wütend, weil man ihn gestört hatte. Unser Anliegen sei ungerechtfertigt, sagte er unwirsch und wandte sich zum Gehen. Da verlangte einer der Besucher seinen Namen zu wissen. Er verweigerte das mit dem Zusatz: »Mit Ihnen rede ich überhaupt nicht. Sie sind mir viel zu jung und lächerlich dazu.« Dann, auf unsere Proteste hin, noch erregter werdend, rief er: »Ich lasse Sie gleich auf die Straße setzen, wo Sie auch hingehören.«

Sprach's, verschwand und kam mit einer Polizeistreife zurück, der er befahl, unsere Namen aufzuschreiben. Es handelte sich um eine Gräfin, einen Legationsrat vom Auswärtigen Amt und seine Frau, einen im Wirtschaftsministerium tätigen Gerichtsassessor und mich. Der Bonner General-Anzeiger berichtete am nächsten Tag von den »Randalierern« im Theater und forderte Hausverbot für die »Ruhestörer«. Drei der Betroffenen strengten eine Privatklage gegen den Polizeirat an. Vor dem Schiedsmann, der dem Polizeioffizier höchst ungebührliches und an die Nazizeit erinnerndes Verhalten vorwarf, führte der Polizeirat seine zahlreichen jüdischen Verbindungen als Alibi für seine Integrität an, akzeptierte nach vielem guten Zureden von seiten des Schiedsmanns schließlich den Vorwurf und entschuldigte sich bei uns. Wir nahmen diese Entschuldigung an und zogen die Privatklage zurück.

Bei ihren Versuchen, sich trotz allem heimisch zu fühlen, nahmen die Neu-Bonner auch am Karneval teil. Man schrie »Helau« und »Alaaf«, hüllte sich in Vergnügen versprechende Phantasiegewänder, setzte Masken auf und glaubte sich sicher, daß der Funke überspringen müsse. Aber er tat es nur selten. Und so machten sie Miene zum langweiligen Spiel, ließen sich an Weiberfastnacht in den Büros und auf den Straßen die Krawatten abschneiden und tranken mit den Rheinländern um die Wette. Die Pointen der Karnevalswitze erfaßten sie selten, oder sie fanden sie schlichtweg eindeutig obszön. Immerhin brachte der Karneval ein paar arbeitsfreie Tage mit sich. Und wer glaubte, diese Tollen Tage mißachten zu können, fand sich entweder ohne Sekretärin oder – selbst auf Regierungsebene – ohne den zuständigen Kollegen.

Ereignisse wie Staatsbesuche waren da schon beliebter. Allerdings ausschließlich bei den Neu-Bonnern. Für die Kleinstadt mit den engen Straßen brachten solche Besuche nur Probleme mit sich. Die Bonner stöhnten unter den Absperrungen und dem Dröhnen der Motorkavalkaden der »weißen Mäuse« und bereuten hinter vorgehaltener Hand hundertmal, daß sie die Ehre der Hauptstadt zu tragen hatten. Die Staatsdiener waren da schon eher in ihrem Element. Handelte es sich um einen dem Rang nach hohen Gast, konnten die Damen endlich ihre großen Roben ausführen an der Seite ihrer befrackten Ehemänner, denen ihre Wichtigkeit in solchen Momenten von den Gesichtern abzulesen war.

Man fühlte sich sichtlich wohl und auch zugehörig in dem wunderschönen Rahmen, den das in Brühl, zwischen Köln und Bonn, gelegene Schloß Augustusburg für derartige Anlässe bot. So wohl, daß sich die Damen nicht davon abhalten ließen, am Schluß der Veranstaltung die kunstvoll arrangierten Blumengebinde zu plündern und bündelweise nach Hause zu schleppen. Vom Büfett, überladen mit auserlesenen Köstlichkeiten der gerade angelaufenen Freßwelle, ließen sie – eines Neureichen würdig – im Höchstfall das Brot zurück. Doch bei den ersten festlichen Anlässen im Schloß stellten sich gewisse Mängel heraus, die, da sie – in den Sommermonaten – gewiß nur die Damen störten, zunächst recht wenig Beachtung fanden. Das während der Zeit des Barock erbaute Schloß verfügte nicht über die unserer Zeit entsprechenden Toiletten. Ein Besuch der Königin von England 1965 war es dann, der Bonns Verantwortliche trotz knappen Budgets – so hieß es in Bonns Gerüchteküche – dazu bewog, den Bau neuer, für das leibliche Wohl ebenso wesentlicher Anlagen zu veranlassen.

Bonns Stadtväter spielten sehr bald mit in der Manege des Lebens einer Hauptstadt. Sie lernten mühelos ihre neue Rolle und fühlten sich in der ihnen zugewachsenen Bedeutung voll zu Hause. So arrangierte Oberbürgermeister Peter Maria Busen am 6. Januar 1956 im Sternsaal des Rathauses einen Empfang zu Ehren des 80jährigen Kanzlers Dr. Konrad Adenauer, der Ehrenbürger und Abgeordneter von Bonn-Stadt und -Land war. Und siehe da – welch ein Zusammentreffen! –, dieser Tag war zugleich der Verlobungstag der Tochter des Oberbürgermeisters. Dr. Adenauer und Professor Theodor Heuss, erster Präsident der Bundesrepublik, waren so nicht nur von den Honoratioren der Stadt umgeben, sondern zugleich auch vom Brautpaar und deren Anverwandten. Und so war es auch bei dem nachfolgenden Frühstück. Vom Brautvater so verfügt, stellte sich das Brautpaar immer wieder an der Seite von Kanzler und Präsidenten den Fotografen. Eine Vermischung von Verlobungsfeier und Empfang der Stadt für die Höchsten des Staates sei ihm nicht bewußt gewesen, erklärte der Oberbürgermeister der Stadt Bonn, der nicht nur der Lächerlichkeit preisgegeben war, sondern es auch mit der Staatsanwaltschaft zu tun bekam, die gegen ihn den Straftatbestand der Untreue prüfte.

Trotz mancher Verbesserungen blieb Bonn Kleinstadt, so lange ich es kannte.[69] Nie habe ich mich dort heimisch gefühlt. Zwar verband die Rheinuferbahn Bonn mit der gerade 30 Minuten entfernten Großstadt Köln und war wohl, als die Bundeshauptstadt in Bonn Formen annahm, das meist frequentierte Verkehrsmittel in jenen Tagen. Ich aber fühlte mich auch in Köln fremd, wo die Atmosphäre zur Zeit des Kardinals Frings überaus stark von der katholischen Kirche bestimmt wurde. Jeder Ausflug nach Berlin, das auch als geteilte Stadt noch lebendiger war als Bonn, schien mir immer wie ein Abstecher ins wahre Leben. Auch eine kleine eigene Wohnung half da nicht viel. Eine Wohnung in einer Neubausiedlung übrigens, in der für Telefone keine Vorkehrungen getroffen worden waren. Meines Berufes wegen sah sich die Post nach mehreren Eingaben genötigt, eigens für mich einen Mast gegenüber meinem Hause aufzustellen, um mich mittels frei schwingender Kabel an ein entferntes Netz anzuschließen.

In Bonn machte ich auch meine ersten Erfahrungen mit der Tatsache, daß sich jene, die sich so wortreich zur Demokratie bekannten und die die Bundesrepublik in ihrem Geiste aufzubauen vorgaben, in keiner Weise von Deutschlands schrecklicher Vergangenheit bedrängt fühlten. Nach meiner Vorstellung eine Vorbedingung dafür, wenn man es mit einem neuen Geist ernst meinte. Hingegen verlangte man Vergessen und Vergeben von den Opfern – also so zu tun, als sei eigentlich nichts geschehen.

Als in Bonn der Vorsitzende der Jüdischen Gemeinde starb, der trotz bitterer Erfahrungen im KZ in seine Heimatstadt zurückgekehrt war, beschwor der Oberbürgermeister Dr. Wilhelm Daniels an seinem Grab die Juden, Vergebung zu üben für das, was man ihnen angetan hatte. Am gleichen Tag gab der Sprecher der Stadt Bonn bekannt, daß man beschlossen habe, dem ehemaligen Nazibürgermeister aus der Zeit von 1933 bis 1945 die Summe von 54 000 Mark als Ruhegeld nachzuzahlen. In seine Amtszeit fiel es, als jüdische Geschäfte in Bonn zertrümmert, Juden verfolgt und schließlich zum Mord deportiert worden waren. Niemand schien etwas gegen diesen Beschluß einzuwenden zu haben. Jedenfalls wurden keine Proteste laut. Geschah dies etwa im Namen des Glaubens der christlich-abendländischen Mission, der der Bonner

Wochen- und Bad Godesberger Vorschau zufolge in der Bundeshauptstadt Bonn zu neuem Leben erwacht war? Es schien mir eher der Geist einer gewissen Zeit zu sein, die kein Provisorium gewesen war...

7. Ohrfeigen

»Aber gnädige Frau!« Noch heute habe ich den Ton der Empörung im Ohr, den ein kostümierter Journalist im Bonner Presseclub ausstieß, als ich seinem Freund eine deftige Ohrfeige versetzte. Dazu veranlaßt hatten mich die Kostümierung und das Verhalten seines Freundes anläßlich einer der ersten Karnevalsveranstaltungen meines Lebens im Februar 1960. Diese Ohrfeige wurde zur Grundlage meiner Beziehungen zur Gesellschaft der deutschen Journalisten in Bonn. Nur wenige zeigten Verständnis für mich, und das nicht nur, was meine Handlungsweise betraf. Die Ohrfeige machte zugleich auch meinen Wunsch zunichte, endlich einmal »dazuzugehören«, nicht mehr, wie in Nazi-Deutschland, »gezeichnet« zu sein oder, wie in England, als Ausländerin nach dem Kriege nicht in die Gesellschaft aufgenommen zu werden. Ob ich das ohne diese Ohrfeige erreicht hätte, bleibt eine offene Frage.

Ich war in der Hoffnung nach Bonn gekommen, als eine unter vielen am Aufbau eines neuen Deutschland in irgendeiner Funktion mitzuarbeiten. Was ich damit praktisch meinte, wußte ich eigentlich nicht so recht. Ich glaubte nicht nur ein Recht, sondern auch die Pflicht dazu zu haben. Schließlich hatten Deutsche ihren Kopf für mich riskiert, um meine Mutter und mich vor dem Mord durch die Nazis zu bewahren. Sozialdemokratische Politiker, die ich auf Konferenzen der Sozialistischen Internationale traf, hatten mich auch zu diesem Denken ermutigt. Jedenfalls sagte niemand etwas Gegenteiliges, als ich sie daraufhin ansprach. Ja, jeder von ihnen sagte mir Unterstützung zu, als ich darum bat.

Aber als ich dann wirklich in Bonn war, fand ich die meisten »auf der Flucht« vor mir. So jedenfalls schien es mir. Sie schützten Abwesenheit vor oder unaufschiebbare

Termine. Einige, die ich besonders gut kannte, luden mich zum Essen ein. Aber niemand fragte, was ich denn nun plane oder ob ich ein Auskommen hätte oder gar, ob sie etwas für mich tun könnten. Andeutungen von mir, in denen ich sehr vorsichtig an die versprochene Hilfe erinnerte, überhörten sie oder antworteten mit belanglosen Floskeln. Es schien mir sinnlos zu insistieren. Freunde in weniger einflußreichen Positionen zerbrachen sich da schon eher den Kopf. »Wie kannst du nur erwähnen, daß du Jüdin bist.« Ein Freund empörte sich. Er war selber Jude, war schon bald nach Kriegsende aus Palästina nach Deutschland zurückgekehrt und hatte eine diplomatische Karriere eingeschlagen. Er hielt auch mich für geeignet, eine Aufgabe im Auswärtigen Dienst zu übernehmen. Leute mit Sprachkenntnissen wie ich würden immer gebraucht, meinte er. Er hieß mich einen Lebenslauf schreiben, den er weiterzuleiten versprach. Es versteht sich von selbst, daß ich darin die Verfolgung als Jüdin im Dritten Reich erwähnte. Er war ganz außer sich, als er es las. Mit den Worten »Wozu das?« schob er mir den Lebenslauf wieder zu. Heutzutage müsse man so etwas verschweigen, wolle man in der Bundesrepublik Karriere machen, sagte er.

Ich war verwirrt und empört zugleich. Er zeigte sich verständnislos, als ich ihm erklärte, daß ich nicht bereit wäre, meinen Lebenslauf zu »frisieren«. Nach allem, was geschehen war, hätte ich nicht die Absicht, mein Judentum je wieder zu verleugnen. Auf meine Frage gab er ohne zu zögern zu, daß er diese Tatsache bei seiner Bewerbung »natürlich« weggelassen habe. Seines Wissens sei es der Behörde nicht bekannt, daß er Jude sei, und er denke nicht daran, es ihr zur Kenntnis zu bringen. Tatsächlich dürfte es in seinem Amt nicht besonders aufgefallen sein, wenn jemand über »jene Jahre« seines Lebens ungenaue Angaben machte. Versuche deutscher Beamten, ihre nazistische Vergangenheit zu verschleiern, waren eher die Regel als die Ausnahme. Mein Freund versuchte auf seine Weise, sein »Judenproblem« zu lösen, von dem ich fälschlicherweise angenommen hatte, daß es mit dem Ende der Nazizeit nicht mehr existiere. Ich handelte darum auch entsprechend.

Am ersten Weihnachtstag im Jahre 1959 hörte ich wie gelähmt zu, als der Nachrichtensprecher die Meldung über Hakenkreuzschmierereien an der Synagoge von Köln verlas. Es war knapp ein Jahr, nachdem mich die israelische Zeitung ›Maariv‹ als Deutschlandkorrespondentin angeworben hatte. Ich hatte zunächst gezögert, diese Aufgabe zu übernehmen, die mich in Bonn festnageln, meinen Tagesablauf bestimmen und mich zwingen würde, die mir lieb gewordenen Veröffentlichungen über und für die Dritte Welt einzuschränken. Bis dahin hatte ich Beiträge für indische Zeitungen geliefert, aber auch über Indien, Burma, Nepal und Israel in deutschen Medien berichtet. Als ich schließlich die mir angetragene Aufgabe übernahm, weil eine feste Anstellung auch ein geregeltes Einkommen versprach, ahnte ich noch nicht, daß sie mein Leben verändern würde.

An jenem Weihnachtsmorgen eilte ich nach Köln, um das Unvorstellbare in Augenschein zu nehmen. Am Sockel der Synagoge in der Roonstraße, die erst am 20. September des gleichen Jahres neu eingeweiht worden war, stand: »Deutsche fordern: Juden raus.« Etliche Hakenkreuze »zierten« diese Schmierereien. Die gleichen Täter hatten über eine Grabplatte für sieben prominente Opfer des Nationalsozialismus schwarze Lackfarbe gegossen und damit die Inschrift: »Dieses Mal erinnert an Deutschlands schmachvollste Zeit 1933–1945« gelöscht. Dieses damals für mich Unfaßbare in einem neuen Deutschland ist heute leider längst keine Seltenheit mehr, sondern gehört zu den Ereignissen, die von Zeit zu Zeit als wenig beachtete Nachricht unter dem Strich in der Presse erscheinen.

Damals führte die Schmiererei an der Synagoge von Köln zu einer Welle von antisemitischen Aktionen in der Bundesrepublik, aber auch in anderen europäischen Ländern. Es war, als habe man den Deckel von einem Drucktopf genommen. Niemand konnte so recht die Ursache dafür erklären. Einige wenige Deutsche wagten bei einer Analyse der Gründe für diesen Ausbruch in ihrem Land öffentlich festzustellen, daß sie im Mangel an politischer Erziehung der deutschen Jugend und in der Beschäftigung ehemaliger Nazis in hohen Regierungsämtern zu sehen seien. Einem von der Bundesregierung herausgegebenen Weißbuch zufolge hat es bis zum 28. Januar 1960 insgesamt 684 »Folgetaten«, also Hakenkreuzschmierereien auf Gerichtsgebäuden, Kirchen, Schändungen jüdischer Friedhöfe, antisemitische Aufschriften, anonyme Drohbriefe an in der Bundesrepublik lebende Juden gegeben, vorwiegend von jungen Menschen verübt. Das Fazit der Bundesregierung, daß es sich dabei um schwachsinnige Missetäter und Rüpel handelte und nicht um antisemitische Bewegungen oder staatsfeindliche Kader und auch nicht um nazistische Restgruppen, schien mir denn doch zu leichtfertig in einem Land, in dem nur fünfzehn Jahre zuvor Menschen wegen ihrer Zugehörigkeit zum Judentum ermordet worden waren.

Bonns erster Bundeskanzler Dr. Konrad Adenauer bewies, wie wenig er daran interessiert war, sich mit dieser Frage ernsthaft zu beschäftigen, als er empfahl, »Lümmeln«, die solche Taten verübten, eine Tracht Prügel zu verabreichen. Eine Bemerkung, die ihm bei der Opposition und vor allem im Ausland viel Kritik einbrachte. Erst später verstand ich diese Bemerkung als bezeichnend dafür, daß die Regierungen Adenauers, selbst so kurz nach dem Geschehen, nicht beabsichtigten, sich mehr als unbedingt nötig mit den Verbrechen Nazi-Deutschlands auseinanderzusetzen. Der gewiefte Politiker hatte sehr wohl erkannt, daß das deutsche Volk so wenig wie möglich von dieser Vergangenheit »belästigt« werden wollte.

So blieb es auch bis in die neunziger Jahre. Deutsche Politiker sprachen, wenn geschichtliche Daten oder die Zweckmäßigkeit sie dazu herausforderten, von Verbrechen, die »im deutschen Namen« geschehen waren. Mit dieser Wortwahl stießen sie das Thema von sich, versuchten die von Deutschen erdachten und verübten Verbrechen zu anonymisieren, zu Ereignissen ohne Täter, zu nebulösen Zwischenfällen ohne Konturen zu machen.

Die zwei fünfundzwanzigjährigen Täter von Köln wurden schnell gefaßt. Ihre Fingerabdrücke, die man auf den in der Nähe des Tatortes weggeworfenen Farbdosen fand, waren aufgrund ihrer Vorstrafen in der Polizeikartei vorhanden. Beide waren seit 1958 Mitglieder der rechtsradikalen Deutschen Reichspartei. Einer von ihnen gestand die Tat unumwunden, er habe verhindern wollen – wie er sagte –, »daß Juden wieder die Macht in Deutschland an sich reißen«. Der andere leugnete zunächst. In seinem Zimmer fand man aber nazistische Publikationen, Bilder von Nazi-Helden, Embleme der Deutschen Reichspartei. »Juden sind Ausländer, die zurückgehen sollten, wo sie hergekommen sind. Sie stellen eine Gefahr für die germanische Rasse dar.« So motivierte er schließlich seine Tat.

Das Gericht von Köln verurteilte die beiden zu jeweils vierzehn und zehn Monaten Gefängnis. Landgerichtsdirektor Metze meinte, man müsse die Tat ohne Emotionen beurteilen. Dann käme man unweigerlich zu der Erkenntnis, daß sie nicht höher zu bewerten sei. Harte Strafen würden eher zum Anwachsen des Antisemitismus beitragen. Er wies auf die geistige Beschränktheit »dieser politischen Wirrköpfe« hin, auf ihre psychopathischen Anlagen, die der Gerichtsmediziner festgestellt hatte, und meinte, daß von solchen Tätern keine Gefahr ausgehen könne. Das Gedächtnis dieses Richters schien mir absonderlich kurz. Waren unter denen, die sich unter der Fahne des Hakenkreuzes zusammengefunden hatten, nicht viele Psychopathen gewesen, Menschen wie diese beiden, unaufgeklärt, dumm, verwirrt? Überdies schien es dem Gericht nicht erwiesen, so der Landgerichtsdirektor, daß der eine Täter eine religiöse Gemeinschaft habe treffen wollen. Er habe während seiner Verteidigung von den Juden als von einer Rasse und von Ausländern gesprochen. Dies führte zu einer Straferleichterung, da der Paragraph: »Wer öffentlich eine im Staat befindliche Religionsgemeinschaft öffentlichen Rechtes beschimpft, wird mit Gefängnis bis zu drei Jahren bestraft« nicht anwendbar war.

Mir war es schier unmöglich, über dieses Gerichtsurteil ohne Empörung in meiner Zeitung zu berichten. Ebensowenig verstand ich, aus welchem Grunde man unterließ, die Deutsche Reichspartei, die so offensichtlich nazistische Ziele verfolgte, zu verbieten. Auf Versammlungen dieser Partei fielen antisemitische Bemerkungen, wurde das Nazi-Regime verherrlicht. Auf ihren Parteitagen wurde Nazi-Literatur verkauft, und ihr Parteiorgan ›Der Reichsruf‹ stand dem Tenor des ›Völkischen Beobachters‹ in nichts nach. Ein Verbot hätte sicher nicht das nazistische Gedankengut aus den Köpfen dieser jungen Wirrköpfe getilgt. Es hätte aber eine Verbreitung der gefährlichen Ideen verhindert. Der damalige Bundesinnenminister Dr. Gerhard Schröder ließ zwar überprüfen, ob die DRP verfassungsfeindlich sei. Dem Bundesverfassungsgericht schien das nicht erwiesen. Lediglich der Kreisverband Köln, dem die beiden Täter angehörten, wurde wegen antisemitischer Tendenzen aufgelöst.

Übrigens hatte Innenminister Schröder selbst dem Nationalsozialismus nicht gerade ferngestanden. »Ich war Mitglied der NSDAP.[70] Aber das bedeutet nicht, daß ich im Innern Nazi war.« Er sei als junger Anwalt in die Partei eingetreten, weil er wußte, daß er sonst nichts erreichen konnte. »Ich war auch SA-Anwärter.« Er habe versucht, SA-Mann zu werden, weil er in der Partei keinen großen Eindruck gemacht habe. »Ich wurde nach sieben Monaten gestrichen, weil ich kein Interesse gezeigt habe.« Schröder gab auch an, aus der NSDAP ausgetreten zu sein. Tatsächlich aber ruhte seine Parteimitgliedschaft, weil er an der Front diente. Bei jeder nur passenden Gelegenheit erwähnte er seine Frau, die Tochter eines halbjüdischen Vaters, und die Gefahr, der er, Schröder, ihretwegen in der Nazizeit ausgesetzt gewesen war. Dieses Argument konnte man nicht ernst nehmen. Es war schon wie eine Manie im Nachkriegsdeutschland: Ähnlich wie man in der Nazizeit die jüdische Großmutter verschwiegen hatte, so holte man sie nun schleunigst hervor.

Mich traf dieser antisemitische Zwischenfall in Köln ausgesprochen hart. Es war, als zöge man mir den Boden unter den Füßen weg. Wie war es möglich, daß nur fünfzehn Jahre nach den Morden an den Juden Deutsche abermals bereit waren, Juden zu verfolgen oder untätig dabei zusahen oder gar diese Tatsache bagatellisierten, wie es das Gerichtsurteil zeigte? Wirkte das schreckliche Geschehen der Vergangenheit möglicherweise wie eine stumme, immer gegenwärtige Anklage, gegen die sich die junge Generation auf irgendeine Weise zur Wehr setzen wollte?

Um diesen Gedanken, die mich lange Zeit nicht losließen, für ein paar Stunden zu entfliehen, beschloß ich, eine Karnevalsveranstaltung zu besuchen. Aber schon beim Eintritt in den Presseclub glaubte ich meinen Augen nicht zu trauen. Da hatte sich ein junger Journalist derart kostümiert, daß er meiner Meinung nach klar als Jude zu erkennen war. Mit Seitenlocken (Peies), Käppchen und einer Art Gebetsschal, wie sie von frommen Juden getragen werden, ging er inmitten der bunten Masken einher. Ein schäbiges Köfferchen in der Hand und zerschlissene Kleider sollten wohl den Eindruck eines jüdischen Händlers vervollständigen. Entsprechende, als »jüdisch« ausgewiesene Handbewegungen taten das Ihrige dazu. Mit ihm und über ihn schien sich eine Anzahl von Journalisten köstlich zu amüsieren. Andere wieder empfanden sein Gehabe als abstoßend. Mir unbekannte junge Leute an meinem Tisch machten keinen Hehl aus ihrem Befremden. Ihnen war der Abend ebenso verleidet wie mir. Ein anderer Kollege verließ die Veranstaltung stehenden Fußes, als er dieses so kostümierten Journalisten ansichtig wurde.

Es ergab sich, daß ich – auf der Tanzfläche neben ihn geratend – diesem »Narren« schließlich mein Mißfallen zu verstehen geben konnte. Ich sagte ihm, daß ich nicht begreifen könne, wie ein Deutscher nach allem, was vorgefallen war, eine dieser armen gequälten Kreaturen zum Gaudi des Karnevals machen konnte. Ihn, der möglicherweise unter dem Einfluß von Alkohol stand, reizte dies, mich zu hänseln – mich hingegen dazu, ihm eine Ohrfeige zu versetzen. Der Bonner Journalismus hatte seinen Skandal.

Der betroffene Journalist wurde bis zur Klärung der Angelegenheit von seiner Redaktion suspendiert. Er wies sofort den Verdacht antisemitischer Regungen von sich und erklärte, er habe nicht einen Juden, sondern einen griechischen Teppichhändler darstellen wollen. Alle, die ihn näher kannten, versicherten mir, daß ihn nicht Antisemitismus, sondern nur eine gewisse Bizarrerie zu dieser Kostümierung veranlaßt haben könne. Meine Handlungsweise erfuhr viel Kritik, wie es dem Geist der Bundesrepublik damals voll entsprach. Die Angelegenheit führte zu einer Aussprache aller Beteiligten unter dem Vorsitz des SPD-Abgeordneten Adolf Arndt. In einem später herausgekommenen Kommuniqué der Bundespressekonferenz, deren Mitglied der Journalist war, wurde alsbald festgestellt, es tue dem Betreffenden herzlich leid, daß »...ein von ihm nicht gewollter, falscher Eindruck entstand, durch den sich Teilnehmer der Veranstaltung herausgefordert und verletzt fühlen konnten«. Er sei bei der Wahl des Kostüms nicht auf den Gedanken gekommen, es könne antisemitisch wirken.

Ich nahm diese Erklärung an. Ich hatte gar keine andere Wahl, obwohl ich Zweifel an der Ehrlichkeit der Behauptung hatte. Ich fühlte mich geschlagen. Das Gros der Bonner Journalisten bezeugte mir seine Abneigung. Auf einen Umgang mit mir legten sie keinen Wert. Sie standen dagegen »wie ein Mann«. Ich war isoliert. Ich begriff das nicht. Natürlich hatte ich nicht erwartet und auch nicht gewollt, daß man einer unter den Nazis verfolgten Jüdin, die trotz allem nach Deutschland zurückgekehrt war, mit Ehrfurcht oder Demut begegnete. Aber ich hatte erwartet, daß man sie aufnahm, vielleicht sogar mit Freude darüber, daß eine Jüdin durch ihre Rückkehr ihr Vertrauen zu einem neuen Deutschland bekundete. Und daß man mit ihr gemeinsam den Versuch unternehmen konnte zu verstehen, was damals geschehen und wie es zu den grausamen Verbrechen Deutscher gekommen war. Statt dessen wurde eine Barriere aufgerichtet, und sie stand nicht nur zwischen den Bonner Journalisten und mir, sondern zwischen Deutschen und Juden überhaupt.

»Ach, das ist ja alles halb so schlimm.« Mit diesen Worten reagierte ein deutscher Diplomat, einst Konsul in Kalkutta, auf die Frage von Frank Moraes, Chefredakteur des ›Indian Express‹, einer der größten Zeitungen Indiens, nach dem Antisemitismus in Deutschland. Kaum ein Jahr nach den Hakenkreuzschmierereien und der darauffolgenden antisemitischen Welle in der Bundesrepublik erklärte dieser deutsche Diplomat dem zu Besuch in der Bundesrepublik weilenden indischen Journalisten in meiner Gegenwart weiter: »Es war ja auch damals (also in der Nazizeit) alles halb so schlimm. Sie sehen ja, die meisten Juden kommen auch schon wieder nach Deutschland zurück.« Moraes, der sehr wohl über die Situation in Deutschland unterrichtet war, drückte mir gegenüber später seine Empörung über diese Behauptung aus, der von keinem der bei diesem Mittagessen zu Ehren des Inders anwesenden Diplomaten und Beamten widersprochen worden war.

Tatsächlich waren nur wenige deutsche Juden zurückgekehrt. Vielfach waren es ältere Menschen, die die Probleme des Exils nicht ertrugen und so wie ich glaubten, in Deutschland wieder unter Menschen leben zu können, die sich ihres Wissens nach mit dem Nationalsozialismus nicht identifiziert hatten. Sie blieben Außenseiter. Nur wenige fanden Aufnahme in der deutschen Gesellschaft. Die Vergangenheit hemmte die Spontaneität vieler Deutscher, die eigentlich bereit waren, mit Juden in Freundschaft zu leben. Aber auch die Juden waren voller Scheu und nie ganz sicher, wie wahr die Behauptungen von Menschen waren, daß sie niemals etwas mit dem Nazismus zu tun gehabt hätten. Einige Juden – meist aus DP-Lagern und auf dem Weg nach Israel in Deutschland hängengeblieben – gaben ihre Unsicherheit sogar an ihre Kinder weiter, die nach dem Kriege in Deutschland geboren worden waren. Sie versuchten, sie von der Außenwelt abzuschirmen.

Diese Kinder, von denen einige später nach Israel auswanderten, berichteten mir, daß ihre Eltern ihnen untersagt hätten, Sportclubs beizutreten oder gar Freundschaften mit nicht-jüdischen Gleichaltrigen zu schließen. Ein junges Mädchen erinnerte sich an ihr Studium an einer deutschen Universität, in der sie auf Geheiß ihrer Eltern jeden Umgang mit Deutschen ihres Alters, ja jedes Gespräch mit ihnen mied. Eine Ehe kam natürlich nur mit einem jüdischen Partner in Frage. In der Hoffnung, durch eine Ehe dieser gefängnisähnlichen Situation entrinnen zu können, gingen manche frühzeitige Verbindungen ein, die nicht lange Bestand hatten. Die Eltern behaupteten zwar immer wieder, daß sie über kurz oder lang aus Deutschland auszuwandern gedächten. Aber sie taten es selten, meist weil sie des Wanderns müde waren, oft auch, weil sie in Deutschland günstige Verdienstmöglichkeiten gefunden hatten. Ihre Kinder kamen ihnen daher oft zuvor.

Ich lernte viele Deutsche kennen, die feuchte Augen bekamen, wenn das Gespräch auf Juden kam, und sie überschütteten mich mit Lobpreisungen über Juden, wenn sie meiner Herkunft gewahr wurden. Ein eigentlich amüsantes Erlebnis mit dem CSU-Politiker Hermann Höcherl war bezeichnend dafür. Als Landwirtschaftsminister hatte Höcherl die Aufgabe, anläßlich der Grünen Woche in Berlin im Januar 1969 die Stände der ausländischen Vertreter zu besuchen. Als er an den Israel-Stand kam, war er offenbar bereits voll des süßen Weins, den er an den verschiedenen Ständen zu kosten bekommen hatte. Er sah mich, kam schnurstracks auf mich zu, drückte mich an seine Brust und, anscheinend dank des Alkohols, rief er ohne Hemmungen: »Ihr Juden, was seid ihr doch für intelligente

Menschen.« Mich wie einen Dudelsack zum wiederholten Male an sich pressend, führte er mich zum Sektstand, und während er mich animierte, mit ihm aus einem Glas zu trinken, fügte er lauthals hinzu: »Es wär' ja gar nicht auszudenken, wenn es noch mehr von euch gäbe! Niemand anders hätte dann eine Chance.« Schließlich offenbarte er mir und den vielen Umstehenden, daß den Ministern im Kabinett unweigerlich die Tränen kämen, wenn über Juden gesprochen würde. »Glauben Sie mir das«, sprach's beschwörend, küßte mich auf den Mund und ging mit seinem Troß von dannen.

Diese fatale Art des Denkens, daß Juden etwas »Besonderes« und darum unfehlbar seien, fand verständlicherweise auch viele Kritiker, vor allem unter der jungen Generation. Man prägte für diese Geisteshaltung den Begriff des Philosemitismus, der ebenso abstoßend wie schädlich war, da er selten auf ehrlicher Überzeugung beruhte. Er war in seinen Konsequenzen fast ebenso gefährlich wie der Antisemitismus, denn er war nicht logisch zu begründen. Ja, er förderte den Antisemitismus, wenn seine Haltlosigkeit erkannt wurde. Später, etwa Ende der sechziger, Anfang der siebziger Jahre, prägten Kritiker Israels, besonders unter den jungen Linken, den Begriff des Antiphilosemitismus. Ihr Kampf galt dem Phänomen des Philosemitismus, das ihnen dumm und sinnlos erschien. Er diente aber auch als Deckmantel für eine proarabische Haltung. So wurden alle Befürworter Israels zu Philosemiten erklärt, während sie sich selbst zu den einzigen objektiven Beobachtern des Konfliktes im Nahen Osten ernannten.

In anderen Kreisen aber galten Juden auch weiterhin als Verkörperung übler geschäftlicher Machenschaften. Eine Anzahl Menschen jüdischen Glaubens, die vielfach nicht deutscher Herkunft waren, hatte die Konjunktur nach Deutschland gelockt. Sie hatten sie auf ihre Weise zu nutzen gesucht. Nicht selten waren sie skrupellos, da sie meinten, Deutschen keine Rücksicht schuldig zu sein. In Frankfurt gab die Zahl jüdischer Besitzer von zweifelhaften Etablissements dieser Meinung neue Nahrung. Andererseits aber dienten Juden, die wieder in Deutschland zu leben bereit waren, den offiziellen Stellen als Aushängeschild dafür, daß das Nachkriegsdeutschland keinerlei Vorurteile mehr kannte. Und das, obwohl »Jude« zu sein bis zum heutigen Tage in Deutschland nicht einfach ein Glaubensbekenntnis ist wie Katholik oder Protestant. So findet zum Beispiel die Zugehörigkeit eines Gesetzesübertreters zum jüdischen Glauben noch immer besondere Erwähnung in Berichten der deutschen Presse.

Ich tat, als ginge mich das alles nichts an. Ich versuchte, normal unter und mit Deutschen zu leben. Aber es gelang mir einfach nicht. Immer wieder geschah irgend etwas, was mich auf meine besondere Stellung als Jüdin zurückverwies. Einmal war es ein Erlebnis im »Kaufhof« in Bonn.

»Jüdische Apfelsinen rühren wir nicht an«, sagte eine gut aussehende, wohlhabend gekleidete Dame mit Nachdruck in der Lebensmittelabteilung. »Bitte geben Sie mir spanische«, bedeutete sie der erstaunten Verkäuferin. (Spanien war damals noch unter dem Franco-Regime.) Während die Dame noch ihren »reinrassigen« Einkauf verstaute, sagte ich ebenso laut und deutlich zu der Verkäuferin: »Bitte geben Sie mir Jaffa-Apfelsinen, ich esse keine spanischen.« Die Dame maß mich mit feindseligen Blicken. Die Verkäuferin konnte sich das Lachen kaum verbeißen. Sie sah der davonschreitenden Dame kopfschüttelnd nach und bemerkte sehr treffend: »Die spinnt.«

Ein andermal wollte ich gerade in meinen Wagen steigen, als ich bemerkte, wie eine Dame, die in meinem Haus wohnte, mit dem Schirm gegen den Schneesturm anzukämpfen hatte. Ich bot ihr an, sie in die Stadt mitzunehmen. Sie stieg ein, dankbar dafür, daß sie bei dem Wetter nicht möglicherweise zehn Minuten auf den Autobus warten mußte. In einer Unterhaltung bemerkte sie, wie schön und ruhig es sich in unserem Hause leben ließ. Nur einen Makel hätte die Sache. Bei ihr auf dem Flur wohne eine

Dame, die alle Menschen ärgere, sich ständig beschwere, mit allen Krach anfange. »Sie ist wirklich unangenehm. Aber das ist ja nicht zu verwundern. Sie ist eine rassisch Verfolgte.«

Es wurmt mich noch heute, daß ich sie nicht auf der Stelle wieder in den Schneesturm entlassen habe.

Ich gehörte der Jüdischen Gemeinde in Bonn nicht an, was diese sehr übel vermerkte und mir in einem Brief das Recht absprach, mich »Jüdin zu nennen«. Ich sah einfach keinen Sinn in der Zugehörigkeit zu einer religiösen Gemeinschaft, mit der ich nichts außer der Verfolgung gemeinsam hatte. Statt dessen glaubte ich, zu denen zu gehören, die in der vorderen Front derer gestanden hatten, die den politischen Kampf für den Aufbau eines antifaschistischen demokratischen Deutschland geführt hatten. Mein Elternhaus und meine sozialistische Erziehung machten es mir leicht, ja, es war einfach selbstverständlich für mich, in die Sozialdemokratische Partei einzutreten. Das schien mir meine wahre Heimat zu sein. Aber auch das erwies sich als Illusion.

Nur sehr langsam begriff ich, daß ich auch von dieser Partei nur bedingt Stütze erwarten durfte. Schließlich ging es ihr darum, an die Macht zu gelangen. Ihre Führer hatten eben früher als ich verstanden, daß es im Nachkriegsdeutschland noch viele Nazis und Antisemiten gab und daß auch sie Wählerstimmen hatten – zahlenmäßig fraglos mehr als Juden. Aber die SPD ging sogar noch weiter, als ich annehmen konnte. Der Alt-Nazi Dr. Erhard Eckart wurde Chef der parteieigenen Nachrichtenagentur ›Politisch Parlamentarischer Pressedienst‹ (PPP). Eckart hatte sich als Journalist in der Nazizeit offenbar so gut bewährt, daß ihn seine Partei als Redakteur einer NS-Zeitung während des Krieges nach Wien schickte. Sein damaliger Chefredakteur war übrigens Siegfried Zoglmann, später viele Jahre im Bundestag als Mitglied der Freien Demokraten. Berichten zufolge war Erhard Eckart nach Kriegsende zum SPD-Parteivorsitzenden Dr. Kurt Schumacher gegangen und hatte seinen Wunsch nach Mitarbeit in der SPD vorgetragen. Er offenbarte Schumacher seine Vergangenheit, was diesen veranlaßte, ihm vorzuschlagen, doch erst einmal zwei Jahre auf den Bau zu gehen. Eckart nahm dies wörtlich und meldete nach zwei Jahren den Vollzug dieser von ihm ernstgenommenen Aufgabe. Schumacher soll verblüfft und beeindruckt zugleich gewesen sein. Zur Überraschung vieler alter Sozialdemokraten ernannte er Eckart für diese recht wichtige Parteiposition.

Eckart erwies sich als ein eifriger Arbeiter, der seine Loyalität zur SPD über alles stellte. Auf ihn war Verlaß. Es ist eine nicht mehr zu beantwortende Frage, ob Schumacher dies so vorgeschwebt und bei der Ernennung beeinflußt hatte. Unter der Anwesenheit von Dr. Eckart litt wohl niemand mehr als Kurt Nemitz, der als Mitarbeiter von PPP Eckart untergeben war. Nemitz war der Sohn von Dr. Julius Moses, jüdischer Arzt und SPD-Reichstagsabgeordneter, der in Theresienstadt umgekommen war. Ähnlich erging es Albert Exler, der als Redakteur des SPD-Pressedienstes zu enger Zusammenarbeit mit Eckart gezwungen war. Exler, im Sudetenland geboren, war im Zweiten Weltkrieg hinter den deutschen Linien in der Tschechoslowakei mit dem Fallschirm abgesprungen, um Kontakt zu tschechischen Sozialdemokraten aufzunehmen in dem Versuch, die Vertreibung der sudetendeutschen Bevölkerung zu verhindern. Er wurde von der Gestapo gefaßt und saß lange Zeit unter Androhung der Todesstrafe in einem Wiener Gefängnis. Sein Bruder, der an dieser Aktion völlig unbeteiligt war, mit dem er aber Kontakt gehabt hatte, wurde hingerichtet. Mir gegenüber verhielt Eckart sich auf widerliche Weise beflissen.

»Ich halte nicht viel von Juden. Ich war SS-Mann und an der Exekution von Juden zwar nicht unmittelbar, aber doch mittelbar beteiligt.« Dies sagte mir ein Hörer in der Heimvolkshochschule der Friedrich-Ebert-Stiftung in Bergneustadt, die unter anderem Kurse für Mitglieder der Sozialdemokratischen Partei durchführte. Ich referierte dort von Zeit zu Zeit über meine Erfahrungen in Entwicklungsländern. Fast regelmäßig wurde ich bei solchen Gelegenheiten gebeten, auch über Israel zu sprechen, das ich 1954 das erste Mal und von da an öfter bereist hatte. In Deutschland wußte man zu jener Zeit (Ende der fünfziger Jahre) relativ wenig über Israel und war in manchen Kreisen begierig, Näheres über diesen jungen Staat zu erfahren. Dieses Interesse war in der Sozialdemokratischen Partei besonders groß. Israel war von Sozialisten vieler Länder aufgebaut worden und hatte eine Anzahl von sozialistischen Institutionen geschaffen, die neue Formen des gesellschaftlichen Zusammenlebens erhoffen ließen. Dieser Mann, etwa Ende dreißig, fügte seinem Kommentar über die Juden noch hinzu, er stehe meinen Vortrag über dieses Land »äußerst skeptisch« gegenüber. Auf meine Bemerkung, er täte dann besser daran wegzubleiben, da ich Jüdin sei, rief er überrascht aus: »Wieso, die sind doch alle vergast worden!«

Ich gebe zu, daß ich nach diesem Zwischenspiel keinen sehr guten und überzeugenden Vortrag gehalten habe. In der Diskussion kamen dann folgende Meinungen zutage, die mir bewiesen, daß der »Genosse« mit seiner Meinung über Juden nicht allein stand. Juden hätten die Machtergreifung Hitlers mit ihrer Finanzkraft – Wall Street wurde erwähnt – leicht verhindern können. Da sie dies nicht taten, seien sie an ihrem Unglück selber schuld. Überdies stellten sie im Nahen Osten eine derartige Gefahr dar, daß man sie besser aussiedelte. Schließlich handele es sich ja nur um ein Volk von 1,7 Millionen! Noch mehr als die Ansichten dieser »Genossen« traf es mich, daß ich nach diesem »Unfall« – wohl einer Weisung der Leitung der Friedrich-Ebert-Stiftung zufolge – nie wieder gebeten wurde, über Israel zu referieren.

»Wieviel Juden sind denn nun eigentlich ermordet worden?« fragte ein Mitglied der Jungsozialisten von Bergheim (Rheinland). Man hatte mich zu einem Referat über Israel geholt, aber die zwanzig jungen Menschen, meist über dreißig, schienen an diesem Thema wenig interessiert. Man höre immer die Zahl von sechs Millionen, aber die käme ja wohl von »interessierter Seite«, meinte einer. Andere sprächen von einer wesentlich geringeren Zahl. Ich erwiderte, daß nicht mehr genau zu ermitteln sei, ob es sich um fünfeinhalb oder sechs Millionen handelte. Im übrigen käme es wohl kaum auf die Zahl an. Auch nur ein einziger, derart bestialischer Mord wäre kriminell und zu verurteilen. Aber das überzeugte nicht. »Wie lange sollen die Wiedergutmachungszahlungen noch weitergehen? Ich spreche hier als Steuerzahler!« Ich hielt diesem »Steuerzahler« entgegen, was er durch den Raub von jüdischem Eigentum gespart haben müsse. Der Vorsitzende machte diesen und ähnlichen Fragen, die er mir gegenüber als »nicht fair« erklärte, schließlich ein Ende. Andere Fragen hatte die Versammlung von jungen Sozialisten nicht.

Aber eigentlich, so sagten mir Sozialdemokraten, die ähnlich dachten wie ich, hatte die Partei den Kampf gegen die alten Nazis und die Restauration in der Bundesrepublik schon lange aufgegeben, spätestens an jenem Tage, dem 11. Mai 1951, als sie dem Artikel 131 zum Grundgesetz zustimmte, der die Wiedereinstellung ehemaliger Angehöriger der NSDAP, ganz gleich, ob sie Kreisleiter, alte Kämpfer oder SA- oder SS-Gruppenführer gewesen waren, in den Verwaltungsapparat der BRD regelte beziehungsweise ihnen ihre Pensionsansprüche zurückgab. Ausgenommen werden sollten nur sogenannte NS-Parteibuch-Beamte. Also solche, wie es später auch von Oberverwaltungsgerichten ausgelegt wurde, die in der Nazizeit nicht aufgrund ihrer fachlichen oder sachlichen Fähigkeiten, sondern lediglich aus politischen Erwägungen eingestellt worden waren. Und so geschah es auch. Im Berliner Gesundheitswesen wurden für das beamtete Pflegepersonal der städtischen Kliniken sämtliche Planstellen gesperrt, bis alle »131er« untergebracht waren. Dagegen wurden Gegner des Nationalsozialismus, die verfolgt worden waren, bei Einstellungen benachteiligt. In Bayern sah das 1949 so aus: von 49121 Beamten waren 14443 ehemalige PGs. Hingegen waren seit 1945 nur 265 politisch und 92 rassisch Verfolgte wieder in den Staatsdienst eingestellt worden.[71] Die Bundesentschädigungsgesetzgebung zugunsten der Opfer des Nationalsozialismus war zu dieser Zeit noch nicht verabschiedet worden.

Und so büßte ich auch das Gefühl der Zugehörigkeit zu dieser Partei ein, wenn ich auch die offiziellen Beziehungen erst später löste. Und das kam so: »Du hattest doch immer behauptet, Brandt sei ein anständiger Deutscher«, so und ähnlich äußerten sich israelische Freunde auf die Nachricht hin, Willy Brandt (damals noch Regierender Bürgermeister von West-Berlin) habe der Familie Speer anläßlich der Entlassung Albert Speers aus dem Kriegsverbrecher-Gefängnis von Spandau am 1. Oktober 1966 Blumen übersandt. Keiner meiner Freunde begriff diese Geste. Man empfand sie als eine Verhöhnung der Opfer des Nationalsozialismus und zugleich auch als Ablehnung des Nürnberger Urteils. Der spätere Bundeskanzler bezeichnete sein Verhalten Kritikern gegenüber als eine »private Geste«, die der Tochter des Inhaftierten galt und mit der bösen Vergangenheit des Albert Speer nicht das geringste zu tun hatte.

Mich bestärkte dieses Verhalten in dem schon längst gefaßten Entschluß, aus dieser Partei auszutreten. Daß mir der Austritt aus einer Partei nicht leichtfiel, in die ich hineingeboren war und für die meine Eltern in jungen Jahren ihre ganze Kraft eingesetzt hatten, war klar. In der Partei war man überrascht und versuchte, mich umzustimmen. In einem Brief vom 19. Dezember plädierte Willy Brandt, ich möge doch bei denen bleiben, zu denen ich gehöre. In meiner Erwiderung schrieb ich ihm, daß nach meinem Wissen weder er noch andere führende deutsche Staatsmänner jemals eine derartige »private Geste« für rückkehrende Emigranten oder politisch Verfolgte übriggehabt hätten.

Dieser Brief blieb unbeantwortet. Statt dessen bat mich

der Vorsitzende der SPD in Bonn (später Bundestagsabgeordneter) um ein Gespräch. Es änderte nichts an meinem Schritt, aber es enthielt einen Passus, den ich nicht vergessen habe. Juden, so sagte mein Gesprächspartner sinngemäß, seien nicht sehr beliebt in der Partei. Sie seien einfach zu intelligent. Kurze Zeit darauf traf ich einen jungen Mann, den ich als Mitglied der SPD kannte. Er drückte sein Bedauern und auch das anderer darüber aus, daß ich nicht mehr Mitglied der Partei sei. Durch mein Gespräch mit dem Vorsitzenden gewarnt, wies ich ihn darauf hin, daß ich doch Jüdin und daher vielleicht in der Partei fehl am Platze sei. Seine Antwort: »Da haben Sie sicher recht.«

Dennoch lebte ich nicht abgeschlossen, lernte Menschen kennen, die meine Ansichten teilten. Es entstanden enge persönliche Freundschaften, ja jahrelange Bindungen. Eine davon endete nach sieben Jahren abrupt, als mein Partner seine eigene Mutter eines plötzlichen Antisemitismus bezichtigte und vorgab, mich der Möglichkeit einer Begegnung mit ihr nicht weiter aussetzen zu können. Ich weinte damals bitterlich. Von da an besuchte er, so behauptete er jedenfalls, seine Eltern allein. In Wirklichkeit aber nutzte er die so für sich erschwindelte Zeit, um eine neue Bindung einzugehen. Ähnlich erging es mir mit einem hohen Beamten eines Bonner Ministeriums, der, als unsere Freundschaft sehr eng wurde, sich plötzlich einer angeblichen Mitgliedschaft in der NSDAP und in der Reiter-SS entsann. Er folgerte daraus, daß es zwischen uns unweigerlich zu Spannungen kommen müsse. Deshalb sei es besser, die Bindung zu lösen.

Es hätte mich sicher weniger getroffen, wenn mein Charakter oder meine »Berliner Schnauze« einer engeren Bindung im Wege gestanden hätten. Aber es war schon ungeheuerlich und für mich bis heute kaum zu verarbeiten, daß Deutsche, denen ich vertraut hatte, sich aus Zweckmäßigkeit so skrupellos der nazistischen Vergangenheit bedienten, um eine Jüdin loszuwerden. Ich brauche wohl nicht hinzuzufügen, daß ich im Umgang mit Deutschen sehr viel vorsichtiger wurde. Ich lebte nur noch für meine Arbeit, die darin bestand, als Deutschland-Korrespondentin meinen israelischen Lesern dieses neue Deutschland vorzustellen. Es wurde mir nicht immer leichtgemacht, objektiv zu bleiben. Den Versuch dazu habe ich nie aufgegeben.

8. Ein »anderes« Deutschland?

Es mag komisch klingen, aber erst in Bonn, Jahre nach dem Ende des Dritten Reichs, lernte ich in der Wolle gefärbte Nazis kennen. Während der Nazizeit hatte ich als Jüdin weder Gelegenheit noch das Bedürfnis gehabt, ihre nähere Bekanntschaft zu machen. In Bonn konnte ich mich ihnen als Journalistin nicht mehr entziehen. Denn sie saßen überall – in den Verwaltungen, im Bundestag, in den Parteien.[72] Ja, in manchen Ministerien waren ehemalige Mitglieder der NSDAP nun zahlreicher vertreten als im Dritten Reich. Daß sie ihre politischen Werte aus dem Nationalsozialismus bezogen und nicht aus der Demokratie der Weimarer Republik, ist sicher unbestritten. Da einer des anderen Hehler war, konnten sie bleiben, was sie waren, hatten keine Veranlassung, sich entscheidend zu ändern. Sie und die, die für ihre Einstellung verantwortlich waren, fanden es offenbar völlig in Ordnung, daß sie nun am Aufbau einer von den Siegermächten verordneten Demokratie mitwirkten.

Sie sprachen weiterhin im Jargon des Unmenschen, sie verteidigten die Politik des Dritten Reiches und schienen in keiner Weise betroffen von den nun im Detail bekannt werdenden Verbrechen, die Deutsche begangen hatten. Sie hatten nicht begriffen oder wollten auch nicht begreifen, daß mit dem sogenannten Gedankengut des Nationalsozialismus, dem sie sich verschrieben hatten, Krieg, Unterdrückung und Vernichtung anderer Völker untrennbar verbunden gewesen waren. Dementsprechend schien es sie auch nicht zu interessieren, daß das Naziregime einen Weltkrieg vom Zaun gebrochen hatte, in dem 55 Millionen Menschen ihr Leben lassen mußten, und daß sie dafür Mitverantwortung trugen.

»Gott hat etliche zu Jägern über das jüdische Volk bestellt, es zu jagen und dorthin zu bringen, wo Gott es haben will.« So schrieb im Jahre 1935 Gustav Adolf Gedat, der von 1953 bis 1965 als Abgeordneter der CDU den Wahlkreis Reutlingen im Bundestag vertrat, in seinem Buch ›Ein Christ erlebt die Welt‹. Er habe nur »Forderungen gestellt, die ein Christ erheben müsse«, »entschuldigte« er sich im Jahre 1958. Im gleichen Buch schwelgte er in Lobeshymnen über die »neue Ära«, die angebrochen sei, über den »Führer, der erstanden ist, dem die braunen Massen zujubeln«. Die Zitate seien korrekt wiedergegeben, gab er unumwunden zu. Allerdings seien sie aus dem Zusammenhang gerissen.

Die publizistischen Ungeheuerlichkeiten aus der Nazizeit des Gustav Adolf Gedat wurden einer Gruppe Verfolgter und junger Sozialdemokraten bekannt, als der Deutsche Gewerkschaftsbund ihn am 13. März 1958 nach Bonn einlud, als Sachkundiger über die »sozialpolitischen Probleme in Afrika« zu referieren. Der DGB, über Gedats Vergangenheit rechtzeitig informiert, zeigte sich zunächst entsetzt und versprach, den Abgeordneten auszuladen, besann sich dann aber eines anderen. Vielleicht weil er um seine Überparteilichkeit besorgt war. Als an jenem Abend der Vorsitzende des DGB Bonn Herrn Gedat »besonders herzlich« begrüßte, brach Tumult los, der die Schließung der Versammlung zur Folge hatte. Nochmals bestätigte Gedat im persönlichen Gespräch seine damalige nazistische Einstellung. Er habe anfangs den Nationalsozialismus bejaht, weil das Dritte Reich nach Hitlers Versprechungen »auf beiden Säulen, der evangelischen und der katholischen Kirche« aufgebaut werden sollte. Später habe er wegen seiner betont christlichen Einstellung den Nazis Widerstand geleistet und Reise-, Rede- und Schreibverbot erhalten. Konsequenzen für Gedat hatte dieser Abend, über den weidlich in der Lokalpresse berichtet wurde, nicht.

Für mich war dies der erste Zusammenstoß mit einem alten Nazi, der nun in Bonn als Politiker wirkte. Ich hielt es noch für ein Versehen, daß eine politische Partei, die das Wort »demokratisch« in ihrem Namen führt, einen solchen Mann in die vorderste Reihe ihrer Repräsentanten stellte. Noch immer wollte ich die Wahrheit nicht wissen. Natürlich brachte ich ein gewisses Maß an Verständnis auf für Menschen, die passive Mitglieder der NSDAP geworden waren, weil sie glaubten, nur so ihre berufliche Karriere nicht zu gefährden. Sie schienen mir feige, vor allem, da ich andere Deutsche kennengelernt hatte, die es vorgezogen hatten, lieber auf eine Karriere zu verzichten, als sich mit Verbrechern zu liieren. Allerdings war ich nicht bereit, denen zuzustimmen, die meinten, damals könne sich doch jemand »geirrt« haben und nun ein überzeugter Demokrat sein – eine sehr gängige Formel zu jener Zeit. Schließlich hatten die Nazis ihre Politik und ihre verbrecherischen Absichten ganz offen dargelegt und keine Irrtümer zugelassen.

Tatsächlich kann es mit einem Wechsel in der politischen Einstellung dieses Gedat nicht weit her gewesen sein. Denn noch im Jahr 1965 sorgte er dafür, daß der von Kurt Hoffmann gedrehte Film ›Das Haus in der Karpfengasse‹ nach dem gleichnamigen Roman von Y. Ben-Gavriel auf dem Filmfestival von Cannes nicht gezeigt wurde. Der Roman, dessen handelnde Personen frei erfunden sind, schildert das Schicksal von Flüchtlingen aus Prag während der Nazizeit.[73] Gedat erklärte Bundestagsabgeordneten und Filmexperten der Ministerien in einer geschlossenen Veranstaltung, daß der Film, »ein Politikum ersten Ranges, aus politischen Gründen im Ausland nicht gezeigt werden darf…«, daß auch im Inland die Jugend sich für ein solches Thema nicht interessiere, und ältere Generationen solle man doch endlich damit in Ruhe lassen. Gedat beschwichtigte »besorgte« Gäste mit den Worten: »Die deutsche Botschaft in Paris hat bereits bei der Festspielleitung interveniert, um die Vorführung des Films zu verhindern.« Über seinen Anteil daran ließ er keinen Zweifel.

Meine Tätigkeit als Korrespondentin der israelischen Zeitung ›Maariv‹ (von 1958 bis 1972) ließ es nicht zu, daß ich die Politiker mit brauner Weste mied. Im Bonner Auswärtigen Amt waren mehr ehemalige PGs tätig als zu Zeiten des Nazi-Außenministers Joachim von Ribbentrop, wie ›Der Spiegel‹ (19. Oktober 1955) berichtete.[74] Ein auf Empfehlung höchster Bundesstellen von der Bundeszentrale für Heimatdienst[75] aus dem Englischen übersetztes Buch über den Antisemitismus mußte kurz vor der Auslieferung zurückgezogen werden. Durch Zufall war entdeckt worden, daß sich im Anhang dieses Buches eine Liste von rund 100 Namen prominenter Antisemiten befand, unter denen mehr als ein halbes Dutzend leitende Beamte des Bonner Auswärtigen Amtes aufgeführt waren.

So machte ein gewisser Dr. Sonnenhol, der seine nazistische Vergangenheit nicht einmal tarnen konnte, wenn er es gewollt hätte, nach 1945 eine bemerkenswerte diplomatische Karriere. In den Personalakten der SS hieß er übrigens Adolf mit Vornamen, nach 1945 nannte er sich Gustav Adolf. Bereits 1931 war er der NSDAP beigetreten, 1939 der SS, und am 20. April 1941 wurde er zum SS-Obersturmführer befördert. Im Auswärtigen Amt bekleidete er 1944 den Posten eines Referenten in der Abteilung, der die Zusammenarbeit mit dem Reichssicherheitshauptamt oblag (Inland IIB). Zu jener Zeit wurde der Mord an den Juden im von den Nazis besetzten Ausland eben von dieser Dienststelle mit aller Gründlichkeit vorangetrieben. Sonnenhols Anteil daran dürfte unbestreitbar sein.

Nichtsdestoweniger arbeitete er bereits 1949 nach dem Aufenthalt in einigen Internierungslagern der Alliierten in der deutschen Sektion der Organisation für die europäische wirtschaftliche Zusammenarbeit (OEEC) mit. 1957 wurde er stellvertretender Leiter der deutschen OEEC-Mission in Paris, jener Stadt, in der er während der Jahre 1940/41 als Rundfunkattaché an der deutschen Botschaft tätig gewesen war. 1962 wurde er in den Stand eines Ministerialdirektors im Bundesministerium für wirtschaftliche

Zusammenarbeit erhoben. Sinnigerweise ernannte ihn Außenminister Willy Brandt 1968 zum Botschafter in Südafrika. Sonnenhol beendete seine Karriere 1977 als Botschafter in der Türkei.

Ganz anders verlief da die Karriere des Georg Ferdinand Duckwitz. Als Schiffahrtsexperte an der deutschen Botschaft im besetzten Dänemark erfuhr er am 28. September 1943 von Hitlers Reichsbevollmächtigtem in Dänemark, Dr. Werner Best, daß am 1. und 2. Oktober alle dänischen Juden nach Auschwitz deportiert werden sollten. »Ich habe nicht mehr viel Zeit mit Gesprächen verschwendet. Ich wußte, was ich zu tun hatte.«[76] Als erstes nahm Duckwitz Kontakt zu Hans Hedtoft auf, einem der Führer des Widerstandes (nach dem Krieg Vorsitzender der Sozialdemokraten und Ministerpräsident Dänemarks). Hans Hedtoft erwähnt dieses Zusammentreffen mit Duckwitz im Vorwort zu seinem Buch ›Oktober 1943‹.[77] »Das Unheil ist nun da. Alles ist bis auf das kleinste Detail geplant. Im Hafen von Kopenhagen werden Schiffe vor Anker gehen, auf die Ihre jüdischen Mitbürger von der Gestapo gebracht werden sollen«, vertraute ihm Duckwitz an. »Er war kreideweiß vor Empörung und Scham«, erinnerte sich Hedtoft.

Duckwitz überließ die Rettungsaktion der Juden nicht allein der dänischen Widerstandsbewegung. Dem deutschen Hafenkommandanten legte er ans Herz, Order zu geben, daß die Wachen am Hafen von Kopenhagen, von wo aus die 6000 Juden in allen nur verfügbaren Booten über den Sund nach Schweden in Sicherheit gebracht werden sollten, in den folgenden Nächten ein Auge zudrückten. »Das Wunder klappte, es war eine ganze Portion Glück dabei«, sagte Duckwitz. Die Gestapo verhörte ihn später. Aber sie fanden keine Beweise gegen ihn. »Ich wußte, was für mich auf dem Spiel stand. Aber wenn ich es nicht getan und zugesehen hätte, wie die dänischen Juden nach Auschwitz deportiert worden wären, wäre ich meines Lebens nicht mehr froh geworden.« Duckwitz, Persona grata in Dänemark, wurde dort Bonns erster Botschafter. Damit aber endete merkwürdigerweise seine Karriere in der Adenauer-Ära, der ehemalige Nazi-Diplomaten hingegen so viel verdanken. Erst Außenminister Willy Brandt[78] holte Duckwitz aus seiner Versenkung einer unbedeutenden Position und ernannte ihn zu einem seiner Staatssekretäre.

In zwei Fällen von Nazi-Politikern war ich nicht bereit, Konzessionen zu machen. Ich vermied es, den Leiter des Nahost-Referats im Auswärtigen Amt kennenzulernen, obwohl er seiner Funktion nach für meine Arbeit eine wichtige Quelle gewesen wäre. Dieser Mann namens Voigt war von 1936 bis 1938 der von Außenminister Constantin Freiherr von Neurath[79] ernannte Konsul in Jerusalem und gründete dort eine Ortsgruppe der NSDAP. Der zweite war der langjährige Staatssekretär im Bundeskanzleramt Dr. Hans Globke, Adenauers rechte Hand, der aufgrund seiner Vertrauensstellung großen Einfluß auf die Politik der Bundesrepublik nahm. Er hatte 1935 als Oberregierungsrat im Innenministerium gemeinsam mit dem Staatssekretär im Justizministerium die Einführung zu den Kommentaren zur deutschen Rassegesetzgebung verfaßt[80], die als Nürnberger Gesetze in die Geschichte eingegangen sind. Sie wurden zur ideologischen Grundlage der nazistischen Rassenpolitik, die schließlich zur Ermordung der Juden führte.

Über die Person des Globke sagte der später in Nürnberg hingerichtete Reichsminister des Innern Wilhelm Frick 1938, als er ihn zur Ernennung zum Ministerialrat vorschlug: »Oberregierungsrat Globke gehört unzweifelhaft zu den befähigtesten und tüchtigsten Beamten meines Ministeriums.«[81] Globke wurde zum Symbol dafür, daß der Geist des Nationalsozialismus zumindest die ersten 20 Jahre der Bundesrepublik beeinflußte. Seine Existenz und Stellung in Bonn machten es den ehemaligen Mitstreitern des Nationalsozialismus leicht, ohne die geringsten Hemmungen Posten in der Verwaltung und Führung der damaligen Bundesrepublik, die die Demokratie auf ihre Fahnen geschrieben hatte, zu übernehmen und so zu tun, als sei das Dritte Reich durch nichts weiter belastet als durch den verlorenen Zweiten Weltkrieg. Ja, Globke diente ihnen sogar als Alibi für ein »mangelndes Unrechtsbewußtsein« – ein Terminus, von dem später, zur Begründung von Freisprüchen in Naziverbrecher-Prozessen, häufig Gebrauch gemacht wurde.

Es gab zwar von Zeit zu Zeit ein Aufmucken gegen diesen Nazi-Diener in so hoher Position. Besonders bei der Opposition, den Sozialdemokraten. Aber Adenauer hielt an ihm wie an keinem anderen fest. Die Frage, was den Kanzler dazu bewog, ist nie beantwortet worden. Manche meinen, daß die Fähigkeiten Globkes als graue Eminenz unübertroffen waren – ein Mann, der offensichtlich fähig war, jedem Herrn zu dienen. Es gab auch Gerüchte, die besagten, daß die katholische Kirche, insbesondere der damalige Kardinal von Köln, Josef Frings[82], ein enger Freund des ebenfalls stark im katholischen Glauben verhafteten Adenauer, hinter Globke stand und dies für den Kanzler ausschlaggebend war.

Einem Ondit zufolge wurde Globke später zum »Anwalt« der Juden, da er für jüdische Belange im Kabinett Adenauers einzutreten pflegte. Politische Beobachter jener Zeit behaupten, daß die ›Allgemeine Wochenzeitung der Juden in Deutschland‹ ihre damalige Existenz im wesentlichen den großzügigen Zuwendungen der Bundesregierung verdankte, wobei Globke eine entscheidende Rolle zugekommen sein soll. Ein jüdischer Journalist, der für einen Posten in dieser Zeitung vorgesehen war, fragte bei der Redaktion an, um seine Selbständigkeit in der ihm zugedachten Aufgabe zu testen, ob er zum Beispiel in jeder Ausgabe der Zeitung gegen Globke polemisieren könne. Er bekam darauf keine Antwort – aber auch nicht den Posten.

Adenauer selbst hatte nicht zum Widerstand gegen die Nazis gehört. Aber er hat sich auch in keiner Weise mit dem verbrecherischen Regime der Nazis identifiziert. Nach dem Putsch vom Juli 1944 wurde er, den die Nazis 1933 aus dem Amt des Oberbürgermeisters von Köln gejagt hatten, als Verdächtiger, diesen Putsch unterstützt zu haben, verhaftet. Als er 1949 mit einer (seiner) Stimme Mehrheit zum ersten Bundeskanzler gewählt wurde, begann eine Restauration in Westdeutschland, wie man sie selbst von seiner Partei damals nicht hatte erwarten können. So enthält zum Beispiel das erste Parteiprogramm der CDU, angenommen vom Parteikongreß in Aalen im Jahre 1947, eine Reihe von Forderungen, die auch Sozialisten hätten stellen können. »Das kapitalistische Wirtschaftssystem ist den staatlichen und sozialen Lebensinteressen des deutschen Volkes nicht gerecht geworden... die neue Struktur der deutschen Wirtschaft muß davon ausgehen, daß die Zeit der unumschränkten Herrschaft des privaten Kapitals vorbei ist.« Diese neue Struktur müsse auch wegweisend sein in seiner Forderung »nach Beteiligung der Arbeitnehmer am Ertrag ihrer Unternehmen...« Die Form dieser Beteiligung könne verschiedenartig sein und unterliege besonderen Vereinbarungen.

Was immer der Grund für diesen fortschrittlichen Trend in der CDU in jenen Jahren gewesen sein mag, Adenauer, der nur zwei Jahre später an die Macht kam, stützte sich ohne Zögern auf die »Ehemaligen« beim Aufbau der Bundesrepublik, der ihm im wirtschaftlichen Bereich wichtiger zu sein schien als etwa im moralischen. Man mag dazu meinen, daß es ganz sicher bedeutungsvoll war, der Wirtschaft den Vorrang zu geben, um im zerstörten Deutschland Arbeitsplätze zu schaffen. Aber dabei hätte er ohne Frage auf die Fachleute verzichten können, die zuvor ihre Fähigkeiten in den Dienst eines verbrecherischen Regimes gestellt hatten. Adenauer aber kannte in dieser Hinsicht keine Skrupel und versicherte sich dabei der Mehrheit des deutschen Volkes, die sich in irgendeiner Weise mit den Nazis arrangiert hatte. Er klammerte dabei auch die Erfahrungen aus der Vergangenheit aus, die zeigen, daß es gerade die Wirtschaftsbosse waren, die schon die Demokratie der Weimarer Republik unterminierten, die Nazis in beachtlicher Weise stützten und ihnen zur Macht verhalfen.

Es ist auch kein Zufall, daß er die Schuld des deutschen Volkes am Mord an den Juden jahrelang zu erwähnen unterließ. Für ein offizielles Schuldbekenntnis, so Dr. Herbert Blankenhorn, ein enger Vertrauter Adenauers, hätte erst die psychologische Basis im deutschen Volk vorbereitet werden müssen, damit es den Bemühungen der Regierung um eine Versöhnung mit den Juden zustimmte. Es wäre Deutschlands Ansehen in der Welt abträglich gewesen, sagte er, wenn die deutsche Bevölkerung diesen Bemühungen Widerstand geleistet hätte.[83]

Anzeichen dafür hätte es wohl gegeben. Aber dann war es nicht mehr zu umgehen, sechs Jahre nach dem Ende des Zweiten Weltkrieges und dem fürchterlichen Morden. Der Staat Israel war zu Verhandlungen mit der Bundesrepublik über die Frage der Rückgabe gestohlenen jüdischen Eigentums und einer Art Abfindung für die Aufnahme Hunderttausender von jüdischen Flüchtlingen und ehemaligen KZ-Insassen in Israel nur nach einer offiziellen Stellungnahme zum Mord an den Juden bereit. Dr. Adenauer erkannte das Interesse der amerikanischen Regierung an diesem Thema, die er schließlich bei der politischen Anerkennung und dem wirtschaftlichen Aufbau der Bundesrepublik brauchte.[84]

Er gab später sehr offen zu (zuletzt an seinem 90. Geburtstag am 5. Januar 1966 im Deutschen Fernsehen), daß er dies auch getan habe, weil das »Weltjudentum« – er gebrauchte wohl aus Unkenntnis diese nazistische Formel – erheblichen Einfluß auf die Welt habe.

Am 27. September 1951, also sechs Jahre nach dem Kriegsende und zwei Jahre nach Gründung der Bundesrepublik, unterbreitete Adenauer dem Bundestag eine Regierungserklärung, in der eine tolerante und verständnisvolle Haltung der Deutschen gegenüber dem Staat Israel und dem jüdischen Volk festgelegt wurde.[85] Wohl gemerkt, diese Erklärung beginnt nicht mit einem Schuldbekenntnis gegenüber den Juden, wie man es hätte erwarten können. Im Gegenteil, in den ersten Absätzen erklärt die Bundesregierung, daß sie alles getan habe, um ihren jüdischen Mitbürgern gleiche Chancen zu gewährleisten und sie gegen neue Verfolgungen zu schützen. Als ob das in der neugeschaffenen Bundesrepublik nicht eine Selbstverständlichkeit hätte sein müssen! Erst im dritten Teil werden die Leiden der Juden in der Vergangenheit erwähnt. Und es heißt da: »Das deutsche Volk hat in seiner überwiegenden Mehrheit die an den Juden begangenen Verbrechen verabscheut und sich an ihnen nicht beteiligt.«

Die Wahrheit aber ist, daß ohne die Mithilfe unzähliger deutscher Handlanger und Organisatoren, die darüber nachsannen, wie mordet man schneller, sauberer und rationeller, die Verbrechen nicht möglich gewesen wären. Als Beweis für die erstaunliche Behauptung in der Regierungserklärung heißt es weiter: »Es hat in der Zeit des Nationalsozialismus im deutschen Volk viele gegeben, die mit eigener Gefährdung aus religiösen Gründen, aus Gewissensnot, aus Scham über die Schändung des deutschen Namens ihren jüdischen Mitbürgern Hilfsbereitschaft gezeigt haben.« Fürwahr eine merkwürdige Feststellung! Denn wäre dies tatsächlich in einem solchen Umfang geschehen, wären sicher mehr als nur etwa 1500 bis 2000 von den mehr als 160 000 Juden, die im Zweiten Weltkrieg innerhalb Deutschlands Grenzen gefangen gewesen waren, vor den Mördern versteckt und gerettet worden.

Der Bundestagsabgeordnete Dr. Walter Becher[86] ist – als ein Beispiel von vielen – für das Gegenteil anzuführen. Er forderte noch 1968 in aller Öffentlichkeit, ohne daß Widerspruch laut wurde, wer es im Osten wage, Deutschland wegen Auschwitz anzuklagen, müsse erst seine Schuld an den Vertreibungsverbrechen zugeben. Wer nach Lidice pilgere, müsse auch der toten Sudetendeutschen gedenken.[87]

Becher, 1912 geboren, war während des Krieges Kultur-schriftsteller des NS-Organs ›Die Zeit‹ (amtliche Tages-zeitung der NSDAP, Gau Sudetenland). Als solcher hatte er »die Zersetzungstaktik des Judentums« angeprangert und sich für die »Entjudung des sudetendeutschen Kultur-lebens« eingesetzt. Sein Vokabular enthielt Ausdrücke wie »Gönnerjuden«, »fette Judenfrau« oder »jüdische Kultur-wanze«. Becher setzte seine politische Laufbahn im Nach-kriegsdeutschland ungehindert fort. Er war nacheinander Mitglied des bayerischen Landtags und Fraktionsvorsit-zender des »Bundes der Heimatvertriebenen« (BHE). 1962 erhielt er den Bayerischen Verdienstorden und spielte eine Rolle in der 300 000 Mitglieder starken sude-tendeutschen Landsmannschaft, deren Sprecher er 1968 wurde. SPD-Parlamentarier hatten ihn ungerügt im baye-rischen Landtag mit dem Zuruf »Obernazi« bedacht.

Die Frage stellt sich, aus welchem Grund die Juden diese ungenügende Erklärung der Bundesregierung akzeptier-ten und damit indirekt den Trend zur Restauration in der Bundesrepublik förderten. Allen Äußerungen nach ist sie ein hart umkämpfter Kompromiß, den die Juden schließ-lich annahmen, obwohl sie die Entwicklung in der Bun-desrepublik nicht übersehen hatten. Die israelische Regie-rung glaubte aber keine andere Wahl zu haben, wenn sie ihre finanziellen Schwierigkeiten meistern wollte, deren Ursache zu einem großen Teil in den Anstrengungen um die Integration von etwa 500 000 verarmten, kranken, ge-brochenen Menschen zu suchen war, die zwischen 1933 und 1951 als Flüchtlinge oder ehemalige KZ-Insassen in das Land Palästina geflutet waren.[88]

Die nach langen Verhandlungen erarbeitete Wiedergut-machungsgesetzgebung hatte nicht nur Fürsprecher in Bonn. Sogar einige Kabinettsmitglieder taten alles, um sie zu torpedieren. Dabei zeichnete sich Finanzminister Fritz Schäffer besonders aus, ein Mann, der sich in den zwanzi-ger Jahren als Antisemit und ideologischer Sympathisant der Nazis hervorgetan hatte.[89] Nur mit den Stimmen der

Opposition, die sich geschlossen für den Vertrag aussprach, konnte das Gesetz schließlich den Bundestag passieren.[90] So stark fühlten sich damals, in den fünfziger Jahren, jene, die die Restauration in der Bundesrepublik vorantreiben wollten!

»Israel ist an der Entwicklung der Bundesrepublik mitschuldig geworden«, klagte der Schriftsteller Günter Grass.[91] »Ben Gurions bedingungslose Unterstützung Adenauers hat dazu beigetragen, das ›andere‹ Deutschland abzuwerten.« Grass bezog sich dabei auf jene Deutschen, die aus politischer Feindschaft zu den Nazis in den KZs gelitten oder in der Emigration ausgeharrt hatten, nun wieder in Deutschland waren und den Kampf gegen die Restauration und die alten Nazis in Regierungsämtern führten. »Allein aus materiellen Gründen unterstützt Israel eine Mannschaft, die es dazu gebracht hat, daß man nicht mehr unterscheiden kann zwischen Willy Brandt und Kurt Georg Kiesinger[92], Anne Frank und Hitlerjunge Quex.«

Die Liste der alten Nazis ist lang, denen Adenauer ungeachtet ihrer Vergangenheit zu hohen Funktionen im »anderen« Deutschland verhalf. Nur einige wenige können hier Erwähnung finden, sie stehen aber als Beispiel für eine Vielzahl. »Wissen Sie, so ein Todesurteil, das macht ein Richter doch rein routinemäßig«, erwiderte Hans Krüger, Vertriebenenminister in Bonn im Jahre 1963, auf Beschuldigungen, er sei in seiner Funktion als Beisitzer an einem Sondergericht in Konitz (Westpreußen) für zahllose Terrorurteile mitverantwortlich geworden. Einschließlich Todesurteilen gegen Polen, denen vielfach nur Diebstahl von Lebensmitteln anzulasten war. Er könne sich nicht auf ein Todesurteil besinnen und auch nicht an seine Mitwirkung an einem solchen Urteil. Die ganze Sache sei frei erfunden, hatte er anfänglich behauptet.

Und als Beweis stellte er die Behauptung auf, bei Amtsgerichten habe es keine Sondergerichte gegeben.

Daraufhin präsentierten die Ostberliner Behörden unter anderem ein Schreiben, datiert vom 26. 1. 1942, in dem der Danziger Oberlandesgerichtspräsident die Errichtung eines Sondergerichtes beim Landgericht Konitz verfügte. Darin hieß es: »Stellvertreter in erster Linie Amtsrichter Krüger.« Krüger, seit 1957 Mitglied des Bundestages und langjähriger Präsident der Vertriebenenverbände, war bereits 1933 in die NSDAP eingetreten. Dazu der Sprecher der Bundesregierung, Karl-Günther von Hase: »Es war immer bekannt, daß der Bundesminister nominales Mitglied der NSDAP gewesen ist. Der Bundesminister hat keinerlei Anlaß gesehen, näher darauf einzugehen, daß er drei Monate lang in der Tat die (Partei-)Ortsgruppe in Konitz stellvertretend geleitet hat. Irgendwelche Folgerungen sind aus dieser Situation nicht zu ziehen.«[93] Bundeskanzler Erhard suspendierte Krüger Ende Januar 1964, sehr bald also, nachdem er Kanzler geworden war.

»Vergessen« hatte auch Dr. Hermann Conring, Bundestagsabgeordneter der CDU seit 1953, daß er als Vertreter des Reichskommissars Seyß-Inquart in der Provinz Groningen (Holland) fungiert hatte. Die Holländer riefen es ihm ins Gedächtnis zurück, als ihm im Sommer 1965 anläßlich seines 70. Geburtstages das Bundesverdienstkreuz verliehen wurde für seine langjährige Tätigkeit im Parlament von 1953 an.

Im Handbuch des Bundestages hatte Conring lediglich erwähnt, er sei im Zweiten Weltkrieg in die Zivilverwaltung im besetzten Holland versetzt worden. Conring habe sich als bester Anwalt der Hitlerschen »neuen Ordnung« bewiesen, schrieb die holländische Regierung in einem offiziellen Protest vom 1. Juli 1965. Er sei mitschuldig geworden an der Deportation von 5000 bis 6000 Juden. Hauptbelastungsmaterial war ein Bericht von Conring aus dem Jahr 1942 an seine Vorgesetzten, in dem es hieß, »für die Provinz Groningen wäre es sehr wünschenswert, wenn die Juden möglichst bald aus der Nachbarschaft des Küstenplatzes Delfzijl, insbesondere aus Appingedam und Winschoten, bevorzugt verschwänden«. Conring bestritt das nicht, wollte aber glaubhaft machen, er habe damals nichts von den Vernichtungslagern gewußt und angenommen, die Juden sollten in Arbeitslagern für die durch Einberufungen geschwächte deutsche Kriegswirtschaft eingesetzt werden.

Befragt, aus welchem Grunde er die Angaben über seine Tätigkeit in Holland im Bundestagshandbuch unterlassen habe, meinte Conring schlicht, er habe es »vergessen«. Vier Wochen nach der Ordensverleihung und dem holländischen Einspruch gab er den Orden zurück mit der Erklärung, dies sei keineswegs als »Anerkennung einer Schuld« zu werten. Wenige Monate später wurde Conring wiederum als Kandidat der CDU für die Bundestagswahlen 1965 aufgestellt und auch wieder gewählt.

Andere hatten ihre Vergangenheit keineswegs »vergessen«. Im Gegenteil, sie sprachen darüber, als sei das nichts Ehrenrühriges, eher etwas Selbstverständliches. Ein israelischer Diplomat ging kurz nach seiner Ankunft in Bonn in dienstlichen Angelegenheiten zu einem höheren Beamten des Bonner Wirtschaftsministeriums. Bevor er noch zur Sache kommen konnte, sagte dieser zu ihm: »Ich möchte, daß Sie etwas über mich wissen. Ich bin nämlich einer von denen, die jüdisches Eigentum beschlagnahmt haben. Ich war bei der sogenannten Devisenstelle in Berlin.« Später, als er »genug davon hatte«, wie er sich ausdrückte, arbeitete er in einem Leichenbestattungsinstitut. Nach einem kurzen Lachen fuhr er fort: »Meine Freunde kommentierten das immer so: Erst zog er den Leuten das Hemd aus, dann zog er es ihnen wieder an.«

Der Israeli war sprachlos und starrte in das Gesicht des Mannes, der offensichtlich Vergnügen an seiner Geschichte hatte. »So, jetzt wissen Sie, mit wem Sie es zu tun haben«, beendete der seinen ihn so erheiternden Bericht, »und nun können Sie entscheiden, ob Sie mit mir reden wollen oder nicht.« Der israelische Diplomat, der als Beamter seiner Regierung gekommen war, hatte keine

Wahl, denn der »Herr« vor ihm war nun einmal der für israelische Angelegenheiten zuständige Referent.

Mir gegenüber hat dieser Beamte seine Vergangenheit verschwiegen und mir des öfteren wertvolle Informationen gegeben. Einmal sagte er zu mir: »Ich habe von Ihrem Schicksal gehört. Das ist ja furchtbar.« Und seine Augen füllten sich mit Tränen, wie es so oft bei Deutschen der Fall ist, die ein schlechtes Gewissen haben. Dann fügte er hinzu: »Aber wissen Sie, es ist auch ein wahres Wunder, daß ich noch am Leben bin. Was haben wir alles riskiert damals. Wir standen ja immer mit einem Bein im KZ.«

Der Direktor des Deutschen Bundestages, Hans Trossmann, wurde im April 1965 beschuldigt, in den Jahren der Judenverfolgungen in der Gettoverwaltung von Lodz tätig gewesen zu sein.[94] Als ich die Richtigkeit dieser Behauptung überprüfen wollte, antwortete mir sein Pressereferent: »Na und, was ist dabei? Einer mußte die Gettos doch verwalten.« Über die Zustände dort sei ihm nichts bekannt, behauptete der Pressereferent, und er erwies sich als treuer Diener seines Herrn, als er sagte, Herr Trossmann habe das Getto nie betreten und sich auch nie über die Zustände dort informiert.

Ich gab meinen Unglauben darüber zu verstehen, Lodz sei schließlich nicht so groß wie Berlin, woraufhin der Pressereferent erklärte, er habe dieses Gespräch mit mir satt und würde »gleich zornig«. Ich hängte daraufhin ein, um zu verhindern, daß ich »zornig« wurde. Am folgenden Tag meldete er sich überraschend bei mir. Offenbar hatte er Erkundigungen über mich eingezogen. Er sagte: »Als ich gestern die Erklärung über Herrn Trossmann abgab, wußte ich nicht, mit wem ich sprach.« Ich fragte ihn, ob das an seiner Antwort etwas geändert hätte. »Aber selbstverständlich, *Sie* müssen das ja ganz anders sehen als wir.« Herr Trossmann, seit 1935 in der NSDAP, ist übrigens bis zu seiner Pensionierung im Amt geblieben.

Ab und zu gab man sich auch in Bonn den Anschein, als tue man alles nur Erdenkliche, um die braune Vergangenheit »zu bewältigen«, wie man zu sagen pflegte. So kaufte das Auswärtige Amt eine größere Anzahl meines Buches ›...denn ihrer war die Hölle – Kinder in Gettos und Lagern‹. Dieses Buch entstand als Folge des Auschwitz-Prozesses. Bei jeder Erwähnung von Kinderschicksalen in KZs und Gettos zeigten sich Anwälte, Richter und Zuhörer besonders erschüttert. Ich sah daher in der Herausgabe von Berichten über Schicksale verfolgter Kinder eine Möglichkeit, den Deutschen ganz deutlich zu machen, was in ihrem Namen in jenen Jahren geschehen war.

Mit dem Ankauf meines Buches plante das Auswärtige Amt eine Verteilung im Ausland. Hingegen hatte es die Bundeszentrale für politische Bildung abgelehnt, das Buch zur Verbreitung in Schulen und ähnlichen Institutionen innerhalb Deutschlands zu erwerben. Aus führenden Kreisen dieser Organisation erfuhr ich, daß die Verbreitung von Literatur, die sich mit der Verfolgung von Juden und Andersdenkenden während der Nazizeit befaßte, nicht mehr gefördert werden sollte. »Denn«, so mein Informant, »derartige Literatur zu kaufen und zu verbreiten ist sinnlos. Sie liegt ja doch bloß rum.«

Diese Gedanken müssen den Abgeordneten der CDU Dietrich Rollmann dazu bewogen haben, die folgende mündliche Anfrage an die Bundesregierung in einer Fragestunde des Bundestages zu stellen: »Hält die Bundesregierung es fast 25 Jahre nach dem Ende des nationalsozialistischen Regimes noch für angezeigt, für die deutsche Kultur im Ausland dadurch zu werben, daß jetzt noch Literatur über die Konzentrationslager – wie das Buch von Inge Deutschkron ›...denn ihrer war die Hölle – Kinder in Gettos und Lagern‹ – in großer Stückzahl an die Goethe-Institute zur Versendung gelangt, dort ausgelegt und ausgeliehen wird?«[95]

Er erhielt eine schriftliche Antwort (27. März 1969) vom parlamentarischen Staatssekretär Gerhard Jahn, in der es hieß, die Bundesregierung halte es grundsätzlich für falsch, bei der kulturpolitischen Werbung für das deutsche

Buch im Ausland Veröffentlichungen mit einer bestimmten Thematik auszuschalten. Die Auseinandersetzung mit der jüngsten deutschen Vergangenheit sei darüber hinaus ein kennzeichnendes Element der deutschen Gegenwartsliteratur, die nicht zuletzt deshalb internationale Anerkennung gefunden habe. Diese Tendenz würde bei jeder deutschen Selbstdarstellung sichtbar, ohne daß es einer amtlichen Akzentuierung bedürfe. Mit dieser Auskunft gab sich der Abgeordnete Rollmann zufrieden. Ungewollt hatte er für mein Buch auch im Inland geworben. Im Jahr 1985 erlebte es seine vierte Auflage.

Daß das neue Verteidigungsministerium beziehungsweise die Führungskräfte der 1955 neu gegründeten Bundeswehr samt und sonders aus Hitlers Wehrmacht stammten und auch dort schon führende Positionen innehatten, schien das Ausland schon nicht mehr zu stören. Sie glaubten, die Deutschen als militärisches Bollwerk zu brauchen im heißer werdenden kalten Krieg, ganz gleich, wie ihre Armee zusammengesetzt war. Einige dieser in einen verbrecherischen Krieg verwickelten Generäle hatten ihre ersten Sporen bereits in der Schwarzen Reichswehr verdient. Ungeheuerlichkeiten, die keiner von uns, die an ein neues, »anderes« Deutschland geglaubt hatten, für möglich gehalten hätte.

War wenigstens die deutsche Gerichtsbarkeit frei von alten Nazis? Für die Entwicklung der Demokratie in der Bundesrepublik wäre eine von allen Einflüssen freie Justiz von größter Bedeutung gewesen. Aber ähnlich wie in der Weimarer Republik, in der Richter und Staatsanwälte stets Milde walten ließen, wenn es sich um Missetäter aus dem Lager der Rechten handelte, konnte man ihr wenig Vertrauen entgegenbringen. 80 Prozent der Richter am Bundesgerichtshof waren zuvor im Staats- und Justizdienst des Dritten Reiches tätig gewesen. Und dies gilt – mit Ausnahme des Bundesverfassungsgerichts – für andere Gerichte in vergleichbarem Maße.

Sämtliche Richter, die der nationalsozialistischen Des-

potie gedient haben und dabei mindestens 32 000 Todesurteile verhängt haben, sind nicht in einem einzigen Verfahren zur Rechenschaft gezogen worden.[96] Deutsche Richter
und Staatsanwälte werden auf Lebenszeit ernannt, sind
also unkündbar. Daraus ergab sich, daß ehemalige Richter
und Staatsanwälte, die in der Nazizeit Urteile gegen jedes
Menschenrecht gefällt hatten, in der Bundesrepublik legal
in Amt und Würden saßen.

Sie, mehr noch als alles andere, gaben dem zu Recht mißtrauischen Ausland und im besonderen den der Bundesrepublik feindlich gesonnenen Ostblockstaaten immer wieder Gelegenheit, in ihnen einen Beweis für die Fortsetzung
des Nazi-Reiches zu sehen. Das schien mit der Zeit auch der
Bundesregierung peinlich zu werden, ob nur aus Erwägung
politischer Nützlichkeit, sei dahingestellt. So verabschiedete man im Sommer 1961 ein Gesetz (Deutsches Richter-
gesetz)[97], nach dem Richter und Staatsanwälte, die an
Terrorurteilen beteiligt gewesen waren, freiwillig aus dem
Amt scheiden konnten. Die vollen Pensionsbezüge wurden
ihnen zugesichert. Man gestand den Juristen ein Jahr zu, in
dem sie sich entscheiden konnten.

Der Bundestag machte diesen Richtern und Staatsanwälten klar, daß es ihm ernst sei mit diesem Erlaß. Man
werde die im Grundgesetz verankerte Unantastbarkeit der
Richter zumindest zeitweilig aussetzen, wenn es auch nur
ein einziger Schuldiger unter den Juristen versäumte, von
diesem Erlaß Gebrauch zu machen. Die in der Bundesrepublik zusammengefaßten Länder versprachen eine Überprüfung der an ihren Gerichten tätigen Richter und Staatsanwälte aus der Nazizeit.

In Hamburg gab der Senator für Justiz, Biermann-Ratjen, zu verstehen, wie er mit dieser Frage umzugehen gedachte. Der Staatsanwalt Ernst Löllke, damals im Hamburger Gerichtswesen tätig, hatte für den Fahrer Alfred
Fischer im Jahre 1942, weil dieser ein Paar Handschuhe gekauft hatte, das aus Wehrmachtsbeständen gestohlen worden war, die Todesstrafe beantragt. Hamburgs Senator für

Justiz meinte, dies sei zwar eine grausame Strafe, aber schließlich habe Löllke die Verurteilung Fischers genau nach dem damals geltenden Recht beantragt. Herr Löllke könne somit im Amt bleiben.

In Baden-Württemberg entschied der Minister für Justiz, Haußmann, daß neun Richter und Staatsanwälte, von denen keiner mehr als fünf Todesurteile nazistischer Art gefällt hatte, im Amt bleiben konnten. Allerdings würde man die Herren nicht mehr bei Strafsachen einsetzen, sondern sie in der Zivilkammer beschäftigen.

In Nordrhein-Westfalen hatte der Justizminister dem Bonner Landgerichtspräsidenten Heinrich Becker empfohlen, von dem genannten Erlaß Gebrauch zu machen. Becker war 1933 in die NSDAP eingetreten, hatte dem Regime während des Krieges zwei Jahre lang als Beisitzer am Sondergericht von Köln gedient und später am Landgericht im besetzten Den Haag. Es ist bekannt, daß Becker in der Nazizeit ein Todesurteil wegen einfachen Diebstahls gefällt hatte. »Ja, ich war beim Sondergericht. Aber ich bin immer ein Gegner des Nationalsozialismus gewesen«, so Beckers Kommentar, der 1950 Oberlandesgerichtsrat im Düsseldorfer Justizministerium war, dort 1953 zum Ministerialrat avancierte und schließlich 1959 Gerichtspräsident in Bonn wurde. Becker sah keinen Grund, von seinem Posten zurückzutreten.

Ähnlich war es im Fall des Richters Adolf Paulus in Bayern, der einen polnischen Arbeiter hatte zum Tode verurteilen lassen, weil er eine deutsche Bäuerin auf dem Feld unsittlich berührt hatte. Auch er nahm deswegen nicht seinen Abschied. Warum sollte er auch? Es begehrte ja niemand ernsthaft auf gegen die Amtsführung dieser ehemaligen Blutrichter im sogenannten »anderen« Deutschland.

Schließlich wurde sogar bekannt, daß auch der fest im Sattel sitzende Generalbundesanwalt Wolfgang Fränkel in ähnlicher »Mission« – also bei der Abfassung von Todesurteilen für geringfügige Straftaten – während der Nazizeit tätig gewesen war. Es gehörte zu seinem Aufgabenbereich beim Reichsgericht (der obersten Anklagebehörde), Urteile der Amts-, Landes- und Sondergerichte zu bewerten und seinen Vorgesetzten Korrekturvorschläge zu unterbreiten. In allen bekannten Fällen votierte er für Strafverfolgung, was gleichbedeutend mit Todesstrafe war. »Niemand war zu einer derartig grausamen Rechtsprechung gezwungen.« So betonte Max Güde, der Vorgänger im Amt des Generalbundesanwalts Fränkel und Mitglied des Bundestages. »Ich kenne keinen Fall, in dem ein Richter deswegen Schaden an Leib und Leben zugefügt wurde.« Er erinnerte an den Senatspräsidenten am Reichsgericht, Vogt, der sich geweigert hatte, bestimmte Wünsche des Reichsjustizministers zu erfüllen. Vogt wurde deshalb 1944 in den Ruhestand versetzt. Sonst geschah ihm nichts.[98] Nur 149 Richter und Staatsanwälte machten vom §116 Gebrauch und schieden freiwillig aus dem Amt aus. Dennoch wurde die Unantastbarkeit der Richter und Staatsanwälte nicht, wie im Gesetz von 1961 angedroht, ausgesetzt.

Ab und zu kam es zu Empörung und Protesten aus dem Ausland gegen die alten Nazis im neuen deutschen Staats- und Regierungsgefüge. Dies traf besonders das Land Schleswig-Holstein. Dort waren die meisten alten Nazis angesiedelt. Die Gründe waren zahlreich: Als Grenzland hatte es dort schon vor Hitlers »Machtergreifung« nationalistische Strömungen gegeben. Gegen Kriegsende war eine Reihe von Nazi-Behörden zum Schutz vor Luftangriffen dorthin ausgelagert worden. Die letzte Reichsregierung unter Großadmiral Dönitz nahm in Flensburg Zuflucht. Flüchtlinge aus den Ostgebieten, die von den Nazis dort als vertrauenswürdige »Volksgenossen« angesiedelt worden waren, kamen über die Ostsee nach Schleswig-Holstein.

Zu den besonders berüchtigten Nazis, die in jenem Bundesland mit offenen Armen empfangen wurden, gehörte Professor Dr. Werner Catel, dessen Tätigkeit bei nationalsozialistischen Mordaktionen an Behinderten und Kranken bekannt war. Catel wurde im Mai 1954 zum ordentlichen Professor der Kieler Kinderklinik berufen. Proteste führten schließlich zu seiner Emeritierung im Jahr 1960. Dr. Hertha Oberheuser, die der Menschenversuche im Frauenkonzentrationslager Ravensbrück schuldig gesprochen worden war, eröffnete nach ihrer Entlassung aus der Gefängnishaft im Jahre 1952 eine Privatpraxis. Internationale Empörung bewirkte, daß diese 1956 wieder geschlossen wurde. Ebenso wirksam waren internationale Proteste im Falle von Ernst Lautz, Chefankläger beim berüchtigten Volksgerichtshof, dem man schließlich 1959 die Pension entzog.

Einer der Hauptverantwortlichen für Morde an Behinderten und Kranken, Professor Dr. Werner Heyde, war 1947 den Justizbehörden entkommen. In Schleswig-Holstein nahm er den Namen Dr. Sawade an, eine Tatsache, die den zuständigen Verwaltungen wohlbekannt war. Dennoch berief man ihn zum neurologisch-psychiatrischen Gutachter. 1959 erzwangen internationale Proteste die Absetzung dieses Verbrechers. Die internationale Aufmerksamkeit richtete sich auf solche Ausnahmefälle. Tatsächlich aber war Schleswig-Holstein eine Oase für alte Nazis. Der Ausspruch des Justizministers von Schleswig-Holstein, Leverenz (FDP): »Ich kann doch nicht jemanden, der SS-Führer gewesen ist, nur wegen dieser Tatsache disqualifizieren«, sagt genug über die Haltung der Schleswig-Holsteiner im Nachkriegsdeutschland.[99]

»Ich wäre heutzutage weit besser dran, wenn ich Nazi gewesen wäre.« Diese bittere Bemerkung machte Dr. Eugen Gerstenmaier, der 1969 wegen einer relativ hohen Wiedergutmachungszahlung angegriffen worden war. Gerstenmaier, 15 Jahre lang Bundestagspräsident und führendes Mitglied der CDU, war in den Verdacht geraten, aufgrund seiner hohen Stellung die Gesetze über Gebühr zu seinem Vorteil strapaziert zu haben. Tatsächlich konnte man ihm, der bis 1966 der einzige Mann des Widerstands gegen Hitler in führender Position im politischen Leben der Bundesrepublik gewesen war, nichts nachweisen. Aber seine Empörung über die Unterstellung führte dazu, daß ihn seine eigene Partei fallenließ. Er trat daraufhin von seinem Posten zurück.

»Meine Frau und ich haben sogar erwogen, ob es nicht ratsamer wäre, nach Norwegen zurückzukehren.« Der dies sagte, war kein Geringerer als Willy Brandt, damals, 1965, noch Regierender Bürgermeister von West-Berlin. Wenige Tage nach den Wahlen zum fünften Bundestag, am 19. September 1965, gab er eine Pressekonferenz vor in Bonn akkreditierten Journalisten, in der er zum zweiten Mal seine Niederlage als Kanzlerkandidat der Sozialdemokratischen Partei eingestehen mußte.

Mit vor Emotion verhaltener Stimme gab er seine Absicht bekannt, sich nicht noch einmal als Kanzlerkandidat aufstellen zu lassen. In Gegenwart seiner damaligen Frau Rut, einer Norwegerin, sprach er von den Verleumdungen und Anwürfen, die er in den zwei Wahlkämpfen – 1961 und 1965 – hatte einstecken müssen. Brandt bezog sich dabei auf Behauptungen, die von konservativen Politikern in der Bundesrepublik in die Welt gesetzt worden waren (an denen auch Bundeskanzler Adenauer Anteil hatte), die dazu gedacht waren, Brandt bei den Wählern zu diskreditieren. Erklärungen wie, er sei unehelich geboren, habe jede Menge amouröser Abenteuer, sei eigentlich ein Landesverräter, da er 1933 aus Deutschland geflohen und 1945 in norwegischer Uniform zurückgekehrt war, stießen zu jener Zeit zweifellos bei einer Vielzahl von Wählern in der Bundesrepublik auf Empörung und strikte Ablehnung des sozialdemokratischen Kandidaten. Und das war ja auch der Sinn dieser unappetitlichen Kampagne. Brandt gab zu, daß ihn diese aufs tiefste verletzt hatte. Er sei nach Deutschland mit sauberen Händen zurückgekehrt und habe sich nichts vorzuwerfen. Mit Bitterkeit habe er diese Kampagne durchgestanden. Aber auch sie würde ihn nicht davon abbringen, sich stets für die Anerkennung des deutschen Volkes in der Welt einzusetzen. Selten habe ich deutsche Journalisten so schweigsam und so betreten erlebt wie auf dieser Pressekonferenz.

Die hier aufgeführten Erlebnisse mit nazistischem Charakter sind nur einige wenige von vielen, die ich in der Zeit als Korrespondentin der israelischen Zeitung ›Maariv‹ in Bonn hatte. Sie sind hier sehr komprimiert dargestellt. Daß ich mich für alte Nazis im angeblich neuen Geist der Bundesrepublik interessierte und auch über sie berichtete, führte dazu, daß deutsche Beamte in Bonn den Satz kolportierten, ich litte an »Naziphobie«.

Glücklicherweise konnte ich in meiner Zeitung auch immer wieder von Menschen und Politikern berichten, die, wie ich, diese Entwicklung in der Bundesrepublik mit Entsetzen verfolgten und gegen sie ankämpften. Ihre Existenz war für mich der einzige Halt und Trost, sonst hätte ich wohl kaum 14 Jahre in meiner Position in Bonn durchhalten können.

9. »Ach, wär' ich doch kein Deutscher!«

»Was wurde aus Ihrer Frau und den Kindern?« fragte der Gerichtsvorsitzende, Landgerichtsdirektor Hans Hofmeyer, am 31. Juli 1964, dem 72. Verhandlungstag, den Zeugen David Schmidt, der als Zeuge der Anklage gegen Oswald Kaduk im ersten Frankfurter Auschwitz-Prozeß geladen war.[100] »Was aus ihnen wurde?« David Schmidt, ein einfacher Mann, guckte verständnislos in die Runde. »Sie wurden umgebracht«, sagte er zögernd, als ob er den Eindruck hätte, man wolle ihn hier auf den Arm nehmen. »Woher wissen Sie das?« fragte der Vorsitzende. »Aber sie sind doch nicht mehr da!« rief Schmidt verzweifelt aus, der nicht begriff, daß seine Aussage wertlos war, wenn er nicht lückenlos nachweisen konnte, daß Kaduk seine Angehörigen eigenhändig ermordet oder sie persönlich in die Gaskammern geführt hatte.

Die Berichterstattung vom Frankfurter Auschwitz-Prozeß gehörte zu meinen Aufgaben als Korrespondentin der israelischen Zeitung ›Maariv‹. In Israel verfolgte man diesen Prozeß mit besonderem Interesse, ja eigentlich mit angehaltenem Atem. Denn die Mehrzahl der jüdischen Opfer waren in dem größten aller Vernichtungslager, Auschwitz, ermordet worden. Je länger ich in diesem schrecklichen Prozeß saß, desto klarer wurde mir, wie untauglich die in Deutschland angewandte Strafprozeßordnung für diese Art der Verbrechen war.

Sie sieht vor, daß dem Angeklagten die Schuld nachzuweisen ist. Die Todeslager aber waren so konstruiert, daß Gefangene nur durch Zufall überlebten. Die Zahl der Zeugen war entsprechend gering, viel zu gering, um den Regeln des deutschen Strafrechts zu genügen. Ein präzises Bild vom Ablauf auch nur eines einzigen Mordes war selten nachzuzeichnen. In diesen Todeslagern aber, die zu nichts anderem bestimmt waren als zur Vernichtung von Menschen, mußte jeder schuldig werden, der dort Dienst tat. Das damals gültige Strafrecht war daher für diese Art von Verbrechen ungeeignet. Nur ein Strafrecht, nach dem jene, die in Massenvernichtungslagern dienten, ihre Unschuld nachzuweisen hatten, hätte die Schuldigen einer gerechten Strafe zuführen können.

Im Frankfurter Auschwitz-Prozeß waren zunächst einmal elf von den 20 Angeklagten nicht in Haft, sie kamen jeden Morgen aus ihren jeweiligen Hotels zum Prozeß.[101] Es ließ sich kaum vermeiden, daß Zeugen – also Opfer – und Angeklagte beim Frühstück im Hotel oder beim Mittagessen in der Gerichtskantine einander begegneten. Eine zusätzliche Pein für jedes der Opfer dieser Verbrechen. Das interessierte aber deutsche Justizbehörden nicht. Sie hielten sich strikt an die Gepflogenheiten ihrer Prozeßordnung.

So verlohnt es sich auch nicht, über die Urteile zu räsonieren, denn auch sie sind eine Konsequenz dieser Art deutscher Gerichtsbarkeit. Nur sechs Angeklagte erhielten eine lebenslängliche Zuchthausstrafe. Elf Angeklagte wurden zu Freiheitsstrafen zwischen 14 Jahren und drei Jahren und drei Monaten verurteilt, während drei Angeklagte aus Mangel an Beweisen straffrei ausgingen. Entscheidend bei der Urteilsfindung der zu Freiheitsstrafen Verurteilten war offenbar der Grundsatz (der auch in vielen späteren NS-Prozessen angewandt wurde), Angeklagte, die nicht nachweislich über den empfangenen Befehl hinaus aus eigenem Antrieb gemordet hatten, lediglich wegen Beihilfe zum Mord zu verurteilen. Im Verlauf dieses Prozesses wurde dabei häufig über die Teilnahme an Selektionen ermittelt, die Tausende von Ausgesonderten zum Tode in die Gaskammern führte.

Die Folge dieser Praxis, die im Auschwitz-Prozeß deutlich erkennbar wurde, war, daß Tätern mit niedrigem Dienstgrad, die die Verbrechen auszuführen hatten, diese als Morde nachgewiesen werden konnten; den höheren

Chargen, die die Befehle dazu gegeben hatten, wurden aus dem eben genannten Grunde mildernde Umstände zuerkannt.[102] Die Angeklagten, vielfach mit Anwälten versehen, die sich ihre Karrieren durch die Verteidigung von Nazi-Verbrechern aufgebaut hatten[103], machten sich diese Tatsache zunutze, beriefen sich auf ihre Befehle und gaben vor, von sich aus niemandem ein Leid angetan zu haben. Der Zeuge David Schmidt verstand das alles nicht.

»Das verstehe ich nicht. Ich, ein Jud, verwandt mit dem Angeklagten? Er ist ein Volksdeutscher, ich ein Jud!« antwortete er auf die stereotype Frage des Richters, ob der Zeuge mit dem Angeklagten verwandt oder verschwägert sei. Der Vorsitzende überhörte diese Bemerkung. Er belehrte den Zeugen, daß er vor Gericht »die Wahrheit, und nur die reine Wahrheit« sagen müsse. »Was kann ich hier Falsches aussagen...« wunderte sich Schmidt. Der Vorsitzende überhörte auch diese Bemerkung und bat den Zeugen zu berichten, aus welchem Grunde er nach Auschwitz kam. »Das ist eine Frage...« begann Schmidt. »Warum sind alle Juden verhaftet worden? Waren sie schuldig?«

Der Vorsitzende bat ihn dann, eine Spur amüsiert, die Ankunft in Auschwitz zu schildern. »Wir sind angekommen aus Neustadt. Im November 1942 war's. Ich, meine Frau und drei Kinder. Da hat der Kaduk selektiert. Ich hab' ihn gesehen. Wir waren 1800, von denen sind nur 300 ins Lager gekommen. Die anderen...« Langsam zog er die Schultern hoch und vollendete den Satz nicht, weil er offensichtlich eine Erklärung nicht für nötig hielt. Plötzlich begann er hemmungslos zu weinen. Offenbar hatte er das Gefühl, man glaube ihm nicht, daß seine Frau und die drei Kinder mit Gas umgebracht worden waren. Aber dann erinnerte er sich noch unter Tränen, daß ihn ein Vorarbeiter gefragt hatte, damals kurz nach der Ankunft in Auschwitz: »Hast du Frau und Kinder?« Als er dies bejahte, bemerkte der Vorarbeiter: »Die sind jetzt schon da oben«, und zeigte gen Himmel.

Schmidt, der schwerste Arbeiten verrichten mußte, unter anderem in einer Munitionsfabrik von Krupp, erzählte dann: »Einmal, in der Mittagspause, kamen Kaduk und Clausen[104] zu uns und schrien ›antreten‹, und dann nahmen sie 300 Mann mit. Sie führten sie ins Krematorium.« Der Gerichtsvorsitzende wollte es genauer wissen: »Wer brachte sie ins Gas?« Schmidt war wieder hilflos: »Woher soll ich denn das wissen? Wenn ich es gesehen hätte, wäre ich heute nicht hier.« Unter diesen 300 war auch sein Vetter Gottfried Leiser. Der Vorsitzende verlangte wiederum Genaueres: »Wissen Sie genau, daß er dabei war?« Schmidt schrie es fast heraus: »Aber er ist doch nicht mehr da!« Auf die Frage, ob er anderen, die damals von Kaduk weggeführt worden waren, noch einmal begegnet sei, antwortete Schmidt, immer verzweifelter werdend: »Wo sollte ich sie denn treffen? In der anderen Welt?«

»Im Sommer 1944 wurden 170 Menschen ausgesondert«, erinnerte sich Schmidt. Sie standen« stundenlang zwischen zwei Blöcken. »Ich bin zu ihnen gegangen und habe sie gefragt: ›Warum geht ihr nicht in die Blöcke zurück?‹ Und sie haben mir geantwortet: ›Der liebe Gott weiß, was mit uns geschehen wird.‹ Dann sah ich, wie Kaduk zu Fuß mit ihnen ins Krematorium ging.« Und als wolle er weitere, ihm unbegreifliche Fragen des Vorsitzenden abwehren, rief er beschwörend aus: »Das, was ich sage, ist heilig!« Aber er konnte ungestört fortfahren. »Es war am Versöhnungstag. Im September 1944. An diesem Tag kamen Kaduk und Clausen und führten Selektionen durch. 200 Personen mußten antreten. Auch ich war darunter. Mir war klar, jetzt ist es aus. Wir wurden in einen Waschraum geführt. Dort sollten wir uns ausziehen. Mein Neffe, der dort arbeitete, sprang herzu, kippte ein Faß um, so daß das Wasser auslief, und stülpte das Faß über mich. Dann schob er mich dicht an die Wand. Ich blieb in diesem Faß, während die anderen abgeführt wurden. Sie sind vergast worden.« Wieder kam die Frage des Vorsitzenden: »Haben Sie das gesehen?« – »Ich habe es nicht gesehen, aber das ist doch ganz sicher!« rief er. »Später habe ich in der Wäscherei ihre Kleidung gewaschen. Da waren die Nummern dran von den Vergasten.« Den letzten Satz sagte Schmidt schon ganz resigniert.

Er verließ weinend den Zeugenstand. Ich ging zu ihm, obwohl ich kein Wort des Trostes für ihn hatte. Das Leid dieses Mannes war so groß, daß er einer solchen rücksichtslosen und grausamen Art der Vernehmung nicht standhalten konnte. Andere Zeugen, deren Leid nicht geringer war, waren stärker und überzeugt von der Notwendigkeit ihrer Zeugenaussage. David Schmidt erlebte noch einmal die Qualen, die er damals durchlitt. Die Vernehmung hatte die alten Wunden auf brutale Weise wieder aufgerissen.

Im Urteil gegen Kaduk hieß es am 20. August 1965, dem 183. Verhandlungstag, im Zusammenhang mit der Behauptung, Kaduk habe Menschen zur Vergasung bestimmt: »...Viele Zeugen bekundeten, daß Kaduk im Stammlager selektiert hat. Einige Aussagen sind aber nicht eindeutig, vor allem konnte nicht immer zweifelsfrei erwiesen werden, daß die Selektierten tatsächlich vergast und nicht etwa in ein anderes Lager überstellt worden sind. Trotz starken Verdachts ließen sich einige Unsicherheiten nicht völlig ausräumen.«

In diesem ersten Auschwitz-Prozeß wurden die Namen dreier ehemaliger Vertreter der IG Farben genannt, die für die Errichtung der Buna-Werke in Monowitz (Auschwitz), in denen Häftlinge unter unmenschlichen Bedingungen schwerste Arbeit leisten mußten, in erster Linie verantwortlich waren[105]: Dr. Otto Ambros, Dr. Walter Dürrfeld und Heinrich Bütefisch. Alle drei sollten vor dem Frankfurter Gericht aussagen. Dürrfeld und Bütefisch brachten Atteste bei, daß sie aus gesundheitlichen Gründen nicht erscheinen könnten. Ihre schriftlich niedergelegten Aussagen waren nichtssagend. Ebenso wie die vor Gericht gemachte Aussage des Herrn Ambros, der sich dagegen verwahrte, als Betriebsführer der Buna-Werke bezeichnet zu werden.[106]

Tatsächlich aber war Ambros als ehemaliges Vorstandsmitglied der IG Farben und Betriebsführer der IG Farben in Monowitz von einem Nürnberger Kriegsverbrechergericht zu acht Jahren Gefängnis verurteilt worden. Ich glaubte meinen Ohren nicht zu trauen, als bekannt wurde, daß dieser Mann zur Zeit des Auschwitz-Prozesses Aufsichtsratsmitglied in einer Anzahl bundeseigener Betriebe war. Er fungierte als solcher in der Bergwerksgesellschaft Hibernia AG, Herne, in der Scholven-Chemie AG, Gelsenkirchen-Buer, in den Vereinigten Industrie-Unternehmungen AG, Berlin–Bonn, in der Süddeutschen Kalkstoff AG, Trostberg, und in der Phenolchemie GmbH, Gladbeck. Aber auch sein Kollege Dürrfeld, der in Nürnberg als ehemaliger Direktor der IG-Farben-Werke in Monowitz ebenfalls zu acht Jahren Gefängnis verurteilt worden war, war Mitglied des Vorstands der bundeseigenen Scholven Chemie AG und – wie sein Kollege Ambros – Aufsichtsratsmitglied der Phenolchemie GmbH, Gladbeck.[107]

Es entbehrt nicht der Ironie, daß Dürrfeld und Ambros ausgerechnet in Betrieben leitend mitwirkten, die Phenol herstellten. Mit Phenol pflegte man in Auschwitz arbeitsunfähige Häftlinge »abzuspritzen«[108]. Der ehemalige technische Leiter von Monowitz, Bütefisch, war vom Nürnberger Gericht zu sechs Jahren Gefängnis verurteilt worden und hatte zur Zeit des Prozesses den Posten eines stellvertretenden Aufsichtsratsvorsitzenden der Ruhr Chemie, Oberhausen (einer Konzernfirma der IG Farben), inne. Noch während des Auschwitz-Prozesses wurde dem Bütefisch auf Vorschlag anderer Großindustrieller für Verdienste um die deutsche Wirtschaft aus der Hand des Bundespräsidenten das Bundesverdienstkreuz verliehen. Unter dem Eindruck der Enthüllungen im Auschwitz-Prozeß über die Tätigkeit der IG Farben machte Bundespräsident Heinrich Lübke schon wenige Tage nach der Verleihung diese Ehrung wieder rückgängig.

Nicht rückgängig gemacht wurden indessen die Berufungen der drei in Nürnberg Verurteilten in Aufsichtsgremien der deutschen Wirtschaft. Daß diese drei nicht mehr vor ein deutsches Gericht gestellt werden konnten, auch nicht, wenn sich neue Anklagepunkte gegen sie ergeben hätten, lag am 1955 unterzeichneten Deutschland-Vertrag, der dies für alle von alliierten Tribunalen Verurteilten verbot. Wohl in der Befürchtung, daß deutsche Gerichte zu milde mit deutschen Kriegsverbrechern umgehen würden. Tatsächlich aber waren es schließlich die Alliierten, die im Zuge des kalten Krieges deutsche Kriegsverbrecher vorzeitig aus den Gefängnissen entließen. Sie glaubten, die Deutschen im kalten Krieg gegen die Sowjetunion zu brauchen und die Gunst des deutschen Volkes auf diese Weise erringen zu können.

Und was bedeuteten schon noch die Nürnberger Prozesse in der Bundesrepublik der sechziger Jahre! Der damalige Staatssekretär und spätere Minister im Bundeskanzleramt (und enge Vertraute von Kanzler Erhard), Dr. Ludger Westrick, machte mir das während eines Gesprächs im Mai 1964 klar, als er mit lässiger Gebärde auf andere ehemalige Angeklagte oder Verurteilte von Nürnberg verwies, die in der Bundesrepublik längst wieder eine Rolle spielten. Auf meine Anfrage beim Bundesschatzministerium, ob die vor dem Auschwitz-Gericht erwähnten Fakten den Tatsachen entsprächen, lud mich zu meiner Verwunderung Bundesschatzminister Werner Dollinger zu einer Unterredung ein. Meine Verwunderung wuchs noch, als ich die Staatssekretäre Westrick und Ludwig Kattenstroth (Schatzministerium) ebenfalls im Büro des Schatzministers vorfand.

Westrick nannte als Beispiele für einige, die in Nürnberg verurteilt worden waren und in der Nachkriegswirtschaft Karriere gemacht hatten, Krupp und Flick im industriellen Bereich und gab mir zu verstehen, daß diese Liste beliebig verlängert und auf anderen Gebieten ergänzt werden könnte. Er fand dies völlig in Ordnung und betonte, daß er in seiner ehemaligen Funktion als Staatssekretär im Wirtschaftsministerium die Herren Dürrfeld und Ambros in die genannten Aufsichtsräte entsandt hatte. »Indem wir sie auf diese Posten beriefen, beuteten wir doch bloß ihr Wissen aus!« rief er aus. Niemals sei dies als eine Ehrung anzusehen. »Die Herren Ambros und Dürrfeld haben maßgeblich daran mitgewirkt, die deutsche Wirtschaft, 1945 demontiert und zerstört, wiederaufzubauen«, erklärte Westrick.[109] Ganz nebenbei sagte er jovial zu mir, daß seine Integrität, aus der er das Recht ableite, so sprechen zu können, durch seine Freundschaft mit dem Leiter der Israel-Mission in Köln, Dr. Felix Shinnar, und mit führenden Vertretern der Jüdischen Gemeinde in Deutschland hinreichend bewiesen sei. Er widerte mich an.

Und mit großer Beredsamkeit fuhr Westrick fort: »Die Gefahr, die vor Deutschlands Toren stand, nämlich der Kommunismus, machte den schnellen Wiederaufbau der deutschen Wirtschaft dringend erforderlich.« Ich antwortete ihm sehr energisch, daß er so gut wie ich wisse, daß eine solche kommunistische Gefahr in der Bundesrepublik in Wahrheit nie bestanden habe. Aber Westrick war anderer Meinung. Um seine Behauptung zu untermauern, erinnerte er an ein Dorf in der amerikanischen Besatzungszone, in dem ein Kommunist zum Bürgermeister gewählt worden war. »Und so verdanken wir ihnen (den Herren Ambros und Dürrfeld), daß die Gefahr des Kommunismus mit Hilfe des wirtschaftlichen Aufschwungs, zu dem sie beigetragen haben, gebannt werden konnte.« Der Staatssekretär zog als Argument auch den Hunger, die Not, das Elend des Volkes und die elf Millionen darbender Flüchtlinge in den ersten Nachkriegsjahren heran, um die Ernennung dieser von amerikanischen und deutschen Gerichten[110] wegen Kriegsverbrechen verurteilten Herren zu gut dotierten Aufsichtsräten zu begründen.

Sein letztes mit Vehemenz vorgetragenes Argument erregte mich besonders: »Und schließlich wäre die Bundesrepublik ohne diesen wirtschaftlichen Aufschwung, an dem die Herren Ambros und Dürrfeld mitwirkten, nicht in der Lage gewesen, Wiedergutmachungen zu zahlen.«

Ich drückte meine Empörung aus über diesen Satz und erinnerte daran, daß Bundeskanzler Adenauer die Zahlung von Wiedergutmachung als eine »moralische Verpflichtung« des deutschen Volkes bezeichnet hatte[111], »auch wenn dabei von uns... Opfer verlangt werden, vielleicht schwere Opfer...«. Aber das beeindruckte Westrick nicht im geringsten. Im Gegenteil, man ließ mich fühlen, wie unerheblich derartige Argumente einer Jüdin im heutigen Deutschland waren.

»Mußten diese Menschen nicht froh und glücklich sein, daß sie überhaupt arbeiten durften?« wandte Staatssekretär Kattenstroth ein, der es offenbar, wie so viele Menschen in Deutschland, nicht für nötig gehalten hatte, sich über »Lebensbedingungen« in KZs zu informieren. Das Lager Monowitz war das größte Arbeitslager im Bereich des KZ Auschwitz, das zunächst »Buna« genannt wurde. Im Laufe der Zeit wurden noch weitere 39 Nebenlager, Zweiglager, Außenlager und Arbeitslager eingerichtet, in denen die Häftlinge für die IG-Farben-Industrie hauptsächlich die zur Benzinproduktion notwendige Kohle zu schlagen hatten.[112]

Im Lager der IG Farben, Monowitz, mußten sich fünf Häftlinge ein Bett teilen, auf denen keine Decken, sondern nur stinkendes Stroh lag. Zwei Waschräume standen für 3500 Mann zur Verfügung. Wasser zum Waschen gab es allerdings nur drei- oder viermal in der Woche. Sechs Toiletten waren für 900 Mann gedacht. Zu den von der SS verteilten Hungerrationen lieferte der Arbeitgeber, also die IG Farben, zusätzlich die berüchtigte Buna-Suppe, ein Gebräu aus heißem Wasser und schlechten Kohlrüben, ohne Fett, ohne Fleisch, das die Kräfte der schwer arbeitenden Häftlinge »stärken« helfen sollte. Seuchen waren bei diesen Zuständen an der Tagesordnung, eine 80prozentige Sterblichkeit die Folge. Medikamente oder Verbandszeug wurden den Häftlingen nur dann zuteil, wenn die Gefahr der Ansteckung für die Herren der SS oder der IG Farben bestand. Wer für die elfstündige Arbeit und die

Zement-Kabelkommandos (auch Todeskommandos genannt) bei IG Farben zu schwach war, wurde ausgesondert und in den Gaskammern von Birkenau »liquidiert«. Neues »Material« war ständig zur Stelle. Von 35 000 Häftlingen, die im Laufe der Zeit im Buna-Werk der IG Farben arbeiteten, starben 25 000. Die Lebenserwartung in Monowitz betrug fünf bis sechs Monate. In den dazugehörigen Kohlengruben sogar nur einen Monat.

Am Ende dieses immerhin zweistündigen Gespräches, das von beiden Seiten sehr erregt geführt worden war, forderte mich Staatssekretär Westrick auf, meine Behauptungen, daß sich die drei ehemaligen führenden Mitarbeiter der IG Farben beim Aufbau der Fabrik in Monowitz und bei der Behandlung der Häftlinge schuldig gemacht hatten, durch Dokumente zu beweisen. Der Frankfurter Anwalt und Nebenkläger im Auschwitz-Prozeß Henry Ormond versorgte mich mit entsprechenden Unterlagen, die er anläßlich der IG-Farben-Prozesse 1953 und 1955 gesammelt hatte.

Da hieß es unter anderem, Dr. Otto Ambros habe nach einer Inspektion im Januar 1941 die Gegend von Auschwitz für die Errichtung chemischer Fabriken seiner Firma für geeignet erklärt. Er sagte darüber: »Am 5. April 1941 fand eine Gründungssitzung der Buna-Werke in Monowitz statt... Ich lernte bei dieser Sitzung den Kommandanten Höß kennen. Wenige Tage später fand die Besichtigung (des Lagers) unter der Führung von Höß statt. Ich war davon beeindruckt...«[113] Schon am 27. März 1941 war in einer Sitzung des Kommandanten von Auschwitz und Ingenieuren der IG Farben, unter ihnen Dürrfeld, vereinbart worden, daß dem neuen Werk 1000 Häftlinge zur Verfügung gestellt werden sollten. Die Anzahl sollte im folgenden Jahr auf mindestens 3000 steigen. Die Arbeitszeit wurde im Sommer auf zehn bis elf Stunden, im Winter auf neun Stunden festgelegt.

Die IG Farben zahlten der Kommandantur des KZs für jeden Facharbeiter vier Mark pro Tag, für jeden als Hilfsarbeiter verwendeten Häftling drei Mark, denn diese Arbeiter wurden quasi ausgeliehen, verwaltet und verpflegt wurden sie von der SS – dem Motto entsprechend, das am Tor des IG-Farben-Lagers zu lesen war: »Alle Häftlinge sind Eigentum des Reiches.« Wenig später, am 12. April 1941, pries Ambros in einem Brief die Zusammenarbeit mit der SS: »...und außerdem wirkt sich unsere neue Freundschaft mit der SS wirklich sehr segensreich aus. Anläßlich eines Abendessens, das uns die Leitung des Konzentrationslagers gab, haben wir weiterhin alle Maßnahmen festgelegt, welche die Einschaltung des wirklich hervorragenden Betriebes des KZ-Lagers zugunsten der Buna-Werke betreffen.«[114]

Aus einem Wochenbericht für die Zeit vom 8. bis 21. Februar 1943, verfaßt vom Bauingenieur der IG Farben, Max Faust, geht hervor, daß die Firma nicht mit den Leistungen aller Häftlinge zufrieden war. Es heißt da, daß die SS sich verpflichtet habe, »alle schwachen Häftlinge abzuschieben«. »Abschieben« bedeutete im Wortschatz der SS Vergasung, da die Firma nur für voll einsatzfähige Häftlinge zahlte.

»Die Herren Ambros, Dürrfeld und Bütefisch wußten nichts von alledem, was in Auschwitz oder Monowitz vor sich ging.« Das war das Ergebnis des Studiums der von mir übergebenen Unterlagen, das sich ein junger Referent im Auftrag des Kanzleramtes vorgenommen hatte. Er gab vor, daß keiner der Herren der IG Farben auch nur die Möglichkeit gehabt hätte zu wissen, was sich in Auschwitz zutrug. Selbst wenn er die Anwesenheit eines der Herren in Auschwitz nicht leugnen konnte, sprach er noch die Überzeugung aus, daß dieser nichts sah, nichts hörte, nichts roch, nichts wußte. Im einzelnen führte der junge Assistent aus, daß Monowitz schließlich sieben Kilometer von Auschwitz entfernt war und noch weiter von den Gaskammern von Birkenau.

Was er verschwieg – und vielleicht wirklich nicht wußte –, war, daß der Feuerschein der Krematorien meilenweit sichtbar war und daß auch der Gestank von verbranntem Menschenfleisch die Umgebung in weitem Umkreis verpestete. Überdies hat Ambros nachweislich das Lager Auschwitz I im Jahr 1941 einmal betreten. Er ist auch, wie die von mir vorgelegten Dokumente einwandfrei bewiesen, an der Baustelle von Monowitz gewesen, dort, wo die Häftlinge im Laufschritt Zementsäcke tragen mußten, unter deren Last viele von ihnen zusammenbrachen.

Die Sitzungen der Planungskommission der SS und der IG Farben, an denen Ambros im Laufe von vier Jahren regelmäßig teilnahm, hätten nicht im Lager stattgefunden, erklärte der Assistent. Natürlich nicht – es gab zweifellos angenehmere Aufenthaltsorte als das Lager von Auschwitz. Wie die »Hilfsarbeiter« (sprich Häftlinge) lebten, habe Ambros, späteres Aufsichtsratsmitglied von Betrieben mit mehreren tausend Arbeitern, nicht interessiert, so bedeutete man mir als Beweis für seine Schuldlosigkeit. Der junge Mann wiederholte dann eine oft angewendete Zwecklüge: Die Produktion sei in den Buna-Werken von Monowitz niemals aufgenommen worden. Aus den Niederschriften der Baubesprechungen zwischen den Herren der IG Farben und der SS geht hingegen klar hervor, daß mindestens zwei der Werke tätig wurden. Den Lug-und-Trug-Behauptungen setzte der junge Mann die Krone auf mit der Bemerkung, Ambros habe nie Kontakt mit den KZ-Gewaltigen gehabt. Und wie pries er doch selbst »die Freundschaft mit der SS«!

»Ungeheuerlich!« stieß ich hervor und schrie den jungen Mann an, ob er sich nicht schäme angesichts des Lügengespinstes, das er vorgetragen habe. Wahrscheinlich glaube er, bei dieser Gelegenheit die Grundlage für eine gute Karriere in Staatsdiensten gelegt zu haben. Westrick, der diesmal allein mit mir sprach, sprang dem jungen Mann bei und schrie seinerseits zurück, was ich mir wohl dächte, seinen Mitarbeiter der Lüge zu bezichtigen. Die Lage sei nun klar, den Herren der IG Farben, verurteilt in Nürnberg im Zusammenhang mit ihrer Tätigkeit für die

Buna-Werke in Monowitz, könne nicht nachgewiesen werden, daß sie etwas über Auschwitz und die Vernichtung von Menschen dort wußten, geschweige denn, daß sie daran beteiligt waren. »Spräche man sie schuldig, müßte man das ganze deutsche Volk anklagen«, das nach Ansicht des Herrn Ministers ebensowenig unterrichtet war wie die Herren von der IG Farben.

Die Herren Ambros, Dürrfeld und Bütefisch waren also nach Meinung der damaligen deutschen Bundesregierung integre Leute. Sie, die von deutschen und internationalen Gerichten für schuldig befunden worden waren, am Massenmord in Auschwitz beteiligt gewesen zu sein! 20 Jahre nach dem unfaßbaren Geschehen war die Beteiligung an Judenmorden in den Augen der damaligen bundesrepublikanischen Regierung und ihrer Justizbehörden ohnehin nur noch ein Bagatelldelikt, wie einige der Gerichtsurteile beweisen.[115] Ich habe mich selten in meinem Leben so hilflos gefühlt. Allerdings war ich noch nie zuvor und auch nachher nicht wieder das Opfer einer derartigen Konspiration der Lüge von Verantwortlichen des Staates.

Ganz anders verlief die »Inaugenscheinnahme« des Lagers Auschwitz durch das Frankfurter Gericht vom 14. bis 16. Dezember 1964. Zwei Tage zuvor standen 22 Herren in der Halle des Frankfurter Flughafens. Ihre sportliche Winterkleidung ließ auf einen Skiausflug schließen. Man lächelte einander zu, lauschte den Wettermeldungen, die einen Start in den nächsten Stunden ausschlossen, erzählte sich Witzchen und blinzelte ab und zu in die Fernsehkameras, wohl wissend, daß diese eigentlich nur einem von ihnen galten – dem Dr. Franz Bernhard Lucas.

Der ehemalige Lagerarzt im Konzentrationslager Auschwitz hatte sich als einziger Angeklagter im Auschwitz-Prozeß (ihm wurden Selektionen vorgeworfen) bereit gefunden, mit dem Vertreter des Frankfurter Schwurgerichtes, Amtsgerichtsrat Walter Hotz, den drei Staatsanwälten Grossmann, Kügler und Wiese und elf Verteidigern die Reise nach Auschwitz anzutreten. Das Ziel der Reise war eine »Inaugenscheinnahme« des ehemaligen Vernichtungslagers, kein Lokaltermin, bei dem das gesamte Gericht und alle Angeklagten hätten anwesend sein müssen. Politische und technische Schwierigkeiten standen nach Meinung der deutschen Behörden einem solchen Unterfangen im Wege. Nun reiste man also leger und freiwillig. Als die österreichische Fluggesellschaft den Vorschlag machte, wegen des schlechten Wetters die erste Etappe der Reise im Autobus zurückzulegen, stürzten alle, froh, der Untätigkeit entronnen zu sein, zum Flugschalter. »Hier wäre ein Kaduk[116] nötig, die Ordnung wiederherzustellen«, ließ sich ein Verteidiger vernehmen, überzeugt davon, einen Witz gemacht zu haben.

Die Dunkelheit im Bus machte die Herren schläfrig. Nur einmal fuhren sie mit einem Satz hoch. Ein amerikanischer Lastwagenfahrer hätte beinahe einen schweren Unfall verursacht. »Verdammtes Amischwein«, brüllte einer aus tiefster Seele. Im Stuttgarter Flughafenrestaurant besänftigte die reichhaltige Speise- und Weinkarte die Gemüter. Im Flugzeug nach Wien nahm man auch noch das zweite Abendbrot genußvoll zu sich. In Wien traf die »Herrenpartie« ein wenig mitgenommen ein. Wahrscheinlich tröstete es sie, daß sie mit diesem Umweg – Frankfurt – Stuttgart – Wien – Warschau – Krakau – die von der Bundesrepublik nicht anerkannte DDR umgehen würden. Manche der von Schmissen gezeichneten Gesichter der Verteidiger wirkten am folgenden Morgen noch angegriffen. Sie hatten wohl das nächtliche Wien erkundet. »Antreten zum Appell«, schnarrte ein Verteidiger grinsend – eine Anspielung auf die Auschwitz-Terminologie –, als sich die Gruppe der Herren nur langsam fortbewegte. »Sie sind müde?« fragte ein anderer seinen Nachbarn süffisant, »schade, daß Klehr[117] nicht unter uns ist. Er hätte Ihnen schon die richtige Injektion verpaßt!«

An der Gangway in Warschau stand Professor Dr. Jan Sehn, Direktor des kriminologischen Institutes der Universität Krakau und Untersuchungsrichter im ersten

Auschwitz-Prozeß in Krakau im Jahre 1945 »gegen Höß und andere«; er schüttelte jedem die Hand, auch dem Angeklagten Lucas. Das verwirrte ein wenig, ebenso der Anblick der Warschauer Straßen, die noch deutlich die Spuren des Krieges zeigten. Im vornehmen Hotel »Europejski« machte man erste Bekanntschaft mit der polnischen Bürokratie. Papier für die Ankunft, Papier für die Devisen, Papier für den Bus, Papier für die Fahrt nach Auschwitz. Spitze Bemerkungen über Sozialismus und Planwirtschaft waren zu hören. Hier trennte man die Presseleute von den Prozeßbeteiligten, einem Wunsch der deutschen Richter entsprechend, die eine Behinderung ihrer Arbeit befürchteten. Zusammen mit den polnischen Pressevertretern hatten sich schließlich fast 200 Zeitungsleute aus aller Welt für die »Inaugenscheinnahme« eingefunden. 100 polnische Sicherheitsbeamte begleiteten die »Reisegesellschaft« auf ihrer Weiterfahrt nach Krakau und Auschwitz.

Im ehemaligen SS-Lazarett von Auschwitz übergab Professor Sehn als Vertreter des polnischen Justizministeriums dem deutschen Richter die Befehlsgewalt über die polnische Sitzungspolizei. In einer Gedenkminute im Hof von Block elf, vor der Schwarzen Wand, an der Tausende erschossen worden waren, ehrte man die Opfer von Auschwitz – auch der Angeklagte Lucas nahm den Hut vom Kopf.

Dann fuhr man nach Birkenau. Genau an der Stelle der ehemaligen Rampe, an der einst die Selektionen für Tod oder Leben stattfanden, stiegen die Prozeßbeteiligten aus ihrem Bus und begannen ihre Arbeit. Richter Hotz hatte eine Liste von 32 Punkten, die an Ort und Stelle geklärt werden sollten. Zeugenaussagen, die hier widerlegt oder erhärtet werden konnten. Man maß, man fotografierte. Von wo aus waren die Geschehnisse auf der Rampe klar zu beobachten? Wo konnte der Schlauch zu Tötungszwecken angeschlossen werden? Noch herrschte Skepsis unter den Herren aus Deutschland. Richter Hotz diktierte seinem Protokollführer: »Hier steht das Gericht vor einer der

Verbrennungsgruben, die mit der Asche von Leichen angefüllt ist…«, »sein soll«, unterbrach ein Verteidiger und bemerkte, daß er nur bereit sei, einem Fachmann zu glauben, daß es sich um Asche dieser Art handele.

Bei der Prüfung der Sichtmöglichkeiten deutete ein Verteidiger auf einen Baum, der »ohne Frage die Sicht behinderte«. Darauf hingewiesen, daß dieser Baum zur Zeit des Geschehens erst zwei Jahre alt und dementsprechend klein gewesen sein muß, gab er sich zaudernd zufrieden. Lucas, über Einzelheiten befragt, klagte auch hier noch über sein schlechtes Gedächtnis. »Es ist doch schon so lange her…« Nach diesen Prüfungen wandelten die Herren zwischen den nackten Schornsteinen umher, die, da die SS noch 1945 ihre Spuren zu tilgen suchte, als einzige Überbleibsel vieler stallähnlicher Unterkünfte anklagend in den Himmel ragten. Ein grauer Horizont und die harte lehmige Landschaft bestimmten die Atmosphäre. An den Ruinen der Krematorien und der Gaskammern entdeckte man noch deutlich den technischen Perfektionismus der Mordmaschinerie. Rationalisierung war hier die Devise gewesen. Wer hatte das erdacht? Sicher nicht die Bogers und Kaduks, die in Frankfurt auf der Anklagebank saßen! Richter Hotz stand für einige Sekunden versunken vor einem Wiesenblümchen – wie absurd in dieser Landschaft des Todes! Eine schwedische Journalistin fand auf der Rampe ein deutsches Fünfpfennigstück aus dem Jahre 1940. Ein israelischer Journalist zog angekohlte Fetzen eines jüdischen Gebetbuches aus einer Grube hervor. Die Worte des Todesgebetes waren noch zu entziffern.

Im Block elf des Stammlagers (Auschwitz I) mußte einer der Frankfurter Justizbeamten in einer Stehzelle das Lied ›Sah ein Knab' ein Röslein stehn…‹ singen. Man wollte beweisen, daß man in den benachbarten Zellen das Geschehen in den Stehbunkern verfolgen konnte. Kurz vor seinem Ableben – so Zeugenaussagen – hatte einer der Todeskandidaten gesungen. Wie ein Echo hallte es durch den Block. 90 × 95 cm maß eine Stehzelle, in der bis zu vier

Menschen eingesperrt wurden. »Das Einschlupfloch ist 50 × 78 cm groß«, meldete der Beamte. Die Mehrzahl der Anwälte hatte genug von diesem grausigen »Spiel« und wandte sich ab, als man im Block 20 die Türfüllungen zu messen begann, um zu prüfen, ob dies wohl noch die gleiche Tür war, die damals den »Abspritzer« Klehr bei seiner Tätigkeit abschirmte.

»Für mich war die Inaugenscheinnahme schon beim Betreten des Lagers beendet«, sagte mir ein Verteidiger. Die Enge des Lagers, in dem schließlich Tausende von Häftlingen »leben« mußten, habe ihn davon überzeugt, daß keines der Ereignisse hier der Aufmerksamkeit der Häftlinge entgehen konnte. »Nicht drei Tage hätte ich hier überlebt«, murmelte ein Anwalt neben mir und fröstelte in der feuchten Luft, die von der Sola, einem Nebenfluß der Weichsel, und den Sumpfgebieten ringsum aufstieg. »Ach, wär' ich doch kein Deutscher!« stöhnte ein junger Journalist. »Wär' ich doch Schweizer!« Die Verzweiflung war echt angesichts des Konzentrationslagers Auschwitz, der Gaskammern, der Krematorien.

»Hier komme ich wieder hin, aber mit meiner 14jährigen Tochter«, versprach der Anwalt Kaduks. »Sie muß sehen, wohin dieser Irrsinn geführt hat.« Die Besichtigung des Museums und der Film über die Befreiung des Lagers wurden angeboten. Keiner der Deutschen wagte es, sich dieser Aufforderung zu entziehen. Und hier geschah es: Der Anblick der Kinderschuhe, der Frauenhaare, der Krücken, der mit Namen und Adressen zurückgelassenen Koffer riß denen die Maske herunter, die wie verbissen nicht hatten glauben wollen, was Auschwitz, was Treblinka, was Maidanek gewesen waren. Es zerbrach die anderen, die es geahnt und auch gewußt hatten. Die Anonymität des Mordes war dahin. Der Koffer der Clara Sara Nadelmann aus Berlin W 15, Xantener Straße 2, ließ keine Spekulationen mehr zu über das Schicksal eines Menschen, der Auschwitz erreichte.

Kaduks Anwalt weinte wie ein Kind. Die anderen taumelten fast aus dem Kinosaal. Richter Hotz konnte nicht sprechen. Seine Augen drückten die Not aus, die ein Mensch empfindet, wenn er vergebens nach einem Hoffnungsschimmer sucht. Am Abend im Hotel in Krakau löste sich die Spannung. Selbst die skeptischsten unter den Anwälten gaben zu, wie wichtig dieser Besuch in Auschwitz für den Prozeß und für sie selber gewesen war. Ein Jahr Auschwitz-Prozeß mit seinen furchtbaren Anklagen hatte also nicht ausgereicht, menschlicher Vorstellungskraft das wahre Bild dieser perfektioniertesten Mordmaschinerie aller Zeiten zu vermitteln. Dr. Lucas, der zu Beginn der Reise nie über Einsamkeit hatte klagen können, wurde jetzt kaum noch beachtet.

Es war in der Tat eine veränderte Gesellschaft, die nach abermals sechsstündiger Busfahrt in Warschau ausstieg, um über Wien nach Frankfurt zurückzufliegen. Die meisten waren sehr schweigsam und in sich gekehrt. Es war, als wäre etwas in ihnen aufgebrochen und schmerzhaft in Bewegung geraten – ein starres, von nazistischem Gedankengut errichtetes Lügengebäude, das ihnen Schutz und Halt geboten hatte. Der Angeklagte Dr. Franz Bernhard Lucas, der bis zu dieser Reise nach Auschwitz jede Mittäterschaft an den Morden geleugnet hatte, legte am 11. März 1965, also nach über einjähriger Prozeßdauer, ein Geständnis ab. »Ich bin gegen meinen Willen zur Dienstleistung im KZ abgestellt worden. Das Furchtbarste war, zum Rampendienst befohlen zu werden. Ich bemühte mich, möglichst viele Juden am Leben zu erhalten.«[118]

10. Justiz mit zweierlei Maß

»Die Leute lehnen die Aufhebung der Verjährung für Mord und Völkermord ab. Sie wollen diese Naziverbrecher-Prozesse nicht mehr.« So sprach der Justizminister Ewald Bucher (FDP) in aller Offenheit vor Pressevertretern in Bonn im November 1964[119], zu einer Zeit, als die bevorstehende Verjährung von Naziverbrechen heiß diskutiert wurde. Es sei nicht gut, gegen die öffentliche Meinung anzugehen, fügte er hinzu. Nach den im Grundgesetz festgeschriebenen Fristen für die Verjährung von Kapitalverbrechen sollte am 8. Mai 1965 auch für die Naziverbrechen eine Verjährung einsetzen. Mir gegenüber gestand der Minister unter vier Augen, daß er im Grunde seines Herzens einer Verlängerung der Verjährungsfristen oder sogar einer völligen Aufhebung der Verjährung zuneige. Als Anwalt müsse er jedoch den juristischen Gründen für ein Festhalten am 8. Mai 1965 den Vorrang geben. Ein demokratischer Staat, so betonte er, sollte keine Gesetze erlassen, die im Gegensatz zum gültigen Recht stehen. Man müsse sich damit abfinden, und es sei eben das Schicksal der deutschen Nation, auch Kaduks in ihrer Gesellschaft dulden zu müssen und »mit Mördern zu leben«. Eine Meinung, die keinem einleuchten konnte, der wußte, wer diese »Kaduks« waren, mit denen Ewald Bucher glaubte leben zu müssen.

Oswald Kaduk, geboren 1906, Fleischer von Beruf, trat früh der SS bei und wurde 1940 zur Waffen-SS eingezogen. 1942 wurde er nach Auschwitz versetzt, wo er anfangs in der Wachtruppe, bald aber als Blockführer und schließlich als Rapportführer im Range eines Unterscharführers Dienst tat. Das Frankfurter Gericht überführte ihn des Mordes in Mittäterschaft in zwölf Fällen, bei denen mindestens 1012 Menschen den Tod fanden. »Er hat diese Taten als eigene gewollt. In allen Fällen ist Mordlust erwiesen. Durch seinen Eifer bewies Kaduk, daß Menschen auch nach seinem Willen sterben sollten. Er ist daher mit zwölfmal lebenslänglichem Zuchthaus zu bestrafen. Die bürgerlichen Ehrenrechte werden ihm auf Lebenszeit aberkannt.« So das Urteil des Frankfurter Gerichtes vom 20. August 1965.[120]

Wie anders reagierte die deutsche Öffentlichkeit in den siebziger und achtziger Jahren, als einige hundert junger Mitglieder der Rote-Armee-Fraktion irrigerweise meinten, mit Gewalt diesen in vieler Hinsicht reaktionären Staat verändern zu können. Zur Abwehr dieser gewalttätigen Truppe fiel den Gesetzgebern von Bonn ein Sondergesetz nach dem anderen ein, was sie bei Naziverbrechen stets brüsk von sich gewiesen hatten. Deutsche Richter entwickelten bei der Auslegung dieser Sondergesetze ungewöhnlich viel Phantasie. Sie fanden sogar eine Möglichkeit, einen Angeklagten auch dann verurteilen zu können, wenn er an der Tat nicht beteiligt gewesen war, sie jedoch nach Überzeugung des Gerichts gewollt hatte.

Eine solche Möglichkeit hätte zu Zeiten der Naziverbrecherprozesse genügt, um »die Kaduks« aus der deutschen Gesellschaft auszugrenzen, ihre Taten in ordentlichen Prozessen anzuprangern und sie entsprechend zu bestrafen. Statt dessen zog man sich bei Naziverbrechen auf den Grundsatz zurück, daß es bei den Nazis üblich gewesen war, Sondergesetze zu erlassen. Und Unrecht könne nicht durch neues Unrecht getilgt werden. Es scheint mir daher nicht übertrieben festzustellen, daß selbst noch im Nachkriegsdeutschland Unterschiede gemacht wurden zwischen Mördern und Mördern – gemäß der politischen Motivation.

Justizminister Bucher hatte die Stimmung im deutschen Volk schon richtig eingeschätzt. Tatsächlich ergaben Meinungsumfragen stets, daß über 60 Prozent der deutschen Bevölkerung nichts mehr über die Verbrechen aus der Nazizeit hören wollten. Selbst viele von denen, die sich nicht schuldig gemacht hatten, empfanden die Aussagen vor Gericht über die von Deutschen verübten Verbrechen als schier unerträglich. Sei es, weil sie die erwähnte Zwiespältigkeit einer Sühne erkannten oder weil sie ihr eigenes Gewissen belastet fühlten, denn selbst wenn sie sich nichts vorzuwerfen hatten, so hatten sie doch damals geschwiegen, es geschehen lassen, die Augen verschlossen. Die jungen, nach dem Krieg geborenen Deutschen hatten in den Schulen viel zuwenig über die verbrecherische Politik der Nazis gehört, um sich ihr eigenes Urteil zu bilden. Je nach ihrem Elternhaus entschieden sie sich meist für Schweigen über eine Zeit, die nichts Gutes hervorgebracht zu haben schien und in der die Rolle ihrer Eltern häufig unklar blieb.

Viele Jahre hatten Deutsche überdies annehmen können, von der Erinnerung an die Nazis und ihre Greueltaten befreit zu sein. Prozesse gegen Naziverbrecher fanden kaum statt, und Politiker, ganz gleich welcher Couleur, sahen keinen Sinn in der Erwähnung der Vergangenheit, die womöglich ihre Chancen beim Wähler nur schmälern würde. Auch glaubten Deutsche, daß ihre eigenen Leiden nach dem Krieg Sühne genug gewesen waren für die Anklage, politischen Verbrechern nachgelaufen zu sein. Schließlich hatten die ihnen doch in vieler Hinsicht auch gute Jahre beschert, ihr Ego gestärkt und sie zu Meistern über andere Nationen gemacht, nach all der Schmach des Versailler Vertrages – wie es damals hieß – eine besondere Genugtuung. Ja, die Deutschen erlangten sogar eine gewisse Sicherheit zurück – die ihnen in den ersten Nachkriegsjahren abhanden gekommen war –, da sie doch so selten an diese unerfreuliche Vergangenheit erinnert wurden. »Wenn Sie so weitermachen, dann werden wir eben wieder Nazis«, trumpfte eine Dame der Bonner Gesellschaft auf, als ich es gewagt hatte, die Ernennung des ehemaligen PGs und stellvertretenden Leiters des rundfunkpolitischen Referats des Auswärtigen Amtes, Kurt Georg Kiesinger, zum Kanzler zu kritisieren.

Tatsächlich war die Verfolgung nazistischer Verbrechen

in den ersten Nachkriegsjahren sehr sporadisch gewesen. Bis 1949 hatten die Alliierten in Deutschland Recht gesprochen, hatten zunächst in den Nürnberger Prozessen mit den Großen der Nazis aufgeräumt. So schien es jedenfalls. Viele Verurteilte profitierten allerdings wenig später vom kalten Krieg. Die Amerikaner entließen viele von ihnen vorzeitig aus den Gefängnissen im Glauben, so die Unterstützung der Deutschen im Kampf gegen den Kommunismus gewinnen zu können. Und so war der Sühne, wie jedenfalls viele Deutsche glaubten, Genüge getan, wofür auch die Amerikaner mit den Entlassungen der Kriegsverbrecher ihnen Beweise zu liefern schienen. Wer nicht in Morde verstrickt gewesen war, konnte darangehen, sein Leben neu aufzubauen, die Gedanken nach vorn gerichtet, die Vergangenheit aus dem Gedächtnis gelöscht.

Da geschah es, daß im Jahr 1956 ein Staatsanwalt namens Erwin Schüle durch puren Zufall die Wahrheit über ein Naziverbrechen aufdeckte, die entscheidende Konsequenzen für die zukünftige juristische Verfolgung von derartigen Verbrechen haben sollte. Vor dem Schwurgericht in Ulm machte ein Angeklagter, der sich für die Erschießung von Juden zu verantworten hatte, geltend, daß es sich in diesem Fall nicht um Juden, sondern um Partisanen gehandelt habe. Er habe nur das Urteil eines Standgerichts vollstreckt.

Staatsanwalt Schüle, der auch Soldat gewesen war, erinnerte sich sofort, daß Partisanen in Übereinstimmung mit internationalem Recht ohne Gerichtsurteil erschossen zu werden pflegten, so daß ihretwegen kein Standgericht zusammengetreten sein konnte. Der Angeklagte hatte also gelogen. Ohne die mehr zufällige Sachkenntnis des Staatsanwaltes wäre der Angeklagte mit seiner Lüge davongekommen. Es waren schließlich zwölf Jahre seit den Verbrechen vergangen. Die Opfer waren tot. Es gab nur wenige Zeugen, und die waren meist gleichen Geistes. Ihre Aussagen waren nicht viel glaubhafter als die der

Angeklagten, denn vielfach waren sie in die gleichen Aktionen verstrickt gewesen.

Ähnlich verhielt es sich bei den Verbrechen, die in dem berüchtigten Lager von Auschwitz begangen worden waren. Niemand kannte ihr ganzes Ausmaß. Die wenigen Überlebenden wollten oft nicht daran erinnert werden, oder sie konnten nur über einen kleinen Ausschnitt der Geschehnisse berichten, deren unmittelbare Zeugen sie geworden waren. Personen und genauere Einzelheiten konnten sie nicht mehr angeben.

Auch hier brachte der Zufall eine Lawine ins Rollen. Ein ehemaliger Soldat fand zehn Jahre nach Kriegsende beim Sichten seiner Kriegsandenken Dokumente, die er während der Belagerung der Stadt Breslau auf der Straße aufgelesen hatte. Sie enthielten Berichte über Vernichtungsaktionen im Konzentrationslager Auschwitz. Diese Dokumente bildeten später die Grundlage für die Anklageerhebung zum gesamten Auschwitz-Komplex.[121]

Die deutsche Justiz sah nun ein, daß sie systematischer vorzugehen hatte, wenn sie wenigstens den Versuch machen wollte, die von Deutschen begangenen Verbrechen aufzuklären und die Schuldigen zu bestrafen. Auch dem Ausland blieben die neu aufgedeckten Verbrechen nicht verborgen, und besonders die Länder, die unter der Nazi-Besatzung gelitten hatten, verfolgten Bonns Reaktionen mit wachsendem Interesse. So richtete man im Jahre 1958 die Zentralstelle für die Verfolgung von Naziverbrechen in Ludwigsburg ein.

Nun erst begann die systematische Jagd auf Naziverbrecher. Eine Handvoll Staatsanwälte mühte sich redlich in einem schier unmöglichen Unterfangen, die Tausende von Naziverbrechen aufzuklären. Leiteten sie diese zur weiteren Ermittlung an Polizeidienststellen weiter, konnten sie noch dazu nie sicher sein, ob eine Aufklärung jemals oder nur lax erfolgte. Schließlich wurde die Polizei zu jener Zeit in erheblichem Maße von ehemals leitenden Funktionsträgern der SS beherrscht. Von den 33 leitenden

Stellen der Kriminalpolizei in Nordrhein-Westfalen waren 20 von ehemaligen SS-Sturmbannführern und SS-Hauptsturmführern besetzt.[122]

Der Mann übrigens, der für den Aufbau der Zentralstelle verantwortlich wurde, jahrelang ihr Leiter war und die Aufgabe mit gleichem Eifer betrieben hatte wie seine Mitarbeiter, wurde plötzlich als langjähriges Mitglied der NSDAP entlarvt und seines Amtes enthoben. Eine Behauptung der Russen, er habe auch Kriegsverbrechen begangen, konnte nicht bewiesen werden. Ein Kuriosum? Ein reuiger Sünder? Man vergaß ihn schnell, obgleich zu fragen bleibt, ob er nicht eher typisch war für viele Deutsche seiner Zeit.

Wie anders ging der Staat bei der Verfolgung der jungen Politverbrecher der RAF vor. Tausende von Beamten des Bundeskriminalamtes und der Bundesanwaltschaft wurden eingesetzt. Ein technischer Apparat, aufs modernste ausgerüstet, wurde – einem engmaschigen Netz gleich – über die Bundesrepublik ausgebreitet, um sie dingfest zu machen. Ein besonderes Sicherheitsgefängnis, Isolationshaft, Zwangsernährung – die Bundesregierung wehrte sich mit allen Mitteln gegen die jungen Mörder, an deren Entwicklung die deutschen Politiker mit ihrer restaurativen Politik seit dem Bestehen der Bundesrepublik nicht unschuldig waren.

Material über Naziverbrechen und -verbrecher kam natürlich im wesentlichen aus ehemals von Deutschen besetzten Gebieten. Zwar öffneten nicht alle Ostblockstaaten den westdeutschen Fahndern ihre Archive. Besonders die ehemalige DDR zog es vor, diese Art Dokumentation als politisches Spielmaterial zu benutzen, um die Bundesregierung bei passender Gelegenheit durch Enthüllungen über die Vergangenheit ihrer Repräsentanten zu desavouieren.

Am 8. Mai 1965 sollte, so wollte es das Grundgesetz, diese Tätigkeit der Fahnder von Ludwigsburg enden. Dann sollte es nicht mehr möglich sein, Verbrecher vom

Typ des SS-Hauptsturmführers und Lagerarztes Dr. Josef Mengele zur Verantwortung zu ziehen, der Tausende für die Gaskammern »selektierte« und medizinische Versuche an Menschen vornahm und der sich dem Vernehmen nach, wie so viele alte Nazis, mit Hilfe der katholischen Kirche nach Südamerika abgesetzt hatte.[123] Es sei denn, ihre Verbrechen waren bekannt und die Verjährung rechtzeitig unterbrochen.

Die Bundesregierung, die sich dessen bewußt war, daß die meisten Deutschen eine fortgesetzte Aufdeckung derartiger Verbrechen ablehnten, machte zunächst nicht viel Federlesens. Am 11. November 1964 erklärte der Sprecher der Bundesregierung vor der Presse in Bonn, das Kabinett sei zu der Überzeugung gelangt, daß eine Verlängerung der Verjährungsfristen für Verbrechen »mit rückwirkender Kraft« durch Artikel 103 des Grundgesetzes ausgeschlossen sei.[124] Rückwirkende Ausnahmegesetze widersprächen dem Grundsatz der Rechtssicherheit. Gerade durch rückwirkende Ausnahmegesetze sei dieser Grundsatz im Hitlerstaat durchbrochen worden.

An diesen Grundsatz klammerten sich die Gegner einer Aussetzung der Verjährung von Mord. Und sie taten es meist, so hatte es den Anschein, aus voller Überzeugung. Viele von ihnen waren dem Legalitätsprinzip derart verhaftet, daß sie gar nicht darüber nachdachten, nachfolgende Generationen könnten eines Tages die Frage an sie richten, wie es ihnen möglich gewesen war, mit Verbrechern in ihrer Mitte zu leben, deren Taten an Grausamkeit alles Vorstellbare übertrafen. Und sie verschwendeten auch keinen Gedanken daran, wie unerträglich es für die überlebenden Opfer sein mußte, ihre Peiniger ungestraft und gut behütet in der neuen deutschen Volksgemeinschaft leben zu sehen. Im Gegenteil.

Mir hingegen fiel es schwer, mit anzusehen, mit welchem Eifer, ja mit welcher übertriebenen Geschäftigkeit die Westdeutschen nach der »Wende« in der Vergangenheit ihrer ostdeutschen Brüder bohrten, um die Schuldigen, die Komplizen, die Handlanger jenes schändlichen Regimes der ehemaligen DDR auszusondern. Natürlich bin ich der Ansicht, daß, wo Unrecht geschah, es aufgedeckt und verurteilt werden muß. Der Eifer indes beleidigte mich, er beleidigt die damals Gemordeten. Man sagte mir, er sei psychologisch erklärbar. Eben weil die Westdeutschen es unterlassen hatten, sich mit den Naziverbrechern auseinanderzusetzen, entwickelten sie nun diese besondere, diese hektische Aktivität beim Aufspüren jener ostdeutschen Verräter am Menschen. Ich will das nicht werten. Aber: Ein wenig von diesem Eifer bei der Verfolgung von Naziverbrechern hätte es leichter gemacht, die Überzeugung zu gewinnen, die Deutschen hätten das Verbrecherische am Nationalsozialismus erkannt und sich davon losgesagt.

»Sie sollten uns gegenüber nicht so mißtrauisch sein. Wir müssen einander doch unbefangener begegnen«, meinte der persönliche Referent des Justizministers, als ich bei ihm meine Zweifel an der Ehrlichkeit der Aussagen deutscher Politiker zum Thema Verjährung anmeldete. Und er fügte mit Nachdruck hinzu: »Sie müssen vergessen können.« Vergessen? Mir schien dieser Begriff in diesem Zusammenhang höchst unangemessen. Ich verstünde das alles nicht, erklärte ich ihm, schließlich habe man schon 1933 das Verbrecherische am Naziregime erkennen können, als man Menschen ins Konzentrationslager sperrte, Bücher verbrannte, Juden demütigte. »Aber KZs waren doch damals noch nicht für Juden bestimmt«, meinte er, »die waren doch nur für politisch Andersdenkende!« Er begriff meine Entrüstung über diese Bemerkung überhaupt nicht. »Wieso?« fragte er. »Mein Vater hat mir erzählt, daß ein Kommunist aus unserem Nachbardorf drei Monate im KZ Dachau war und quietschvergnügt wieder rausgekommen ist.« So schlimm könne es also dort nicht gewesen sein. Ja, was galt damals schon ein Verfolgter in Deutschland! Er war eigentlich nur noch ein störendes Element, das eine Erinnerung wachhielt, die man vergessen wollte.

Nur die Sozialdemokraten waren sich in der Ablehnung der Verjährung jener fürchterlichen Verbrechen zum Termin des 8. Mai 1965 einig. Ihnen waren Bestrafung und Sühne der Täter wichtiger als die Einhaltung eines Legalitätsprinzips, dessen Gültigkeit sie ohnehin anzweifelten. Die leidenschaftlichen Auseinandersetzungen, die diese Frage begleiteten, zeigten, wie stark viele deutsche Politiker der geltenden Rechtsprechung verhaftet waren oder sich daran klammerten und ihr den Vorrang vor der Moral gaben. Aber das war nicht neu in Deutschland.

Die Bundesregierung erließ am 20. November 1964 einen Aufruf an die Weltöffentlichkeit, ihr alle etwa noch vorhandenen Unterlagen über Naziverbrecher und -verbrechen zugänglich zu machen, damit diese noch vor Ablauf der Frist am 8. Mai des nächsten Jahres von der deutschen Justiz erfaßt werden konnten. Sie erfüllte damit eher eine Pflicht, um in aller Öffentlichkeit die Ehrlichkeit ihrer Absichten zu beweisen, die Naziverbrecher zu bestrafen.

Ganz sicher hatte sie nicht erwartet, was nun geschah. Dieser Appell fand ein ungeahntes Echo. Material wurde in einem Umfang nachgewiesen, der eine rechtmäßige Erfassung bis zum 8. Mai 1965 illusorisch machte. Das sollte nur einen Monat nach der entschiedenen Ablehnung der Bundesregierung, die Verjährungsfristen verlängern zu können, zu einem vollkommenen Sinneswandel führen, wollte man nicht in den Verdacht der Unehrenhaftigkeit geraten. So hieß es dann in Bonn: Wenn sich herausstellen sollte, daß das am 1. März 1965 vorliegende Material über Naziverbrechen bis zum 8. Mai nicht mehr gesichtet werden könne, sei »zweifellos eine Lage entstanden, die sicherlich neu überprüft werden muß«.[125] Mit anderen Worten, die Regierung hielt nun eine Verlängerung der Verjährungsfristen nicht mehr für ausgeschlossen.

Im Januar 1965 war es ganz klar, daß die Bundesregierung ihre bisherige Überzeugung revidieren mußte, nach der nach dem 8. Mai kaum noch Täter bekannt werden könnten. Am 24. Februar kündigte sie an, »…daß entgegen der bisherigen Annahme die Möglichkeit nicht ausgeschlossen werden kann, daß nach dem 8. Mai 1965 neue Straftaten bekannt werden, die Anlaß zu weiteren Ermittlungen geben müßten«.[126] Dies bestätigte Justizminister Bucher am 10. März 1965. Dennoch blieb der Minister auf der Seite derer, die eine Verlängerung der Verjährung ablehnten, und er bat dafür um Verständnis von seiten der Opfer der nationalsozialistischen Brutalität. Wer die Verlängerung der Verjährung ablehne, täte dies nicht, »um sich schützend vor nazistische Mordgesellen zu stellen. Er tut es auch nicht, um die grauenvollen Untaten zu bagatellisieren oder den Schleier des Vergessens oder Schweigens darüber zu breiten. Für eine solche Haltung sind vielmehr rechtliche Gesichtspunkte entscheidend…« Die immer wieder aufgeworfene Frage, ob Paragraphendenken über die Moral zu stellen sei, führte zu einer der erregendsten Parlamentsdebatten der Nachkriegszeit in Bonn.

Für die Opposition wandte sich der Abgeordnete Gerhard Jahn (SPD) gegen diese Auffassung und stellte die Frage, ob dieses in seiner Größenordnung und in seiner Grausamkeit einmalige Verbrechen einfach nur mit juristischen Erwägungen beantwortet werden könne oder ob es galt, eine politisch-moralische Entscheidung zu fällen. »Um diese politisch-moralische Entscheidung kommen wir nicht dadurch herum, daß wir hier sagen, der Rechtsstaat sei den politischen Entscheidungen vorgegeben.« Niemand wolle eine Lösung, so Jahn, die die Grundsätze des Rechtsstaates außer acht ließe. Aber es hieße die Rolle der Juristen in dieser Angelegenheit zu verkennen, wenn es nicht ihr Auftrag wäre, dabei zu helfen, eine Lösung zu finden, und nicht das Gegenteil zu tun.[127]

Mit Vehemenz wandte sich Dr. Thomas Dehler (FDP) gerade gegen diese Auffassung. »Zum Recht, zu unserem Willen zum Recht, gehört auch, daß Schuld, daß jede Schuld verjährt.« Auch das gehöre zu den Erfahrungen seines Lebens, »daß der Mangel an Recht, der Mangel an

Rechtsstaatlichkeit Schaden bringt.« Der Weg zum Staat des Unrechts sei dadurch gebahnt worden, daß der Wille zur unbedingten Rechtsstaatlichkeit nicht lebendig genug war. Weil das Recht, weil der Wille zum Recht im deutschen Volk schwand, kam »die Macht über uns in die Hand eines rechtlosen, eines ruchlosen Mannes«. Der rechtsstaatliche Gleichheitsgrundsatz und das Verbot der Willkür schlössen jedes Ausnahmegesetz aus, jede Regelung, die sich gegen einen bestimmten Personenkreis wenden oder aus einem bestimmten Anlaß heraus die Rechtsfolgen für einen bereits abgeschlossenen Tatbestand ändern wolle.

An diesem Grundsatz scheiterte der Versuch, die Verjährungsfrist für Mord der nationalsozialistischen Zeit, für die Beihilfe hierzu, für den Versuch des Mordes mit rückwirkender Kraft zu ändern. Dehler schloß mit den Worten: »Die Verjährung hat einen tiefen politischen Sinn, auch bei den Straftaten, die wir hier im Auge haben. Die Verjährung verzichtet auf die Rechtssicherheit und wegen des Rechtsfriedens auf die letzte Gerechtigkeit.« Dieser Ansicht schloß sich die gesamte FDP-Fraktion an.

Anders war es in der CDU, in der die Auffassungen zu diesem Thema auseinandergingen. Eine Mehrzahl neigte der Verjährung zu, andere hatten Zweifel. Rainer Barzel, CDU-Fraktionsvorsitzender, stellte klar, daß es in seiner Fraktion Bedenken in beiderlei Hinsicht gab. Er selbst sei eigentlich gegen eine besondere Gesetzgebung, sagte er. Andererseits handele es sich bei diesem Komplex um Schwerstverbrecher. »Wir machen keinen Hehl daraus. Wir ringen noch mit uns.«

Für den CDU-Abgeordneten Ernst Benda[128], der von Anfang an im Gegensatz zur Mehrheit seiner Fraktion Gegner einer Verjährung von Mord und Völkermord war, gab es keine Konflikte. Mit Leidenschaft verwahrte er sich gegen die Unterstellung, daß irgend jemand das geltende Recht zu politischen Zwecken zurechtbiegen wolle. Und er wandte sich gegen jene, die in der Öffentlichkeit diesen

Eindruck erwecken wollten, »als ob die Befürworter einer Verlängerung der Verjährung die Verfassung manipulieren wollten«. »Irrig« nannte er auch die Auffassung, die unter anderem der Justizminister vertrat, daß eine Verlängerung der Verjährungsfrist gegen Artikel 103 des Grundgesetzes und gegen rechtsstaatliche Prinzipien verstoße. Wichtiger war ihm, gegen jene aufzutreten, die im Zusammenhang mit der Verjährungsfrist von Verzeihung sprachen. »Verzeihung kann nur von den Opfern gewährt werden«, rief Benda aus. »Es gehört für mich zum Begriff der Nation zu sagen, daß dieses deutsche Volk kein Volk von Mördern ist und daß es diesem Volk erlaubt sein muß, ... daß es nicht mit diesen Mördern identifiziert wird, sondern... sich selbst von diesen Mördern befreien kann.«

Von seinen Gewissenskonflikten sprach Linus Mennel (CSU). Er empfinde es als die größte Ungerechtigkeit, daß man im Falle der Euthanasie die Krankenschwestern vor ein Schwurgericht zitiere, daß aber die Leute, die damals Oberlandesgerichtspräsidenten und Generalstaatsanwälte waren und die auf der Wannsee-Konferenz[129] kein Wort gesagt hätten, ... jetzt frei herumliefen. »Das ist die weit größere Ungerechtigkeit. Trotz dieser schreienden, für mich schreienden Ungerechtigkeit kann ich mich nicht verstehen, ein Gesetz mit rückwirkender Kraft zu machen. Ich kann das einfach nicht.« Er war einer der wenigen, dem man nach der Art, wie er sprach, den Gewissenskonflikt ohne weiteres glaubte.

Alle atmeten auf – die Befürworter einer Verjährung wie auch diejenigen, die für eine Verlängerung oder Aufhebung der Verjährungsfristen eintraten, und besonders jene, die mit ihren Zweifeln zu keiner Entscheidung fähig schienen –, als man schließlich einen Ausweg ersann, der keiner Rechtsauffassung widersprach: Man verlängerte die Verjährungsfristen um vier Jahre mit der Begründung, daß die Gerichtsbarkeit erst im Jahre 1949 wieder in deutsche Hände übergegangen war. So verschob man die Entscheidung zu dieser Frage und die Verjährung auf den 31. Dezember 1969. Die meisten Politiker waren der festen Überzeugung, daß bis zum Jahr 1969 mit Sicherheit alle verfolgbaren Naziverbrechen den Gerichten überantwortet sein würden.

Dem FDP-Abgeordneten Busse hörte man ungläubig zu, als er prophezeite, daß nach der »Galgenfrist« von vier Jahren, die sich das Bonner Parlament gegeben hatte, die Gesetzgeber in einer vergleichbaren Situation sein würden. Die Mächte, die Deutschland nicht wohl gesonnen seien und die sich heute noch weigerten, den westdeutschen Behörden einschlägiges Material auszuhändigen, würden sich dann noch genauso verhalten wie heute: »Wir werden die ganze Debatte noch einmal zu führen haben.«[130]

Die deutsche Justiz übernahm die ihr neuerlich auferlegte Verfolgung von Naziverbrechen. Trotz aller Verschleppungstaktiken von Polizei und Staatsanwaltschaft kam es doch zu Prozessen gegen einige Täter. Ich berichtete in meiner Zeitung über viele solcher Prozesse – und die unterschiedliche Urteilsfindung im Vergleich zu Prozessen von in der Nachkriegszeit begangenen Morden. Im Einklang mit dem »gesunden Volksempfinden«, wie die Nazis es zu nennen pflegten, wurden diese stets voll zur Sühne gebracht. Da gab es keine geistigen »Verrenkungen« der Richter, wie es bei Naziverbrecherprozessen oft der Fall war, keine Überlegungen über ein eventuell bestehendes Unrechtsbewußtsein des Angeklagten, keine mißtrauischen Fragen, wenn Zeugen nicht die genaue Stunde des Verbrechens angeben konnten. Ein festgestellter Mord war ein Mord und wurde als solcher geahndet.

Mit dem 47jährigen Albert Brieden aus Freienohl (Kreis Arnsberg) zum Beispiel, der seine 38jährige Geliebte Anneliese Habereck, die ein Kind von ihm erwartete, erschlagen und ihre Leiche in der Möhnetalsperre versenkt hatte, sollte die deutsche Nation offenbar nicht leben müssen. Das Schwurgericht in Arnsberg verurteilte Brieden zu lebenslangem Zuchthaus.[131]

Die ehemaligen SS-Obersturmführer August Haefner und Adolf Jansen wurden im November 1968 vom Darmstädter Schwurgericht zu jeweils neun und elf Jahren Zuchthaus verurteilt. Beide hatten im September 1941 die Ermordung der Juden aus Kiew und Umgebung geleitet. 33 771 Frauen, Männer und Kinder waren unter Schlägen in die Schlucht von Babij Jar getrieben und dort innerhalb von 36 Stunden von 150 SS-Männern erschossen worden. Jansen erhielt das höhere Strafmaß, weil er außerdem noch an der Ermordung weiterer 50 000 Juden aus der Gegend von Kiew und Charkow beteiligt war. Das höchste Urteil in diesem Prozeß für Erschießungen von vielen Tausenden belief sich auf 15 Jahre Zuchthaus für den ehemaligen SS-Hauptsturmführer Kuno Callsen. Drei Angeklagte wurden wegen »Geringfügigkeit« ihrer Verbrechen freigesprochen. Darunter auch Georg Pfarrkirchner: »Für mich war das eine Kriegshandlung. Ich konnte mich nicht dagegen wehren...«

> Der als gefährlich bezeichnete Gewohnheitsverbrecher Günter Tornow wurde vom Westberliner Schwurgericht zu 15 Jahren Zuchthaus verurteilt wegen versuchten Mordes an einem Polizisten, Widerstands gegen die Staatsgewalt, wegen eines Autodiebstahls und eines versuchten schweren Rückfalldiebstahls.

Zehn ehemalige Angehörige des Polizeibataillons 316 hatten 1941 aus den Gebieten von Mogilev, Bialystok, Naranowiczi, Bobruisk und im Jahre 1944 in der Nähe von Cholm 8800 Menschen umgebracht. Das Schwurgericht in Bochum sprach sie im Mai 1968 schuldig. Gleichzeitig aber ließ es sie straffrei mit der Begründung, es sei nicht nachweisbar gewesen, daß die Angeklagten aus freien Stücken gemordet hätten. Es schiene eher, die Angeklagten hätten sich an ihren Befehl gebunden gefühlt. Der Gerichtsvorsitzende glaubte auch, daß seinerzeit keine Möglichkeit bestanden habe, sich diesen Befehlen zu widersetzen. Andererseits konnte nicht bewiesen werden, daß in einem solchen Falle die Angeklagten für ihr Leben zu fürchten gehabt hätten.[132]

> Wegen zweifachen Mordes in Tateinheit mit besonders schwerem Raub hat das Osnabrücker Schwurgericht im Oktober 1971 den 25 Jahre alten Melker Johannes Thomas aus Laer (Kreis Osnabrück) zu zweimal lebenslanger Freiheitsstrafe verurteilt. Thomas hatte in der Volksbank von Bad Rothenfelde die 26 Jahre alte Filialleiterin Antje Simon ermordet und über 14 000 Mark aus der Kasse geraubt. Außerdem hatte er die 29jährige Hausfrau Lieselotte Gittel aus Erpen erdrosselt.

Elf ehemalige Angehörige des Polizeibataillons 101 wurden vom Hamburger Schwurgericht für schuldig befunden, in den Jahren 1942/43 am Mord von 25 000 Menschen aus dem Bezirk Lublin mitgewirkt zu haben. Nach fünfmonatiger Prozeßdauer hielt es die Angeklagten für überführt, sich an der Deportation dieser Juden in die Vernichtungslager beteiligt zu haben. Sechs der elf Angeklagten wurden jedoch freigesprochen. Aufgrund ihrer geistigen Beschränktheit hätten sie den Umfang des Verbrechens nicht erfassen können. Acht Jahre Zuchthaus war die höchste Strafe, die gegen zwei der Beteiligten ausgesprochen wurde.

> Das Nürnberger Schwurgericht verurteilte (Oktober 1971) den 29jährigen Zimmermann Alfred Schülein aus Neumarkt wegen Mordes und Notzucht an der zwölfjährigen Beate Oldersdorff zu lebenslänglich Zuchthaus. Er

hatte das Mädchen in sein Auto gelockt und in
einem Wald vergewaltigt und erwürgt.

Das Darmstädter Schwurgericht hatte im April 1968 den
ehemaligen SS-Oberscharführer Wilhelm Findeisen des
Mordes für schuldig befunden, ihn aber freigesprochen, da
nach seiner Ansicht die Hauptschuldigen an solchen Verbrechen Hitler, Himmler und Heydrich gewesen seien.
Findeisen hatte im Jahr 1942/43 15mal einen Gaswagen gefahren, das Gas in das Wageninnere geleitet und auf diese
Weise 600 Personen aus der Gegend von Charkow und
Kiew getötet.

Der 19jährige Metzgergehilfe Jürgen Bartsch
aus Langenberg gestand, von 1962 bis 1966
vier schulpflichtige Jungen mißhandelt und
ermordet zu haben. Am 15. Dezember wurde
er zu lebenslänglicher Haft verurteilt. Die
Presse nannte diesen Prozeß den »Prozeß des
Jahrhunderts«.

Der Mann, der nach Eichmann für die Deportationen der
ungarischen Juden nach Auschwitz im Jahre 1944 verantwortlich war, wurde am 3. Februar 1965 wegen Beihilfe
zum Mord an 300 000 Menschen zu fünf Jahren Zuchthaus
verurteilt. Das entspricht einem Jahr Zuchthaus für 166
Morde. Das Frankfurter Schwurgericht war der Ansicht,
Hermann Krumey, ehemaliger Obersturmführer und
Stellvertreter Adolf Eichmanns in Budapest, sei lediglich
»aus Schwäche mitschuldig« geworden.

Die Liste der Beispiele ließe sich beliebig verlängern. Für
mich, die Berichterstatterin einer israelischen Zeitung, gab
es wohl kaum etwas Verwirrenderes. Oft wegen meiner
Unnachgiebigkeit und Härte angeklagt, stellte ich meinen
Gesprächspartnern in Bonn immer wieder die gleiche
Frage: Ob sie einmal überlegt hätten, wie sie wohl reagie-

ren würden, wüßten sie, daß man ihren Liebsten, weil sie einer ungeliebten Minderheit angehörten, Gas zu schlukken gegeben hätte, um sie umzubringen. Und daß daran mehr als nur ein Deutscher beteiligt gewesen war, beteiligt auch an der Überlegung, wie mordet man schneller, sauberer und rationeller. Ich bekam darauf selten eine Antwort.

Wie recht der Abgeordnete Busse mit seiner Prophezeiung gehabt hatte, trat bereits drei Jahr später, 1968, zutage, als die Debatte um eine Verlängerung der Verjährungsfristen erneut aufflammte. Abermals wiesen die Experten darauf hin, daß sie nicht mit Sicherheit sagen könnten, ob sie bis Ende 1969 alle Verbrechen der Nazizeit erfaßt haben würden.

Justizminister Gustav Heinemann (SPD) legte bereits im August 1968 – also über ein Jahr vor einer möglichen Verjährung – dem Kabinett einen Entwurf vor, nach dem die Verjährungsfristen für alle Arten von Mord abgeschafft werden sollten. Es war klar, daß nicht alle Abgeordneten der CDU – SPD und CDU waren in einer Großen Koalition miteinander verbunden – diesem Vorschlag zustimmen würden. Es gab einige Abgeordnete, die glaubten, nur eine Verlängerung der Verjährung akzeptieren zu können, wenn es sich um »große« Täter handelte. Ihre Gedanken fanden Anklang. Tatsächlich berichtete der Regierungssprecher am 23. April 1969, daß das Kabinett bereit sei, die Verjährung für Mord und Völkermord in der bisherigen Form aufzuheben. Es sollten jedoch jene Mörder ausgenommen werden, die »als Gehilfen« auf Befehl gehandelt hatten.

Dabei »...denke das Kabinett an die Fälle, wo jemand, der keine verbrecherische oder Täterabsicht hatte, durch Abkommandierung irgendwohin in schuldhafte Handlungen verstrickt wurde und auch effektiv schuldig wurde, wo man aber dem Umstand Rechnung tragen muß, daß er selber dadurch, daß das Regime ihn schuldig machte – er war es ja nicht aus eigenem Willen –, auf eine andere Beurteilung Anspruch hat als in den Fällen, wo die verbrecheri-

sche Absicht und der Wille zur Tat und zur verbrecherischen Handlung von vorneherein deutlich war«. So die
umständliche Erklärung des Sprechers der Bundesregierung, der offensichtlich befriedigt anmerkte, daß deutsche
Gerichte heute schon nach diesem Prinzip handelten.

Befragt, ob dies nicht eine Art von Teilamnestie sei, antwortete Günther Diehl: »Der Gedanke der Teilamnestie
gewinnt an Boden.« Schließlich seien Menschen, die auf
Befehl gemordet hätten, selber »Opfer des Nazisystems«
geworden, so Diehl. Es lohnt sich anzufügen, daß Diehl
Mitglied der NSDAP war, 1939 als wissenschaftliche
Hilfskraft in die Kulturabteilung des Auswärtigen Amtes
unter Ribbentrop eintrat, wo er Karriere machte und wo er
den späteren Bundeskanzler Kiesinger kennenlernte. Justizminister Horst Ehmke lehnte die Kodifizierung einer
solchen Regelung als unvollstreckbar ab. Hätte diese Vor-
lage Gesetzeskraft erlangt, wäre wohl keiner der Naziverbrecher auch nur in die Nähe eines Gerichtes gekommen.
Die Behauptung, nur den Befehlen Hitlers und Himmlers
gehorcht zu haben, hätte genügt, sie für alle Zeiten zu
freien und dem Gesetz nach schuldlosen Männern zu machen. Ehmke schlug wiederum die Abschaffung der Verjährung für Mord vor. Und wiederum suchten Rechtsex-
perten der CDU/CSU nach Wegen, dies zu verhindern. Es
gelang ihnen nicht.

Aber auch die Sozialdemokraten konnten nur einen
Teilerfolg verbuchen. Die Verjährungsfristen wurden
zwar abermals verlängert. Dieses Mal um weitere zehn
Jahre, also auf insgesamt 30 Jahre, bis 1979. Dies lag in
Übereinstimmung mit der in Angriff genommenen Justiz-
reform, die eine Verjährung von Mord aufgrund der ge-
stiegenen Lebenserwartung auf 30 Jahre festlegte. Wiederum gab es Gegner dieses Kompromisses, aber die Zahl
der CDU-Anhänger, die für diese Verlängerung stimmten, war – zusammen mit der SPD – stark genug, um das
Gesetz durchzubringen.

Die Diskussion mußte 1979 erneut aufgenommen werden. Abermals verhielten sich die politischen Parteien wie zuvor. Die FDP war generell gegen eine Verlängerung oder Abschaffung der Verjährungsfristen von Mord, die CDU/CSU war gespalten in ihrer Ansicht, und die Sozialdemokraten legten einen Entwurf für die endgültige Abschaffung der Verjährung für Mord vor. Sie begründeten ihren Antrag damit, daß die Ludwigsburger Fahnder noch immer nicht die Versicherung abgeben könnten, bis Ende 1979 die Verjährung für alle diejenigen unterbrechen zu können, deren Verbrechen erst jetzt bekannt geworden wären. Dies könnte zur Folge haben, daß Nazimörder nicht mehr vor Gericht gestellt werden könnten. »Mord soll, nein, Mord darf in unserer Republik nicht mehr verjähren. Jeder Mord, der nach Dezember 1979 bekannt wird und nicht mehr verfolgt werden kann, wird den Rechtsfrieden aufs schärfste erschüttern«, bekräftigte Justizminister Dr. Hans-Jochen Vogel.

Und tatsächlich: Eine knappe Mehrheit der Abgeordneten – 253 gegen 228 Stimmen – sprach sich für die endgültige Abschaffung von Verjährung für Mord und Völkermord aus. Damit war ein Kapitel, das die Abgeordneten in Bonn über mehrere Jahre hinweg mehr als manches andere Thema beschäftigt und bewegt hatte, abgeschlossen. Jene also, die dem legalistischen Denken den Vorrang vor der Moral geben wollten, hatten die Schlacht verloren. Für die anderen aber, die meinten, Nazimörder dürften nicht ungestraft im »anderen« Deutschland leben, die schließlich mit Erfolg für die Aufhebung der Verjährungsfristen gekämpft hatten, war es ein Pyrrhussieg.

Die deutschen Richter hatten sie längst überfahren oder von rechts überholt. Nur jeder zehnte, der wegen Naziverbrechen von der Zentralstelle für die Verfolgung von Naziverbrechen erfaßt und vor Gericht gestellt worden war, wurde überhaupt verurteilt. »Ein dunkles Kapitel« in der Nachkriegsgeschichte der Bundesrepublik nannte es Professor Dr. Eberhard Jäckel, Leiter des historischen Instituts der Universität Stuttgart. Die Verfolgung von Naziverbrechen sei voll von Verhängnissen und Versäumnissen, sagte er und stellte fest: »Damit bleibt das Verbrechen weiterhin ungesühnt.«[133] Die Haltung der deutschen Justiz, die trotz ihrer bluttriefenden Vergangenheit nun auch in einem dem Anspruch nach demokratischen Staat Recht sprach, paßte ins Bild, ja war ein Spiegelbild dafür, daß sich die Bundesrepublik in den ersten 20 Jahren ihrer Existenz im Grunde der von den Alliierten verordneten Demokratie widersetzte. Sollten die im Recht sein, die dieses Deutschland, wie das vorherige Deutschland, als verbrecherisch im Charakter ablehnten? Ich wurde diesen Verdacht nicht los, und daran änderten auch meine Freunde nichts, die meinem Empfinden nach als Minderheit auf verlorenem Posten kämpften.

11. Das Milliardending

Vor mir saß ein deutscher Beamter, etwa Ende 30, einer jener Typen, von denen man annimmt, daß sie morgens pünktlich um 8.00 Uhr an ihrem Schreibtisch sitzen und um 17.00 Uhr die Feder aus der Hand fallen lassen. Es war nicht das Interview mit mir, das ihn jetzt so verschreckt aussehen ließ. Es ging vielmehr um das, was er in mühevoller, mehrjähriger Kleinarbeit aufgedeckt hatte und was eigentlich über sein Fassungsvermögen ging: Die deutsche Bundesregierung hatte mindestens zehn Jahre lang Entschädigungsrenten falsch und zuungunsten der Nazi-Opfer berechnet. Der Sprecher des Bonner Finanzministeriums verneinte noch im Februar 1966 in einer Pressekonferenz, daß es jemals zu irgendwelchen Fehlern in der Rentenberechnung für Opfer des Nationalsozialismus gekommen sei. Alle Nachrichten, die in der deutschen wie auch in der ausländischen Presse darüber erschienen seien, entbehrten jeder Grundlage, sagte er kategorisch.

Jeder im Raum wußte, daß er nicht die Wahrheit sprach. Aber das konnte er auch ohne weiteres tun, denn ihm war klar, daß die Juden die Angelegenheit nicht an die große Glocke hängen würden. Dazu war die Wiedergutmachung in der deutschen Bevölkerung viel zu unbeliebt. Nur die Sozialdemokraten drückten ihre Empörung darüber aus, daß der Sprecher des Finanzministeriums es gewagt hatte, eine solche unwahre Behauptung aufzustellen. Tatsache sei nun mal, so der SPD-Abgeordnete Martin Hirsch, Vorsitzender des Wiedergutmachungsausschusses des Bundestages und späterer Richter am Bundesverfassungsgericht, daß Wiedergutmachungsrenten »aufgrund von Netto- und nicht von Bruttoberechnungen« ausgezahlt worden waren und daß auch die Tabelle für die neuen Zahlungen, also nach der zwölf- bis 15prozentigen Erhöhung im September 1965, noch immer große Irrtümer enthielt.[134] Aber die Regierung blieb bei ihrem großen Schweigen.

Mathematik war das Steckenpferd jenes deutschen Beamten. Sein eigenes Schicksal – er war Halbjude – hatte ihn daran gehindert, während der Nazizeit eine Laufbahn einzuschlagen, die seinen Neigungen entsprach. Und so verbrachte er nun seine Freizeit mit der Lösung mathematischer Aufgaben. Eines Tages nahm er sich ohne ersichtlichen Grund die Rentenberechnungen für die Opfer des Nationalsozialismus vor. Und die sollten ihn jahrelang beschäftigen. Vor allem, weil sie nicht zu stimmen schienen, und das schien ihm wiederum unglaublich. Er rechnete und rechnete immer wieder. Aber die Tatsachen ließen sich nicht wegleugnen: Das Bonner Finanzministerium, für die Berechnung dieser Renten zuständig, hatte von Anfang der Rentenzahlungen an, also ab 1953, verabsäumt, die Renten, die an die Beamtenbesoldung gebunden sein sollten, entsprechend den Erhöhungen der Beamtengehälter anzuheben. Hinzu kam, daß – im Widerspruch zum Gesetz, welches besagte, daß Entschädigungsrenten von jeder Steuerabgabe befreit sind – Hunderttausende von Entschädigungsrenten mit Steuern belegt worden waren.

Als erste Konsequenz führte diese Enthüllung zu Schwierigkeiten für den Beamten selbst. In seinem Ministerium – es war nicht das Finanzministerium – wollte man diesen »Schnüffler« loswerden. Aber auf Bitten jüdischer Organisationen übernahm es Dr. Adenauer, in dessen Regierungszeit die Zahlung von Wiedergutmachung beschlossen worden war, den Beamten vor Anfeindungen zu schützen. Die jüdischen Organisationen hatten allen Grund, dem Mann dankbar zu sein. Sie hatten es nie für nötig gehalten, die Renten nachzurechnen – so überzeugt waren sie von der Korrektheit deutscher Behörden. Konrad Adenauer, sichtlich entsetzt über die Enthüllungen, versicherte ihnen, daß alles getan werden solle, die Fehler zu beseitigen und den Rentnern Gerechtigkeit widerfahren zu lassen. Aber war das denkbar?

Als eine »Geste des guten Willens« bezeichnete im Februar 1966 der Sprecher des Bonner Finanzministeriums, das zu keiner Zeit die Fehler in der Rentenberechnung für Opfer des Nationalsozialismus eingestand, die zwölf- bis 15prozentige Erhöhung der Renten rückwirkend ab September 1965. Tatsächlich aber war dies eine erste Abschlagszahlung der Schulden, von denen man von vornherein wußte, daß man sie nie ganz begleichen würde. Das war schon in verwaltungstechnischer Hinsicht unmöglich. Es hieße, die Akte eines jeden einzelnen der annähernd 300 000 Rentenempfänger in die Hand nehmen, um zu prüfen, was der Staat ihm schulde. Damit wäre die gesamte Finanzverwaltung auf unbestimmte Zeit lahmgelegt gewesen.

Was die Summe von cirka ein bis zwei Milliarden als solche anging, so war nicht daran zu denken, sie zusätzlich zum laufenden Etat der Wiedergutmachungszahlungen vom Bund anzufordern. Das Thema Wiedergutmachung war nicht gerade populär in der Bundesrepublik. Gegen weitere Ausgaben für Wiedergutmachung hätte es möglicherweise Proteste, vielleicht auch antisemitische Ausschreitungen gegeben. Selbst das Zugeben eines Fehlers von seiten der Bundesregierung hätte das nicht verhindern können. Das wußten auch die jüdischen Organisationen. Deshalb bestanden sie auch nicht auf der vollständigen Nachzahlung der geschuldeten Renten, sondern verlegten sich aufs Verhandeln mit der Bundesregierung, um einen Kompromiß zu finden.

Aber weder die Bundesregierung unter Kanzler Ludwig Erhard noch die unter Kurt Georg Kiesinger kam zu einer Regelung, die die Rentner nur annähernd für den Ausfall entschädigen konnte. Erst die Bundesregierung unter Kanzler Willy Brandt beschloß eine endgültige Regelung, indem sie von April 1969 an die vollen Rentenbezüge auszahlen ließ, eine Summe von ungefähr 300 Millionen Mark für 272 000 Rentner, zusätzlich zu einer Milliarde, die die Rentenzahlungen bis dahin ausmachten. Einen Ausgleich für die ihnen vorenthaltenen Zahlungen für die zurückliegenden Jahre bis 1953 erhielten sie, außer der Erhöhung ab September 1965, nie. Die Frage, wie diese Fehlberechnungen zustande kamen – ob sie absichtlich oder zufällig erfolgten –, ist nicht mehr zu klären. Der Versuch dazu ist meines Wissens auch nie unternommen worden.

Es war nicht verwunderlich, daß man in Bonn unterderhand dem ersten Finanzminister der Bundesrepublik, Fritz Schäffer, die Schuld zuschob. Als Bundesjustizminister verlangte Schäffer im Dezember 1957 vom Bundestag »das Eingeständnis, daß die Wiedergutmachungszahlungen an die Juden in der jetzigen Form eine Gefahr für die Währungspolitik darstellen. Sie müssen zwangsweise zu einer Entwertung der D-Mark führen«.[135] Dieses »Eingeständnis« hätte die Bundesregierung nie geben können, auch wenn es den Tatsachen entsprochen hätte. Die freie Welt hätte darauf sicher sehr unmutig reagiert.

Schäffers Haltung war keine zufällige. Dieser Mann, der Adenauers erster Finanzminister war, es bis 1957 blieb und schließlich noch sein Justizminister wurde (bis 1961), trat in den zwanziger Jahren, noch vor dem Hitlerputsch, mit antisemitischen Reden und als ideologischer Sympathisant der Nazis auf. Allerdings widersetzte er sich als Mitglied der Bayerischen Volkspartei der Machtergreifung Adolf Hitlers und zog sich von 1933 bis 1945 von der Politik zurück. Das hinderte die Nazis jedoch nicht, ihn der Zusammenarbeit mit den Putschisten des 20. Juli 1944 zu verdächtigen und ihn im Oktober 1944 ins KZ Dachau zu sperren. Nach Kriegsende setzten ihn die Amerikaner als ersten Ministerpräsidenten Bayerns ein. Als ihnen jedoch bekannt wurde, daß Schäffer eine antisemitische Vergangenheit hatte und nun auch seine Regierung mit ehemaligen Nationalsozialisten durchsetzt war, enthoben sie ihn nach wenigen Monaten seines Postens.[136] Trotzdem schien er Adenauer als aktives Mitglied der bayerischen Christlich-Sozialen Union (CSU) für einen der wichtigsten Ministerposten in der Bundesregierung geeignet zu sein.

Gegen die Wiedergutmachung kämpfte Schäffer in seiner Eigenschaft als Finanzminister von Anfang an mit finanzpolitischen Argumenten. Antisemitismus war schließlich noch tabu in der Bundesrepublik. Auch Adenauers Direktive an Schäffer, im Falle der Wiedergutmachung »die Verhandlungen unter weitgehender Hintanstellung aller Bedenken, die in einem anderen Falle sehr verständlich wären, in einem Geist« vorzubereiten und durchzuführen, »der dem moralischen und politischen Gewicht und der Einmaligkeit unserer Verpflichtungen entspricht«, half nichts. Schäffer tat alles, um die Wiedergutmachungsverhandlungen zu torpedieren.

Das ging so weit, daß Kanzler Dr. Adenauer, der Schäffers »Abneigung« gegen die Wiedergutmachung kannte, einmal sogar versuchte, den Finanzminister in der Angelegenheit des »Luxemburg-Vertrages« auszumanövrieren. Er setzte die darüber entscheidende Kabinettssitzung auf einen Termin fest (10. September 1952), an dem er Schäffer im Ausland wähnte. Schäffer aber erschien ganz plötzlich und unerwartet, um mit seinem Veto den ersten Vertrag zwischen Israel und der Bundesrepublik zu verhindern. In einem Interview mit der neonazistischen »Deutschen National- und Soldatenzeitung« schilderte er 1963, wie er gegen die Wiedergutmachung gekämpft hatte. Auf die Feststellung des Chefredakteurs Dr. Gerhard Frey: »Sie wollen mehr und mehr«, antwortete Schäffer: »Der Fehler war, daß wir nicht von Anfang an klar die Grenzen gekennzeichnet haben, die zu überschreiten uns unmöglich ist. Je mehr wir zahlen, desto mehr müssen wir uns sagen lassen.« Er habe von sich aus alles versucht, dagegen anzugehen. »Aber ich habe mich im Kabinett nicht durchsetzen können.« Frey dankte dem ehemaligen Minister (am 31. März 1963) in einem abschließenden Kommentar: »Die Frontgeneration« werde des Ministers Haltung »nie vergessen«.

Nun ist natürlich nicht auszuschließen, daß des Ministers Anweisungen an seine die Wiedergutmachung bearbeitenden Beamten so ausgelegt werden konnten, daß

Rentenzahlungen an die Opfer des Nationalsozialismus nicht voll zur Auszahlung kommen sollten. Schäffer konnte da volles Vertrauen in seine Mitarbeiter haben. Der Mann, der zu jener Zeit als oberster Beamter mit Wiedergutmachungsfragen betraut war, war der ehemalige Nazi Ernst Féaux de la Croix. Er hatte (1906 geboren) ab 1934 in der völkerrechtlichen Abteilung des Reichsjustizministeriums gearbeitet. Wes Geistes Kind ein Mann sein mußte, der in der Nazizeit zwischen »fremdvölkisch« und »deutsch« unterschied, bedarf keiner Erläuterungen. Im Jahre 1938 beteiligte er sich an einer Denkschrift »Rasse, Volk, Staat und Raum in der Begriffs- und Wortbildung«. Darin heißt es, »Deutsche sind alle jene Arier, die der deutschen Volksgemeinschaft zugehören... Fremdrassige können nicht zum deutschen Volk gehören.« In seinen Ausarbeitungen aus der Nazizeit finden sich Ausdrücke wie »Weltjudentum«, »Judenschaft« und so weiter, die der nazistischen Sprachregelung entstammen.[137]

»30 bis 50 Prozent aller Wiedergutmachungsansprüche, die von rumänischen Juden eingereicht werden, sind gefälscht.« Dies erklärte sehr bestimmt und ohne die geringsten Hemmungen der Leiter der Abteilung Wiedergutmachung im Bonner Finanzministerium im April 1965 in einem Interview mit mir. Dies sei auch der Grund, so Hermann Zorn, warum Bonn beschlossen habe, keine Zahlungen an Personen zu leisten, die ihre Wiedergutmachungsansprüche erst nach 1953 angemeldet hätten. (Rumänische Juden bekamen erst 1953 die Genehmigung auszuwandern.) Ergänzend fügte er hinzu, daß die verschiedensten Papiere, von den Geburtsscheinen angefangen, gefälscht würden, um Wiedergutmachungsansprüche zu rechtfertigen. Es handele sich hier um Tausende von Fällen, so würden schon jetzt Pensionen an angebliche Witwen gezahlt, deren Männer aber noch lebten. Oder wenn sie umgekommen seien, so keineswegs als Folge von Naziverfolgungen. Diese Fälle, so gab er zu, seien zum ersten Mal von israelischen Behörden aufgedeckt worden. Daraufhin sei Bonn zu der Ansicht gekommen, daß mit weiteren Betrügereien zu rechnen sei, wenn Wiedergutmachungsansprüche auch noch nach 1953 angemeldet werden könnten. Bei solchen Spätmeldungen handele es sich weitgehend um Ansprüche von rumänischen Juden. Es gebe schon jetzt in Israel Vermittler, die sich darauf vorbereiteten, Anmeldungen von Ansprüchen nach 1953 einzureichen mit der Absicht, mehr von diesen Ansprüchen zu profitieren als ihre Klienten.

Die westdeutschen Behörden, so Zorn, hätten keine Möglichkeiten, solche Fälle zu untersuchen und müßten sich auf diese Anwälte verlassen. Nur in wenigen Fällen enthüllten anonyme Briefe die Wahrheit. Die Bonner Behörden hätten sich lediglich aus humanitären und moralischen Gründen bereit erklärt, gewisse Zahlungen auch an solche Naziopfer zu leisten, die ihre Ansprüche erst nach 1953 angemeldet hätten, obwohl die Bundesrepublik da keinerlei Verpflichtung hatte.

Soweit die Erklärungen von Zorn, dem die Ungeheuerlichkeiten, die Deutsche an ihren Opfern, auch in den heutigen Ostblockstaaten, verübt hatten, entgangen sein müssen. Bonn wisse, fügte er wohlwollend hinzu, daß diese Personen ihre Ansprüche oft nicht vor 1953 anmelden konnten, weil sie die kommunistisch regierten Länder nicht verlassen konnten. Westdeutschland könne jedoch nicht für die Übel des Kommunismus verantwortlich gemacht werden.

Zorn, 1924 geboren, war von Anfang seiner Beamtenkarriere an mit Wiedergutmachungsfragen befaßt. Er lernte sein »Handwerk« in der Abteilung des Féaux de la Croix, wo in der Ablehnung der Wiedergutmachung völlige Übereinstimmung geherrscht haben muß. Was Zorn tun konnte, um zu verhindern, daß Juden aus kommunistisch regierten Ländern Entschädigung bekamen, das tat er. So arbeitete er maßgeblich an dem Regierungsentwurf für ein BEG-Schlußgesetz mit, in dem alle Ansprüche von Verfolgten, die notgedrungen erst nach 1953 aus kommunistisch regierten Ländern ausgewandert waren und ihre Anträge demzufolge erst dann gestellt hatten, abgelehnt wurden. Sie sollten aus einem Härtefonds ein Almosen erhalten.

Erst 1971 erklärte das Bundesverfassungsgericht diese Regelung für nichtig und »als mit dem Artikel 20 des Grundgesetzes unvereinbar«. Zu dieser Zeit aber hatten viele Anspruchsberechtigte bereits resigniert oder waren verstorben. Im Jahre 1968 wurde Zorn auch noch zum Richter am Bundesgerichtshof ernannt und war dort der einzige Kenner des Wiedergutmachungsrechts. Es gehört nicht viel Phantasie dazu, sich seine Entscheidungen über Ansprüche, »die vielfach an den Haaren herbeigezogen waren«[138], vorzustellen.

Aber es war nicht nur das für die Wiedergutmachung verantwortliche Finanzministerium, in dem Beamte jeglichen guten Willen, jegliches Verständnis oder gar Mitgefühl für die Leiden der Naziopfer vermissen ließen. Die Überlebenden deutschen Folterns und Mordens begegneten den Nazitätern in der Bundesrepublik auf Schritt und Tritt beim Durchlaufen der bürokratischen Maschine zur Erlangung ihrer Rechte, die ihnen die Wiedergutmachung zusprach. Alte Nazis saßen in den Amtsstuben, in denen die Anträge auf Wiedergutmachung bearbeitet werden sollten. Es handelte sich vielfach um sogenannte »131er«, Angehörige jenes Personenkreises also, der aufgrund des 1951 vom Bundestag verabschiedeten Paragraphen 131 zum Grundgesetz wieder in den Staatsdienst eingestellt werden mußte[139] und just in diesen relativ neuen Behörden Beschäftigung gefunden hatte. Mit welchen Gefühlen sie an die Bearbeitung von Anträgen Verfolgter des Naziregimes herangingen, kann man nur ahnen. Dabei war Verschleppungstaktik noch die mildeste aller Formen von Opposition, eine Taktik, gegen die nur schwer anzugehen ist.

Unter den weißen Kitteln der Ärzte, die den Opfern des Nationalsozialismus ihre Leiden als verfolgungsbedingt zur Erreichung einer Rente bestätigen sollten, verbargen sich viele alte Nazis. Zu ihnen gehörte Professor Dr. Carl Ludwig Trüb, der 1933 in die NSDAP und in die SS eingetreten war. Im Laufe seiner Karriere stieg er 1940 zum leitenden Medizinaldezernenten in der Unterabteilung für Volksgesundheit und Volkspflege beim Reichsstatthalter in Wien auf. Hier war er unter anderem verantwortlich für die Ressorts Erb- und Rassenpflege, die Durchführung des Gesetzes zur Verhütung erbkranken Nachwuchses sowie für das Ressort Kranken- und Irrenanstalten.

Nach 1945 wurde er Medizinaldezernent beim Regierungspräsidenten in Köln, Referent für Seuchenbekämpfung und allgemeine Hygiene beim Landesarbeitsministerium und Vorsitzender der Prüfungsausschüsse an den Medizinallehranstalten im Regierungsbezirk Düsseldorf. Von 1952 bis zu seiner Pensionierung 1959 war er Medizinalhauptdezernent beim Regierungspräsidenten in Düsseldorf. Trüb war einer der ersten und entscheidenden Männer in der Begutachtung von Verfolgten in Nordrhein-Westfalen. Er verfaßte 1954 einen Leitfaden für die Entschädigungsbegutachtung. Bis in die sechziger Jahre hinein war er als Prüfarzt für die Behörde tätig. Im Januar wurde er offiziell von den Länderbehörden und vom Auswärtigen Amt zur Auswahl und Schulung der dortigen Vertrauensärzte nach Paris entsandt.

Professor Dr. Dr. h. c. mult. Gotthard Schettler, 1917 geboren, meldete sich im Zweiten Weltkrieg freiwillig zur Luftwaffe und trat gleichzeitig der NSDAP bei. Er stieg zum Studentenführer des »Gaus« Thüringen auf. Schettler entwickelte sich nach 1945 zu einem der einflußreichsten Männer der deutschen Medizin und wurde Vorsitzender zahlloser nationaler und internationaler Fachgesellschaften. Sein Spezialgebiet: Fettstoffwechselstörungen und Arteriosklerose. Schettler pflegte Arteriosklerose bei Heimkehrern aus der Kriegsgefangenschaft als Versorgungsleiden zu befürworten. Er lehnte gleichlautende Ansprüche von Verfolgten in seinen Gutachten in der Regel ab. Da Schettler in der Bundesrepublik als der maßgebende Fachmann galt, hatte seine Haltung zu Arteriosklerosefällen für die Begutachtung von Entschädigungsanträgen quasi Gesetzeskraft.

Dr. Armin Schütt, 1919 geboren, trat 1937 in die NSDAP in Hamburg ein. Nach dem Krieg war er Facharzt für innere Medizin und Obermedizinalrat und Gutachter des Amtes für Wiedergutmachung der Hansestadt Hamburg. Dr. Fritz Struwe, geboren 1915, 1938 Eintritt in die Marine-SA, war nach dem Krieg Medizinalrat und Amtsarzt sowie Gutachter des Bezirksamtes für Wiedergutmachung in Mainz.[140] Auch diese Liste könnte beliebig fortgesetzt werden.

Ich brauchte meine ganze Überredungskunst, um meine Mutter dazu zu veranlassen, einen Antrag auf eine Entschädigungsrente zu stellen. Ihre Erblindung nach dem Krieg war von einem Professor als Folge ihres illegalen Lebens im Zweiten Weltkrieg mit ungenügender und unzureichender Ernährung diagnostiziert worden. Der Gedanke, bei entsprechenden Untersuchungen sich Nazi-Ärzten gegenüberzusehen, war ihr unerträglich. Erst als ich sie darauf hinwies, mit welcher Unverfrorenheit alte Nazis ihre Anträge auf Nachzahlung ihrer Pensionen stellten und sie auch ohne Verzögerung bekamen, nahm sie es auf sich, sich dieser Konfrontation auszusetzen.

In den Gerichtssälen sprachen Richter, deren Vergangenheit ebenso anfechtbar war, in Sachen Wiedergutmachung selten unvoreingenommen Recht. Hier einige Beispiele dafür:

Kurz nach dem Abrücken der SS am Abend des 4. Mai 1945 besetzten US-Truppen das KZ. Einige Stunden später wurden die ersten Häftlinge befreit. Für einen von ihnen war der 4. Mai der 30. Tag seiner Inhaftierung. Bei Antrag auf Wiedergutmachung wurde er von der entsprechenden Behörde belehrt, daß ihm für diesen Monat Lagerhaft die Wiedergutmachung versagt werden müsse, weil der Freiheitsentzug an jenem 4. Mai keinen ganzen

Tag gedauert habe und der Monat im KZ somit nicht vollständig sei. Das Landgericht pflichtete dieser Ansicht bei; erst vor dem Oberlandesgericht drang der frühere Häftling mit seiner Meinung durch. Aber das zuständige Land gab sich mit dieser richterlichen Entscheidung nicht zufrieden und bemühte den Bundesgerichtshof, der die Ansicht des Oberlandesgerichtes bestätigte.[141] Es ist eigentlich unfaßbar, daß sich ein deutsches Bundesland gegenüber einem Opfer des Nationalsozialismus als so kleinlich erweisen konnte und es für nötig hielt, wegen der Zahlung von Wiedergutmachung für den Zeitraum von einem Monat drei Gerichte heranzuziehen.

Jüdische Eltern wollten ihre 14jährige Tochter in Sicherheit bringen und schickten sie 1939 nach Dänemark. Als die Deutschen auch nach Dänemark kamen, retteten die Dänen die Juden vor der bevorstehenden Deportierung nach Auschwitz, indem sie sie über Nacht in allen verfügbaren Booten nach Schweden schleusten. Nach dem Kriege verweigerte Schweden der nun 20jährigen jungen Frau den weiteren Aufenthalt. Nachdem sie erfahren hatte, daß ihre Familie in Deutschland umgebracht worden war, beschloß sie, zu ihrer Schwester, der einzigen noch lebenden Verwandten, nach Palästina auszuwandern. Auf diese Auswanderung mußte sie zwei Jahre in Lagern warten, in denen sie sich gesundheitliche Schäden zuzog. Die damalige Mandatsmacht England verweigerte die Einwanderung von Juden nach Palästina. Drei Instanzen (Amts-, Land- und Kammergericht) lehnten ihren Antrag auf Entschädigung ab. In der Begründung heißt es: Wenn sie, frei von Verfolgungszwang, »ausgerechnet Israel« zum Ziel ihrer Weiterwanderung gemacht habe, sei, was ihr zugestoßen, nicht mehr verfolgungseigentümlich.[142] Was Wunder, daß nach solchen Entscheidungen viele der Opfer auf eine Antragstellung verzichteten, die sie darüber hinaus gezwungen hätte, sich mit ihrer schrecklichen Vergangenheit noch einmal auseinanderzusetzen.

Der SPD-Abgeordnete Dr. Adolf Arndt kommentierte

die Situation in einer Bundestagsdebatte so: »Auf keinem anderen Rechtsgebiet ist in Verwaltung und Rechtsprechung so engherzig, so kleinlich, mit einer solchen Silbenstecherei und Wortklauberei verfahren worden wie bei der Wiedergutmachung. Es ist dies das faule Klima eines schleichenden Antisemitismus.«[143] Aber dieser Mahnruf des Abgeordneten Arndt verfehlte seine Wirkung in Deutschland.

Wiedergutmachung war nun mal unpopulär. Der Begriff Wiedergutmachung, unter dem die verschiedenen Formen von Entschädigung zusammengefaßt waren, war zufällig in Anwendung gekommen. Er war 1943 ins deutsche Jugendstrafrecht eingeführt worden, um jungen Menschen die Möglichkeit zu geben, begangenes Unrecht durch gute Taten anstatt durch Verbüßung einer Gefängnisstrafe »wiedergutzumachen«. Der Ausdruck soll von einem namhaften jüdischen Emigranten in Amerika verwendet worden sein, der gewiß nicht die Auffassung teilte, daß die Verbrechen der Deutschen in der Nazizeit durch materielle Leistungen gebüßt werden könnten.

Denn tatsächlich handelte es sich bei den meisten Wiedergutmachungszahlungen nicht um eine Buße, sondern in erster Linie um eine teilweise Rückgabe von Besitz und um finanzielle Hilfen für die durch die Verfolgung gesundheitlich Geschädigten oder um Beihilfen für eine durch die Nazizeit verhinderte Berufsausbildung. Die unglückliche Definition des Wortes Wiedergutmachung bürgerte sich ein und hinterließ bei den deutschen Bürgern den Eindruck, es handele sich hier um finanzielle Geschenke an Menschen, die im Ausland ohne die geringsten Schwierigkeiten den Krieg überlebt hatten und die noch dazu ihren Haß gegen Deutsche und Deutschland konservierten und in die Welt hinausschrien. Ebensowenig »gönnten« Deutsche diese »Wiedergutmachung« Überlebenden aus den KZs, weil sie der Meinung waren, sie selbst hätten durch Vertreibungen,

Bombenkrieg und den Tod oder die Invalidisierung ihrer Männer und Söhne an der Front ebenso schwer gelitten.

Selbst Bundeskanzler Adenauer konnte daran nicht viel ändern, obwohl er einmal klar und eindeutig sagte: »Soweit überhaupt durch unsere Kraft etwas für die Beseitigung der Folgen geschehen kann – ich denke hier an die entstandenen materiellen Schäden, die der Nationalsozialismus den von ihm Verfolgten zugefügt hat –, hat das deutsche Volk die ernste und heilige Pflicht zu helfen, auch wenn dabei von uns, die wir uns persönlich nicht schuldig fühlen, Opfer verlangt werden, vielleicht schwere Opfer.«[144] Diese schweren Opfer, die Adenauer voraussah, brauchten nicht gebracht zu werden, denn die Bundesrepublik hatte dank des Marshallplans, ihres großen Industriepotentials und ihrer tüchtigen Arbeiterschaft sehr bald große wirtschaftliche Erfolge.

Und dennoch blieb das Thema Wiedergutmachung unbeliebt, so unbeliebt, daß nur wenig in der Presse darüber berichtet wurde. Das wiederum führte dazu, daß Verfolgte von neuen Maßnahmen, die zu ihren Gunsten beschlossen worden waren, oft gar nicht oder nur durch Zufall erfuhren. Lebten sie im Ausland, dann mußten sie einen gesetzlichen Vertreter in Deutschland benennen, der sich um ihre Wiedergutmachungsanträge kümmerte. Manchmal waren sie ohnehin des komplizierten bürokratischen Verfahrens wegen gezwungen, ihre Anträge auf Entschädigung durch einen Rechtsanwalt einreichen oder – bei restriktiven Behördenentscheidungen – ihre Rechte mit Hilfe eines Anwalts einklagen zu lassen. Diese Anwälte verlangten für diese Aufgabe sogenannte Erfolgshonorare.

Im deutschen Recht sind Erfolgshonorare im Grunde nicht zulässig. Einige deutsche Anwälte hielten sich an diesen Grundsatz und forderten Honorare nach der Gebührenordnung für Anwälte. Die meisten aber verlangten wenigstens zehn Prozent der Entschädigungssumme. Anwälte im Ausland verstiegen sich vielfach zu horrenden Honorarforderungen, die bis zu 30 Prozent der Entschädigungssumme ausmachen konnten. Israelische Anwälte schlossen sich dieser Praxis sehr bald an.

In meinem Falle hieß das, daß ich von den 843 Tagen, die ich in der Illegalität verbringen mußte und für die ich fünf Mark pro Tag erhielt, 84,3 Tage für meinen Anwalt gelitten hatte. Ein Auflehnen der Opfer gegen diese Praktiken wäre sinnlos gewesen. Kein Anwalt hätte sich dazu bereit gefunden, diese Fälle vor einem hohen deutschen Gericht zur Anklage zu bringen. Viele Anwälte – deutsche und ausländische – haben die Notlage der Entschädigungsberechtigten ausgenutzt und sind dabei Millionäre geworden. Die Notwendigkeit, einen Anwalt mit dem Wiedergutmachungsanspruch zu betrauen, ergab sich auch daraus, daß der Laie sehr bald nicht mehr aus dem Gestrüpp der Bestimmungen und Regelungen herausfinden konnte. Mich störte dabei ganz besonders die Praxis, daß Renten für einen an Leben und Gesundheit geschädigten Verfolgten nicht ausschließlich nach dem Prozentsatz seiner Invalidität berechnet wurden, sondern gleichzeitig noch nach seinem wirtschaftlichen und sozialen Stand. Bei Menschen, die zur Zeit der Verfolgung Kinder waren, wurde der wirtschaftliche und soziale Stand der Eltern bei der Rentenberechnung herangezogen.

Diese Art der Festsetzung der Renten war dem deutschen Beamtenrecht angepaßt (siehe auch am Anfang dieses Kapitels). Die Opfer wurden entsprechend ihrer Einkommen aus der Zeit vor der Verfolgung in eine vergleichbare Beamtengruppe eingereiht. Das deutsche Beamtenrecht kennt vier Laufbahnen: die einfache, die mittlere, die gehobene und den höheren Dienst. Informationen zufolge war diese Regelung für die Juden besonders günstig, denn viele von ihnen stammten aus gutsituierten Familien oder konnten Ausbildungen für gehobene Berufe nachweisen. Sie akzeptierten diese Regelung also, obwohl sie dem Geist des Kaiserreiches und nicht demokratischer Denkweise entspricht. Die durchlittene Pein im KZ, bei der Zwangsarbeit oder im Getto war wohl für alle Verfolgten gleich – ob nun ehemals Bankdirektor oder Arbeiter. Die Art unterschiedlicher Rentenzahlung für gleiche Leiden schuf Klassenunterschiede unter den Opfern, die während ihrer Leidenszeit nicht existiert hatten.

Ich habe in meiner Arbeit als Journalistin der israelischen Zeitung ›Maariv‹ sowohl in Bonn wie auch in Tel Aviv viele Verfolgte kennengelernt, die bei mir Rat suchten. Sie verstanden diese ganze verzwickte Gesetzgebung nicht und wurden im Zweifelsfall übervorteilt. Bei diesen Gelegenheiten habe ich die Geschichten ihrer Leiden zu hören bekommen, Leiden, von denen sich kein Deutscher auch nur eine Vorstellung machen kann – es sei denn, er ist einer der Täter.

»Wer hier auf zwei Beinen hereinkommt, geht auf vieren wieder heraus«, so die Beschreibung des Kommandanten des Konzentrationslagers Wapnierka (Stadt in der Ukraine, an der Bahnlinie Kiew – Odessa), wie sie einer der 160 israelischen Überlebenden wiedergab. 1000 Juden und 300 Ukrainer, Gegner des nazistischen Regimes in Rumänien, waren dort eingesperrt. Die Ernährung der Gefangenen bestand einzig und allein aus einer giftigen Erbsenart (lat. Latirus satibos), die im Wald in der Nähe des Lagers wuchs. Das in der Erbse enthaltene Gift wirkte bei den meisten Gefangenen sofort. Sie litten unter Blasenentzündungen, Sehstörungen, Lähmungen aller Art. Viele starben. Als ein jüdischer Arzt den Lagerkommandanten darauf aufmerksam machte, meinte dieser gut gelaunt: »Glauben Sie, daß wir interessiert daran sind, daß diese Menschen am Leben bleiben?«[145]

Einige Gefangene, besonders junge Menschen, spürten zunächst keine Folgen dieser tödlichen »Diät«. Das Gift machte sich oft erst Jahre nach der Befreiung bemerkbar. Lähmungen, gegen die es keine Medizin gab, griffen allmählich auf den ganzen Körper über. Die Opfer quälten sich viele Jahre lang. Sie erhielten keinen Pfennig Wiedergutmachung, denn, so entschied das Bundesministerium für Finanzen, das Lager war zwar unter deutscher Aufsicht, aber in rumänischer Verwaltung.

Als die deutsche Journalistin Charlotte Petersen aus dem kleinen Ort Dillenburg (Westdeutschland) im Jahre 1959 Israel besuchte und von diesen Opfern hörte, nahm sie es auf sich, diesen Menschen Hilfe zu bringen. Sie gründete einen Fonds, der dank ihres Einsatzes und ihrer Überredungskunst von vielen Institutionen, Kirchen, Verbänden und auch Privatpersonen gespeist wird. So war sie jahrelang in der Lage, den Opfern von Wapnierka eine kleine monatliche Unterstützung zuzusichern und ihnen oft auch orthopädische Schuhe oder Rollstühle zu beschaffen, die sie sich selbst nicht leisten konnten.

Nein, die Wiedergutmachung ist kein Ruhmesblatt in der Geschichte der Bundesrepublik. Sie hat alles vermissen lassen, was in diesem Zusammenhang von Bedeutung gewesen wäre: Großzügigkeit, Menschlichkeit, Scham.

12. ...und am Anfang war es peinlich

»In diesem Fall wird es keine Scherereien für uns geben.«
Der Pressesprecher des Auswärtigen Amtes in Bonn sagte
es fast froh gestimmt. »Dr. Török kann nicht Mitglied der
NSDAP gewesen sein – er ist nämlich Ungar von Geburt.«
Geradezu triumphierend hielt er mir den Lebenslauf des
Dr. Alexander Török hin, der Ende Juli 1965 zum Bot-
schaftsrat und Geschäftsträger der ersten deutschen Botschaft in Tel Aviv ernannt worden war. Ein flüchtiger
Blick auf das Papier, auf dem fein säuberlich die Lebensda-
ten des Török verzeichnet waren, machte mich bereits
stutzig. Dieser Dr. Török hatte jahrelang dem faschistischen Regime Horthys als Diplomat gedient, war zur Zeit
der Deportationen von 400 000 ungarischen Juden nach
Auschwitz an der Botschaft seines Landes in Berlin tätig
gewesen, also am Ort des »Befehlsstandes« dieser Verbrechen. Ich sagte nichts.
Nur wenige Wochen zuvor hatte die Ernennung des Dr.
Rolf Pauls zum ersten Botschafter der Bundesrepublik in
Tel Aviv bereits erhebliche Diskussionen verursacht. In
Israel war man »verwundert«, um es milde auszudrücken,
daß man es in Bonn für richtig hielt, einen ehemaligen Be-
rufssoldaten des Dritten Reiches nach Tel Aviv zu entsenden. Die Zeitungen waren voll davon. Pauls war bereits
1934 in die Reichswehr eingetreten, die Hitler – entgegen
den Bestimmungen des Versailler Vertrages – wieder aufbauen ließ. Während des Zweiten Weltkrieges kämpfte
Pauls in Frankreich und in Rußland. Dort verlor er seinen
linken Arm. Im Verlauf des deutschen Rückzugs im Osten
wurde ihm, da die meisten höheren Offiziere gefallen waren, ein höheres Kommando zugeteilt. Später wurde er für
Tapferkeit vor dem Feind mit dem Ritterkreuz ausgezeichnet.

Im von den Nazis besetzten Polen und Rußland sind die meisten Verbrechen an den Juden verübt worden. Ihre Ausführung war der SS und den Einsatzgruppen nicht zuletzt durch die Anwesenheit der Wehrmacht ermöglicht worden. Überlebende erinnern sich daran, daß deutsche Soldaten an ihnen vorbeimarschierten und keinen Finger rührten, um ihnen zu helfen, auch wenn sie die Möglichkeit dazu hatten. Außerdem ist bekannt, daß auch die Wehrmacht in Verbrechen verstrickt war.[146] In der Bundesrepublik der fünfziger und sechziger Jahre hatte man es bewußt vermieden, sich mit der Vergangenheit auseinanderzusetzen.

Und dies ganz besonders im Zusammenhang mit der Wehrmacht, die man als Vorbild für die neu erstehende Bundeswehr zu brauchen glaubte. Die Benennung von Kasernen, Schiffen der Bundesmarine und Einheiten der Bundeswehr nach von den Nazis ernannten Helden mit zweifelhafter politischer Gesinnung ist sichtbarer Beweis dafür. So wollte man in Bonn auch nicht begreifen, daß die Kritik an der Ernennung von Pauls zum ersten deutschen Botschafter in Israel reale Gründe hatte. »Wenn ein deutscher Mann Soldat gewesen ist, der ist nicht gefragt worden, sondern er hat seine Pflicht getan. Da besteht kein Grund, ihn irgendwie zu diskriminieren.« Das war die Antwort von Bundeskanzler Professor Erhard auf eine entsprechende Frage, mit welchem Recht die Israelis Kritik an dem ernannten ersten deutschen Botschafter in Tel Aviv übten.[147]

Israel war die Aufnahme diplomatischer Beziehungen zu Bonn nicht gerade leichtgefallen. Zwar hatten israelische Regierungen, und insbesondere jene unter dem Ministerpräsidenten David Ben Gurion, solche Beziehungen seit Jahren angestrebt. Ben Gurion, ein sehr realistischer Politiker, erkannte die Zweckmäßigkeit und damit die Notwendigkeit, diplomatische Beziehungen zum Nachfolgestaat des Hitler-Deutschlands zu unterhalten. Schließlich war die Bundesrepublik mit den Jahren in viele internationale Gremien aufgenommen worden. Sie spielte eine immer entscheidendere Rolle in der Europäischen Gemeinschaft und war schon ihrer wirtschaftlichen Kapazität wegen ein wichtiger Faktor in der Welt.

Die Bundesrepublik hingegen hatte die Beziehungen zum jüdischen Staat jahrelang vor sich hergeschoben, hatte sie nicht gewollt, denn sie befürchtete einen Konflikt mit den arabischen Staaten. In Bonn glaubte man, Grund zu der Annahme zu haben, daß die Araber im Falle der Aufnahme diplomatischer Beziehungen zu Jerusalem die DDR diplomatisch anerkennen würden. Dann müßte Bonn im Gegenzug – um den Zielen der Hallstein-Doktrin[148] zu folgen – die Beziehungen zu den arabischen Staaten abbrechen. Daß dabei auch die für Bonn sehr lukrativen Handelsbeziehungen zu den arabischen Staaten eine Rolle spielten, blieb unausgesprochen.

Um die Verweigerung normaler Beziehungen ein wenig zu mildern, hatten Bundeskanzler Adenauer und sein damaliger Verteidigungsminister Franz Josef Strauß Israel durch geheime Waffenlieferungen zu helfen versucht. Israel war realistisch genug, diese Hilfe anzunehmen. Der damalige israelische Verteidigungsminister Shimon Peres sagte später dazu: »Ich hielt Sicherheit für wichtiger als diplomatische Beziehungen. Grenzen können nicht mit Botschaftern verteidigt werden.«[149] Im November 1964 flog das Geheimnis auf. Den Arabern waren die geheimen deutschen Waffenlieferungen an Israel nicht entgangen. Der daraus resultierende Konflikt führte zur abrupten Einstellung dieser Waffenlieferungen, im Gefolge aber auch zu diplomatischen Beziehungen zu Israel.

Jerusalem nahm das Angebot der Regierung Erhard nach langwierigen Verhandlungen, die im wesentlichen dem Ersatz für die versprochenen und nun nicht mehr gelieferten Waffen galten, schließlich an. Der Gedanke an einen engeren Kontakt zur Bundesrepublik, die zwar, wie jeder wußte, kein Hitlerstaat war, wog dennoch schwer. Da waren die vielen alten Nazis in entscheidenden Organen der Bundesregierung, die mangelnde Aufarbeitung der Vergangenheit, die unverständlich niedrigen Gerichtsurteile für Naziverbrecher und nicht zuletzt auch die jahrelange Bevorzugung der Araber gegenüber dem jüdischen Staat, dessen Existenz immerhin eine direkte Folge von Auschwitz war. Normale Beziehungen zur Bundesrepublik, ähnlich denen von Israel zu Dänemark oder Italien, schienen den meisten Israelis undenkbar.

Die Berufung des Rolf Pauls, die, da der Kandidat sich keiner Verbrechen schuldig gemacht hatte, von der Regierung in Jerusalem nicht abgelehnt werden konnte, machte die Sache für die Israelis nicht gerade leichter. In politischen Kreisen Israels hatte man erwartet, daß Bonn entweder einen Widerstandskämpfer gegen Hitler zum ersten Botschafter ernennen würde oder einen politisch völlig unbelasteten Mann. Statt dessen wählte man Pauls, einen Karrierediplomaten, einen jener Deutschen, die sich mit dem Hitlerstaat arrangiert, sich dabei aber offenbar nicht kompromittiert hatten. Er war also kein Held in der Ablehnung des Hitlerstaates gewesen, wohl aber auch kein Nazi. Er war 1943 Soldat geworden, also zu einer Zeit, da das einer Unterstützung des Hitler-Regimes gleichkam. Er tat es, so gab er vor, um nicht in die NSDAP eintreten zu müssen. Eine Behauptung, die man nicht nachprüfen kann.

Pauls war offenbar, ähnlich wie Millionen von Deutschen, den Weg des geringsten Widerstandes gegangen, hatte aller Wahrscheinlichkeit nach die Augen vor den Verbrechen des Regimes, dem er diente, verschlossen. Die Israelis hätten sich sicher schneller mit der Tatsache von diplomatischen Beziehungen zur Bundesrepublik abgefunden, hätte Bonn bei der Ernennung seines ersten Botschafters mehr Verständnis für die Opfer der Nazis gezeigt. Andererseits hatte die Ernennung von Pauls auch ihre Vorteile. Sie ließ keine Illusionen über das neue Deutschland aufkommen. Denn in Pauls lernten die Israelis einen Deutschen kennen, der typisch war für die Mehrheit des deutschen Volkes, das nach 1945 in den Grenzen der Bundesrepublik lebte.

Als nun auch noch Dr. Török eine führende Position an dieser neu zu schaffenden Botschaft einnehmen sollte, waren allerdings die meisten Israelis überzeugt davon, daß dieses Nachkriegsdeutschland doch dem Nazistaat in vieler Hinsicht glich. »Wie können Sie Dr. Töröks politische Vergangenheit anzweifeln, nur weil er Horthy diente?« Der Leiter des Pressereferates, Dr. Jörg Kastl, fragte es empört und fügte hinzu: »Ist Ihnen denn nicht bekannt, daß Horthy ein Gegner Hitlers war?« Ich klärte ihn darüber auf, daß Nikolaus von Horthy ein Faschist war, der sein Land von 1920 an mit diktatorischen und faschistischen Methoden regiert hatte. Seine politischen Gegner ließ er in Konzentrationslager einsperren, lange bevor Hitler derartige Stätten zur physischen und psychischen Vernichtung von Menschen in Deutschland einführte. Horthy rebellierte erst angesichts der herannahenden alliierten Truppen Mitte Oktober 1944 gegen die von den Deutschen seit März 1944 durchgeführten Deportationen ungarischer Juden nach Auschwitz.

Ebensowenig wußte der Leiter des Pressereferates des Auswärtigen Amtes etwas über Ferencz Szalasi, der im Oktober 1944 von den Deutschen an die Stelle Horthys gehievt wurde und nichts weiter war als ein Strohmann der Nazis. Auch unter diesem diente Török in der ungarischen Botschaft von Berlin bis zum Kriegsende, die fraglos dazu bestimmt war, die Befehle der deutschen Reichsregierung zu empfangen und nach Budapest weiterzuleiten. Darunter natürlich auch die, die den Mord an den ungarischen Juden betrafen. Török blieb nach dem Krieg in Berlin, wohl weil ihm die kommunistische Herrschaft in seiner ungarischen Heimat nicht behagte. Er wurde Sekretär des ungarischen Roten Kreuzes und 1948 Dozent am Institut für politische Wissenschaften in Berlin.

1950 trat Török, 36jährig, in den Auswärtigen Dienst der Bundesrepublik ein und nahm zur gleichen Zeit die deutsche Staatsbürgerschaft an. Ich publizierte die Fakten seines Lebenslaufes in meiner Zeitung ›Maariv‹ ohne Kommentar. Dafür sorgten dann die deutschen Zeitungen, die ohne Unterschied ihrer politischen Tendenz Kritik an dieser Ernennung übten. Die ›Stuttgarter Zeitung‹ deutete die Möglichkeit an, daß das Auswärtige Amt Diplomaten mit einer fragwürdigen Vergangenheit für die Botschaft in Tel Aviv auswählte, um seinen Unwillen darüber auszudrücken, daß es ohne sein Zutun zur Aufnahme diplomatischer Beziehungen zu Israel gekommen war.

Tatsächlich hatte das Kanzleramt die Initiative bei der Herstellung der Beziehungen zu Israel übernommen. Der damalige Außenminister Dr. Gerhard Schröder war ohnehin für seine proarabische Haltung bekannt und für seine Ablehnung von engeren Kontakten zum jüdischen Staat. ›Die Welt‹ meinte, jeder Posten vom Süden der Sahara bis nach Nordamerika wäre für Török passend gewesen, aber nicht dieser in Tel Aviv. Es sei nicht überraschend, fügte die Zeitung hinzu, daß viele Israelis und vor allem diejenigen, die aus Ungarn ausgewandert waren, einem Diplomaten, der die Geschäfte des Staates zu einer Zeit besorgt habe, als sie in eben diesem Staat um ihr Leben bangen mußten, mit unverhohlenem Mißtrauen begegneten.

»Pauls, go home«, schrien Hunderte Demonstranten jeden Alters am 19. August 1965 in Jerusalem, und ihre Augen loderten vor Haß, als sie gegen die Polizeibarrieren anstürmten. Sie trugen Plakate, auf denen das jüdische Volk beschworen wurde, den Mord an seinen sechs Millionen Brüdern nie zu vergeben. Mit leeren Flaschen und Steinen bewarfen sie den streng bewachten Wagen des ersten deutschen Botschafters auf seinem Weg nach Jerusalem, wo er sein Beglaubigungsschreiben überreichen sollte.

Der damalige Vizekanzler und Vorsitzende der Freien Demokratischen Partei, Erich Mende, gab angesichts der Demonstrationen gegen den ehemaligen Wehrmachtsoffizier Rolf Pauls in Jerusalem seiner Entrüstung Ausdruck.[150] Die Argumente gegen Pauls enthielten abermals Vorwürfe der Kollektivschuld, sagte Mende – auch er ein Träger des für Tapferkeit vor dem Feind verliehenen Ritterkreuzes –, und sie seien gegen diejenigen gerichtet, die kaum 18 Jahre alt waren, als Hitler an die Macht kam. »Als Mitglied dieser Generation von Soldaten« protestierte Mende energisch gegen solche »kommunistisch-faschistischen Methoden«. In gleicher Weise könne man auf die Leiden des deutschen Volkes verweisen, dessen Städte wie Köln und Dresden ohne militärische Notwendigkeit bombardiert worden seien, brauste er auf. Die Tätigkeit der beiden ersten führenden Diplomaten der Bundesrepublik in Israel, Pauls und Török, wirkte sich sehr segensreich für Israel aus. Dieser besondere Einsatz ist oft zu beobachten bei Deutschen, deren Vergangenheit nicht unbedingt »lupenrein« ist.

Aber auch sie konnten nicht verhindern, daß sich die diplomatischen Beziehungen zwischen der Bundesrepublik und Israel schwierig gestalteten. Immer wieder gab es Anlaß für die Israelis, am ehrlichen Willen der Deutschen, den Geist des Nazismus nie wieder aufkommen zu lassen, zu zweifeln. Außer den milden Urteilen gegen Naziverbrecher, die durch nichts zu rechtfertigen waren, gab es immer wieder Hakenkreuzschmierereien und Schändungen jüdischer Friedhöfe, ja, es erschienen sogar Zeitungen mit nazistischen und antisemitischen Hetztiraden, die bewiesen, daß auch im Nachkriegsdeutschland Nazis fast ohne Widerspruch aktiv sein und ihr ideologisches Gift verspritzen konnten. Für Israelis war die geringe Beachtung dieser Symptome, die einst zum Massenmord an Juden, Zigeunern und Andersdenkenden geführt hatte, unverständlich und unverzeihlich.

Nur einmal in den nunmehr seit 26 Jahren bestehenden Beziehungen zwischen Deutschen und Israelis stellten sich viele Deutsche uneingeschränkt auf die Seite Israels. Und sie sprachen es auch deutlich aus. Das war im Sechs-Tage-Krieg im Juni 1967, als die Araber keinen Hehl daraus machten, daß sie Israel zu vernichten beabsichtigten. In Hunderten von Aufrufen, öffentlichen Manifestationen und Demonstrationen wandten sich Deutsche gegen die Araber, die durch eine Blockade der Wasserstraße von Tiran für israelische Schiffe den Casus belli lieferten. Außenminister Willy Brandt entsprach damals der Mehrheit des deutschen Volkes, als er im Bundestag unter dem Beifall aller Fraktionen beteuerte, daß es »keine Neutralität des Herzens« sei, wenn die Bundesrepublik sich ihrem Grundsatz entsprechend auch in diesem Falle nicht in einen Weltkonflikt einmische.[151]

Diesem Krieg war ein peinlicher Vorfall vorausgegangen. Die israelische Regierung hatte die Bundesregierung um die leihweise Überlassung von 20 000 Gasmasken aus deutschen Beständen gebeten. Denn sie befürchtete, daß die Ägypter in einem bewaffneten Konflikt Giftgas verwenden würden, wie sie es nach Angaben des Internationalen Roten Kreuzes im Krieg mit dem Jemen getan hatten. Bundeskanzler Kiesinger reagierte, wie man es von ihm erwarten mußte. Er stimmte sofort zu. Seine Vergangenheit als Mitglied der NSDAP und stellvertretender Leiter der rundfunkpolitischen Abteilung des Auswärtigen Amtes unter Ribbentrop ließ keine andere Haltung zu, wollte er sich nicht Angriffen aus der ganzen Welt aussetzen. »Es ist grausig, daß das ehemalige Nazi-Mitglied Kiesinger Kanzler werden konnte, ohne daß es den geringsten Protest in der Bundesrepublik gegeben hätte. Das höchste Amt hätte für ihn tabu sein sollen.«[152] Günter Grass' Meinung war zu jener Zeit gar nicht populär, als sich die Sozialdemokraten nach endlosen Diskussionen in den eigenen Reihen zu einer Großen Koalition mit dem von der CDU nominierten Kiesinger entschlossen.

Kiesinger selbst war unsicher. Amerikanische Kollegen berichteten, daß er sie gefragt habe, wie wohl die Reaktion in den USA auf seine Wahl als deutscher Kanzler sein würde. Den Hinweis, daß er in erster Linie verpflichtet sei, den Juden gegenüber eine verständnisvolle Haltung einzunehmen, verstand er wohl. Besonders da er immer behauptet hatte, er habe nie etwas gehört oder gewußt über die Ermordung von Juden. Ihm seien diese Verbrechen erst nach dem Krieg bekannt geworden.[153] Er bestritt, daß im sogenannten »Seehaus-Dienst«, in dem Berichte aus dem Ausland zusammengestellt und im Auswärtigen Amt verbreitet worden waren, jemals ein Hinweis auf Berichte ausländischer Sender über den Mord an den Juden zu lesen war.

Diese Aussage war fadenscheinig, zumal die BBC in den letzten Kriegsjahren mehrfach darüber berichtet hatte. Sie wurde noch unglaubwürdiger nach der Aussage des Staatssekretärs Globke[154], daß man zwar in den Nazi-Ministerien offiziell nichts über die Verbrechen erfahren, aber über Auslandssender davon gehört habe. Als ich auf diesen Widerspruch in meiner Zeitung aufmerksam machte, zieh mich ein Beamter des Bundespresseamtes der »Manipulation von Nachrichten« und fügte mit erhobener Stimme und in Gegenwart ausländischer Kollegen hinzu: »Bei Ihren Vorurteilen kann man natürlich nichts anderes erwarten.«

Kiesingers Verständnis für seine eigene Situation kam im Falle der Bitte der Israelis um die Gasmasken klar zum Ausdruck. Unterstützung fand er bei Außenminister Willy Brandt. Hingegen widersetzten sich der zuständige Minister für Verteidigung, Dr. Gerhard Schröder, der schon als Außenminister Israel eher ablehnend gegenübergestanden und die Aufnahme diplomatischer Beziehungen zu Israel immer wieder torpediert hatte, und sein Staatssekretär Professor Karl Carstens (später Bundespräsident), auch er ehemals Mitglied der NSDAP.[155]

Man werde die Gasmasken nicht liefern, so hallte es aus dem Verteidigungsministerium, denn die Bundesrepublik liefere kein Kriegsmaterial in Spannungsgebiete. Man bezog sich dabei auf die entsprechende Entscheidung der Bundesregierung im Februar 1965. Schröder fügte dem noch hinzu, daß man, käme man der Bitte der Israelis nach, nur Gefahr laufe, in den Nahost-Konflikt hineingezogen zu werden. Sein größter Widersacher im Kabinett, Finanzminister Franz Josef Strauß, verurteilte diese Auffassung aufs schärfste. Er konnte der Unterstützung der Mehrheit der Deutschen gewiß sein, wie die Reaktionen der deutschen Presse bewiesen. Die Situation war peinlich für die deutsche Bundesregierung, brachte sie doch die Tatsache in Erinnerung, daß Millionen Juden durch Gas von Deutschen ermordet worden waren.

Bundeskanzler Kiesinger vermied es, trotz seiner Unterstützung für die Sache, sich öffentlich dazu zu äußern. Entschuldigend sagte er zu Israels Botschafter Asher Ben-Nathan: »Sie müssen verstehen, daß ich nicht öffentlich für Israel eintreten kann.« Er fürchtete, man würde das als einen Versuch des »alten Nazi« interpretieren, der sich bei den Juden anbiedern wolle.[156] Man suchte nach einem Ausweg, ohne daß es zu einem Eklat und einer vor aller Welt zu führenden Diskussion kommen würde. Man fand ihn schließlich. Das Kabinett beschloß, die Angelegenheit dem Innenministerium zu übergeben, da man Gasmasken zum Bereich Zivilschutz zählen konnte, und dafür war das Innenministerium zuständig. Innenminister Paul Lücke hatte keine Einwände. So entsprach die Bonner Regierung nach einer Verzögerung von einer Woche offiziell dem Ersuchen der Israelis.

Diese ganze Episode war um so erstaunlicher, als die Bundesregierung in der Anwendung der Bestimmungen, keine Waffen in Spannungsgebiete zu liefern, im Falle der arabischen Staaten viel weniger penibel war. Nur wenige Monate nach der Annahme dieses Grundsatzes erfuhr ich durch den Bericht eines englischen Kollegen, daß die »Deutsche Merex GmbH« den arabischen Staaten Kampfflugzeuge aus den Beständen der Bundeswehr angeboten habe. Daß sie dies nicht ohne Zustimmung, sondern sogar auf Anregung entsprechender Bundesbehörden getan hatte, lag auf der Hand.

Dieser Handel kam nicht zustande, weil keiner der arabischen Staaten, die für diese Flugzeuge Interesse zeigten, die nötigen finanziellen Mittel dafür aufbringen konnte. In meinem Bericht darüber an ›Maariv‹ hatte ich die Merex als eine Firma charakterisiert, deren Ruf zweifelhaft war, wie es so häufig bei Firmen der Fall ist, die sich im Dunkel des internationalen Waffenhandels betätigen. Hinzu kam, daß die führenden Herren dieses offenbar vorzüglich florierenden Unternehmens eine sehr unsympathische Vergangenheit hatten. Mein Bericht war vom Bundespresseamt nicht dementiert worden. Bei anderen Gelegenheiten geschah dies sehr schnell und war oft auch sehr bösartig. Ich hatte allen Grund, von der Richtigkeit meiner Informationen überzeugt zu sein.

»Besuchen Sie uns. Bei Kaffee und Erdbeertorte werden Sie uns besser kennenlernen.« Mit diesen Worten hatte mich der Hauptaktionär der Firma Merex, Gerhard Mertins, in sein Haus in Bonn-Beuel eingeladen. Man habe meinen Artikel in ›Maariv‹ gelesen und wolle mir nun beweisen, daß sie anständige Leute und vor allem keine Nazis seien. Mertins war ehemaliger Berufsoffizier und im Zweiten Weltkrieg Fallschirmspringer der deutschen Wehrmacht gewesen, der nach der Eroberung Kretas für Tapferkeit vor dem Feind mit dem Ritterkreuz ausgezeichnet worden war. Nach dem Zusammenbruch des Hitler-Reiches war er zusammen mit Dr. Hansen, einem der Direktoren der Firma Merex, nach Ägypten gegangen, da ihnen die Heimat kein Betätigungsfeld mehr bot. Dieser Hansen war schon während des Krieges eine Art Gauleiter der NSDAP in Kairo gewesen. In Ägypten hatten die beiden fünf Jahre lang ägyptische Fallschirmspringer mit Ziel Israel ausgebildet.

Seit ihrer Rückkehr in die Bundesrepublik handelten sie mit Waffen. Überall, wo es in der Welt zu Konflikten gekommen war, sollen sie ihre Tätigkeit entfaltet und die Gegensätze durch ihre Lieferungen geschürt haben. Es ging ihnen aber nicht um Sieg oder Niederlage der einen oder anderen Seite, sondern ausschließlich um ihren eigenen

Gewinn. Nicht widerlegte Andeutungen von Mertins besagten, daß gute Beziehungen – unter anderem zu Bonner Ministersöhnen – Kontakte zum Verteidigungsministerium eröffnet hatten, die sie brauchten, um an ausgediente Waffen heranzukommen. Entwicklungsländer, deren technisches Niveau hinter dem des Westens herhinkt, hatten noch immer Verwendung dafür. »Wir arbeiten viel mit Juden zusammen. Schließlich ist in Amerika der gesamte Waffenhandel in jüdischen Händen«, behauptete Mertins, jovial lächelnd.

Es war nicht schwer herauszufinden, daß sich hinter dem Lächeln dieses robusten Mannes von etwa 50 Jahren ein harter, brutaler Ausdruck verbarg. Gegen das Argument, Deutsche hätten allen Grund, ihre Finger von solchen Geschäften zu lassen, wehrte er sich mit Empörung. Deutsche hätten eine solche Diskriminierung nicht nötig. Überdies seien die meisten von ihnen jung und könnten nichts für das Geschehene. Er wies auf seine Mitarbeiter, die alle angetreten waren zu »Kaffee und Erdbeertorte«, wie der Chef es befohlen hatte. Die Ausnahme machte ein älterer Herr von P., angeblich ehemals Gewerkschaftsfunktionär und auch der SPD verbunden. Mertins hob dies hervor, weil er offensichtlich meine Verbindung zur Arbeiterbewegung kannte – wie er überhaupt alles über mich zu wissen vorgab. Jedenfalls deutete er es während des Gesprächs immer wieder an.

Der Alte saß etwas vertrottelt am Tisch und hatte dem Gespräch nichts beizusteuern. Horst B. wurde mir als ständiger Vertreter der Firma in Saudi-Arabien vorgestellt. Die Runde wurde vervollständigt durch einen jungen Österreicher unter Dreißig, schnöselhaft und stets zu einer lauten Zusatzbemerkung während der Rede seines Chefs bereit, einen sehr stillen, als ehemaliger Seemann vorgestellten jungen Mann mit einem schiefen Gesicht, der wie die Karikatur eines Piraten wirkte, und eine Frau um die Dreißig mit straff nach hinten gekämmter und zu einem Knoten zusammengesteckter Frisur, die sie einer einstigen BdM-Führerin ähnlich machte. »Wir verdienen Geld für unser Land.«

Und dann kam, wie so häufig in Deutschland, der Hinweis auf die Wiedergutmachung, die Bonn nur zu zahlen in der Lage sei, wenn genug verdient würde. »Davon profitiert doch auch Israel«, sagte der Chef mit Nachdruck, als sei Wiedergutmachung keine Verpflichtung der Bundesrepublik, sondern hinge vom Wohlergehen der deutschen Wirtschaft ab. »Sie sind doch auch Deutsche, Sie müssen das doch verstehen. Sie fühlen doch sicher wie eine Deutsche«, brach es aus der Frau mit dem Dutt plötzlich heraus. Auf meine amüsierte Frage, wie man wohl »deutsch fühle«, starrten sie mich alle mit offensichtlichem Unverständnis an. Man schwieg betreten. »Was halten Sie eigentlich von den Morden an den Juden?« fragte mein englischer Kollege, den ich um seine Begleitung zur Firma Merex gebeten hatte, in die Stille hinein.

»Das ist Privatsache«, sagte die Dame und warf ihren Kopf trotzig zurück. »Ein KZ war doch nichts anderes als ein Gefängnis«, meinte der Österreicher. Sein Kollege echote: »Die Engländer hatten sie doch zuerst, die KZs«, und er verwies auf den Burenkrieg. Der ehemalige Seemann, nun gar nicht mehr so schweigsam, bemerkte mit ungehaltener Stimme: »Wir haben doch genauso gelitten wie Sie. In Kriegsgefangenenlagern von Workuta und so. Denken Sie an die Bombardierung von Dresden!«

Mertins selber war etwas »geschickter«. »Was daran wahr ist an den Berichten über Verbrechen, ist fürchterlich. Aber da ist ja nicht alles wahr dran.« Wieder war da das joviale Lächeln. »Sehen Sie doch den Fall Deutsch[157] und den des Dentisten in Hannover, der behauptet hatte, seine Mutter sei vergast worden. Dabei lebte sie glücklich und zufrieden in Amerika. Das sind doch so zweifelhafte Sachen«, Mertins redete schnell und wie eingelernt. Im übrigen frage ihn sein Sohn des öfteren, woher denn der Antisemitismus komme. »Na ja, die Juden sitzen doch überall drin in Amerika. So war es ja doch auch in Deutschland in den zwanziger Jahren«, sagte er. Ich entgegnete nichts mehr. Es war ja so sinnlos. »Als meine Töchter in Amerika in die Schule gingen«, fuhr Mertins fort, »da hat die Lehrerin auch von diesen gräßlichen Dingen erzählt, die wir Deutschen verbrochen haben sollen, in einer Weise... Na, Sie können sich's denken. Da bin ich hingegangen und habe mich beschwert: ›Schonen Sie die Gefühle meiner Töchter‹, habe ich gesagt.«

Warum er gerade arabische Länder beliefere? »Es ist uns doch gleich, wer unser Kunde ist«, so Mertins' Meinung – ein echter Vorläufer derer, die Jahre später Geschäfte mit dem Kriegsverbrecher Saddam Hussein (Irak) machten. Übrigens wolle er mit Ägypten nicht mehr zusammenarbeiten. Angeblich habe er Einreiseverbot, nachdem er, noch in Ägypten, zu Hakim Amer[158] gesagt haben wollte: »Sie sind ja so dumm, daß Sie in der deutschen Armee nicht einmal Gefreiter geworden wären!« Nun arbeite die Firma Merex mit Feisal (König von Saudi-Arabien) zusammen. Aber auch Israel wolle Geschäfte mit ihm machen, behauptete er mit einem maliziösen Lächeln. »Sie sehen, wir haben weltweite Verbindungen.« Ja, und nun verstünde ich sicher auch, daß sie keine Nazis seien, und würde hoffentlich nie wieder so etwas schreiben. Zynisch fragte ich zurück: »Sie sehen durch meine Berichte Ihre Geschäfte in Amerika gefährdet, nicht wahr?« Die joviale Miene machte blitzschnell einer wütenden Fratze Platz – das erste Mal in unserer langen Unterhaltung. Ich hatte genau ins Schwarze getroffen.

Aber der Waffenhandel der Firma Merex erlitt keine Einbußen. Der Bundesregierung war es offenbar egal, ob Israels Feinde Waffen aus dubiosen deutschen Quellen erwarben und der jüdische Staat gefährdet war. Hier ging es um Profit und politischen Einfluß. Schließlich war es auch ein leichtes für Merex und ähnliche Unternehmen, das von der Bundesregierung verhängte Waffenembargo für Spannungsgebiete zu umgehen.

So zum Beispiel, indem man Waffen an ein Nato-Land

lieferte, das keine Beschränkungen im Waffenhandel kannte und das diese an ein drittes Land weitergab. Auch gaben Staaten Waffen zur Wartung an Länder in Spannungsgebieten. Von dort kamen sie – in beidseitigem Einverständnis – nicht immer vollzählig zurück. Israel aber gab man in der Bundesrepublik keine Gelegenheit mehr, Waffen zu erwerben.

Im Grunde war dies Ausdruck einer Haltung in der Bundesrepublik, die mit der Herstellung diplomatischer Beziehungen zu Israel ihren Anfang nahm. Mit eben diesen Beziehungen, die man jahrelang vermieden hatte, schien der Zustand erreicht, der Israel zu einem »normalen« Partner machte. Die Deutschen sahen keine Veranlassung mehr, dem jüdischen Staat einen Vorrang vor allen anderen Staaten in ihren Beziehungen einzuräumen oder gar eine Garantie für seine Existenz und Sicherheit zu übernehmen. Israel war für sie nichts weiter als ein kleiner Staat im Nahen Osten. Die Vergangenheit sollte nun keine Rolle mehr spielen.

Außenminister Walter Scheel (FDP) sagte dies frank und frei in einem Interview am 18. Dezember 1969: »Unser Verhältnis zu Israel ist wie mit anderen Ländern. Die Normalisierung besteht darin, daß wir die früheren vertraglichen Abmachungen abgelöst haben durch eine ganz normale Zusammenarbeit. Es gibt nichts Besonderes daran.« Die Israelis muckten auf gegen diese Erklärung. Sie fanden schließlich Verständnis bei Bundeskanzler Brandt, der die diplomatischen Beziehungen zu Israel ganz anders charakterisierte, als er sagte: »Wir wollen statt von einer Normalisierung besser von einer Versachlichung der Beziehungen reden.«[159] Und er erläuterte: »Es [unser Verhältnis] trägt in der Tat weiterhin das Zeichen einer Besonderheit, der Unauslöschlichkeit des millionenfachen Mordes an den Juden.«

Doch den meisten Deutschen schmeckte diese »Besonderheit« der Beziehungen zu Israel nicht. Sie waren der Meinung, daß die Aufnahme diplomatischer Beziehungen zu Israel gleichzusetzen sein müßte mit einem Schlußstrich unter die Vergangenheit. In Bonn hatte diese Haltung die meisten Befürworter im Auswärtigen Amt, jedenfalls zu Zeiten der Minister Schröder und Scheel. So sollten auch alle Aktivitäten der deutschen Botschaft in Tel Aviv sich in nichts von denen der deutschen Vertretungen in anderen Ländern unterscheiden.

Deutsche Kulturwochen hatten dabei verständlicherweise einen besonderen Stellenwert. Die Deutschen haben auf diesem Gebiet eine Menge anzubieten. Für viele Israelis aber war deutsche Kultur durch die fürchterlichen Verbrechen der Deutschen in der Vergangenheit unerträglich geworden. Und es gilt noch heute ein Beschluß der Knesset vom 9. Januar 1962, nach dem kulturelle Beziehungen zwischen der Bundesrepublik und Israel unterbunden sind. Danach bedürfen sie einer Sondergenehmigung eines eigens dafür geschaffenen ministeriellen Ausschusses.

Tatsächlich aber wurde dieser Ausschuß nie um eine Entscheidung gebeten. Dennoch traten deutsche Musiker in Israel auf, hielten deutsche Wissenschaftler Vorträge in Israel, erweiterte man die von einem deutschen Emigranten gestiftete Bibliothek in Tel Aviv. Israelische Dienststellen nahmen dies schweigend zur Kenntnis. Auch israelische Künstler hielten sich nicht an die Weisungen ihrer Regierung. Musiker traten in der Bundesrepublik auf, Maler stellten in deutschen Städten aus. Es wäre falsch, daraus auf eine geänderte Haltung der Israelis zu schließen. Es ging vielmehr darum, Künstlern ein breiteres Publikum und damit größere Anerkennung zu ermöglichen.

Beides war in Deutschland unweigerlich zu finden, schon weil man neugierig war auf einen Menschen aus einem unbekannten Land. Die Tatsache, daß man trotz der stetig wachsenden kulturellen Beziehungen zwischen beiden Staaten noch immer am Beschluß der Knesset vom Jahr 1962 festhält, ist vielsagend. Sicher würde es beim Versuch einer Änderung erneut zu heftigen Diskussionen kommen über dieses Deutschland, das nun als wiedervereinigtes Land eine Macht in Europa darstellt, die zu neuerlichen Befürchtungen Anlaß gibt. Man mag dies als Heuchelei bezeichnen, die es in mancher Hinsicht auch ist. Aber im Falle von Deutschland und den Deutschen folgt man in Israel verständlicherweise noch immer nicht rationalen Erwägungen.

Es mag wohl sein, daß die deutsche Botschaft in Tel Aviv die existierenden kulturellen Beziehungen zwischen der Bundesrepublik und Israel für so selbstverständlich hielt, daß sie mit Genehmigung und Förderung des Auswärtigen Amtes in Bonn 1971 eine »Deutsche Kulturwoche« in den drei wichtigsten Städten Israels ansetzte. Die Bürgermeister dieser Städte hatten zunächst keine Einwände dagegen, viele Israelis aber wollten von deutscher Kultur, zu der sie in der Vergangenheit vielfach Wesentliches beigetragen hatten, nichts mehr hören. Deutsche Künstler, die sich so willig von den Nazis hatten mißbrauchen lassen, waren ihnen zutiefst zuwider. Sie sahen in dieser deutschen »Kulturwoche« eine Herausforderung, ja eigentlich eine Beleidigung.

Erschwerend kam noch hinzu, daß die Deutschen den Eröffnungsabend dieser »Kulturwoche« auf den 9. November festsetzten. So als sei dieser Tag ein Tag wie jeder andere. Tatsächlich aber organisierte die deutsche Reichsregierung am 9. November 1938 das erste Pogrom. Tausende von Juden wurden damals unter dem Vorwand der Ermordung des Legationsrates Ernst vom Rath durch den polnischen Juden Herschel Grynszpan in der deutschen Botschaft von Paris verhaftet und in Konzentrationslager gesperrt. Synagogen wurden angezündet, jüdische Geschäfte zerstört und geplündert. Die Empörung der Israelis, auch derer, die zunächst nichts gegen die »Kulturwoche« einzuwenden hatten, über ihre für den 9. November angesetzte feierliche Eröffnung kannte keine Grenzen.

In der Tat war die Anberaumung der »Deutschen Kulturwoche« zu diesem Termin nicht nur Ausdruck deutscher Gedankenlosigkeit. Sie zeigte vielmehr, wie wenig die Vergangenheit und alles, was damals geschehen war, die Mehrzahl der Deutschen wirklich interessierte. Da war nur eins, was sie erreichen wollten – die Welt sollte aufhören, von ihren Verbrechen zu sprechen.

So störte es sie auch nicht, daß ihr Staatsoberhaupt Heinrich Lübke in Verbindung gebracht wurde mit dem Bau von Baracken für Häftlinge des Nazistaates. Die DDR hatte behauptet, über entsprechende Unterlagen zu verfügen. Aber Lübke gab vor, sich nicht mehr erinnern zu können, ob er als Mitarbeiter des Berliner Architektenbüros Schlempp im Zweiten Weltkrieg Pläne zur Unterbringung von Häftlingen unterschrieben hatte. Mit entsprechenden Worten wandte er sich über Funk und Fernsehen an seine Mitbürger: »Selbstverständlich kann ich mich nach Ablauf von fast einem Vierteljahrhundert nicht mehr an jedes Schriftstück erinnern, das ich unterzeichnet habe.«[160] Lübke konnte ungehindert weiteramtieren.

Solche Äußerungen von Deutschen hätten natürlich auch vor der Aufnahme diplomatischer Beziehungen zur Bundesrepublik Abscheu in Israel hervorgerufen. Jetzt aber, da es offizielle Beziehungen zu diesem deutschen Staat gab, erschauderte man – so als käme man nun in physische Berührung mit den Mördern von damals. Und so blieben diplomatische Beziehungen zwischen Bonn und Jerusalem über viele Jahre hinweg, als Folge von immer wiederkehrenden Taktlosigkeiten von seiten der Deutschen, für die meisten Israelis eine mehr oder minder peinliche Angelegenheit. Daß ich in meiner Arbeit als Journalistin einer israelischen Zeitung davon direkt betroffen war, versteht sich von selbst.

13. Östliches
oder: Bonn – keine Cocktailparty

Daß es sich um einen Irrtum handeln mußte, war klar in dem Augenblick, in dem der russische Botschafter sich brüsk auf dem Absatz umdrehte und sich von mir abwandte. Allein die Erklärung, ich sei eine israelische Journalistin, genügte, und der mächtige Semjon Tzarapkin zog die eben ausgestreckte schwere Bauernhand wie von der Tarantel gestochen zurück. Meine Hand blieb in der Luft hängen. Nicht einmal der Höflichkeit zollte der Diplomat Tribut, die mir als Gast in seinem Hause normalerweise zugekommen wäre. Der Ausdruck in seinem Gesicht – ohnehin das eines unfreundlichen Haudegens – war noch garstiger geworden. Die tiefen Furchen, die ein Lächeln kaum zuließen, gruben sich in dem breitflächigen Gesicht noch tiefer ein, und seine Augen wurden zu flackernden Schlitzen.

Die Folgen für denjenigen, der die Verantwortung trug für meine Einladung zum Abschiedsempfang, den die sowjetische Botschaft zu Ehren des scheidenden Korrespondenten der ›Iswestija‹ in Rolandseck bei Bonn gab, vermag man nur zu ahnen. Zu seiner Entschuldigung sei hier angeführt, daß er den ersten und zweiten Vorsitzenden des Vereins der Auslandspresse zu Gast gebeten hatte – letztere Funktion aber hatte ich zu jener Zeit inne. Das muß dem Einladenden entgangen sein.

Nun, ich sah keinerlei Veranlassung, der für im Jahre 1968 ungewöhnlichen Einladung nicht auch Folge zu leisten. Die Sowjetunion hatte die diplomatischen Beziehungen zu Israel nach dem Sechs-Tage-Krieg im Juni 1967 abgebrochen. Ihre kritiklose proarabische Politik zur Erhaltung ihres Einflusses im Nahen Osten machte das erforderlich. Der Abbruch war begleitet von unfreundlichen, ja beleidigenden Anwürfen gegen den jüdischen Staat, dessen Gründung sie 1948 als einer der ersten Staaten unterstützt hatte. Das weiße, stuckverzierte Haus am Rhein mit Blick auf die noch immer von Nonnen bewirtschaftete Insel Nonnenwerth hatte mich schon lange fasziniert. Wann immer ich dort vorbeifuhr, waren seine Fensterläden verschlossen gewesen. Es schien, als ob es dahinter kein Leben gäbe.

Ein etwas dürftiger Imbiß wurde gereicht – was bedeuteten damals schon Journalisten aus kommunistischer Sicht, Menschen, die nichts weiter tun, als nach Direktiven zu schreiben. Die westliche Art des Journalismus war den Sowjets so fremd wie das System und das Wirken der Demokratie überhaupt.

Von den Wänden sahen aus schweren Rahmen Rußlands große Generäle in khakifarbenen Waffenröcken, verziert mit langen Ordensspangen, im Stil des sozialistischen Realismus, mit ernster Miene auf die Cocktailparty à la russe herab. Unter den Gästen war der Westen nur spärlich vertreten. Die Korrespondenten der ›Neuen Zürcher Zeitung‹, der Londoner ›Times‹ und der ›New York Times‹, die auf keiner westlichen Party fehlen dürfen, waren auch hier zugegen. Amüsiert hatten sie meinen Auftritt in diesem Israel nicht wohlgesonnenen Haus beobachtet. Nur einige Repräsentanten der westlichen Presse – auch sie nach der Bedeutung ihrer Zeitung ausgewählt und ohne Beachtung der persönlichen (keineswegs immer antifaschistischen) Vergangenheit. Die Vertreter der Ostpresse waren dagegen vollzählig erschienen, wie es vermutlich ihre Pflicht war.

Dazwischen die Herren der sowjetischen Botschaft mit ihren Damen. Die meisten mir unbekannt, da nur wenige von ihnen auf den Partys westlicher Gastgeber aufzutreten pflegten. Die Damen erinnerten in ihren schlecht sitzenden Kostümen an die Einheitskleidung im Nachkriegsdeutschland. »Ich wollte Sie schon immer kennenlernen.« Mir schien diese Einführung eines jungen Russen ein Jahr nach dem israelisch-arabischen Krieg und der darauffolgenden feindlichen Haltung der Sowjetunion gegenüber Israel zumindest überraschend. Seine junge Frau bestätigte dies mit heftigem Nicken. »Ich habe Sie nämlich neulich im Fernsehen bewundert.« »Meine Argumente dürften für Sie doch wohl kaum verständlich gewesen sein«, entgegnete ich. »Bewundert haben wir die Art, wie Sie sie vorbrachten«, ein verlegenes Lächeln huschte über das Gesicht des jungen Russen. Er wechselte das Thema.

Man ging zu unverfänglichem Geplauder über. Das Wetter und die Provinzialität der kleinen Stadt Bonn spielten dabei eine Rolle. Man müsse sich unbedingt einmal treffen und sich ausführlicher unterhalten, sagte er schließlich. »Wir sind doch sehr einsam hier«, fügte seine Frau hinzu. Sie ließ mich im unklaren, ob wegen der deutschen Abneigung gegenüber Russen, oder aber, weil sie als Bürger der Sowjetunion Anweisung hatten, mit Menschen des Westens – auch wenn sie unter ihnen lebten – nur beschränkt und gezielt Kontakt zu halten. Dies sollte sich bald klären. Denn zu dem von meinem russischen Gesprächspartner selbst vorgeschlagenen Treffen mit mir ist es nie gekommen und das nicht etwa, weil ich ihn nicht dazu ermutigt hätte. Am Tage vor dem vereinbarten Besuch sagte er unter einem fadenscheinigen Vorwand ab. Der Gehorsam hatte offenbar gesiegt in einem Konflikt, gegen den junge Russen ohne revolutionäre Erfahrung im westlichen Ausland damals sicher noch nicht gefeit waren.

»Israel?« Ein russischer Diplomat mittleren Alters mit ausdruckslosem Gesicht fragte es mit Strenge in der Stimme. Ihm schien die Aufgabe übertragen worden zu sein, sich meiner auf der Party anzunehmen, da ich nun einmal da war. »Sie sind Israeli?« Er fragte es zum zweiten Mal, wie um ganz sicher zu gehen. »Hörte ich Sie sagen, daß Sie auch Sozialistin sind?« fragte er weiter und eindringlicher. Seine Zweifel an der Wahrheit dieser Behauptung waren herauszuhören. Ich erklärte ihm meine langjährige Bindung an die deutsche Arbeiterbewegung, der schon mein Vater angehört hatte, und erwähnte die Tatsache, daß deutsche Sozialdemokraten mir während der Nazizeit das Leben gerettet hatten. Überdies sei Israel (es war im Jahr 1968), so fügte ich vielleicht etwas provozierend hinzu, ein sozialistischer Staat.

Fast froh, mit dieser Behauptung ein widerlegbares Argument in die Hand bekommen zu haben, erklärte er sehr entschieden, mit einem geringschätzigen Lächeln auf seinem Funktionärsgesicht: »Israel kann kein sozialistischer Staat sein. Ein sozialistischer Staat fängt keinen Krieg an.« Er spielte auf den Sechs-Tage-Krieg an, in dem die Israelis den Arabern um einige Stunden zuvorgekommen waren und damit den Ausgang des Krieges zu ihren Gunsten entschieden hatten. Er solle Israel doch einmal besuchen, riet ich ihm. Dort werde er eine Vielzahl von Einrichtungen finden, die ihn als Sozialisten ihres sozialistischen Charakters wegen interessieren müßten.

Aber er ging darauf nicht ein. Ihm bedeutete auch die Gefahr nichts, in der sich Israel befunden hatte, damals im Mai 1967. »Das war doch nicht ernst zu nehmen«, so charakterisierte er den bewaffneten Aufmarsch ägyptischer Truppen auf der Sinai-Halbinsel, nahe der israelischen Grenze, und auch die Schließung der Wasserstraße von Tiran für israelische Schiffe. Auf entsprechende Einwände antwortete er stereotyp: »Ein sozialistisches Land fängt keinen Krieg an.« »Also sollten wir uns ins Meer werfen lassen«, erwiderte ich ebenso stereotyp, »so wie Nasser es jahrelang vorausgesagt hat?«

Seine Antwort blieb die gleiche. Irgendwie wirkte sie komisch, diese Diskussion, die keine war. Seine Frau zeigte sich dennoch begierig, etwas über die praktischen Dinge des Lebens in Israel zu erfahren. Ich erzählte vom Kibbuz. Sie lauschte aufmerksam, er unruhig. Sie fand sogleich Ähnlichkeiten mit dem Leben russischer Kinder in Bonn heraus. Bis zu ihrem zehnten Lebensjahr wurden sie – ähnlich wie im Kibbuz – alle gemeinsam in der Botschaft erzogen. »Und dann?« fragte ich. Zögernd antwortete sie: »Dann müssen sie wieder nach Rußland zurück«, denn die Botschaft könne nicht für eine höhere Schulbildung sorgen. Der Besuch deutscher oder amerikanischer Schulen war offensichtlich in ihrem Gettoleben nicht vorgesehen. Und »die Mütter sind dann ständig auf Reisen«, setzte sie hinzu, »hin und her zwischen ihren Kindern und ihren Männern«. »Sie müssen einmal zu uns kommen«, sagte auch sie, und wieder der Stoßseufzer: »Wir sind sehr einsam hier.« Man glaubte es ihr nach der Art, wie sie es vorbrachte. Visitenkarten wurden ausgetauscht, aber ich sah auch sie nicht wieder.

»Oh, sie ist sehr hart, diese Frau, eigentlich gar nicht wie eine Frau«, mit diesen keineswegs witzig gemeinten Worten stellte mich ein russischer Diplomat einem anderen vor, und er verwies auf ein Gespräch, das wir bei anderer Gelegenheit geführt hatten, in dem ich Rußland die alleinige Schuld an der arabischen Unwilligkeit, mit Israel Frieden zu schließen, gegeben hatte. Ich erkannte ihn wieder, da er einer der wenigen Russen war, die, höheren Ranges, Gesellschaften westlicher Diplomaten und Journalisten besuchten.

Er hatte damals, auf einem der vielen Cocktailempfänge von Bonn, ein Gespräch mit einem jugoslawischen Diplomaten unterbrochen, der voller Entsetzen auf eine Nachricht in meiner Zeitung hingewiesen hatte. Darin hatte es geheißen, Jugoslawien habe seine Häfen russischen Schiffen, die im Mittelmeer zur psychologischen Unterstützung der arabischen Staaten operierten, geöffnet. »Wie können Sie so etwas annehmen? Wir Jugoslawen haben doch unsere Meinung über die Araber nicht geändert«, entrüstete sich der jugoslawische Diplomat. Er verwies auf die Unzulänglichkeit der Regierungssysteme der Araber und die in Jugoslawien vorherrschende Meinung, daß in keinem der arabischen Länder ein sozialistisches Staatswesen auch nur in Sicht sei. Andererseits hätten doch vor dem Juni-Krieg gute Beziehungen zwischen Israel und Jugoslawien bestanden.

Und doch hatte Jugoslawien die diplomatischen Beziehungen zu Israel abgebrochen – »so wie alle anderen Ostblockstaaten«, entgegnete ich. Verlegen gab er zu bedenken, daß dies ein Tribut gewesen sei, den zu zahlen sich Jugoslawien gezwungen sah – mehr dem Freund Nasser gegenüber als dem Ostblock. »Was bedeutet dies schon? Es ist doch nur eine Formalie«, fügte er hinzu, und ich war nicht ganz sicher, ob ich hier nicht als Ersatz für die fehlenden diplomatischen Kontakte benutzt werden sollte.

»Welche politische Richtung vertritt Ihre Zeitung?« fragte der russische Diplomat. Auf meine Antwort »keine«, reagierten er und andere umstehende Russen – es hatte sich mittlerweile eine kleine Gruppe um mich gebildet – mit einem mitleidigen, besserwissenden Lächeln. »So etwas gibt es doch gar nicht!« Auch mein Hinweis, es handele sich um eine Abendzeitung, die sich, wie viele ihrer Art, nicht festgelegt hatte, stieß auf Unglauben. Wer denn der Besitzer der Zeitung sei, fragte er weiter, wohl in der Annahme, darin läge die Antwort auf seine Frage. Als ich ihm sagte, es handele sich bei ›Maariv‹ um eine Kooperative, wirkte er erstaunt und erschreckt zugleich, als habe er sich wieder einmal auf Glatteis begeben. Ähnlich wie bei der Bemerkung, die israelischen Gewerkschaften und damit die Arbeiterschaft besäßen einen beachtlichen Anteil am Industriepotential Israels. Nach jeder dieser Bemerkungen wechselte er ganz schnell das Thema. Er hatte offensichtlich keine Entgegnung bereit, war auf derartige Gespräche nicht vorbereitet und wohl auch ohne jede Kenntnis der Materie. Die Gesichter der zuhörenden Russen wurden wieder undurchdringlich. Hatte die zunächst vorgegebene Freundlichkeit noch menschlich gewirkt, blieb am Ende nur noch der seelenlose Ausdruck des Apparatschiks übrig.

In der Garderobe im Vorraum der Botschaft vertrieben sich zwei russische Chauffeure die Wartezeit am Schachbrett. Sie allein schienen noch echt, noch menschlich in dieser Umgebung, die grau und bedrückend wirkte – nur ein paar Stufen entfernt von der farbigen Landschaft am Rhein.

»Bitte, Inge, komm sofort, komm schnell, es ist etwas passiert!« Vera schrie es ins Telefon im harten Deutsch der Osteuropäerin. Erklärungen lehnte sie erschrocken ab. »Nein, nein, nicht am Telefon.« Sie war die Frau des tschechischen Journalisten Dr. Vilem Fuchs, der es der Rehabilitierung als Opfer des Stalinismus verdankte, daß er nun, 1968, als Rundfunkjournalist und dazu auch noch im Ausland arbeiten konnte.

Fuchs war 1922 im Saarland geboren worden, das die Familie eiligst verließ – der Vater war Jude –, als Hitler dort einzog. In Prag, der Heimat der Mutter, hinderte die Arbeitslosigkeit des Vaters den jungen Vilem Fuchs daran, ein Gymnasium zu besuchen. Er absolvierte eine Tischlerlehre und bereitete sich in Abendkursen auf das Abitur vor. Von den deutschen Besatzern wurde er wegen seiner Tätigkeit im tschechischen Widerstand nach zwei Jahren Gefängnis zum Tode verurteilt. Mit Diphtherie in Krankenhausbehandlung, »vergaß« man den Todgeweihten. Nach der Befreiung übernahm er die Leitung einer kleinen Tischlerei und studierte nebenher. Das neue Regime ernannte später den Doktor der Philosophie zum Leiter einer Hochschule für politische Wissenschaften. Dann fiel er, wie so viele Sozialisten in den fünfziger Jahren und möglicherweise auch wegen seiner jüdischen Abstammung, in Ungnade und wurde in die Verbannung geschickt. Elf Jahre arbeitete er in einer Fabrik für Lokomotiven. Anfang der sechziger Jahre erinnerte man sich seiner und setzte ihn bei Radio Prag zunächst für deutschsprachige Sendungen ein. Und dann wurde die Stelle eines Korrespondenten in Bonn frei. Vilem Fuchs war einer der fröhlichsten und liebenswertesten Kollegen, die ich in Bonn kannte.

Als ich an jenem 30. August 1968 die Wohnung der Familie in Bad Godesberg schweißgebadet erreichte, kam Vera mir schon mit zwei vollgepackten Taschen entgegen.

Ihre Augen waren weit aufgerissen, als ob sie das Unglück schon vor sich sah. »Erst den kleinen Willy von der Schule abholen«, wiederholte sie mehrmals, als ob sie sich mit der Wiederholung klarer verständlich machen könne. »Schnell«, fügte sie hinzu. Auf dem Wege versuchte ich, aus Vera, deren Deutsch sehr mangelhaft war, herauszubekommen, was eigentlich los war.

Ein guter Bekannter ihres Mannes, von dem sie wußte, daß er diesen sehr schätzte, habe am Morgen aus Frankfurt angerufen und sie gebeten, ihrem Mann auszurichten, er möge in der folgenden Nacht nicht in seiner Wohnung übernachten. Die Russen hätten einen Anschlag auf ihn vor. Ich lachte kurz auf und sagte: »Aber Vera, wir sind hier in Bonn und nicht in Prag.« Wie sollten die Russen in Bonn, weit im Westen, einen Anschlag auf jemanden durchführen? Aber ihr kam das gar nicht lächerlich vor. Seit dem Einmarsch der Russen in Prag am 21. August arbeitete ihr Mann an einem Geheimsender mit, der »irgendwo« in der Bundesrepublik betrieben wurde und der natürlich gegen den Einmarsch der Russen polemisierte und die Wiedereinsetzung Dubceks forderte. Vilem hatte seiner Frau den Standort des Senders verschwiegen. So wußte sie auch nicht, wie sie ihrem Mann diese Nachricht übermitteln sollte.

»Die Sorge ist berechtigt«, bestätigte mir ein Beamter der politischen Abteilung der Kriminalpolizei in Bonn, die ich gebeten hatte zu prüfen, ob es sich hier nicht um eine Falschmeldung oder ein Gerücht handele. »Wir möchten Herrn Fuchs bitten, heute nacht nicht in seiner Wohnung zu übernachten.« Ich war sprachlos. Es schien so wenig glaubhaft. Ich drang nun in die Frau zu überlegen, wo ich ihren Mann finden könnte. Plötzlich fiel ihr ein, daß er am Nachmittag eine Verabredung im Bundeshaus habe. In Panik, weil ich fürchtete, Vilem verpassen zu können, lief ich im strömenden Regen und mich ängstigenden Donnerschlägen zwischen den vier Eingängen des Bundeshauses hin und her. Ich erwischte ihn.

Seine Frau berichtete ihm in ihrer Muttersprache von dem ominösen Telefongespräch. Sehr ernst hörte er zu und bestätigte dann, daß es sich um eine seriöse Quelle handele. Nach einigem Nachdenken sagte er dann: »Ich werde nicht weglaufen. Ich kann das nicht mehr«, und er bat mich, dies auch der Bonner Polizei mitzuteilen. Er werde in seiner Wohnung übernachten. Und schließlich, was sollte aus all den tschechischen Freunden werden, die, auf einer ersten Auslandsreise nach Jahren, nun in der Bundesrepublik gestrandet waren und die er bei sich aufgenommen hatte? Die politische Polizei in Bonn zeigte Verständnis und versprach, in der Nacht mehrfach Patrouillen zu seinem Haus zu schicken.

Als ich mit Vera und dem kleinen Willy in die Wohnung der Fuchsens zurückkehrte, empfing uns an der Wohnungstür einer der Tschechen, die Fuchs bei sich aufgenommen hatte. Er machte ein feierliches Gesicht, als er Vera eine rote Rose überreichte, die er hinter seinem Rücken verborgen gehalten hatte. Wie ich nun erfuhr, hatte Vera an diesem Tag, den sie in Angst und Aufregung verbrachte, Geburtstag. Dem ersten Gratulanten folgten die anderen, wohl zehn an der Zahl. Jeder wollte ihr die Hand drücken. Es schien fast, als wünschten sie nicht nur Vera Glück, sondern auch sich selbst. Alle hatten Tränen in den Augen. Das Ganze war makaber und erinnerte mich an jene Jahre, als die Juden in Deutschland in der Falle saßen und verzweifelt einen Ausweg suchten.

Keiner dieser Menschen, die da in der kleinen Wohnung der Fuchsens kampierten, wußte, was er nun tun sollte. Einige waren schon unter den Nazis und auch unter den Stalinisten verfolgt worden. In die Tschechoslowakei zurückkehren? Was würde dort werden? Ein Terrorregime, das alle die zur Rechenschaft ziehen würde, die mit Dubcek sympathisiert hatten? Einige von denen, die da ratlos um den Tisch herumsaßen und die Möglichkeiten ihrer Zukunft diskutierten, waren Juden. Sie erinnerten sich noch sehr genau an den Slansky-Prozeß[161] und die darauf folgenden Verhaftungen von Juden. Im Westen bleiben? Aber wo? Die Bundesrepublik war für die meisten tabu. Amerika? Auch hier gab es Zweifel, ob man dort Asyl gewährt bekommen und schließlich auch Fuß fassen würde.

Die meisten waren Mitglieder der Kommunistischen Partei und kannten die sie von der Einwanderung ausschließenden Gesetze. Und dazu waren sie im reiferen Alter und konnten nicht einmal Englisch. Die Entscheidung mußte schnell gefällt werden. Es mangelte ihnen an westlichem Geld, um den »Urlaub« beliebig verlängern zu können.

Der Maler Alfred Fuchs, Vilems jüngerer Bruder, der mit Frau und zwei Töchtern aus Prag zu Besuch gekommen war, hatte Bilder zu verkaufen. Deutsche Freunde kauften, ohne viel nachzudenken, in dem Wunsch zu helfen. Und sie halfen auch denen noch, die schließlich doch in der Bundesrepublik blieben, wie Vilem und seine Familie, mit Möbeln und Wäsche und anderen praktischen Dingen. Sie wußten, was es heißt, einen neuen Anfang zu machen.

Vilem Fuchs, dessen Muttersprache Deutsch war, hatte es relativ leicht, im deutschen Journalismus unterzukommen. Er begann seine Karriere in Deutschland bei Radio Bremen als einer der Bonner Korrespondenten und beendete sie dort im Pensionsalter als Leiter der Abteilung Kultur und Gesellschaft. Seinen Bruder, der glaubte, sein heimatliches Umland für seine künstlerische Arbeit zu brauchen, und der darum nach Prag zurückkehrte, hat Vilem Fuchs viele Jahre nicht wiedergesehen.

»Das wird sich schon noch ändern, wenn er erst länger hier ist«, meinte Henryk Kollat, Bonner Korrespondent des Polnischen Rundfunks, als wir von unserem neu in Bonn eingetroffenen Kollegen Arthur Kowalski sprachen. Kowalski, Korrespondent der Parteizeitung ›Trybuna Ludu‹, ließ ständig Vokabeln wie »revanchistisch«,

»imperialistisch«, »Klassenkampf« und so weiter in seine Rede einfließen. Offenbar eine Gewohnheitssache des alten Revolutionärs.

Von Kowalski wußte ich zunächst nur, daß er seit über 40 Jahren Mitglied der Kommunistischen Partei war, im spanischen Bürgerkrieg auf seiten der Republikaner gekämpft und einige Jahre wegen seiner politischen Überzeugung in Gefängnissen verschiedener Länder hatte zubringen müssen. Und schließlich, daß er während des Zweiten Weltkrieges in einem deutschen Arbeitslager festgehalten worden war. Nach dem Krieg war er zunächst in Frankreich, wo er im Auftrag seiner Regierung eine polnische Zeitung für Emigranten herausgab und wegen kommunistischer Umtriebe ausgewiesen wurde. Jetzt, Mitte 50, sah man dem kleinen rundlichen Mann mit dem fast kahlen Kopf, den kleinen, unsteten Augen den Revolutionär nicht mehr an. Persönliches Leid – er hatte kurz zuvor seine Frau, seine Lebensgefährtin über Jahrzehnte, verloren – hatte ihn bewogen, den Platz des außenpolitischen Redakteurs am offiziellen Organ der Kommunistischen Partei Polens in Warschau mit dem eines Korrespondenten in Bonn zu vertauschen. Kollat hatte mich mit ihm bekannt gemacht.

Es bestand zu jener Zeit eine enge Kameradschaft zwischen mir und den polnischen Kollegen in Bonn. Zustande gekommen war sie durch den Auschwitz-Prozeß.[162] In den Jahren 1964/65 waren wir wochen-, ja monatelang mit gewisser Regelmäßigkeit zu den Gerichtsverhandlungen von Bonn nach Frankfurt gefahren. Im Speisewagen »ertränkten« wir stets unsere Furcht vor dem, was als nächstes vor dem Frankfurter Schwurgericht verhandelt werden würde. Es mag nicht verwunderlich sein, daß gerade polnische und jüdische Journalisten hier einander näherkamen. Es waren schließlich im wesentlichen Juden und Polen gewesen, die in Auschwitz unter den furchtbarsten Foltern hatten leben und sterben müssen. So war eine Nähe zwischen uns entstanden, die ihren deutlichen Ausdruck in der Gastfreundschaft fand, die mir in Polen, im Dezember 1964, anläßlich einer Tatortbesichtigung des Frankfurter Gerichtes von polnischen Kollegen entgegengebracht wurde.

Diese Kameradschaft endete nicht mit dem Abschluß des Auschwitz-Prozesses. Ich hatte darüber hinaus Grund genug anzunehmen, daß einige meiner polnischen Kollegen zu meinen besten Freunden zählten. Wir tauschten Erfahrungen aus, halfen einander kollegial bei der Arbeit und besuchten einander. Sie sprachen ohne Hemmungen über ihr Land und kritisierten es auch. Andere verhielten sich zwar freundschaftlich mir gegenüber, gingen jedoch nie ganz aus ihrer Reserve heraus. Das galt aber auch für ihre Beziehungen zu Menschen aus anderen Ländern. Die Ursache für diese Haltung schien mir in den Jahren des Stalinismus zu liegen.

Mir war von Anfang an klar, daß Artur Kowalski Jude war, mit dem Juden innewohnenden Instinkt füreinander hatte ich dies gespürt. Kollat bestätigte es mir. Er kannte die Vergangenheit von Artur Kowalski. Kowalski selber erwähnte es zunächst nicht und ging auch auf entsprechende Anspielungen nicht ein. Sein Vorgänger, Marian Podkowinski, hatte ebenfalls nie über seine jüdische Abstammung gesprochen und sie zudem durch Namensänderung getarnt. Seine Frau hingegen sprach ganz ungeniert darüber, kurz nachdem wir uns kennengelernt hatten. Sie erwähnte auch einen Besuch in Israel und Verwandte, die sie dort hatten, und wie so viele Juden in der Diaspora bekam sie vor Wehmut feuchte Augen. Sie war übrigens erst nach Bonn gekommen, als sie den Angaben ihres Mannes zufolge wegen einer Krebserkrankung Behandlung in Deutschland suchte. Daß dies mit der Abberufung Podkowinskis zusammenfiel, dann aber seine Korrespondententätigkeit in Bonn doch verlängert wurde, ließ manche Frage über die Glaubwürdigkeit der Angaben der Podkowinskis unter den Journalisten in Bonn aufkommen.

Im Mai 1967 begannen die arabischen Übergriffe auf Israel in beängstigender Weise zuzunehmen. Nasser ließ seine Truppen auf der Sinai-Halbinsel aufmarschieren. Sein Haßgeschrei gegen Israel nahm hysterische Formen an. Auf Wunsch Nassers zogen die Vereinten Nationen ihre Truppen aus dem Gebiet zurück, der nun die Straße von Tiran für israelische Schiffe sperren ließ. Israel sah sich gezwungen, größere Truppenkontingente an seine Grenzen zu verlegen.

Bei einem Zusammentreffen fragte Kowalski mich hämisch: »Was soll dieser militärische Aufmarsch?« Meine Erklärung überzeugte ihn nicht. Und überhaupt – er sei nie für die Errichtung eines Nationalstaates der Juden gewesen, sagte er. Für ihn gebe es nur Russen, Polen, Deutsche – und nicht Juden, Christen, Mohammedaner. Es habe ihn sehr überrascht, daß die Sowjetunion der Gründung des Staates Israel im Jahre 1947 durch die Vereinten Nationen zugestimmt hatte. Dies sei keineswegs im Einklang mit sozialistischen Prinzipien gewesen. Der Notwendigkeit, einen solchen Nationalstaat der Juden zu schaffen, der Zuflucht vor Verfolgungen, besonders nach den Geschehnissen der Nazizeit, bieten sollte, widersprach er scharf. Wir trennten uns nach einer heißen Diskussion in gereizter Stimmung.

Meine eigenen Sorgen um Israel während der Nahost-Krise im Mai 1967 ließen mir wenig Zeit, auf meine polnischen Kollegen zu achten. Einen von ihnen traf ich einmal im Regierungsviertel. Er zog mich in einen Winkel, wo wir ungesehen waren, und flüsterte mir zu: »Ich will, daß Sie wissen, daß wir alle (wobei er sich wohl hauptsächlich auf die polnischen Journalisten in Bonn bezog) auf seiten Israels stehen.« In den Junitagen, als der Krieg zu Israels Gunsten auszugehen schien, gab er mir mit Blicken, die er mir im Verlauf von Pressekonferenzen heimlich zuwarf, zu verstehen, wie froh er darüber war. Mehr wagte er nicht.

Zu dieser Zeit hatte Polen bereits die Beziehungen zu Israel abgebrochen und den Botschafter Jerusalems auf die unfreundlichste Weise des Landes verwiesen. Von den anderen polnischen Kollegen hörte ich zunächst nichts. Die beginnende Ferienzeit schien mit ein Grund dafür zu sein. Mir fiel indes auf, daß Kollat zum ersten Mal einer meiner Einladungen nicht folgte. Er müsse verreisen, gab er an. Als ich jedoch an seiner Wohnung vorbeifuhr, war dort nicht nur Licht, auch sein Wagen stand vor der Tür – untrügliche Zeichen dafür, daß er nicht die Wahrheit gesagt hatte. Das erschien mir sonderbar. Ich hatte noch nicht begriffen, daß die Politik des Ostblocks in einer Weise umgeschwenkt war, die Kontakte zu einer Israeli, auch im Ausland, für einen Angehörigen der kommunistischen Welt ausschloß.

Die im Sechs-Tage-Krieg geschlagenen arabischen Staaten boten sich nun der kommunistischen Einflußnahme dar, und die Herren des Ostblocks nutzten dies weidlich. Israel mußte für sie der Hauptfeind im Nahen Osten werden, wollten sie in den arabischen Staaten festen Fuß fassen. Sehr bald wurde mir dies unmißverständlich klargemacht. Die polnischen Kollegen grüßten mich zwar nun auf offener Straße, wenn sie es nicht umgehen konnten, vermieden aber nun jede Begegnung mit mir. Der Kontakt zwischen Kollat und mir hörte ganz auf. Von Kowalski hatte ich seit unserer Diskussion im Mai nichts mehr gehört. Später erfuhr ich, daß die Gruppe der polnischen Korrespondenten in Bonn es für notwendig erachtet hatte, in einer besonderen Besprechung ihre Haltung mir gegenüber festzulegen. Man war ehrlich genug zuzugeben, daß man Sympathien für mich hatte. Aber dennoch: Es ging einfach nicht an, daß nach den Ereignissen des Juni 1967 ein Pole mit einer israelischen Staatsangehörigen Umgang hatte.

In Polen waren zu jener Zeit die als »antizionistisch« getarnten antijüdischen Maßnahmen im Gange. Ihr Ausmaß überstieg die der übrigen Ostblockländer bei weitem. Der Grund dafür waren innenpolitische Machtkämpfe. Parteisekretär Gomulka wurde von Kreisen gestützt, die einen liberalen Kurs anstrebten. Unter diesen Anhängern waren viele Juden. Innenminister Morczar, zugleich für die Staatssicherheit zuständig und als Antisemit bekannt, war ein Rivale Gomulkas. Er drängte Gomulka, die Genossen jüdischer Herkunft fallenzulassen, die als »natürliche Freunde« Israels angeblich ein Sicherheitsrisiko darstellten. Dieser »Logik« konnte sich Gomulka zu jener Zeit, als der Ostblock Israel verdammte, kaum verschließen, wollte er sich nicht der Gefahr aussetzen, als Verräter an der kommunistischen Sache angeprangert zu werden. Damit erreichte Morczar zugleich, daß die Gruppe um Gomulka zerfiel und die Politik des Parteisekretärs erschüttert war. Ein Rückfall in den Stalinismus schien eingeleitet.

Nach allem, was vorgefallen war, war ich sehr überrascht, als ich Mitte September 1967 einen Anruf von Artur Kowalski erhielt: Er müsse mich sprechen. An der Stimme erkannte ich, daß es ihm dringend war. Als er im Schutze der Dunkelheit zu mir kam, schien er mir noch kleiner geworden zu sein, seine Gesichtsfarbe noch grauer, seine kleinen Augen noch unsteter. »Ich kann es nicht mehr ertragen, was heute in Polen vorgeht.« Das sei Faschismus schlimmster Art, Verrat aller sozialistischen Ideale, Verbrechen, stieß er hervor. »Und... ich bin in Schwierigkeiten.« Er sagte es so, daß man es ihm ohne weiteres glauben konnte. »Ich weiß nicht, was ich tun soll. Ich glaube, ich muß nach Israel entkommen.« Ich war sprachlos. »Mein Sohn, meine Freunde«, Kowalski wurde immer erregter.

Sein damals 19jähriger Sohn Henryk, Student der Physik an der Warschauer Universität, hatte zusammen mit 1500 anderen Studenten seinen Namen unter eine Petition gesetzt, in der die Freilassung von Kommilitonen verlangt wurde. Diese Studenten hatten auch für mehr Freiheit, mehr Unabhängigkeit für ihre Universitäten plädiert, Verbesserungen, die ihnen Gomulka versprochen hatte. Statt dessen war als Folge des Machtkampfes zwischen Gomulka und Morczar die politische Aufsicht strenger und die Zensur lückenloser geworden. Ob es Zufall war oder ein Wunder, daß dieser Sohn kurze Zeit darauf eine Ausreiseerlaubnis nach Deutschland erhielt, um seine Ferien und ein weiteres Studienjahr bei seinem Vater zu verbringen, vermochte niemand zu sagen.

»Ich bin Jude«, sagte Artur Kowalski resigniert, »aber das weißt du ja schon.« Hatte es vorher für seine Person nichts oder wenig bedeutet, so war es jetzt eine Art Urteil über ihn. Zunächst hatte man noch an eine vorübergehende Welle des »Antizionismus« geglaubt, um damit dem russischen Vorbild zu folgen und den arabischen Staaten die Ehrlichkeit der Gefühle darzutun. Bald war es jedoch klar, daß hier ein von der Regierung geförderter Antisemitismus am Werk war. Unter den fadenscheinigsten Vorwänden wurden Juden aus ihren Ämtern entfernt und aus der Kommunistischen Partei ausgeschlossen. Für die Betroffenen kam das dem wirtschaftlichen Ruin gleich, da es in kommunistisch regierten Ländern fast unmöglich war, mehr als einen untergeordneten Posten zu bekommen, wenn man nicht Mitglied der Partei, und erst recht, wenn man aus dieser ausgeschlossen worden war.

Dieses Los war zweifellos auch Kowalski beschieden, der sein ganzes Leben der Kommunistischen Partei verschrieben hatte. Für mich als fernen Beobachter waren Meldungen aus Polen aufschlußreich genug, in denen es hieß: »Herr (es folgte ein polnischer Name) alias Finkelstein, steht heute wegen Wirtschaftsschiebungen vor Gericht.« So ähnlich hatten auch Meldungen im Hitler-Deutschland gelautet, wenn man Juden diffamieren wollte. »Ich kann nicht zurück nach Polen«, sagte Kowalski. Abgesehen von allem anderen hatte man bereits Väter, deren Söhne zu den Demonstranten zählten oder sich mit ihnen identifizierten, sofern sie Juden waren, ihres Postens enthoben. Überdies: »Mein Sohn ist auch nicht bereit zurückzugehen, und damit habe auch ich keine andere Wahl, als Polen den Rücken zu kehren.« Er sagte es zögernd, den Kopf in offensichtlicher Verzweiflung tief gesenkt, sich der Problematik voll bewußt. Vom Kommunismus wolle sein Sohn ohnehin nichts, aber auch gar nichts wissen, obwohl er unter diesem System groß geworden sei.

Ich vergaß ganz, daß vor mir ein Mann saß, der ein Leben lang dem Kommunismus gedient hatte, alle Windungen, alle Wendungen, alle Irrtümer mitgegangen war, für jede dieser »Wendungen« eine Erklärung, eine Entschuldigung gefunden hatte. Natürlich war er von Zweifeln befallen gewesen. Er erinnerte sich noch genau an den XX. Parteitag. Er hatte als einer der ersten, als einer der Vertrauensleute des Kommunismus, den ganzen Wortlaut der Rede von Chruschtschow zu lesen bekommen. »Ich dachte, ich würde wahnsinnig damals. Ich erinnere mich noch genau. Es war spätabends. Ich weckte meine Frau und sagte: ›Sieh nur, lies nur, das kann doch nicht wahr sein, was hier über Stalin geschrieben steht.‹«

Aber dann bezog er wieder Hoffnung daraus, Hoffnung auf eine neue Ära, die ja zunächst auch zu beginnen schien. Er hatte nie, niemals seine Gläubigkeit preisgegeben. Und jetzt saß er vor mir, ein Mensch in größter Bedrängnis, ein Mann, der nicht ein noch aus wußte. Einer, der über 40 Jahre lang sein Judentum verleugnet hatte, der geglaubt hatte, dieses Problem sei für ihn durch den Kommunismus gelöst. Seit dem Tode seines Großvaters hatte er nichts mehr vom Judentum wissen wollen, hatte selbst sein Jiddisch vergessen, das in seinem Elternhaus gesprochen worden war.

Zwar war da ein Bruder, der beizeiten nach Israel ausgewandert war. Aber mit ihm hatte er bewußt keinen Kontakt gepflegt. Allerdings waren seine Frau und sein Sohn einmal zu einem Verwandtenbesuch dorthin gereist, zu Zeiten, als Polen freundschaftliche Beziehungen zum Staat der Juden unterhielt. Aber das hatte ihn und sein Judentum kaum berührt. Während des Krieges war es ihm gelungen, als »arischer« Pole im deutschen Gefangenenlager unterzutauchen. Allerdings hatte er plötzlich fliehen müssen, als antisemitische Polen ihn bei den Deutschen als Juden verrieten, und war auf abenteuerlichen Wegen zurück nach Polen gelangt. Er entging dem Morden. Jetzt war er mit einem Schlage Jude, ein Aussätziger, ein Gebrandmarkter, der keine Zukunft hatte.

Was konnte er tun? In Deutschland bleiben? Das schien dem polnischen Juden, den er nun nicht mehr abstritt, eine Unmöglichkeit. Amerika? Auch das schien ein weiter Weg für einen Kommunisten, der er im Grunde seines Herzens noch immer war. Obwohl er seine Neugier auf Amerika nicht verbarg. Da war Israel, ein Staat mit sozialistischen Tendenzen und Einrichtungen. Dorthin könnte er gehen, zumal er nun als Jude abgestempelt war. Ja, er würde es sogar müssen. Die Hoffnung darauf schien ihn ein bißchen aufzurichten. Unwillkürlich dachte ich an unser nur sehr wenige Monate zurückliegendes Gespräch, in dem er die Notwendigkeit eines Staates der Juden abgestritten hatte.

Ich hatte Mühe, mit dem neuen Denken dieses Mannes Schritt zu halten. »Nur nicht gleich, nicht sofort« wollte er nach Israel auswandern. Sein Sohn hatte ihn beschworen, noch zu warten. Noch war Henryks Freundin, Tochter des ehemaligen Chefzensors, in Polen. Beide kannten sich von Kindesbeinen an, hatten gemeinsam in den Studentengremien für mehr Freiheit votiert, obwohl beide – abgeschreckt vom Beispiel der Eltern – im Grunde unpolitisch waren. Auch der Vater der Braut, ebenfalls Jude, war bereits »gemaßregelt« worden. Ein Sohn, der wie die Tochter an Demonstrationen gegen die Regierung und für mehr Freiheit teilgenommen hatte, saß im Gefängnis. Würde Kowalski seinem Heimatland Polen endgültig den Rücken kehren – und mit ihm sein Sohn, dessen Beziehungen zu dem Mädchen bekannt waren –, könnte man davon ausgehen, daß sie die Erlaubnis zur Ausreise nie bekäme. Erst müsse sie im Westen sein, dann dürfe man handeln. Wie das geschehen sollte, wußten zu der Zeit weder Vater noch Sohn. Was aber würde Artur Kowalski tun, wenn seine Abberufung als Korrespondent in Bonn erfolgte? Damit mußte er nach Lage der Dinge rechnen. Sein Paß war ohnehin nur noch ein paar Monate gültig. Und nur aufgrund der Fürsprache seiner Redaktion würde das polnische Paßamt einen neuen Paß und eine neue Genehmigung für seinen Aufenthalt im Ausland ausstellen.

An jenem Abend verabschiedete sich Artur Kowalski, der Altkommunist, dessen Wortschatz vor wenigen Monaten noch so reich an kommunistischen Vokabeln gewesen war, bei mir mit »Schalom«. Er sprach es mit Wehmut und mit Inbrunst aus, es hatte für ihn Bedeutung bekommen. Ich brauchte Zeit, um diese Wendung zu verdauen. Und überdies war mir wiederum, als sei ich in die dreißiger Jahre zurückversetzt – in die Zeit, als die Juden in Berlin in einer vergleichbaren Situation gewesen waren. Als ihnen, den ehemals national bewußten Deutschen, eine Welt zerstört worden war, als das, was sie als ihr Heimatland betrachtet hatten, sie auf brutalste Weise von sich stieß. Auch damals hatten Paß und Visum, ganz gleich für welches Land, zu den höchsten Gütern gezählt, hatte die Frage, wie man dem Terror entrinnen könnte, alles übrige in den Schatten gestellt.

Von nun an zitterte Artur Kowalski vor jedem Telefongespräch mit seinen Warschauer Arbeitgebern. Es konnte doch auch sein, daß sie ihn zu einer Rücksprache nach Warschau zitieren würden, wie es in Redaktionen durchaus üblich ist. Sollte oder konnte er es dann riskieren zu fahren? Würden sie ihn wieder zurückfahren lassen? Mit dem Argument, seinen Haushalt in Bonn auflösen zu müssen, könnte er sich bestimmt keine Rückreise erkaufen. Denn er lebte dort in einer möblierten Wohnung. In Warschau aber hatte er eine komplett eingerichtete Wohnung, und da war auch ein erhebliches Bankkonto – beides hatte er längst als für immer verloren abgeschrieben. Und was bedeuteten ihm diese materiellen Werte auch im Augenblick! Der damalige Chefredakteur der ›Trybuna Ludu‹, Leon Cassmann, war ebenfalls Jude. Man konnte die Möglichkeit nicht ausschließen, daß er Kowalski in der Hoffnung opfern würde, sich auf diese Weise selbst zu schützen – wenn auch nur für eine Galgenfrist.

Alle diese Gedanken bewegten Kowalski unablässig. Trotzdem arbeitete er weiter, schrieb er weiter, so wie die Herren in Warschau es von ihm verlangten. Ja, selbst einen antiisraelischen Artikel brachte er auf Wunsch der Redaktion zustande. Es galt, den Lesern die Verbindung zwischen dem »faschistischen« Israel und der »revanchistischen« Bundesrepublik klarzumachen. Von Anfang an wollte man damals in Polen die Bundesrepublik nicht anders sehen als revanchistisch und kriegslüstern und darauf erpicht, die Gebiete hinter der Oder-Neiße-Linie zurückzuerobern.

Die lauten Forderungen der Vertriebenenverbände und das Schweigen der ersten Bundesregierung zu den Leiden des polnischen Volkes während der deutschen Besetzung gaben einen guten Vorwand für diese These ab. Andere Stimmen in der Bundesrepublik wurden als nicht entscheidend heruntergespielt. Israel hatte von »dieser« Bundesrepublik Wiedergutmachung angenommen. Das Zustandekommen guter Beziehungen begann sich abzuzeichnen. Eine enge Verbindung zwischen der Bundesrepublik und Israel – das überdies noch als Besatzungsmacht angeprangert werden konnte –, das würde den Staat der Juden klar als faschistisch ausweisen. Die polnische Regierung brauchte solche »Beweise« dringend, weil sich herausgestellt hatte, daß Israel wesentlich mehr Unterstützung im polnischen Volk erfuhr, als ursprünglich angenommen worden war. Ich selbst habe Kowalski bei der Abfassung dieses Artikels geholfen. Ich nahm es mit Humor, er aber litt darunter.

Mit ungeheurer Anspannung verfolgte Kowalski jede Veränderung in seiner Redaktion. Er fragte die Telefonistin und die Sekretärin aus, deutete jede ihrer Redewendungen, dachte stundenlang über ihre Bedeutung nach. Rechtzeitig begann er sich um die Neuausstellung seines Passes zu bemühen. Die polnische Handelsmission in Köln und die Militärmission in West-Berlin mußten eingeschaltet werden. Natürlich hatte keine von beiden auch nur im entferntesten eine Ahnung, warum er so drängte und wie er litt, wenn man ihm Geduld anriet. Als der neue Paß eine Woche vor dem Ablaufen des alten nicht eingetroffen war, glaubte er mit Sicherheit, die Würfel seien gefallen. Provisorisch setzte er den Abreisetermin nach Israel fest. Er wurde so gewählt, daß er mit dem letzten Gültigkeitstag seines Passes zusammenfiel. Mit der Ausstellung des Visums und dem Kauf eines Flugbillets wollte er bis zum letzten Moment warten.

Schließlich konnte er die Möglichkeit nicht ausschließen, daß er selbst in der westdeutschen Stadt Bonn unter Beobachtung seiner Landsleute stand. Sein Sohn war der Verzweiflung nahe. Noch immer hatte sich keine Möglichkeit ergeben, seine Freundin aus Polen herauszuholen. Ihr Antrag auf ein Ausreisevisum zum Zweck eines Besuches in Paris war abgelehnt worden. Sehr zum Entsetzen des Vaters teilte sie ihrem Verlobten dies über das Telefon der ›Trybuna Ludu‹ mit. Ein- oder zweimal gelang es den beiden, sich in der Tschechoslowakei oder in Jugoslawien zu treffen. Aber von dort führte ohne Visum kein Weg in die Bundesrepublik oder in andere Staaten des Westens. Der Vater litt nicht nur unter seinem eigenen Schicksal, sondern auch unter der quälenden Vorstellung seines Sohnes, seine Freundin womöglich für immer aufgeben zu müssen.

Genau zu diesem Zeitpunkt hatte ich ein paar Tage lang Grund zu der Annahme, daß Artur Kowalski mich und die israelischen Freunde, die ich ihm vorgestellt hatte, betrogen hatte. Meine Versuche, ihn telefonisch zu erreichen, scheiterten. Eine automatische Telefonansage tat dem Anrufer kund, daß es unter der gewählten Nummer keinen Anschluß mehr gebe. Für mich lag der Verdacht nahe, daß Kowalski am Ende doch nicht in der Lage gewesen war, nach einem langen Leben für den Kommunismus dieser Ideologie zu entsagen, und nach Polen zurückgekehrt war. Zu seiner Wohnung zu gehen wagte ich nicht. Ich hatte Sorge, entweder den polnischen oder den deutschen Geheimdienst dort anzutreffen. Aber wenig später tauchte Kowalski wieder auf. Seine Erklärung war einfach, einleuchtend und komisch zugleich. Die Weihnachtstage hatte er zu einem kleinen Urlaub genutzt. Zuvor aber hatte er das Telefon abbestellt in der Befürchtung, daß sein Paß nicht verlängert würde und er schnellstens abreisen müsse. Dann hätte er keine Gelegenheit mehr gehabt, seine Telefonrechnung zu bezahlen.

Wahrhaftig im letzten Augenblick, wenige Tage vor Ablauf des Passes, bekam Kowalski die Mitteilung von der Ausstellung eines neuen Passes und der Erledigung der übrigen Formalitäten. Es war zunächst wie eine Erlösung. Dennoch war es nur ein Aufschub. Einen Tag hielt die Euphorie über die Galgenfrist an. Dann war die Wirklichkeit wieder allgegenwärtig: wie die Braut aus Polen herausbringen, wann endlich den Bruch vollziehen, der im Geiste vollzogen war, und wie die weitere Quälerei durchstehen.

Der Vater drängte den Sohn, entweder sich endlich mit dem Verlust der Freundin abzufinden oder eine »andere« Lösung herbeizuführen. Der Sohn beschwor den Vater, doch mit seinem Schritt so lange wie möglich zu warten. Sie machten sich gegenseitig das Leben zur Hölle. Die Meldung, daß der (jüdische) Chefredakteur der ›Trybuna Ludu‹ seines Postens enthoben worden war, rief im Hause Kowalski neue Panik hervor. War das doch ein deutlicher Vorbote dessen, was nun unweigerlich kommen mußte.

Ich erinnere mich noch genau daran, wie ich versuchte, Kowalski diese Nachricht, die ich auf dem Nachrichtendrucker gesehen hatte, beizubringen, bevor es ein anderer tat. Er mußte vorbereitet sein, um seine Reaktion unter Kontrolle zu haben, wenn seine polnischen Kollegen ihn darauf ansprachen. Niemand aber durfte von unserem Kontakt wissen, der ihn unnötig dem Verdacht ausgesetzt hätte, abtrünnig werden zu wollen. Ich ging also auf dem Wege zur Pressekonferenz im Regierungsviertel von Bonn »zufällig« neben ihm, und ohne ihn anzusehen, murmelte ich die Nachricht vor mich hin. Er verstand. Ich kam mir vor wie in den schlimmsten Jahren der Hitler-Diktatur bei konspirativer Arbeit.

Eines Tages nun gelang es, die Freundin des Sohnes aus Polen herauszuschleusen. Der Sohn fuhr Danka entgegen. Einen gefälschten Paß, dessen Herkunft mir unbekannt blieb, hatte er ihr bei einem Treffen in der Tschechoslowakei übergeben können. Damit überquerte sie ohne Schwierigkeiten die Grenze des Ostblocks. Um die Gefahr für die zurückbleibende Familie zu mindern, fuhr sie zunächst nach Holland weiter. Eine Tochter, die im »revanchistischen« Deutschland um Asyl nachsuchte, würde den Makel, der auf der Familie bereits lastete, noch vergrößern. Aber in Holland begriff man die Situation, in der das Mädchen sich befand, nicht so ganz – gebrandmarkt, weil sie gegen die Regierung demonstriert hatte, weil sie Jüdin war, weil ihr Bruder im Gefängnis saß, weil sie einen Freund hatte, der in Kürze ebenfalls als Verräter angeprangert werden würde?

Sie mußte die Erfahrung machen, wie schwer es ist, Außenstehenden das Leben unter den Bedingungen einer Diktatur klarzumachen. Die holländischen Behörden lehnten ihr Ersuchen um politisches Asyl ab. Danka kam nun nach Bonn, um bei ihrem Verlobten zu sein. Wohin hätte sie sich sonst wenden sollen? Aber dies konnte nur in aller Heimlichkeit geschehen. Längst mußte ihr Verschwinden in Polen bekannt sein. Entdeckte sie einer der »offiziellen« Polen in Bonn, so hätte es keine Zweifel mehr über die »Verbindung« und die Absichten der Kowalskis gegeben. Vor der Putzfrau galt sie als zufällige Besucherin. Ausgehen durfte sie nur nach dem Dunkelwerden. Auf keinen Fall durfte sie das Telefon benutzen, von dem Kowalski annahm, daß es überwacht wurde, oder die Tür einem unangemeldeten Besucher öffnen. Sie lebte das Leben einer Illegalen in Bonn, wie ich es so gut kannte.

Im Grunde genommen war Artur Kowalski nun frei zu gehen, wann und wohin er wollte. Jetzt drängte ihn sein Sohn, so schnell wie möglich die Brücken zu Polen abzubrechen. Er beabsichtigte, in Deutschland um Asyl nach-zusuchen, in aller Ruhe sein Studium zu beenden, seine Freundin zu heiraten und den ganzen Heimlichkeiten ein Ende zu bereiten. Kowalski brauchte sich mit der Ent-scheidung, wann die offizielle Trennung zu vollziehen war, nicht lange zu plagen. Es kam, wie es vorauszusehen war. Die Redaktion der ›Trybuna Ludu‹ berief ihn von sei-nem Posten ab und forderte ihn auf, nach Warschau zu-rückzukehren, ohne anzugeben, welche Aufgabe er dort übernehmen sollte. Der Brief, in dem Kowalski mit dem kommunistischen System nach 40 Jahren loyaler Zugehö-rigkeit brach, war im Geiste längst geschrieben worden, die Reisevorbereitungen waren getroffen. Dennoch gab es immer noch Probleme. Schließlich mußte er vermeiden, daß seine Absicht vorzeitig bekannt wurde. Die Polen wä-ren möglicherweise vor nichts zurückgeschreckt, um ihn von seiner Flucht zurückzuhalten – ein so langjähriger Funktionär hatte schließlich viel zu erzählen.

Wie also mit dem Gepäck aus der Wohnung heraus-kommen, ohne gesehen zu werden? Wie der Hauswirtin, der man nicht zum offiziellen Termin kündigen konnte, die restliche Miete zukommen lassen, wie das Telefon rechtzeitig abbestellen? Ich half ihm dabei. In solchen Dingen war ich dank meines illegalen Lebens viel erfah-rener als er. Ein Zeitpunkt ergab sich, wie er nicht besser gefunden werden konnte. Alle polnischen Korresponden-ten in Bonn wurden im Juni 1968 für ein Wochenende nach Ost-Berlin geladen, wie es in jedem Jahr einmal zu geschehen pflegte. Dort trafen sie sich mit einem Vertreter des polnischen Außenministeriums, der sie über die politi-sche Lage instruierte und ihnen Direktiven gab.

Man verabredete sich, gemeinsam im Schlafwagen im Interzonenzug nach Berlin zu reisen. Auch Kowalski sagte zu. Seine Kollegen warteten aber vergeblich auf ihn. Zu der Zeit, am 6. Juni 1968, als sie auf dem Bahnhof von Bonn nach ihm Ausschau hielten, war er bereits in Israel gelandet. Erst fünf Tage später meldete die ›Trybuna

Ludu‹ in einer kurzen Notiz, daß sich ihr Korrespondent in Bonn als Verräter erwiesen habe. Am Tage dieser Veröffentlichung kamen die polnischen Journalisten ausnahmsweise geschlossen zur Pressekonferenz, in der Regierungssprecher in Bonn Ankündigungen zu machen pflegen. Wie ein Block saßen sie beieinander. Die Frage eines deutschen Journalisten an den Sprecher, ob Kowalski in der Bundesrepublik um Asyl nachgesucht hätte, weckte das Interesse der übrigen Bonner Korrespondenten. In großer Zahl umdrängten sie die polnischen Kollegen nach der Pressekonferenz. »Nein, Journalist hätte er nicht bleiben können«, bekannten sie freimütig. Den Grund, nämlich der, daß Kowalski Jude war, nannten sie nicht. Aber sehr bestimmt waren sie in der Behauptung, Kowalski hätte bei einer Rückkehr nach Polen nicht um sein Leben fürchten müssen.

Artur Kowalski ist in Israel ein neuer Mensch geworden – im wahrsten Sinne dieser etwas phrasenhaften Behauptung. »Das erste Mal in meinem Leben bin ich frei, zu schreiben und zu sagen, was ich will.«

An einem der »Frühschoppen«[163], zu denen ich eingeladen wurde, attackierte mich als Vertreterin einer israelischen Zeitung ein Journalist aus Ungarn, getreu der damaligen antiisraelischen Politik des Ostblocks, die im Abbruch der diplomatischen Beziehungen zu Israel nach dem Sechs-Tage-Krieg von 1967 und in einer alles bejahenden proarabischen Haltung gipfelte. Der Ungar tat sein Bestes, und ich stand ihm in nichts nach, denn seine einseitigen kommunistischen Sprüche zwangen mich dazu.

Erst wenige Monate zuvor hatte dieser Journalist mir in einem ersten Kontakt – obwohl er bereits mehrere Jahre in Bonn war – am Telefon »gestanden«, daß er Jude sei und daß er und seine Frau in ihrem Herzen um Israels Sicherheit bangten. Da er Jahre zuvor unter Präsident Nasser als Korrespondent gearbeitet hatte, wußte er um die Gefahren für den jüdischen Staat. Kaum war die Sendung beendet, da stürzte er auf mich zu, nahm meine Hand, die Tränen in seinen Augen sagten mehr aus als seine Worte: »Verzeihen Sie mir, bitte verstehen Sie, daß ich nicht anders konnte.« Während desselben »Frühschoppens« hatte übrigens auch ein ägyptischer Kollege seine »vaterländische« Pflicht mir gegenüber getan. Auch er schüttelte mir die Hand, als die Kamera abgeschaltet war, und meinte leichthin: »Das ist ja eigentlich alles nur ein Spiel.« Ein Spiel – nicht selten mit tödlichem Ausgang.

14. Halbwegs Vergnügliches

»Ich legte meine Hände um ihren Hals. Da machte es plötzlich ›knack‹, und sie glitt zu Boden.« Mit einem freundlichen Lächeln auf dem Gesicht und einem bedauernden Achselzucken schilderte Josef Esra Levy aus Haifa ganz nüchtern den Mord, den er an seiner früheren Geliebten, der Bardame Betty Gruber, verübt hatte. Ein Frankfurter Schwurgericht hatte ihn dafür zu 15 Jahren Gefängnis verurteilt. Levy, schlank, sehr lebhaft, mit dunklen, ausdrucksvollen Augen, saß mit mir und einem Gefängnisaufseher im schmucklosen Besucherraum des Gefängnisses Preungesheim bei Frankfurt. Wäre da noch eine Tasse Kaffee auf dem Tisch gewesen, hätte ich irrigerweise annehmen können, ich säße mit Herrn Levy vergnüglich plaudernd in einem Café.

Mein Gespräch mit ihm, einem Mörder, gehörte zu den angenehmeren Seiten meiner Arbeit als Korrespondentin von ›Maariv‹ in Bonn. Tatsächlich ist ja der Journalist, den seine Zeitung auf einen Auslandsposten schickt, meist nicht nur dazu da, über die politische Situation des Landes, in dem er gewissermaßen akkreditiert ist, zu berichten und sie zu analysieren. Er muß sich mit allen Themen befassen, die die Leser seiner Zeitung interessieren könnten. So kam es, daß ich Sportberichte verfaßte (oft mit Hilfe der israelischen Teilnehmer), mich als Kunstkritikerin versuchte, soweit das in meinen Kenntnissen lag, mit Polizeidienststellen in engem Kontakt stand, denn Verbrechen israelischer Bürger im Ausland und besonders in Deutschland erregten die Gemüter unserer Leser sehr. Und manchmal konnte man auch lachen in Bonn.

Josef Esra Levy war 1967 aus Israel nach Frankfurt gekommen auf der Suche nach dem großen Geld, hatte in verschiedenen Bars gearbeitet, erst als Tellerwäscher, dann auch als Manager, bis er in der Lage war, selber eine Bar zu pachten. In Bahnhofsnähe, wo er bald ein gefürchteter Mann war und mit dem Spitznamen »Karate-Josef« bedacht wurde, befand sich auch sein Lokal, »Hedy's Bierbar«, eine dunkle Spelunke. Er ging ein Verhältnis mit der Bardame Betty (Berthilia) Gruber ein, die ihn finanziell wie auch durch ihre Beziehungen unterstützte.

Nach einer Weile hatte er genug von Betty und wandte sich Ilke Petersen zu. Betty nahm dies nicht einfach hin. Am frühen Morgen des 7. Februar 1970 erschien sie bei Levy in der Wohnung unter dem Vorwand, ihr Geld zurückhaben zu wollen. Da sah sie die Nebenbuhlerin und begann zu schreien: »Scheißjude«, »Dreckjude«, und »Hitler hat vergessen, dich zu vergasen«. Da schlug Josef Levy zu. »Sie hat kein Glück gehabt«, so sein Kommentar im Gefängnis. Nicht die Spur von Reue klang aus seinen Worten. Betty war tot. Mit Hilfe seiner neuen Freundin brachte er Bettys Leiche zum Königsstuhl bei Heidelberg, wo sie sie gemeinsam im Wald vergruben, nachdem er das Gesicht mit Salzsäure unkenntlich gemacht hatte. Wenige Monate danach, im Mai 1970, entdeckten Spaziergänger die Leiche. Sehr bald stand Josef Levy im Verdacht, die Tat verübt zu haben, und konnte schließlich auch überführt werden.

»Ich bin der Sohn eines Rabbiners«, sagte er voll Stolz zu mir. Das berechtige ihn auch, so Levy, sich der übrigen israelischen Gefangenen »anzunehmen«, der kleinen Verbrecher, Hasch-Dealer, Taschendiebe – »alles Kinder, Anfang zwanzig, natürlich aus Tel Aviv«, fügte er verächtlich hinzu. Tel Aviv ist als Sündenpfuhl des Landes Israel verschrien. Er übersetzte für sie und kümmerte sich darum, daß sie ihrer Religion entsprechend die richtige Kost bekamen. Das bestätigte auch mit einer gewissen Dankbarkeit die Gefängnisverwaltung. Vor allem aber sorgte er dafür, daß sie ihre Religion ausüben konnten, und organisierte jeden Freitagabend einen Gottesdienst, »als Sohn des Rabbiners kenne ich die Liturgie ganz genau«. Ach, er möchte nur weg aus Deutschland, zurück nach Hause, ein für allemal. Zwar standen ihm noch etliche Jahre Gefängnis bevor. Aber er träumte schon von Haifa und von seiner Familie. »Dann gehen wir zusammen Kaffee trinken«, sagte er eifrig. »Ich lade Sie dazu ein«, und er schloß mit einem fröhlichen »Auf Wiedersehen in Haifa«.

Ein großer goldener Ehering fand sich eines Tages in einer Kiste voll Jaffaorangen, die ein Arbeiter in einem Discounthaus in West-Berlin zum Verkauf auspackte – so berichtete eine Berliner Boulevardzeitung. Offensichtlich war dieser Ring beim Packen der Früchte dem Packer vom Finger gerutscht. Der Arbeiter übergab seinen Fund der Filialleiterin, die wiederum verständigte Polizei und Presse. Es sei ein ungewöhnlich großer Ring ohne jegliche Inschrift, ließ man mich wissen. Er könne nur einem starken Mann mit entsprechend dicken Fingern gehören. An Hand der Nummer der Kiste, in der der Ring gefunden worden war, gelang es dem Citrus Marketing Board festzustellen, daß diese Kiste in einer kleinen Stadt bei Haifa gepackt worden war. Ich schrieb meinen Bericht in der Hoffnung, über meine Zeitung den Verlierer ausfindig zu machen und vielleicht einen Ehekrach noch abwenden zu können. Tatsächlich meldete sich der Verlierer bei meiner Zeitung in Tel Aviv. Aber trotz des ungewöhnlich großen Ringdurchmessers war es kein Mann, sondern eine aus Marokko stammende Mutter von vier Kindern. Über meine Redaktion wurde ihr der Ring wieder zugestellt.

»Der Kläger beantragt, die Beklagte zu verurteilen, an den Kläger eine angemessene Entschädigung in Geld – mindestens 10 000 Mark nebst vier Prozent Zinsen seit Klagezustellung – zu zahlen.« Dieser Brief trug das Datum des 3. März 1971. Der Kläger war der israelische Bürger Josef Moyal, Pächter zweier Bars, eine in Idar-Oberstein, die andere bei Kaiserslautern, beide in der Nähe amerikanischer Flughäfen gelegen. Am 11. Februar 1971 war er in einem Düsseldorfer Lokal namens »Sabra« festgenommen worden, zusammen mit drei anderen (nichtjüdischen) Nordafrikanern, wegen dringenden Verdachts der Zugehörigkeit zu einer Zuhälterbande. Außerdem hatte der Kläger eine ungesicherte Pistole bei sich, für die er keinen Waffenschein besaß, und 80 Diamanten und zwei Brillantringe, deren Herkunft er der Polizei vorenthielt.

Die Beklagte war ich, denn ich hatte diese Meldung, die ich bei der Polizei in Düsseldorf in allen Einzelheiten recherchiert hatte, an meine Zeitung weitergegeben. Und sie war pikant genug, um dort auf der ersten Seite zu erscheinen. Das Düsseldorfer Anwaltsbüro des Klägers hatte mich zunächst aufgefordert, eine »Berichtigung« der Meldung zu veröffentlichen und ihm, dem Kläger, ein Schmerzensgeld von 20 000 Mark zu zahlen, da der Artikel im wesentlichen falsch sei und der Kläger sich in seinem Persönlichkeitsrecht verletzt fühle. Ich tat nichts dergleichen, denn ich hatte mich, journalistischer Sorgfaltspflicht entsprechend, völlig korrekt verhalten und sah keinen Grund, mir Sorgen zu machen.

Der Kläger ließ aber nicht ab. Er stellte schließlich Strafantrag, in dem er allerdings nur noch 10 000 DM Schmerzensgeld von mir forderte. Mein Wert, so stellte ich amüsiert fest, war in den Augen des unter Verdacht der Zuhälterei festgenommenen Mannes sehr rasch um 10 000 Mark gesunken.

Vor dem Landgericht Düsseldorf stand ich am 14. Januar 1972 dann zum ersten Mal einem Mann aus dem Milieu der zweifelhaften Vergnügungen gegenüber. Der Termin war anberaumt worden, um die Parteien zu einem gütlichen Vergleich zu führen. Der 39jährige untersetzte Mann mit dem ergrauten Haar und den verschwommenen Gesichtszügen machte einen verlebten Eindruck. Er war bleich, von fast weißer Gesichtsfarbe und bewegte sich nur langsam und wie in Trance. Er trug einen weinroten, seidig schimmernden Anzug. Dazu ein seidenes Hemd mit passenden weinroten Streifen. Dicke goldene Manschettenknöpfe und eine ebenso kostbare Armbanduhr waren sichtbar. Er zeigte keinerlei Bewegung, als Landgerichtsrat Dr. Jansen den Tatbestand verlas.

Danach wandte sich der Richter an Moyal und fügte dem zuvor Verlesenen an: »Ich würde sagen, Herr Moyal, da ist für Sie nichts drin. Ich sehe keine Anspruchsgrundlage.« Die Beklagte habe sich völlig korrekt und dem Presserecht entsprechend verhalten. Ohne der Entscheidung der Kammer vorgreifen zu wollen, so sagte der Landgerichtsrat, sei seines Erachtens kein Ergebnis im Sinne der Anklage zu erwarten, sollte Moyal auf einer solchen bestehen. Die Presse habe ein Recht, über solche Fälle zu berichten. Israel, wie alle kleinen Länder, hätte überdies ein besonderes Interesse daran, daß seine Bürger im Ausland nicht mit dem Gesetz in Konflikt gerieten. Überdies sei die Forderung nach 10 000 Mark Schmerzensgeld ganz unrealistisch, meinte Dr. Jansen, und in keiner Weise vergleichbar mit der richterlichen Entscheidung, dem Landgerichtspräsidenten Dr. Becker (Bonn) 10 000 Mark Schmerzensgeld zuzugestehen, von dem fälschlicherweise behauptet worden war, er habe einer weiblichen Person in den Po gekniffen. Die Beklagte habe ihre Informationen offenbar auf die zuständige Polizeiakte gestützt.

Nach zweistündiger Erörterung der Sach- und Rechtslage empfahl der Landgerichtsrat dem Moyal, der vor seiner Übersiedlung nach Deutschland in Tel Aviv wegen eines Diebstahls verurteilt worden war und gegen den später zweimal der Verdacht der Notzucht und einmal der Entführung wider Willen bestand, sich mit seinem Anwalt erneut zu beraten. Moyal und sein Anwalt verließen den Raum. In der dadurch entstandenen Pause fragte Dr. Jansen mich, die Beklagte, wie es nur komme, daß es immer Juden oder Israelis seien, die in derartigen Angelegenheiten in Konflikt mit dem Gesetz gerieten. Ich erschrak. Es war eine ungeheuerliche Bemerkung eines Richters. Blitzschnell begriff ich, daß hier jede Antwort falsch wäre. Empörte ich mich, wie es meinem Gefühl entsprach, gefährdete ich womöglich den Verlauf des Prozesses. Aber ich konnte ihm auch nicht beipflichten. Durch die Rückkehr des Klägers und seines Anwalts wurde ich der Antwort enthoben. Moyal war nicht zu einem Rückzug bereit. Er bestand auf einem Prozeß. Aber seine Klage wurde am 1. März 1972 von der voll besetzten Kammer abgewiesen und er zur Zahlung aller Kosten verurteilt.

»Tel Aviv Uni 21345 Israel« stand auf dem Ring am Bein des kleinen Vögelchens zu lesen, das eine junge Frau in Dieringhausen (Bergisches Land) völlig erschöpft vom Fahrdamm aufgelesen hatte. Sie brachte es nach Hause, pflegte es, gab ihm Mehlwürmer und Obst zu fressen und ließ es in einem Bauer schlafen. Der Vogel war ihr zunächst als kleiner Spatz erschienen. Als er genesen war, sah sie, daß er ungewöhnlich klein von Statur und sein Schnabel ziemlich krumm war und daß sein Gefieder in keiner Weise dem eines deutschen Spatzen glich. Nicht ganz sicher, ob sie das Vögelchen, das so anders war als seine vermeintlichen deutschen Artgenossen, richtig behandelte, meldete sie ihren Fund in der israelischen Botschaft in Bonn und bat um Rat.

Dort aber war man ratlos. Kein Referent schien für solche Fragen zuständig. Der Gesandte persönlich mischte sich ein, dem die junge Frau leid tat. Er wandte sich an den berühmtesten Ornithologen der Stadt Bonn. Dieser konnte sich gar nicht lassen vor Begeisterung, daß der kleine Vogel eine so weite Reise zurückgelegt haben sollte. Aber sehr hilfreich war auch er nicht. Ich rief die Ornithologen der Universität Tel Aviv durch meinen Bericht in der Zeitung auf den Plan. Ihre Reaktion war keineswegs freundlich. Wie könne man einen Singvogel in einen Käfig sperren! Und überdies fanden sie die Diät, die die junge Frau dem Vögelchen verabreicht hatte, alles andere als passend. Die Sylvia Curuca (Klappergrasmücke) sei ordnungsgemäß in der südlichen Hafenstadt Eilat am Roten Meer am 21. März registriert und beringt worden und ganz offensichtlich von dort auf die zwei Monate währende Reise gegangen, so die Ornithologen der Universität Tel Aviv.

Der Professor meldete sich persönlich zu Wort und forderte von mir ultimativ, ich möge die Frau dazu bringen, den Vogel auf der Stelle wieder fliegen zu lassen. Das Ganze schien ihm außerordentlich grotesk, ein Singvogel in einem Käfig! Noch dazu war das gesetzeswidrig! Kein Wort des Dankes war in dem Brief enthalten, daß Frau Heidemann das Vögelchen vor dem sicheren Tod des Erfrierens oder des Überfahrenwerdens gerettet hatte. Meine Anregung, der Frau ein kleines Präsent zu überreichen, wurde geradezu brüsk zurückgewiesen. Was diese Frau getan habe, sei doch schlichtweg unglaublich. Frau Heidemann aber fiel es sehr schwer, sich von dem kleinen Vogel zu trennen. Sie hatte sich an ihn gewöhnt. »Er flog in meinem Wohnzimmer herum, fraß mir aus der Hand, gab auch ab und zu Töne von sich, die man vielleicht als Singen hätte deuten können«, erzählte sie. An einem schönen Sommertag ließ sie ihren Schützling im Wald aus dem Käfig. Ob er Eilat wohl wieder erreicht hat?

»Ja, glauben Sie denn, unsereins hat keine Gefühle?« Mit Entrüstung in der Stimme sagte dies eine junge Frau zu mir, an die ich die Frage gerichtet hatte, aus welchem Grunde sie ihren Namen in das Kondolenzbuch eintragen wollte, das zu Ehren der sieben Toten des jüdischen Altenheims in München ausgelegt war. Das jüdische Altenheim in der Reichenbachstraße 27 war im Februar 1970 durch Brandstiftung abgebrannt, und sieben alte Menschen, die aus dem Exil nach Deutschland zurückgekehrt waren, um ihren Lebensabend in ihrer ehemaligen Heimat zu verbringen, waren in den Flammen umgekommen.

Vor der Ruine hatten sich viele Menschen eingefunden. Das Unglück hatte in der Stadt München Entsetzen ausgelöst. Sie warteten geduldig darauf, die Umgekommenen durch ihre Unterschrift im Kondolenzbuch der jüdischen

Gemeinde zu ehren. Um meinen Lesern in Israel die Anteilnahme der Bürger Münchens nahebringen zu können, sprach ich mit einigen von ihnen – alten und jungen, viele von ihnen ärmlich gekleidet, denn die Reichenbachstraße gehört nicht zu den besten Adressen der Stadt.

Die junge Frau, klein von Statur und mit sehr blond gefärbtem Haar, war eine von ihnen gewesen, die ich bat, mir ihre Empfindungen angesichts der Tragödie zu sagen. Ihre Reaktion erschreckte mich. Ich hatte sie nicht verletzen wollen. Ich versuchte, meine Frage näher zu erklären, aber sie lächelte bloß – fast nachsichtig. Schließlich sagte sie, während sie sich in Positur stellte, damit ich sie besser betrachten konnte: »Nicht wahr, Sie wissen nicht, was ich bin? Sehen Sie mich an.« Ich wußte nicht, was ich darauf sagen sollte, und sah sie mir nun in der Tat näher an. Sie darauf: »Nicht wahr, jetzt sehen Sie es?« Nun ja, sie war eine Prostituierte. Ich ergriff ihre Hand und schüttelte sie unter den amüsierten Blicken der umstehenden Polizisten, denen sie offensichtlich nicht unbekannt war, und ich versicherte ihr, daß ihr Beruf nichts mit ihren Gefühlen zu tun habe. Sie sagte leise und wie als Kommentar: »Ich machte mich gerade fertig, an jenem Freitagabend, um runterzugehen. Da hörte ich die schrecklichen Schreie der alten Menschen in dem brennenden Haus: ›Wir werden vergast, wir werden vergast!‹« Mehr brachte sie nicht heraus. Sie wandte sich ganz schnell ab.

»Gott hat schon geantwortet«, Emma Berger sagte es verwundert, »was haben Sie für ein Glück!« Sie war die Leiterin und geistige Führerin einer Gemeinschaft von Menschen, die daran glaubten, daß der Messias in Kürze kommen werde. »Wir sind bereits in der Endzeit.« Die Vorbereitungen für sein Kommen traf die Gruppe der Emma Berger zum Teil im kleinen Städtchen Korntal, 30 Kilometer von Stuttgart entfernt, hauptsächlich aber im israelischen Sichron Jaakow, denn nur dort, in Israel, wäre mit der Ankunft des Messias zu rechnen.

»Gott hat Ihnen erlaubt, über die Hochzeit in unserem Hause in Ihrer Zeitung zu berichten«, sagte sie. Als ich sie darum gebeten hatte, hatte sie es abhängig gemacht von »Gottes Entscheidung«. »Ich werde mit ihm sprechen.« Als ich zaghaft anfragte, wie lange ich wohl auf eine Antwort von Gott warten müsse, war sie ungenau. Es könne zwei Wochen dauern oder auch weniger. Gott sei schließlich ein vielbeschäftigter Mann.

Aber nun war die positive Antwort Gottes schon einen Tag nach meiner Anfrage gekommen. »Wenn die Dame den Mut hat, darüber zu schreiben (ein Hinweis auf jüdische Fanatiker, die meinten, Emma Berger sei eine zu bekämpfende Missionarin), dann wehret ihr nicht.« So gab sie mir Gottes Antwort wieder. Vergessen hatte sie allerdings meine Bitte, auch einem Fotografen die Möglichkeit zu geben, die Zeremonie zu verewigen. Sie versprach, Gott noch einmal zu belästigen. Aber auch das war ihm recht, so ihre Worte.

Emma Berger war in einem methodistischen Krankenhaus in Wuppertal-Elberfeld als Krankenschwester ausgebildet worden. Dort sollen sich in den fünfziger Jahren Fälle von Zungensprechen, Prophezeiungen und Wunderheilungen zugetragen haben. Auch ihr sagte man solche Fähigkeiten nach. Sie behauptete von sich, durch ein Wunder gerettet worden zu sein. Nach 13 Jahren als Röntgenschwester sei sie »unheilbar krank« gewesen. Niemand konnte sie heilen. Daraufhin beschloß sie zu beten, nur noch zu beten. Und siehe da, sie wurde wieder ganz gesund.

Zu diesem Zeitpunkt bildete sich ein Kreis von Menschen um sie, der davon überzeugt war, daß sie übernatürliche Kräfte besaß. Noch aber hatte sie keinen Sammelpunkt für ihre Jünger. Erst als einer ihrer Patienten ihr ein Haus in Korntal vererbte, konnte sie ihrer Aufgabe gerecht werden. Das war kein Zufall. »Das geschah auf Anordnung von Gott«, sagte sie überzeugt. Und Gott tat noch mehr: »Gott hat uns hierhergeschickt«, so erklärte sie ihre Anwesenheit in Sichron Jaakow. »Wir stammen von dem Samen Abrahams.« Und sie beteuerte, daß es ihre Fähigkeit sei zu wissen, wann Gott ihr einen Befehl gab. Und dieser Befehl besagte: »Alle, die vom Samen Abrahams stammen, müssen zusammengeführt werden.« Sie glaubte fest an das Wort des Propheten, daß Israel vom Messias gerettet werde. »Und er ist nicht mehr fern.« Gott habe sie nun nach Israel gesandt, um für alle die den Boden zu bereiten, die die Ankunft des Messias dort erwarten wollten.

»Gott war heute recht ernst«, stellte Emma Berger am Tag der Hochzeit fest. Als ich verwundert fragte, was sie damit meinte, sagte sie nur schlicht, Gott habe doch gesprochen. »Haben Sie es nicht gehört?« Ich mußte ehrlich zugeben, daß es mir entgangen war. Sie wies mich auf die Stimmen hin, die während der Hochzeitszeremonie aus den Reihen der anwesenden »Brüder und Schwestern« zu hören gewesen waren: »Vergiß Jesus nicht!« und »Denk an den Weinstock!« Das sei Gott gewesen, der aus den Anwesenden gesprochen habe. Emma Berger lächelte allwissend. »Hat sich Gott denn auch schon einmal anders gezeigt?« erkundigte ich mich. »Gott kann sogar fröhlich sein«, war ihre Antwort.

Nach der Zeremonie war für das junge Paar, das aus den Reihen der »Brüder und Schwestern« stammen mußte, ein für unsere Begriffe kärgliches Leben vorgesehen. Für sie gab es nur zwei Aufgaben: beten und arbeiten. »Wir haben keine weltlichen Wünsche.« Also liest man keine Zeitungen, kennt kein Fernsehen, hört kein Radio, kennt kein Kino, kein Theater in »Beth El« (Haus Gottes), wie man die Ansiedlung in Sichron Jaakow nennt. Das gesellschaftliche Leben und der Umgang mit den Finanzen sind dort ebenso geregelt wie in einem Kibbuz: Alles gehört allen, und keiner hat mehr als der andere.

Und es gehört ihnen vieles außer dem Haus in Korntal, von wo jeden Monat andere Anhänger der Emma Berger zu einem Arbeitsurlaub nach Sichron Jaakow kommen.

Sie erwarb dort viel Land; jede Familie hat ihr nach deutscher Sitte gebautes Haus, und fünf Fabriken bieten Arbeitsplätze. Die Renten der Pensionäre aus Deutschland und der »Zehnte«, den jeder der Gemeinschaft abgibt, ermöglichen das. Familienplanung kennt man nicht. Die daher zahlreichen Kinder werden nie in den Genuß ärztlicher oder zahnärztlicher Pflege kommen, da nach Emma Bergers eigener Erfahrung nur Beten Heilung verspricht. »Gott will es so«, sagte sie und fügte hinzu: »Heißt es nicht im Neuen Testament: Ich bin Gott, dein Heiler?«

Die Gewißheit ihres eigenen nahenden Todes (Oktober 1984) nahm sie mit der gleichen Ergebenheit hin. Dieses Mal half ihr Beten nichts. Als ich einen Kondolenzbesuch bei ihrer Schwester abstattete, schien diese mir in keiner Weise zu trauern. »Aber Frau Deutschkron«, sagte sie in der Art, wie man einem Menschen seine Unwissenheit verzeiht, »sie fehlt uns natürlich sehr«, und dann, an die Zimmerdecke blickend, als ob sie dort etwas suche, »aber sie sitzt doch nun zu Füßen des Herrn und schaut all das Schöne, das sie einst gepredigt hat.« Als ich nach dem Ort des Grabes fragte, sagte die Schwester, wiederum zur Decke blickend: »Ach ja, sie hat ein Grab. Aber das ist doch längst wieder leer.« Ich reagierte erschrocken, weil ich im Geiste religiös-fanatische Juden dabei sah, wie sie Emma Berger aus dem Grabe schaufelten. »Nein, nein«, wehrte die Schwester ab, »in diesem Lande ist doch schon einmal jemand wiederauferstanden.«

Die vielen Millionen Leser einer großen japanischen Zeitung erfuhren eines Tages – es muß im Jahr 1969 gewesen sein –, daß Egon Bahr, der enge Mitarbeiter des damaligen Außenministers Willy Brandt, Tokio einen Besuch abstatten wollte. Ursprünglich hatte Brandt selbst reisen wollen, war aber durch eine plötzliche Herzerkrankung daran gehindert worden. Und die Leser dieser Zeitung erfuhren auch noch etwas ganz Erstaunliches: Bahr würde bei dieser Gelegenheit Abgesandte des »roten« China treffen. Als

Quelle für diese sensationelle Meldung – zu jener Zeit war an Beziehungen irgendwelcher Art mit China nicht zu denken – waren »informierte Kreise« der Bundeshauptstadt angegeben worden.

Der japanische Kollege, der für diese Meldung verantwortlich zeichnete, war erst kurz zuvor nach Bonn versetzt worden. Er wußte daher noch wenig von deutscher Politik und deutschen Politikern. Ich war ihm als langjährige Bonner Korrespondentin vorgestellt worden, und nachdem wir einen gemeinsamen Freund entdeckt hatten, bat er mich des öfteren um Erläuterungen. Darum war ich auch gar nicht überrascht, als er mich nach der Ankündigung, Bahr werde nach Tokio reisen, ansprach.

Auf seine Frage, was dieser Bahr, der ihm ganz unbekannt war, meiner Ansicht nach in Japan tun würde, wußte ich eigentlich keine rechte Antwort. Ich zuckte die Schultern, nach einigem Nachdenken sagte ich lachend und mit der Frechheit einer Berlinerin: »Na, wahrscheinlich trifft er da die Chinesen.« Mein japanischer Kollege stimmte in mein schallendes Gelächter ein – wie ich annahm – über meinen gelungenen Witz. Zwei Tage später erfuhr ich zu meinem Entsetzen, daß die acht Millionen Leser seiner Zeitung diesen Witz durch eine riesige Schlagzeile als wichtige Nachricht zu lesen bekommen hatten. Mein Kollege hatte offenbar mein europäisches Gelächter asiatisch interpretiert – Lachen, das Wissen bedeutet.

Als die ostdeutsche Nachrichtenagentur ADN noch am gleichen Abend reagierte und in einem bissigen Kommentar das »bevorstehende Treffen Bahrs mit den Chinesen« verdammte, kannte meine Heiterkeit keine Grenzen mehr. Im Bunde mit der Sowjetunion galt für die DDR China als einer der größten Feinde. Da hieß es, »Imperialisten« treffen sich, um gemeinsame Front gegen den Sozialismus zu machen. Ich gebe zu, daß meine Heiterkeit über diese von mir nicht gewollte »Ente« getrübt war bei dem Gedanken an meinen japanischen Kollegen. Und ich wußte auch

nicht, wie ich ihm erklären sollte, daß er meinen Witz mißverstanden hatte. Ich tat darum lieber gar nichts und zog es
vor, eiligst davonzulaufen, wenn ich einen Japaner näherkommen sah.

15. Die Abrechnung

Im Jahre 1966 suchte ich um die israelische Staatsbürgerschaft nach. Ich gab damit zu, daß ich mich geirrt hatte. In der Bundesrepublik hat es keinen radikalen Bruch, ja überhaupt keinen Bruch mit der Nazivergangenheit und damit auch keinen vollkommenen Neuanfang gegeben. Die DDR, in der es ihn gab, wurde zu einer Diktatur, einer roten anstelle der braunen, umfrisiert. Eine »Bewältigung der Vergangenheit«, das mißverständliche Schlagwort, das man so gern im Munde führte, hat in der alten Bundesrepublik nie stattgefunden. Im Grunde nahm man die Vergangenheit gar nicht zur Kenntnis. Die meisten Deutschen fühlten sich ohnehin als Opfer des Krieges, als Ausgebombte, als Vertriebene, als vom kalten Krieg Bedrohte.

Was Wunder, daß die Entnazifizierung, ein sich jahrelang hinziehendes bürokratisches Verfahren, auf breite Ablehnung in der Bevölkerung stieß, ja eigentlich belächelt wurde. Die Aussonderung der Schuldigen bewirkte es jedenfalls nicht. Die Haltung dazu kam in einem Ausspruch des angesehenen niedersächsischen Ministerpräsidenten Hinrich Kopf zum Ausdruck: »Wenn ich das Wort Entnazifizierung höre, sage ich ›Ober, einen Cognac‹.«[164] Eine Täterschaft? Es waren nie sie selbst, immer nur andere gewesen. Gelegenheit zu dieser Distanz gaben die Nürnberger Prozesse, obwohl man sie im Grunde ablehnte, weil diese Art der Rechtsprechung nach der Ansicht vieler nirgends kodifiziert und damit nicht rechtmäßig war.

Die von außen verordnete Demokratie befolgte man. Wie es einem Deutschen geziemt, hielt man sich an Vorschriften und Regeln. Da gab es keine Deutungen, keine Auslegungen, es galt nur die Vorschrift. Gesetze waren heilig und wurden ohne Murren befolgt. Und wo es keine gab, wurden flugs welche geschaffen. Ein Mann wie der CDU-Abgeordnete Herbert S., der vom Krankenbett aus alle falsch geparkten Autos notierte und die Nummern zur Strafverfolgung der Polizei übergab, konnte nur ein Deutscher sein. Gewiß, es wurden faire Wahlen abgehalten, im Bundestag wurde zweifellos fair gestritten, in den politischen Parteien um Meinungen gerungen. Aber dort, wo Menschlichkeit gefordert war, um diese Demokratie mit Leben und Bedeutung zu erfüllen, blieben nur leere Floskeln. Der Birnbaum, der in einer Bonner Vorstadt auf behördliche Anordnung gefällt wurde, weil er keinem gehörte und seine reifen Früchte »nur« Kindern Freude machten, ist ein treffendes Beispiel dafür.

Ich war im Jahre 1955 gern nach Deutschland zurückgekommen. Ich war überzeugt davon gewesen, daß es nun ein »anderes« Deutschland sei, ein Deutschland, das mit Entsetzen auf seine Vergangenheit zurückblickte und auf die Tatsache, daß es sich nicht aufgelehnt hatte oder glaubte, sich nicht auflehnen zu können gegen die Verbrecher und deren Propagandisten, die es mit falschen Werten erfüllten. Das erste Nachkriegsjahr in Berlin hatte diese Annahme in mir gefestigt, damals, als die Westberliner um ihre Freiheit kämpften und auch siegten. Überdies war ich sicher, daß neue Menschen an der Macht sein müßten, Menschen wie jene, die für mein und meiner Mutter Überleben ihren Kopf riskiert hatten – geachtet, geehrt, den heranwachsenden Generationen zum Vorbild.

Ja, es gab solche Menschen noch in der Bundesrepublik, nur galten sie nichts, spielten bei der Gestaltung des neuen Staates in den ersten zwei Jahrzehnten keine Rolle. Warum ich blieb? Das frage ich mich heute manchmal selbst. Natürlich war es nicht so einfach zuzugeben, daß ich mich geirrt hatte. Viele Menschen hatten mich vor Deutschland gewarnt, mich als naiv bezeichnet, daß ich an einen Wandel dort glaubte. Später packte mich die Neugier zu ergründen, wie es möglich war, daß diese Deutschen, die die Unmenschlichkeit der Nazizeit erfahren hatten, im gleichen Stil weitermachen konnten und daß sie so taten, als sei nichts geschehen.

Adenauer, dessen Partei die Mehrheit des Volkes zur Führung des neuen Staates erwählt hatte und ihn damit zum ersten Bundeskanzler, konnte man keine Kumpanei mit den Nazis vorwerfen. Wenn man es nüchtern analysierte, war der damals 73jährige für die meisten Deutschen eine Art Vaterfigur, von dem sie hofften, daß er sie vor den Folgen des verlorenen Krieges beschützen könne.

Sein Gegenspieler, Dr. Kurt Schumacher, der zwölf Jahre lang im KZ geschunden worden war, wirkte schon rein äußerlich – eine hagere, fast schon abgezehrte Gestalt mit nur einem Arm – wie eine personifizierte Anklage gegen die von seinen Landsleuten begangenen Verbrechen gegen Andersdenkende. Seine Partei, die SPD, hatte damals keine Chance in diesem Deutschland. Auch als sie sich bereit zeigte, viele alte Traditionen abzubauen – die rote Fahne, die Anrede »Genosse«, das »Du« im Umgang miteinander –, um zu beweisen, wie weit sie von den im Osten regierenden Kommunisten und deren sogenanntem Sozialismus entfernt und wie nahe sie ihr, der Mehrheit der Deutschen, war. Dazu gehörte auch, daß sie ihre Stimme gegen die Übernahme vieler alter Nazis in die Staats- und Regierungsführung längst nicht so laut erhob, wie ich und viele andere es erwartet hatten. Aber auch das brachte der SPD in den ersten 20 Jahren des Bestehens der Bundesrepublik keinen politischen Profit ein. Man strebte eben in dieser Bundesrepublik nach so viel Kontinuität wie möglich und so wenig Wandel wie möglich, und dafür bot die Sozialdemokratie trotz allem keine Garantie.

Der Ost-West-Konflikt war eine der Ursachen dafür, daß dieses neue, wenig gewandelte Deutschland viel zu früh rehabilitiert und in die westliche Völkergemeinschaft aufgenommen worden war. Anfangs hatte die Masse der Deutschen noch nachdenklich zugeschaut, wie die Alliierten bemüht waren, jeder auf seine Weise, eine neue Ordnung in Deutschland zu errichten. Dann suchten sie sich zu arrangieren. Als der kalte Krieg die Allianz der Sieger mehr und mehr auseinanderriß, glaubten die westlichen Staaten, daß Deutschland in diesem Konflikt eine Rolle zu übernehmen habe. Auf ihrer Seite natürlich. Sie entließen sogar die von ihnen als Kriegsverbrecher vor den Nürnberger Gerichten Verurteilten vorzeitig aus den Gefängnissen, weil sie meinten, den Deutschen damit gefällig zu sein.

Und die Deutschen? »Mit einer gewissen Schadenfreude, mit Triumph, denn es schien uns ganz amüsant, nun die Alliierten in Schwierigkeiten zu sehen«, so beschrieb der Schriftsteller Heinrich Böll in einer Rede im Jahre 1956 die deutsche Reaktion.[165] »Später, später begriffen wir, daß Schadenfreude nicht das angebrachte Gefühl war. In diesem Konflikt lag eine Chance.« Und diese Chance ergriffen die Deutschen, und es machte sie reich und selbstzufrieden, da alle Welt bei ihnen vorsprach.

Die sozial Schwachen im Lande, wie etwa die Rentner, hatten dabei das Nachsehen. Ein Volk, das so reich geworden war, hätte sich fürwahr öfter daran erinnern dürfen, daß es in seiner Mitte Menschen gab, die beim »Tanz ums Goldene Kalb« auf der Strecke geblieben waren. Statt dessen erschienen jedes Jahr um die Weihnachtszeit Anzeigen in den Zeitungen, die um Spenden für die Armen warben.

Aber das gehört wohl in das gleiche Kapitel wie der Mangel an Nachdenklichkeit im Umgang mit den Opfern des Naziregimes, das vom deutschen Volk auch auf demokratische Weise gewählt worden war. Sie, die Opfer, störten nur den beispiellosen wirtschaftlichen und politischen Aufschwung durch ihre Versuche zu erinnern, die Schuldigen zur Sühne zu bringen. »Stück um Stück haben wir uns unsere Nachdenklichkeit abkaufen lassen«, sagte Böll in der gleichen Rede und fügte hinzu: »Doch werden wir den genauen Preis (dafür) erst erfahren, wenn unsere Nachdenklichkeit wieder erwacht ist.«[166] Und so kam es auch. Die Vergangenheit holte die Deutschen immer wieder ein, sei es durch immer neu aufgedeckte Verbrechen oder im Umgang mit anderen Völkern, die unter Deutschen gelitten hatten.

Aber gehörte ich nicht doch irgendwie nach Deutschland? Wohin gehörte ich denn sonst? Ich war in Berlin aufgewachsen, Deutsch war meine Sprache, ich kannte keine andere Kultur. Gewiß, ich war hier auch gequält und verfolgt worden. Der Staat Israel bedeutete mir zunächst gar nichts. Ich hatte als Folge meiner Erziehung und meiner Vergangenheit keinen Zugang zum Judentum und wußte auch nichts über diesen neuen Staat, der unter so vielen Schmerzen geboren worden war.

Ich war 1954 das erste Mal in Israel gewesen. Ich fand Israel interessant und sah mit Bewunderung auf das blühende, fruchtbare Land, das in harter Arbeit aus einer Wüstenlandschaft entstanden war. Aber Konsequenzen zog ich daraus nicht. Menschen, die mir klarmachen wollten, daß ich nach Israel und nicht nach Deutschland gehörte, belächelte ich nur. Was sollte ich in einem Land, dessen Bedeutung ich noch gar nicht begriffen hatte, schon gar nicht für mich selbst? Meine Funktion und Mission schienen mir vielmehr mit Deutschland verbunden zu sein. Das änderte sich erst, als ich in dieser Bundesrepublik mehrere Jahre gelebt hatte und empfinden mußte, wie störend, ja eigentlich unerwünscht ich im Grunde in diesem Nachkriegsdeutschland war.

Zur gleichen Zeit lernte ich Israel kennen. Im wesentlichen durch meine Arbeit. Im Jahre 1958 suchte die Abendzeitung ›Maariv‹ einen Korrespondenten in Bonn. Ich nahm die Aufgabe nach einigem Zögern an, in erster Linie als Broterwerb. Das brachte mich nun des öfteren nach Israel. Es lehrte mich den Sinn und die Bedeutung dieses Staates für die in aller Welt verstreuten und so oft verfolgten Juden verstehen. Ich sah mit großem Interesse die Bemühungen der damaligen israelischen Führung, eine sozialistische Gesellschaftsordnung auf der Basis neuer Gemeinschaftseinrichtungen zu schaffen. Ich war nicht die einzige in Deutschland, und nicht nur in Deutschland, die ihre Hoffnung für die sozialistische Idee auf den Erfolg dieses jungen Staates gründete.

Im Mai 1965 wurden endlich die längst überfälligen diplomatischen Beziehungen zwischen Israel und der Bundesrepublik hergestellt. Sie waren in der Bundesrepublik populär, nicht so sehr, weil viele Deutsche zu jener Zeit noch Sympathien für Israel hatten und die Araber wegen ihrer Andersartigkeit nicht liebten, sondern weil es einfach dem Ordnungssinn der meisten Deutschen entsprach, diplomatische Beziehungen zu jedem Staat zu unterhalten, mit dem man nicht in einen kriegerischen Konflikt verwickelt ist.

Im August 1965 eröffnete Asher Ben-Nathan die Botschaft seines Staates in Bad Godesberg. Dieser erste israelische Botschafter, in Wien gebürtig, ehemaliges Mitglied eines Kibbuzes und einer der ersten Jäger von Naziverbrechern, brachte genau den Stolz und die selbstbewußte Haltung mit, die den Staat Israel auszeichnen. Faktoren, die ich bei den Juden in der Diaspora, besonders während der Verfolgungen, so sehr vermißt hatte. In den Verhandlungen mit deutschen Staatsmännern und Politikern bewies er diese Qualität und machte von Anfang an klar, daß sich dieser Staat der Juden von niemandem gängeln oder unterdrücken lassen, sondern den von ihm gewählten Weg gehen würde.

Ich konnte dies bei vielen Gelegenheiten beobachten. Als einmal der damalige Bundespräsident Heinrich Lübke die Meinung aussprach, jetzt sei genug Wiedergutmachung gezahlt worden, sprach Ben-Nathan bei ihm vor und erläuterte ihm sehr klar und deutlich, daß diese sogenannte Wiedergutmachung nichts anderes sei als die Rückgabe eines kleinen Teils des von den Deutschen geraubten Besitzes der Juden und daß auch ein Bundespräsident nicht das Recht habe, dies in Frage zu stellen. Mir gefiel diese Haltung auf Anhieb. Ich bekam das Gefühl, nun Verbündete in meinem Umgang mit deutschen Politikern und der deutschen Beamtenschaft zu haben. Das Haus des

Botschafters, das der ehemalige Kibbuznik und seine Frau Erika wie selbstverständlich jeden Sonnabendnachmittag seinen Mitarbeitern und deren Familien öffneten, wurde auch mir fast zu einem Zuhause. Ähnlich erging es mir später mit Pnina und Jizchak Ben-Ari, der Anfang der siebziger Jahre Gesandter in Bonn war und später dorthin als Botschafter versetzt wurde.

Trotz meines deutschen und für viele Israelis schwer lesbaren Namens wurde ich in Israel durch meine Berichterstattung über die zahlreichen Konflikte zwischen Deutschen und Israelis sehr bekannt. Eine Tatsache, die wiederum den deutschen Beamten nicht behagte, denn ich berichtete in extenso über die Restauration in Deutschland oder, deutlicher gesagt, über die alten Nazis, die im Gefolge Adenauers in die Regierung und die Verwaltung des neuen Staates eingezogen waren.

Natürlich verheimlichte ich nicht, daß es auch »andere« Deutsche gab, die der Nachkriegsentwicklung in Deutschland genauso kritisch gegenüberstanden wie ich. Ja, mir war es wichtig, daß die Israelis das wußten. Aber die Berichte über die alten Nazis in verantwortlichen Positionen wogen schwerer in der Berichterstattung; vor allem aber erhielten sie stets eine nicht übersehbare Plazierung in meiner Zeitung. Das erboste die Beamten des Auswärtigen Amtes und des Bundespresseamtes, und sie ließen es an mir aus, obwohl ich weder für die Redaktion noch die Plazierung dieser Nachrichten verantwortlich war. Jeder mußte sich eigentlich vorstellen können, daß Israelis, die in ihrer Mehrheit kaum jemals andere als eben Nazideutsche kennengelernt hatten, diese Tatsachenberichte über Nazis oder nazistische Tendenzen in der Bundesrepublik besonders bedeutungsvoll fanden.

Aber dafür hatte in der Bundeshauptstadt niemand Verständnis. Sätze wie »Von Ihnen kann man ja gar nichts anderes erwarten« oder »Ihre Deutschfeindlichkeit ist ja bekannt« wurden mir an den Kopf geworfen. Man bewies mir gegenüber jedenfalls wenig Fairneß und Verständnis und glaubte noch dazu, mich einschüchtern zu können. Sicher hat damals auch die Tatsache, daß ich eine Frau bin, in den Jahren der mangelnden Gleichberechtigung eine Rolle gespielt. Ich erlebte des öfteren, wenn ich einem höheren Beamten gegenüberstand, daß er zunächst die Frau sah – er rückte spontan seine Krawatte zurecht, setzte sich in Positur und blickte freundlich. Als diese Frau dann aber Fragen stellte, die dem Interviewten nicht unbedingt behagten, sah man, wie sich seine Haltung von einer Art väterlichen Wohlwollens zu einem unwirschen »Was denkt die sich eigentlich?« wandelte. Meine von mir nie verborgene sozialistische Einstellung mag noch dazu in Regierungskreisen in jenen Jahren gegen mich gesprochen haben.

Ob bei Gelegenheit auch meine Zugehörigkeit zum Judentum dieser Fairneß mir gegenüber im Wege stand, vermag ich nicht zu sagen. Aber es ist nicht ganz auszuschließen. Bundeskanzler Ludwig Erhard sagte im November 1965 im Bundestag: »Die Nachkriegsära ist vorbei«, womit er zum Ausdruck bringen wollte, daß die Bundesrepublik ein in der Welt anerkannter Staat sei und sich nichts mehr sagen zu lassen brauche. Dazu gehörte auch, daß der Mord an den sechs Millionen Juden keine Belastung mehr darstellte. Tatsächlich aber war diese Behauptung verfrüht, denn die Nazi-Vergangenheit lebte noch fort. Daß man nicht über sie sprechen wollte, zeigte vielmehr, wie gegenwärtig sie noch war.

Nur einmal in den 14 Jahren meiner Tätigkeit in Deutschland fühlte ich mich mit Deutschen solidarisch. Es war an jenem 13. August 1961, als die ehemalige DDR die Sektorengrenze in Berlin schloß und die Mauer baute. Berlin bedeutete für mich immer etwas anderes als die Bundesrepublik. Und das nicht nur, weil ich aus Berlin stamme, von Berlinern gerettet worden bin und nur dort sprachlich und gedanklich so verstanden werde, wie ich es mir wünsche. Anders als in der Bundesrepublik hat die Stadt Berlin unmittelbar nach dem Krieg den alten Nazis den Besitz abgenommen, den diese häufig von Juden gestohlen hatten. Berlin hat die »unbesungenen Helden« geehrt, Menschen also, die unter Einsatz ihres eigenen Lebens Juden gerettet hatten. Diese für meine Begriffe wahren Helden Deutschlands haben nirgendwo sonst in Deutschland eine Anerkennung erfahren. Die Stadt bot ihnen sogar finanzielle Unterstützung an, wenn sie sie benötigten. Berlin war auch die erste Stadt, die ihre ehemaligen jüdischen Mitbürger zu einem Besuch in ihre alte Heimat einlud. Einige andere deutsche Städte haben dies später nachgemacht.

Selbstverständlich schloß ich mich den Journalisten an, die, vom Presseamt dazu eingeladen, nach der Schließung der Sektorengrenzen sofort nach Berlin reisten. Ich erinnere mich noch gut daran, wie fassungslos wir alle vor den ostdeutschen Grenzsoldaten standen, die als erstes Stacheldraht zogen, bevor sie die Mauer bauten. Die fahlen, ausdruckslosen Gesichter dieser jungen Hörigen eines kommunistischen Regimes habe ich nie aus meinem Gedächtnis verdrängen können.

Ich sah sie später an den Grenzübergängen wieder. Sie waren denen so ähnlich, die einem anderen Regime genauso willig gehorcht hatten. Mit Eifer führten sie die ihnen übertragene Aufgabe aus. Nicht weit entfernt von ihnen waren jene Menschen, die mir ebenso unvergessen sind und die nun von den Ihren getrennt, einander weinend an dieser neuen Grenze gegenüberstanden, ihren Lieben Worte zuriefen, ihnen zuwinkten, sie mit Blicken liebkosten und schließlich schluchzend davongingen, jeder in die ihm verordnete Welt. Wahrscheinlich verstand ich das besser als mancher Westdeutsche, der für die Metropole Berlin meist nicht viel übrig hatte – auch nicht in den Stunden ihrer Bedrängnis.

Aber auch Berlin gehörte zur Bundesrepublik, gehörte zum Einflußbereich des Adenauer-Staates. Ob ich dort mehr Verständnis gefunden hätte? Die Frage ist abwegig. Denn der Beruf der Journalisten einer israelischen Zeitung ließ mir keine Wahl zwischen dem Regierungssitz Bonn und Berlin.

Und so kam mein Entschluß zustande, die israelische Staatsbürgerschaft anzunehmen. Sie wurde mir ausnahmsweise sofort gewährt. Ich war selig, nach wenigen Wochen mit dem blauen Paß nach Bonn zurückfahren zu können. Der »normale« Einwanderer muß ein Jahr auf die Ausstellung eines Passes warten. Diese Staatsbürgerschaft gab mir den Halt, den ich jahrelang entbehrt hatte. Aber sie schien mir zunächst keine Verpflichtung zu sein, meine Zelte in Deutschland sofort und für immer abzubrechen. Sie war für mich eher der symbolische Akt einer Zugehörigkeit.

Als in den sechziger Jahren der Aufruhr der Studenten auch nach Deutschland übergriff, war ich begeistert. Junge Deutsche, die gegen die restaurativen Erscheinungen ihres Landes revoltierten, schienen mir ein hoffnungsvolles Zeichen für eine demokratische Entwicklung ihres Landes. Von Anfang an war klar, daß diese Bewegung, die, von Berkeley (USA) als Opposition gegen den Vietnamkrieg ausgehend, nach Deutschland gekommen war, in der Bundesrepublik andere Aspekte haben mußte. Sicher war auch hier die Empörung über den Vietnamkrieg der Auslöser.

Amerika, das jungen Menschen in den fünfziger Jahren zunächst eine antifaschistische Erziehung hatte angedeihen lassen, büßte durch diesen Krieg sein Image als fortschrittlicher Staat ein. Die Bundesrepublik konnte keinen Ersatz bieten. Im Gegenteil. Der nahtlose Übergang vom Nazistaat zur von außen verordneten und befolgten Demokratie hatte genügend Raum für eine Restauration gelassen. Den Jungen begegnete sie in den »alten Zöpfen«, denen sie in den jahrhundertelang nach feudalistischen Grundsätzen verwalteten Universitäten ausgesetzt waren, wo es weder Gleichberechtigung noch modernes akademisches Lernen und Leben gab. Sie hatten Grund zur Klage, da Versprechungen auf Änderungen von denen, die von dieser antiquierten Ordnung profitierten, nie eingehalten wurden.

Zugleich aber gingen sie gegen ihre Eltern-Generation an, die in der Nazizeit so kläglich versagt hatte. Auf Fragen, wie es zu jenem Verbrecherstaat gekommen war und wie sie, die Eltern, sich verhalten hatten, bekamen sie nur selten eine plausible Antwort. Es ging meist nicht über ausweichende Phrasen wie »Das verstehst du nicht« oder »Ich wußte nichts von alldem« hinaus. In manchen Familien müssen sich Tragödien abgespielt haben, denn die Kinder waren oft danach nicht mehr bereit, ihre Eltern ernst zu nehmen. Wohl kaum jemals ist die Kluft zwischen den Generationen größer gewesen als damals. Es begann unter diesen Jungen, die sich Linke nannten, eine ernsthafte theoretische Auseinandersetzung mit der Nazizeit, soweit folgte ich diesen Jungen willig und mit viel Verständnis.

Dann aber begannen sie die Welt einzuteilen in Gut und Böse, in Unterdrücker und Unterdrückte, in Imperialisten und Antiimperialisten. Es war der Versuch, ihrer Bewegung eine ideologische Grundlage zu geben, ein philosophisches Weltbild zu erarbeiten, in das sich ihre Ideen wie Steine eines Mosaiks hübsch zusammenfügten. Sie erhoben Ho Chi Minh, Che Guevara, Mao Tse-tung zu ihren Idolen. Sie übersahen geflissentlich – oder wußten sie es tatsächlich nicht? –, daß zu jener Zeit die »Kulturrevolution« in China wütete und Hunderttausende von Opfern forderte. In nicht-»sozialistischen« Ländern, vornehmlich in der Dritten Welt, standen nach ihrem Verständnis vielfach glorreich kämpfende Oppositionelle den sie aussaugenden Großmächten gegenüber. Und auch hierbei beachteten sie nicht, daß ihre Vorbilder nicht selten ähnliche »imperialistische« Attitüden zeigten – Menschenrechte verletzten oder einen staatlich gelenkten Terror verfolgten – wie die, die sie bekämpften.

Es kam zu Kundgebungen und zu Demonstrationen in den Universitätsstädten Deutschlands mit bösen Folgen auf der Seite der Jungen wie auch auf der der Gesetzeshüter, die vielfach durch eine Gummiknüppel-Politik der Situation Herr werden wollten. Durch ihre äußere Erscheinung – langhaarig, unrasiert, finster dreinblickend, un-

konventionelle Kleidung – und ihre drohenden Gebär-
den entwickelten sich die Studenten zum Bürgerschreck.
Die nicht gerade faire Berichterstattung der Springer-
Presse über diese in Deutschland ungewöhnliche »Auf-
müpfigkeit« junger Menschen gegen die restaurativen
Erscheinungen in ihrem Land heizte die Situation noch
an. Die »Law and order«-Mentalität, die in Deutschland
immer vorgeherrscht hat, wandte sich in ihrer Mehrheit
gegen die Jungen, die schließlich mehr Feinde als
Freunde für ihre Sache gewannen. Es war aber auch in
ihrem Gedankengut so viel falsch verstandene Roman-
tik, Naivität und Unwissenheit enthalten, die sie angreif-
bar machten.

Dennoch ist heute klar, wieviel diese Bewegung dazu
beigetragen hat, den Charakter der Bundesrepublik zu
verändern. Dazu gehört, daß sie die erste wirkliche Auseinandersetzung mit dem Nationalsozialismus führte,
die Abschaffung der alten Zöpfe im Universitätswesen
erreichte, die Gleichberechtigung besonders der Frauen
vorantrieb, Verständnis für Umweltprobleme weckte
und vieles mehr.

Nach der Logik ihrer Ideologie war Israel ein Ableger
Amerikas, ergo ein Vorposten des Imperialismus im Na-
hen Osten, dem keine Gnade gewährt werden durfte. Is-
rael befand sich auf fremdem Boden, hielt ihn besetzt,
Israelis waren darum »Feinde des Volkes«, welches –
nach ihrer Interpretation – die Palästinenser waren.
Diese erklärten sie zu Revolutionären, die es zu unter-
stützen galt, und waren gleichgültig gegenüber deren
Drohungen, Israel den Todesstoß versetzen zu wollen.
Israel war für sie ein mit allen Mitteln zu bekämpfender
Imperialist. Ich glaubte meinen Ohren nicht zu trauen:
Israel, das den Verfolgten des Naziregimes zur einzigen
Zufluchtsstätte, das Unzähligen zur Heimat geworden
war, wie sie nie zuvor eine gekannt hatten, ein Staat, der
sozialistischer war als alle jene Länder zusammen, die
diesen jungen Leuten als Vorbilder dienten, sollte nun

nichts weiter sein als ein Unterdrücker, ein Rassist, den Weißen in Südafrika vergleichbar?

Man brauchte wahrlich nicht Zionist zu sein, um sich nun mit Israel verbunden zu fühlen. Wieviel Unwissen lag in diesen Theorien, wieviel Unkenntnis der Problematik des Nahen Ostens und schließlich auch wieviel Intoleranz! Allein die Tatsache, daß die Springer-Presse in Deutschland und Franz Josef Strauß, ein bei den Jungen ganz und gar unbeliebter Politiker, zu Israel hielten, kritiklos alles guthießen, was Israel tat, genügte ihnen als Beweis für die Richtigkeit ihrer Einschätzung des jüdischen Staates. Dies führte zu häßlichen Zwischenfällen.

Als im Oktober 1968 Israels Botschafter Asher Ben-Nathan zur Friedenspreisverleihung des deutschen Buchhandels an den senegalesischen Präsidenten Leopold Senghor vor der Paulskirche in Frankfurt vorfahren wollte, blieb er in der Menge stecken. Junge Demonstranten, die gegen Senghors Anwesenheit protestierten, weil er ihren Informationen nach Studenten in seinem Land aus politischen Gründen in Haft hielt, drohten den Wagen des Botschafters umzustürzen. Andere versuchten, die israelische Standarte vom Wagen zu reißen. Ben-Nathan rettete sich durch einen Sprung über eine Barriere und rief den Demonstranten zu: »Ihr benehmt euch wie die Nazis.« Als er kurz darauf von jüdischen Studenten eingeladen wurde, gab es Proteste, weil er es gewagt hatte, sie mit Nazis zu vergleichen. Jüdische Studenten, Mitglieder der jüdischen Gemeinde und Israelis – Polizei war auf dem Kampus nicht zugelassen – verhinderten mit ihren Körpern und ihren Fäusten, daß die Demonstranten die Bühne stürmten.

Ähnlich ging es in Hamburg zu, wo es anläßlich eines nie gehaltenen Vortrages zu einer Schlägerei zwischen linken Studenten und Palästinensern auf der einen Seite und jüdischen Studenten und israelischen Matrosen auf der anderen Seite kam. Die Universitäten von Nürnberg und München wurden im Dezember 1969 ebenfalls Schauplätze unerfreulicher Demonstrationen gegen den Vertreter des Staates der Juden. Als der Botschafter das Auditorium maximum in München betrat, konnte er nicht übersehen, was da über der Rednertribüne angeschrieben war: »In Israel wird erst Frieden herrschen, wenn noch weitere 50 Bomben in Supermärkten Israels hochgegangen sind.« Bevor Ben-Nathan seinen Vortrag beginnen konnte, polemisierte man gegen ihn: »Es ist eine Provokation, wenn dieser Botschafter vor uns spricht. Man kann das nur damit vergleichen, daß Adolf Hitler vom Himmel zu uns heruntergekommen ist, um mit uns über Konzentrationslager zu diskutieren.« Diese Bemerkungen wurden mit donnerndem Applaus aufgenommen.

Daß diese Krawalle beim Erscheinen des israelischen Botschafters vielfach von Arabern inszeniert worden waren, ahnten wir damals bloß. Ben-Nathan traf Jahre danach in Gaza auf einen jungen Araber, der ihm erzählte, daß er ihn in Deutschland von Universität zu Universität »begleitet« hatte, um die Demonstration anzufachen und den deutschen Studenten »Munition« zu liefern.[167] Aber das befreit jene deutschen Studenten nicht von ihrer Schuld, auf militante Weise den jüdischen Staat und seinen Vertreter angegriffen zu haben, ja sogar tätlich gegen ihn vorgegangen zu sein.

Keine der anderen Gruppen, die diese Art der Auseinandersetzung nicht guthießen, wie viele von ihnen heute glaubhaft versichern, hielt es für nötig, sich von diesen Aktivitäten zu distanzieren oder gar zu protestieren. Da packte ich meine Koffer.

16. »Der Brief«

Der Zollbeamte im Hafen von Haifa nahm die Nummern-
schilder meines Autos zwischen seine starken Hände und
verbog sie bis zur Unkenntlichkeit. Auf meinen entsetzten
Aufschrei, daß man ein bundesdeutsches Nummernschild
mit dem Hoheitszeichen des Staates nicht so behandeln
dürfe, daß es vielmehr »ordnungsgemäß« zurückgeschickt
werden müsse, dorthin, wo es ausgegeben worden war,
damit es mit der Bemerkung »Besitzer ausgewandert« ab-
gelegt werden könne, beeindruckte den israelischen Beamten überhaupt nicht. Nein, so, nur so, war es rechtens, be-
ruhigte er mich. Ohne Widerrede, ja geradezu eifrig zahlte
ich fünf israelische Pfund für das häßliche schwarze Nummernschild, das mir der Zollbeamte als Ersatz für mein
deutsches gab – ein Provisorium, wie er tröstend verhieß.
Wie konnte ich auch Einwände haben einem Mann der
Obrigkeit gegenüber, der noch dazu mit dem Stempel des
Staates Israel betraut worden war?

Am 2. Februar 1972 hatte ich die Station meiner Sehnsucht erreicht. Das Wort ist in diesem Zusammenhang
nicht mal übertrieben und gewiß nicht zionistisch im politischen Sinne gemeint. Meine Redaktion hatte mich zwar
ermutigt, den Antrag auf Einwanderung zu stellen. Aber
sie hatte offenbar nicht damit gerechnet, daß ich den entscheidenden Schritt auch tun würde. Andere jüdische Kollegen aus dem Ausland, die ebenso viele Jahre wie ich für
›Maariv‹ berichteten, haben immer darüber gesprochen,
aber den Schritt nie vollzogen.

Am Hafen von Haifa zeigte ich stolz meinen blauen
Paß, den zweiten übrigens. Den ersten hatten israelische
Bürokraten für null und nichtig erklärt, kaum daß er ausgestellt war. Denn ich hatte ihn, wie ich es in Deutschland
gewohnt war, nur mit Inge Deutschkron unterzeichnet

und nicht mit Ingeborg, wie es in meiner Geburtsurkunde vermerkt ist. Ich lachte damals noch entschuldigend. Daß ich aber bei dieser Gelegenheit einen ersten Blick hinter die Kulissen der israelischen Bürokratie geworfen hatte, wußte ich damals noch nicht. Jedenfalls hatte ich keine Probleme, den Hafen von Haifa zu passieren mitsamt meiner Habe, wie jeder Einwanderer, ohne Zoll zu zahlen.

Das war durch einen »Brief« bewirkt worden, den ich vorgezeigt hatte und der bestätigte, daß ich von dem Tag an, an dem ich in Israel Wohnung nahm, drei Jahre lang alle Privilegien eines Einwanderers in Anspruch nehmen konnte. Ich hatte diesen »Brief« erbeten, weil ich, wohl einer dumpfen Ahnung folgend, nach Erhalt des israelischen Passes nicht sofort nach Israel umzog wie jeder andere Einwanderer.

Bedauerlicherweise, so sollte sich bald herausstellen, teilten nicht alle Würdenträger des Staates Israel meine Meinung hinsichtlich des »Briefes«, ja, sie zweifelten sogar seine Echtheit an oder spöttelten darüber. Die Unterschrift des Unterstaatssekretärs Mr. Sherman schien ihnen nicht das gleiche zu bedeuten wie mir. Die Odyssee begann in seiner eigenen Behörde, dem Einwanderungsministerium. Ein Beamter las den »Brief«. Er las ihn lange. Er schien jedes der 26 Worte zu studieren. Seine beiden fleischigen Hände, gestützt von starken, auf dem Tisch ruhenden Armen, hielten den Brief ganz fest. Der kleine Mann mit einem relativ großen Kopf, träumerisch blauen Augen und vollem grauen Haar, das der Mode entsprechend bis zum Nacken reichte, sah ein wenig nach einem weltfremden Intellektuellen aus.

Ich sei doch im Jahre 1966 in Israel eingetroffen, hatte damit doch meine Rechte und Privilegien als Einwanderin längst verwirkt? Er sah mich fragend an. Was wollte ich jetzt eigentlich? Die Erklärung fiel mir leicht. Er nahm sie entgegen wie ein Mann, der weiß, daß nach ihm noch andere prüfen, kontrollieren, fragen, in Zweifel ziehen würden. Als er Formulare auszufüllen begann – in Blau, Gelb und Rosa –, atmete ich erleichtert auf. Ich mußte noch lernen, daß dies nicht das Ende, sondern erst der Anfang des Leidensweges durch israelische Behörden ist.

»Der Brief? Was für ein Brief?« Der höchste Chef der Einwanderungsbehörde in Tel Aviv schnarrte bissig, während er den »Brief« mit einer Unwilligkeit entgegennahm, die klarmachte, daß er ihn nicht zu lesen beabsichtigte. »Sie kam im Jahre 1966. Die drei Jahre, in denen sie Anspruch auf die Rechte und Privilegien eines Einwanderers hatte, sind vorbei.« Und dabei sah er mich und Alex durchdringend an. Alex begleitete mich auf all meinen schweren Gängen zu israelischen Behörden. Er war ein junger Redakteur meiner Zeitung, der, wie alle Israelis, schon von der »Via dolorosa« der Einwanderer, wie er es nannte, gehört hatte und es nun selber einmal miterleben wollte.

Um es gleich vorweg zu sagen, ich halte es nicht für ausgeschlossen, daß ich ohne Alex den Kampf mit den israelischen Behörden eines Tages verzweifelt aufgesteckt hätte. Alex erklärte zum -zigsten Male, daß ich die israelische Staatsbürgerschaft angenommen hatte mit der festen Absicht, in Israel einzuwandern, daß aber meine Redaktion mich nicht so bald aus Deutschland entlassen wollte. Tatsächlich hatte ich spätestens 1969 darum gebeten, endlich aus Bonn »erlöst« zu werden. Aber mein Chefredakteur verschob meine Einreise nach Israel immer wieder. Ich war schließlich eine der letzten in der Redaktion, die deutsch sprachen, und er hatte es schwer, einen Nachfolger für mich zu finden. Mehrmals bat er mich, noch sechs Monate in Bonn auszuhalten, dann wieder waren es drei und abermals sechs. Das war nicht angenehm. Ich saß gewissermaßen auf gepackten Koffern und konnte nichts dazu tun, mir in Israel eine feste Bleibe zu suchen, denn ich wußte nicht, ob und wann ich endlich aus Bonn abreisen durfte.

Als ich einmal ganz verzweifelt aus dem Zimmer meines Chefredakteurs in Tel Aviv kam, der mich wieder einmal vertröstet hatte, zog mich einer seiner Stellvertreter zur Seite und sagte: »Warum fragst du eigentlich soviel? Setz den Termin deiner Abreise aus Bonn fest, und teil der Redaktion deine Ankunft mit.« Das leuchtete mir ein. Ich hatte schließlich keinen festen Vertrag mit der Zeitung, der mir die Entscheidung der Redaktion hätte aufzwingen können. Und so verfuhr ich dann auch und war ziemlich sicher, von niemandem dafür bestraft werden zu können.

Die Redaktion teilte mir mit, daß sie mich gebührend empfangen und mir jede Hilfe zuteil werden lassen würde. Ohne diese Hilfe wäre ich wohl auch kaum ausgekommen, denn die Tatsache, daß ich 1966 nach Erhalt der Staatsbürgerschaft nicht sofort eingewandert war, machte mir nun den ohnehin schweren Weg eines jeden Einwanderers zum wahren Martyrium.

Ich wollte etwas finanzielle Hilfe vom Einwanderungsministerium erbitten, eine kleine Anleihe nur, die jedem Einwanderer dem Gesetz nach zusteht. Ich hatte eigentlich nur wenig materielle Hilfe nötig. Ein Arbeitsplatz war mir sicher, und ich hatte auch eine Wohnung, meist die zwei größten Probleme für Einwanderer. Ich fühlte mich aber doch ein wenig unbehaglich, da ich mittlerweile den Boden meiner Geldbörse durch die immer spärlicher werdenden Münzen durchschimmern sah. 20 Pfund für die Bestätigung, daß ich einen Wagen eingeführt hatte, weitere 19 Pfund für ein israelisches Nummernschild, noch einige Pfunde für Stempelgebühren, ohne die keines der vielen von mir unterschriebenen Formulare verbindlich war. Vier Pfund für einen Anwalt, ohne den ich das mir von der israelischen Regierung geschuldete Geld niemals zurückbekommen hätte – in weiser Voraussicht, daß ich vielleicht doch nicht alle Rechte einer Einwanderin zugesprochen bekommen würde, hatte man mir beim Kauf der Wohnung Steuern abgezogen –, und so weiter, und so weiter. Diese kleinen Beiträge, die schnell zu einer stattlichen Summe wurden, waren in meinem Budget nicht vorgesehen gewesen.

»Sie will von uns Hilfe, während sie im Ulpan (Hebräischkurse für Einwanderer) lernt?« Der Mann sagte es mit Mißbilligung und fügte hinzu: »Nachdem sie 30 000 Pfund für eine Wohnung gezahlt hat?« Ein Lächeln des Unglaubens auf den Lippen. »Ihr Vater gab ihr das Geld?« Er sprach mit Alex, als ob ich nicht existierte. »Konnte er ihr nicht 31 000 Pfund geben?« Der Beamte fand es einigermaßen schwierig zu begreifen, daß Großzügigkeit und Mittel Begrenzungen haben. Aber dann leuchtete sein unbestimmbares, konturenloses Funktionärsgesicht plötzlich auf: »Ha«, stieß er heiser hervor, »und was ist das?« Mit dem Ausdruck eines Mannes, der einen Dieb ertappt hat, zog er mit hastigen Bewegungen ein Exemplar des ›Maariv‹ aus seiner Schreibtischschublade hervor und warf es vor uns hin. »Hier!« rief er, und seine Faust dröhnte auf den Schreibtisch herunter. »Hier ist ein Artikel von ihr angekündigt.« Und mit einem kurzen, an Hysterie grenzenden Kichern: »Also arbeitet sie und verdient natürlich auch.«

Und während seine Augen nun siegesgewiß auf mich blickten, machte ihm Alex in aller Ruhe meinen zeitweiligen Status als freie Mitarbeiterin der Zeitung klar. »Hm«, zu meinem Erstaunen hörte der Mann jetzt sogar zu. Er schien nachzudenken. Schließlich sagte er im gleichen unfreundlichen Tonfall wie zuvor: »Na ja, wir können ihr ja mit einem kleinen monatlichen Betrag unter die Arme greifen und auch für den Ulpan bezahlen, als Anleihe, versteht sich.« Er selber könne dies natürlich nicht entscheiden, ein Komitee würde zusammentreten, um den Antrag zu prüfen. Immer vorausgesetzt, daß es mit diesem »Brief« seine Richtigkeit habe. Er reagierte weder auf meinen Dank noch auf mein »Auf Wiedersehen«. Er schnarrte längst wieder Anweisungen an seine sich servil um ihn scharenden Mitarbeiter.

Geld oder kein Geld – ich mußte in einem Ulpan angemeldet werden, dort, wo der neue Bürger von rechts nach links zu schreiben und auch zu denken lernt, wie manche

meinen. Dieses Mal saß ein junger Mann hinter dem
Schreibtisch. Er war perfekt gekleidet, sein Haar fein ge-
scheitelt – wie zu einer militärischen Inspektion freigege-
ben. Ab und zu steckte er die Pfeife zwischen die Lippen,
so als brauchte er sie zur Stabilisierung seines unverbindli-
chen Lächelns. In seiner Art, die grenzenlose Geduld ausdrückte, war er in der Tat eine ungewöhnliche Erscheinung in einem Büro der israelischen Einwanderungsbehörde. Was band ihn dort an seine Aufgabe? Die in einem
Einwanderungsbüro herrschende gespannte Atmosphäre?
Die Klagen? Die Sorgen der noch nicht Eingegliederten?

   »150 km von Tel Aviv entfernt!« Der Russe greinte es in
allen kehligen Lauten des Russischen und des Jiddischen.
In seinen Augen spiegelte sich der Schmerz wider, den ihm
jeder Kilometer verursachte. Seine Seele schien nackt und
bettelnd vor dem Beamten auf den Knien zu rutschen.
»150 km!« Er hörte nicht auf die beruhigenden Worte eines anderen Russen, der, vor ihm stehend, seine Argumente mit den Händen und Bewegungen seines Kopfes
unterstrich, als ob er in das Herz seines Landsmannes ein-
dringen wollte, der zuvor so weit weg von Tel Aviv hatte
sein wollen, um dort im Kibbuz bei seiner Tochter zu leben.

   Jetzt hatte er seine Meinung geändert. »Wos willste? Is'
doch nicht schlecht!«
Aber der grauhaarige, etwa 60jährige Russe wollte einfach
nicht verstehen. Als alles nichts zu fruchten schien,
knöpfte er mit hastigen Bewegungen sein graues Jackett
auf, riß es auseinander, wölbte seine Brust, schob das Kinn
hoch, und während er das Jackett mit seinen dicken Bau-
ernhänden offenhielt, rief er: »Ich bin Hauptmann der Roten Armee!« Die Orden, die in Herzhöhe fein säuberlich
nebeneinander aufgereiht waren, klimperten die Melodie
dazu. Der junge Beamte blieb ungerührt. Nicht einmal ein
Augenzwinkern ließ erkennen, daß ihn die Situation amüsierte. Sehr ruhig und sachlich erklärte er, daß es nicht an-
ginge, jeden Tag etwas anderes zu verlangen.

Und damit sah er für einen Augenblick, der wie ein sehr langes Schweigen erschien, den Russen in scheinbar ungerührter Freundlichkeit fest an. Der Russe muß dies mißverstanden haben. Mit einer weiteren schnellen Bewegung stieß der Hauptmann der Roten Armee seine beiden Hände tief in die Taschen seines Jacketts, und bevor noch irgend jemand ahnen konnte, was er vorhatte, klapperten ein goldenes Armband und einige Goldmünzen auf den Tisch vor dem Beamten. Mit offenen Händen stand der Russe nun da, starrte den Beamten wie ein Tier an, das seine Beute beobachtet. Aber zu seiner Überraschung stimmten die Werte seiner alten Welt nicht mit denen der neuen überein. Der israelische Beamte stieß die Schätze des Russen mit einer Geste von Desinteresse beiseite und sagte schlicht: »Nimm es weg. Hier ist nicht Moskau.«

Mit den nötigen Papieren versehen – rosa, blau, gelb –, die mir eine kleine Anleihe sichern sollten, mischten wir uns in ein zunächst unübersehbares Gewirr von Menschen. Eine Bank sollte es sein, aber wahrlich keine Bank im üblichen Sinne. Hier kam das Proletariat der Einwanderer zusammen, das nicht im BMW oder im Volvo in Israel einwandert, wie Israelis oft von Einwanderern gehässig und neiderfüllt behaupten. Hier hörte man das Englisch von Whitechapel – und nicht das Französisch von Paris, wenn die meisten jungen Einwanderer ihre Anleihen von ein paar hundert Mark erbaten oder sie in kleinen Raten zurückzahlten. Es war eine stille, bescheidene Klientel – vor den Schaltern. Dahinter aber war Israel: ungezählte Angestellte, klappernde Teetassen, mahnende Stimmen ungeduldiger Chefs, von Gekicher untermalte Privatgespräche, rasselnde Telefone, Getucker von Computern.

Ein kleines, dickes Mädchen nahm sich schließlich meiner an. Zweimal versuchte sie vergebens, meinen schwierigen Namen in hebräische Buchstaben umzusetzen. Beim dritten Mal gelang es ihr dank Alex' Hilfe. Nachdem sie die Formulare ausgefüllt hatte – gelb, rosa, blau –, gab sie sie an einen fetten, gelangweilt aussehenden Mann weiter, der sich gewiß seit dem frühen Morgen nicht von seinem Sitz erhoben hatte. Er öffnete seinen Mund nicht, was vielleicht ein Segen war; seine dicken Finger fuhren über die Formulare. Er fügte schließlich das noch fehlende Datum ein und gab uns die Formulare mit einer müden Armbewegung zurück.

Dann bekam der Chef des Hauses die Papiere; ein Mann, der, einer Windmühle ähnlich, mit vielen Armen zu sprechen und Papiere zu halten schien. »Was ist das?« brüllte er los. »Habe ich Ihnen nicht schon hundertmal gesagt, daß die Formulare anders auszufüllen sind?« Zornig sah er das kleine Mädchen an, das trotz des harten Tones keinerlei Interesse am Gesagten zeigte. Dann nahm er höchstpersönlich eine Schere, schnitt ein Stück Papier ab und klebte es auf das Formular, um so den »Fehler« zu verbergen. »Diese Computer«, sagte er entschuldigend zu uns. Sie seien verantwortlich für so viele neue Instruktionen und damit ebenso viele Fehler.

Nun wurden wir einer Dame zugeführt, die zu meinem Entsetzen wiederum anfing, Formulare auszufüllen – gelb, rosa, blau. Schließlich gelangten wir mit einem Stoß von Papieren, die Farben hübsch gefächert, zum Kassierer. Er zählte gerade seine Barschaft und ließ sich nicht stören. Er sah aus wie ein Mensch mit einer entzündeten Gallenblase. Und tatsächlich, zwischen den Scheinen griff er nach einer Pille, schluckte sie hastig hinunter, schüttete etwas Wasser hinterher. Erst nachdem er das alles hinter sich hatte, fragte er nach unserem Begehr. Er versah die Vielzahl meiner Papiere mit Steuermarken, die zu begleichen meine Aufgabe war, und schickte uns zum Chef zurück, der alles noch einmal prüfte und es auf seine Weise bestätigte. Endlich schloß sich der Kreis – wir kamen wieder bei dem dicken Mädchen an. Sie war die siebente Anlaufstelle in dieser Prozedur. Nach 45 Minuten Aufenthalt in der Bank verfügte ich über einen Scheck von einigen hundert Mark, der allerdings wertlos war, da ihm noch das Siegel der Einwanderungsbehörde fehlte.

Dort nun war meine Akte verschwunden. Ein Angestellter mit hochrotem Kopf suchte sie verzweifelt. Rote, grüne, blaue, schwarze Akten – meine war nicht dabei. »Vielleicht im Archiv?« rief ein wohlmeinender Kollege dem verzweifelt Suchenden zu. »Ins Archiv!« brüllte der Chef nun eine der Sekretärinnen an. Sie blieb nicht einmal lange weg. Die Akte in der Hand schwenkend, rief sie strahlend: »Was Sie für ein Glück haben! Sie lag noch ganz obenauf – sonst...« Den Rest konnte man sich denken. Als ich die Anleihe schließlich ausgezahlt bekam, fühlte ich mich ungleich reicher, als der Betrag mich tatsächlich machte.

Ich hatte mich bisher eigentlich wenig mit dem Parkinson-Gesetz beschäftigt, nach dem ein aufgeblähter Verwaltungsapparat sich logischerweise immer mehr aufbläht. Hier machte ich seine Bekanntschaft. Wobei mir klar wurde, daß dieser aufgeblähte Apparat in Israel nicht zufällig war. Es galt, die neuen Einwanderer einzugliedern, ihnen eine Aufgabe zu geben, und sei sie noch so unbedeutend – sie würde sie sicherer machen, ihnen das Gefühl vermitteln, daß sie von Nutzen waren. Arbeitslose durfte es unter ihnen auf keinen Fall geben. Diese Regelung hatte sicher ihre Vorteile. Aber auch Nachteile, wie man sieht. Es war wirklich ein gutes Gefühl – der Staat Israel schuldete mir 2475 Pfund, sagten jene, die es wissen mußten, eben weil man mich zu Anfang nicht als Einwanderin hatte einstufen wollen.

Es war nicht Herr Cohn, und es war nicht Herr Levy, sondern der Staat Israel, genauer gesagt, seine Regierung, und die Regierung ist schließlich gleich Staat und der Staat gleich drei Millionen Bürger. Und jeder Bürger ist Millionen von Schulden wert. Das nehmen Israelis ganz selbstverständlich hin, und durch Wohnungs- und Autokauf verschulden sie sich seelenruhig, weil es in ihrem Leben eben nicht anders geht. Ich hatte also allen Grund, Vertrauen zu haben. Und doch war ich enttäuscht – ich hatte erwartet, daß einer der Computer es aussagen oder andeuten würde: »2475 Pfund an Inge Deutschkron.« Das aber geschah nicht. Bevor mein Anwalt, dessen Hilfe mir ebenso unentbehrlich war wie die von Alex, meine Angelegenheit aufnehmen konnte, mußte das Innenministerium meine Forderung anerkennen. »Der Brief« mußte sich noch einmal bewähren.

»Dieser Brief?«, der Beamte in einer der vielen Zellen auf den vielen Fluren der Tel Aviver Zweigstelle des Innenministeriums lächelte herablassend. »Wir sind das Innenministerium«, sagte er in einer Art, die klarstellen sollte, daß kein anderes Ministerium dem seinen an Wichtigkeit gleichkam. »Dieser Brief wurde von irgendeinem Beamten des Einwanderungsministeriums geschrieben«, sagte er abwertend. »Die Dame behauptet, sie sei im Jahre 1966 nicht eingewandert.« Ich konnte meine eigene Geschichte nicht mehr hören und schaltete ab, während Alex zum Kampf ansetzte, zum -zigsten Male. »Ihren Paß bitte.« Ich fuhr zusammen. Was in aller Welt hatte mein Paß damit zu tun, daß mir der Staat Israel 2475 Pfund schuldete? Es war an einem dieser Tage, wo ich schon gar kein Geld mehr wollte, es satt war, eine Einwanderin mit Privilegien zu sein, sogenannten Privilegien. Der Paß würde beweisen, daß ich seinerzeit nicht länger als drei Monate im Lande, also nicht eingewandert war.

Tatsächlich waren es nur drei Wochen gewesen – meine Ferien, die ich in Israel verlebt hatte. Ja, und dann war da noch meine Akte. Sie mußte mit den Eintragungen im Paß übereinstimmen. Aber diese Akte, eine perfekte Wiedergabe meiner israelischen Seele, befand sich in Jerusalem, im Ministerium, das natürlich in Israels Hauptstadt angesiedelt war. Es würde höchstens vier Tage dauern, bis sie nach Tel Aviv herunterkommen würde. Der Beamte war eifrig. »Kommen Sie am Sonntag. Dann wird die Akte vorliegen.« Des Beamten Eifrigkeit nützte rein gar nichts. Die Akte war nicht da. Sie blieb dort, wo sie die ganze Zeit gewesen war, eben in Jerusalem. Keiner hatte daran gedacht, dem Wunsch der Tel Aviver Zweigstelle des Innenministeriums nachzukommen.

Aber es fand sich in Jerusalem ein ungewöhnlicher Beamter, der sich zu der in Israel einzigartigen Handlung bereit fand, über Telefon Einzelheiten aus meiner Akte vorzulesen. »Es ist alles in Ordnung«, der Beamte freute sich mit mir. Ich hatte tatsächlich im Jahre 1966 weniger als drei Monate in Israel verbracht und war deshalb noch berechtigt, als Einwanderin angesehen und behandelt zu werden. In spätestens drei bis vier Wochen würde ich im Besitz des mir geschuldeten Geldes sein, versicherte der Beamte. Es dauerte Monate. Aber was tut das zur Sache angesichts der Tatsache, daß das Geld tatsächlich eintraf, auf Heller und Pfennig?

»Sie zahlen keine Einkommensteuer! Was sind Sie für ein Glückspilz!« Diesen Satz hörte ich Hunderte, ja Tausende von Malen von neidischen Israelis. Wie Einwanderer in Israel Freunde finden sollen, solange sie im ersten Jahr keine Einkommensteuer zahlen und in den kommenden zwei Jahren durch abgestufte Zahlungen langsam an die hohen und höchsten Einkommensteuerzahlungen der Welt herangeführt werden, ist mir ein Rätsel. Ich fragte mich und meine Freunde manchmal, ob ich nicht auf diese Privilegien verzichten sollte, um eine der Ihren zu werden. »Aber nein, nein, nimm alles, was du nur kriegen kannst!« Sie schlugen die Hände vors Gesicht vor Schreck ob solch eines frevlerischen Gedankens.

Alex und ich gingen nun zum Finanzministerium, um, wie wir naiv annahmen, eine Formalität zu erfüllen, die besagt, daß ich als Einwanderin drei Jahre eine ermäßigte Einkommensteuer zu entrichten hätte. Am Eingang war ein Auskunftsbüro. Der junge Mann wollte dort schon alles über mich wissen. Hatte ich Besitz? Geld auf der Bank? Nein, ich sei nur eine normale Einwanderin, eine der ärmeren. Er schien enttäuscht. Ich brauchte erstaunlicherweise nur ein Formular auszufüllen. Damit schickte er mich in Zimmer 106. »Einwanderer, bringen Sie alle Ihre Unterlagen mit«, stand an der Tür von 106 geschrieben. Ich fragte mich, welcher Einwanderer nach einem Tag in diesem Land wohl noch ohne eine Mappe voll von Dokumenten unter dem Arm herumlaufen würde, Dokumente, die er noch nicht einmal zu lesen imstande war, denn alle waren in hebräischer Sprache.

Im Zimmer 106 saß ein junger Mann an einem Tisch. Daneben stand ein Stuhl. Der andere Stuhl war mit Akten vollgepackt. Allem Anschein nach kommen Einwanderer nie zu zweit. Er sah sich meinen Einwanderer-Ausweis an. »Aber Sie kamen doch schon im Jahre 1966?« Da war wieder der vermaledeite Satz. Wir zeigten den »Brief«. O nein, das fiel nicht in seine Kompetenz. Dafür sei Zimmer 115 zuständig. Eine Dame präsidierte dort. Ich setzte mich auf den einzigen freien Stuhl. Alle anderen waren auch hier belegt mit Akten, die der Staub mit der Zeit sanft zuzudecken schien. Im Finanzministerium war man entweder knapp an Aktenschränken oder hatte zu viele Akten. Alex bemerkte im Hinblick auf den einzigen Stuhl, dies sei ähnlich wie in einem bestimmten afrikanischen Land, in dem die Leute auf einem Bein zu stehen gezwungen wurden, um ihre Reden abzukürzen.

Die Dame reagierte nicht, aber es war zu sehen, daß ihr die Bemerkung nicht gefiel, wie auch alles andere, was wir zu sagen hatten. Ältlich, müde, schien sie noch nicht einmal richtig zuzuhören. Alex setzte an: »Ich habe ein Problem.« Bevor er noch fortfahren konnte, schossen aus ihrem Mund die Worte: »Ich weiß, ich weiß ganz genau, was Sie wollen.« »Nein«, sagte Alex, »das wissen Sie nicht.« Das gefiel ihr noch weniger. Sie war es offensichtlich gewöhnt, im Recht zu sein, und zwar immer. Dann schnappte sie nach meinem Einwanderer-Ausweis. »Ha, sie kam im Jahre 1966.« Ihre Hand und ihre Miene drückten Bedauern aus – ihre Art von Bedauern. Dann kam abermals die Sache mit dem »Brief«. Mit dem uns schon bekannten überheblichen Lächeln sagte sie: »Mr. Sherman interessiert mich nicht. Wir sind das Finanzministerium, wir schreiben unsere eigenen Briefe.« Mit ausgesprochener Feindseligkeit schob sie mir meine Unterlagen mitsamt dem »Brief« über den Tisch wieder zu.

Und da war auch noch Neumann. Ein Mann, der seine Religiosität durch ein Käppchen auf dem Kopf kenntlich machte. Er hatte bisher schweigend zugehört. Der Dialog zwischen Alex und der Dame war inzwischen lauter geworden. Jetzt meldete er sich zu Wort: »Sie (damit meinte er mich) kann diesen ›Brief‹ ja auf unehrenhafte Weise erworben haben. Was wissen wir?!« Neumann war offensichtlich in Abhängigkeit von der Dame. Aber heute wollte sie seine unterwürfige Unterstützung nicht. »Schweig, Neumann«, entschied sie und versuchte, die Diskussion, die über drei Räume hinweg zu hören gewesen sein muß, wieder zu steuern. Dann gab sie Anweisungen – an sich selbst, versteht sich. Ein Brief müsse nach Jerusalem geschrieben werden. Sie würde ihn gleich aufsetzen.

Und dann schrieb sie ihn in unserer Gegenwart. Die Buchstaben sahen so neurotisch aus wie die Dame selbst. Neumann stand ihr mit »Eizes« zur Seite. Es ist erwähnenswert, daß dieser Brief den zuständigen Beamten in Jerusalem nach einer Woche erreichte. Der schließlich nichts weiter als das tat, was die vielen anderen längst vor ihm getan hatten – nämlich zu bestätigen, daß ich trotz allem noch die Rechte einer Einwanderin besaß.

»Erst die Möbel, dann eine Sekretärin!« Alex war unerbittlich, und mir war vollkommen klar, daß dies einer Erpressung gleichkam. Aber es blieb uns keine andere Wahl. Ich wartete nun schon Wochen auf mein Umzugsgut, obwohl den Angaben der deutschen Schiffsagentur zufolge das Schiff mit meinen Sachen längst in Haifa hätte eingetroffen sein müssen. Die »Galilaea« hatte Antwerpen wie geplant verlassen, hatte es dann allerdings vorgezogen, sich Haifa ein wenig von der See aus anzusehen, bevor sie entladen wurde. Ein Streik der Schauerleute sei der Grund dafür gewesen. Trotz meiner Beziehungen zu Zeitungen und Nachrichtenagenturen war nicht so recht feststellbar, wann der Streik zu Ende gegangen war. Die Auskünfte meines israelischen Spediteurs waren besonders ungenau. Als er nichts mehr vom Streik anführen konnte, erklärte er, mir zu seinem Bedauern mitteilen zu müssen, daß mein Container unauffindbar sei.

In jedem anderen Menschen hätte diese Nachricht ein ungutes Gefühl in der Magengrube ausgelöst. Mir erschien es nur sonderbar und nicht der Wahrheit entsprechend. Der Anruf eines leitenden Redakteurs des ›Maariv‹ ließ ihn dann auch tatsächlich wieder auftauchen. Aber dennoch blieb ich weiter in Ungewißheit, ob und wann der Container vor meiner Haustür stehen würde. Unter den deutlichen Worten meines Freundes Alex brach der israelische Spediteur zusammen. Er gab zu, daß er mangels Personals meinen Container eine Zeitlang einfach hatte verschwinden lassen. Könnte Alex ihm vielleicht helfen, wenigstens eine Aushilfskraft zu finden? Alex konnte, jedenfalls tat er so: »Okay. Sie liefern uns den Container und ich eine Sekretärin.« Und nun klappte tatsächlich alles wie am Schnürchen. Am nächsten Tag schon fuhren wir zum Hafen.

»Oh, mein Gott, Lagerhaus 18.« Der Spediteur, der mit mir fuhr, stöhnte auf. »Nur das nicht«, sagte er und wischte sich den Schweiß ab. Es war Punkt neun Uhr. Vor dem Lagerhaus 18 stand ein Glashaus, einem Käfig ähnlich. Die Tür war abgeschlossen. Von drinnen starrte uns jemand an. Eigentlich waren es nur Augen, dunkle, böse, harte Augen. Nichts anderes schien in dem Gesicht zu sein, das keine Konturen hatte, rund und schwammig war und sich bewegte, weil der Mund etwas kaute. Ich war froh, daß die Tür verschlossen war. Er fuhr fort zu kauen und uns anzustarren, wie ein Tier im Zoo seine Besucher.

»Ein Irrtum! Welch ein Glück!«, mein Spediteur murmelte ein Dankgebet. Es war Lagerhaus 14. Der Beamte dort, klein von Gestalt, war sehr eifrig. Er sprach nicht viel, aber wenn, dann mit Strenge in der Stimme. Mit offenem Hemd lief er im Lager umher wie auf einem Kartoffelfeld. Er nahm sich Zeit, meinen Einwanderer-Ausweis und den »Brief« zu prüfen. Ich hatte längst zu schweigen gelernt, während israelische Beamte Dokumente studieren. Er bestätigte mir, daß mein Container sich in seinem Lagerhaus befand. Nun seien noch Formulare im Hafenbüro auszufüllen. Natürlich. Dort ging es erstaunlich schnell. Ohne Kommentar studierte man meine Papiere, einschließlich des »Briefes«. Wie aus der Pistole geschossen, beantwortete ich Fragen nach den Preisen von vor Jahren gekauften Gegenständen – der Schreibmaschine, des elektrischen Ofens, des Kochherds, der Waschmaschine und so weiter. Das trugen sie in meine Papiere ein; nicht eine Angabe dürfte den Tatsachen entsprochen haben. Aber ich hatte schon gelernt, wie man israelische Beamte entwaffnet.

Als ich schließlich von dort zum Lagerhaus zurückkam, glaubte ich meinen Augen nicht zu trauen: Die Matratze meines Bettes, meines geliebten Bettes, das ich schon so lange entbehrt hatte, lag auf dem Boden des Hafens von Haifa. Ohne darüber nachzudenken, ob sie schmutzig geworden war, stieß ich Begeisterungsrufe aus. Der Zollbeamte erklärte mir, daß er gerade dabei sei zu prüfen, ob auch alles, was ich auf der Liste aufgeführt hatte, im Container enthalten sei. Dies geschehe lediglich aus Sorge um mein Wohlergehen. Wären die Gegenstände nämlich nicht vorhanden, ohne daß er es registriert habe, verlöre ich doch das Recht, sie erneut zollfrei zu erwerben. Und da stand er nun und befahl, ihm alles vor Augen zu führen – die Waschmaschine, den Herd, die Nähmaschine...; und er war erst zufrieden, als er alle diese Gegenstände in Augenschein genommen hatte. Alles in allem dauerte es drei Stunden, bis ich meine Sachen aus den Klauen des Zolls befreit hatte. Aber was sind schon drei Stunden, wenn es darum geht, ein neues Leben in Israel zu beginnen?

17. Die unkündbare Lebensversicherung

»Ja, das Leben hier ist schwer.« Soviel war mein stets gesprächiger Gemüsehändler zu bestätigen bereit. »Aber glauben Sie mir, nur hier in Israel kann ein Jude leben. Nur hier unter Juden kann er sich sicher fühlen.« Fast wütend hatte er schließlich die Kartoffeln auf die Waage geworfen, als ich auf seine Frage nach meinem Wohlergehen so anders reagierte, als er es erwartet hatte. Ich hatte keine Begeisterungsschreie ausgestoßen über die Tatsache, daß ich endlich im Gelobten Land angekommen war, sondern hatte es gewagt, zu klagen über die Schwierigkeiten bei der Einwanderung, über die hohen Steuern, die den Menschen die Lust auf Initiativen nehmen, über die Last, die die Verteidigung des Landes den Bürgern auferlegt. »Glauben Sie mir, wir haben viel aufgegeben, um hier zu leben. In Brasilien war es so leicht, Geld zu verdienen«, mischte sich ein Kunde in unser Gespräch ein. Wie es so oft geschah in Israel, weil man sich damals als Gemeinschaft, ja als Familie fühlte. »Aber hier sind wir glücklicher, mit sehr viel weniger Aussichten, reich zu werden.«

Und er erzählte den gar nicht so witzigen Witz: Auf die Frage eines Einwanderers, wie man in Israel zu einem kleinen Vermögen komme, lautet die Antwort: »Indem man ein großes mitbringt.« Ein Arzt aus Südafrika fügte dem hinzu, daß alle, die aus westlichen Ländern einwanderten, als erstes ihren Lebensstandard senken müßten. »Aber wir tun es ohne Murren, denn nur hier kann ein Jude sich frei entfalten und sich zugleich beschützt fühlen.« Ich war beschämt.

Diese Menschen, die in der Diaspora keine Zionisten gewesen waren, hatten nach dem Zweiten Weltkrieg in ihren Geburtsländern das Fremdsein zu spüren bekommen. Es hatte ihnen die Sicherheit genommen, der sie sich jahrzehntelang gewiß geglaubt hatten. Auch wenn sie zunächst unbehelligt geblieben waren. Dazu hatten die Ereignisse in Nazi-Deutschland beigetragen, wo die Juden plötzlich aus der Gesellschaft ausgestoßen und schließlich ermordet worden waren. Die Juden in der Welt wurden sich nun ihrer jüdischen Identität stärker bewußt, deren Vorhandensein in gleicher Weise von ihrer nichtjüdischen Umwelt erlebt wurde.

Und dann war da Israel, die 1948 geschaffene Heimstatt, die allen Juden offensteht. Selbst wenn ein Jude nicht den Entschluß faßt, in Israel einen neuen Anfang zu machen, ist für ihn allein die Existenz des jüdischen Staates zu einer unkündbaren Lebensversicherung geworden.

Natürlich bedeuteten die Drohungen der arabischen Staaten ringsum und die Übergriffe arabischer Terroristen auf Israel und seine Menschen sehr viel mehr für mich, als ich dort zu leben begann. Die Alteingesessenen gaben vor, daß diese Geschehnisse sie nicht berührten. Der Stolz auf ihren Staat ließ das wohl nicht zu. »Wir sind das gewohnt. Es war ja noch nie anders.« Man spürte eine gewisse Überheblichkeit in dieser Aussage und eine Spur von Verachtung für die »Neue«. Die Gegenangriffe der israelischen Armee auf arabische Stellungen, wo man die Angreifer vermutete, wurden von den meisten Israelis mit Genugtuung aufgenommen. Zweifel an dieser Einstellung – nämlich, daß derartige Angriffe nichts bewirkten, nur zu einer Eskalation der Gewalt führten und nicht zu einem friedlichen Zusammenleben, das doch schließlich das Ziel sein müsse – fanden nur wenig Zustimmung. »Araber verstehen nur die Sprache der Gewalt«, war die sehr bestimmte Antwort, die keine Gegenrede duldete.

Ich war bereit zu lernen. Aber dieses Lernen war qualvoll. Fast täglich geschah etwas. Ein Ereignis jagte das andere. Ich kam nicht zur Ruhe. Kaum hatte ich eines dieser Ereignisse registriert, war das nächste da, und mein Versuch, über die Implikationen des ersten nachzudenken, wurde vom nächsten überrollt.

Nur wenige Tage nach meiner Ankunft im Februar 1972 wurden in der Bundesrepublik fünf Jordanier von Mitgliedern des »Schwarzen September« ermordet[168], weil diese angeblich Kontakt zu Israel gehabt hatten. Zwei Wochen später entführte die »Organization of Victims of the Zionist Conquest of Palestine« eine Lufthansa-Maschine auf dem Flug von Indien nach Beirut. Die Entführer erhielten von der Bundesregierung die geforderten fünf Millionen Dollar Lösegeld und gaben daraufhin Maschine und Passagiere frei. Die Empörung über das Nachgeben der Deutschen kannte in Israel keine Grenzen. Schließlich, so wußte doch jeder, würde das Lösegeld nur einem Zweck dienen: dem Erwerb von Waffen, die auf Israel gerichtet sein würden.

Von der syrischen Grenze her feuerten wenige Tage später Terroristen eine ganze Nacht lang auf israelische Siedlungen auf den Golanhöhen. Eine solche Nachricht wäre in den Medien außerhalb Israels, wenn überhaupt, nur mit wenigen Zeilen bedacht worden. Zumal kein Schaden entstanden war. Die Bevölkerung, vornehmlich in Kibbuzim, verbrachte viele Nächte in Bunkern. Die Kinder hatten ihre Spielplätze unter der Erde. Eine Nacht später fielen Raketen auf die nördliche Stadt Kirjat Schmona. Auch sie trafen glücklicherweise ins Leere. Präsident Sadat erinnerte die Welt in jenen Tagen (in einer Ansprache am 3. Mai 1972 vor Marinesoldaten) daran, daß der Beschluß der arabischen Staaten, gegen Israel in den Krieg zu ziehen, unabänderlich sei und daß kein Opfer zu groß wäre, um arabisches Land zu befreien. Etwas später fügte er noch hinzu, daß sie als weiteres Ziel anstrebten, Israel kleiner zu machen, als es vor dem Sechs-Tage-Krieg gewesen war.

Nur der ständige Griff nach dem Radio, das alle Stunden Nachrichten sendet, verriet, daß die Ereignisse nicht ganz so spurlos an den Menschen vorübergingen, wie sie vorgaben. Das tägliche Leben in Israel aber ging seinen normalen Gang, so als sei nichts Besonderes geschehen.

Die Angriffe auf Israel hielten die Juden in der weiten

Welt nicht davon ab, in den Grenzen des kleinen Staates ihren Frieden zu suchen, wenn sie in Not waren. Als im September 1973 der Präsident Chiles, Salvadore Allende, ermordet wurde und eine menschenverachtende Militärjunta an seine Stelle trat, flüchteten jene Juden nach Israel, die zusammen mit dem Präsidenten einen sozialistischen Staat in Chile hatten schaffen wollen. In Argentinien verfolgte und ermordete eine Militärjunta Ende der siebziger Jahre junge Linke, die sich ihnen entgegengestellt hatten. Bis heute sind ihre Gräber unauffindbar. Ihre Angehörigen, sofern sie Juden waren, sahen aus berechtigter Sorge vor Sippenhaft in Israel eine Zuflucht. Juden aus Äthiopien nahmen tagelange Fußmärsche in Kauf, um heimlich aus ihrem Staat, der ihnen die Ausreise verwehrte, in das ihnen von ihren Vorvätern verheißene Gelobte Land zu entkommen.

Und schließlich sahen auch die Juden in der einstigen Sowjetunion keinen anderen Ausweg, um dem Schwelbrand des Antisemitismus in ihrem Staat zu entkommen, als in das Land zu fliehen, das den meisten von ihnen nie etwas bedeutet hatte. Daß die Mehrheit der wohlhabenden Juden aus Südafrika, die keiner rosigen Zukunft in dem von Kämpfen zwischen Weißen und Schwarzen geschüttelten Land entgegensehen können, nicht unbedingt nach Israel kommen wollen, schmerzt. Aber es gibt niemanden in Israel, der nicht der Gewißheit Ausdruck geben würde, daß eines Tages auch diese Juden in »ihr« Land heimkehren werden.

Zu jener Zeit kamen auch viele Besucher aus der ganzen Welt nach Israel. Sie waren neugierig auf das gelungene Experiment, das aus Wüste fruchtbaren Boden und aus Menschen so vieler Länder eine Nation hatte werden lassen. Und tatsächlich fanden sie, was sie suchten. Wohl am meisten überraschte sie, trotz der Schwere des Lebens, die lockere Atmosphäre, die so gut zu dem fast neun Monate des Jahres strahlenden Blau des Himmels paßt. Intuitiv wollten dies die Israelis auch glauben machen, der Welt ihr

Glück demonstrieren über das eigene kleine, durch schwere Arbeit errungene Land. Die Heiterkeit, der Witz, die Sorglosigkeit – all dies waren Waffen, mit denen man die oft unüberwindlich scheinenden Probleme und Sorgen überspielte. Damals, gerade 25 Jahre nach der Staatsgründung, gelang das noch. Und auch ich genoß das, lernte, daß man Sorgen »weglachen« kann, zumindest eine Zeitlang.

Mehrmals hatte ich einem offenbar sehr jungen Mann am Telefon erklärt, daß das Mädchen namens Zippi, das er suchte, unter meiner Telefonnummer nicht zu erreichen sei. Schließlich fragte er schlicht und sachlich: »Bist du schön?« Ich ging lachend auf ihn ein und bestätigte das. »Hast du einen Freund?« Er tat neugierig. Ich bejahte auch das, in der Hoffnung, ihn loszuwerden. Aber er gab nicht auf. »Möchtest du einen zweiten Freund?« Da legte ich auf. Es blieb nicht mein einziges Erlebnis vergnüglicher Art. Es schien mir, als sei jeder geradezu darauf aus, einen Grund zum Lachen zu suchen.

Aber im Grunde ist dieses Volk Israel nicht anders als andere Völker, es hat nicht nur gute Seiten. Viele Israelis machten keinen Hehl daraus, daß die Einwanderer sie störten, denen so viele Privilegien zugestanden wurden, die sie, als sie in den dreißiger Jahren oder noch früher einwanderten, nicht gehabt hatten. Aber hätte man einen Neueinwanderer sofort mit den üblichen Steuern belegt, den höchsten der Welt, wäre er wohl kaum auch nur einen Monat in Israel geblieben.

Also gibt es ein Gesetz, nach dem Einwanderer erst allmählich, im Laufe von mehreren Jahren, an die Höhe der in Israel festgesetzten Steuern herangeführt werden. Ähnlich ist es mit Autos, die ein Neueinwanderer innerhalb von drei Jahren noch ohne die höchsten Importsteuern der Welt erwerben kann. Einwanderer haben auch ein Anrecht auf eine Wohnung, die sie zu sehr günstigen Bedingungen zunächst mieten und dann kaufen können. Diese und ähnliche Privilegien sind nicht gerade dazu angetan,

Neueinwanderer im Lande beliebter zu machen. Das weiß umrandete Nummernschild, das ein Auto damals als das eines Neueinwanderers auswies, machte ihn geradezu zur Zielscheibe der Wut vieler alteingesessener Israelis.

»Du hast da ein Geschenk bekommen«, sagte ein Fremder zu mir an einer Tankstelle mit bissigem Gesicht. Mein Hinweis, daß auch im Ausland ein Auto nur für viel Geld zu haben sei, das man erst verdienen müsse, beeindruckte ihn herzlich wenig. »Als wir ins Land kamen«, so pflegten Alteingesessene trotzig ihre Erzählungen zu beginnen, »da hat uns keiner geholfen.« »Da waren nur Sand und Steine, Steine und Sand, und Hunger haben wir auch kennengelernt.«

Die Arbeit war hart, aber sie gaben nicht auf, weil sie fest entschlossen waren, dieses Land ihrer Väter wiederaufzubauen und für sich, ihre Kinder und Kindeskinder endlich eine sichere Heimat zu schaffen. »Sollen sie doch erst einmal so leben wie wir damals!« geiferten eilige Alteingesessene ungeniert und unfreundlich und ohne den leisesten Hauch von Mitgefühl für die Menschen, die ihre ersten Schritte in einem neuen Land machten, dessen Lebensbedingungen ihnen ganz fremd waren. Dabei wußte jeder in Israel, wie nötig Neueinwanderer gebraucht wurden, die mithelfen konnten, das Land weiterzuentwickeln, es auf allen Gebieten funktionsfähig und fortschrittlich zu machen.

Die meisten, die nun einwanderten, waren keine Idealisten, wie es die »Pioniere« einst gewesen waren. Die Bedingungen von damals hätten die »Neuen« wohl kaum im Lande gehalten. Neid und Mißgunst ihnen gegenüber waren irgendwie begreiflich, wenn man bedachte, daß junge Israelis, die nach ihrer harten dreijährigen Militärzeit heiraten wollten, ungleich mehr Mühe hatten, eine Wohnung zu finden, als Neueinwanderer. An ein Auto konnten nur jene denken, deren Arbeitsstelle den Unterhalt des Wagens durch Spesen erleichterte.

Es traf mich natürlich, als ich eines Tages feststellen

mußte, daß jemand drei der vier Reifen meines Autos angestochen hatte, um seinem Ärger über meine Vorteile Luft zu machen. Ach, ich war hin und her gerissen zwischen Verständnis und Verzweiflung, daß man gerade mir diesen Tort angetan hatte. Sicher ist es ungerecht, daß dieses leidgeprüfte Volk noch immer in einem harten Überlebenskampf steht, während der überwiegende Teil der freien Welt sicher und im Wohlstand lebt. Einwanderung, Aufbau und Verteidigung verschlangen die Früchte seiner harten Arbeit. Und selbst die Hilfe der Vereinigten Staaten und der Juden der ganzen Welt, ohne die die Existenz des Staates in Frage stünde, kann die Situation nicht verbessern, solange die umliegenden arabischen Staaten sich nicht mit Israel in ihrer Mitte abfinden.

Aber es gab natürlich auch andere Israelis. Da hielt ein junger Autofahrer und half mir, als er sah, daß ich mit einer Reifenpanne nicht allein fertig wurde. Auf meine Frage, was ich ihm schuldig sei, antwortete er beleidigt: »Ist denn Hilfsbereitschaft in diesem Lande nicht mehr etwas Selbstverständliches?« und verschwand, bevor ich antworten konnte. Auch Nachbarn boten sich an, mir mit Rat und Tat zur Seite zu stehen. Die Bürokratie sei doch für einen Fremden ein undurchdringliches Labyrinth. In der Redaktion gab es stets mehr als einen Kollegen, der die richtige »Protektzie« hatte, um mir meine Sorgen abzunehmen.

Vor allem aber waren da noch immer auch solche Menschen, deren Idealismus ungebrochen war und die darum auch Neueinwanderern uneigennützig zur Seite standen. Schoschana gehörte zu dieser Generation der »Pioniere«. Sie nahm sich meiner an. Einst die erste Oberbefehlshaberin der weiblichen Armee, liebte sie ihr Land und ertrug es nicht, wenn man es kritisierte. Ja, sie konnte geradezu ausfallend werden, wenn man nicht alles als gut befand. Meist besann sie sich dann, versuchte zu erklären, bettelte fast um Verständnis, daß dies schließlich ein neues Land sei mit Menschen aus aller Welt, die – entwurzelt – noch ihren Standort suchten und die neben ihren kulturellen Ge-

wohnheiten und ihren Traditionen auch »sich selbst« mitbrachten. Menschen also mit all ihren Fehlern und Eigen-
heiten. Und dann sagte sie triumphierend: »Aber Menschen, denen eins gemeinsam ist – sie alle sind Juden!«

Ja, und diese Juden waren auch rücksichtslos gegeneinander, waren aggressiv und unduldsam. Aber das ist wohl,
glaubt man den Psychiatern, kein Wunder bei einem Volk,
das ständig in Spannung und Unruhe zu leben gezwungen
ist. Es schien oft so, als mache es ihnen Freude, einander zu
ärgern nach dem Motto: Ich leide, warum sollst du es besser haben. Die Haltung eines Lastwagenfahrers mag als ty-
pisches Beispiel dienen. Fast zehn Minuten lang versperrte
er eine Durchfahrt, obwohl nur eine kleine Bewegung seinerseits das Problem hätte lösen können. Das Geschrei
und das Gehupe der anderen, die seinetwegen an der Weiterfahrt gehindert wurden, ließen ihn offensichtlich kalt.
Man war unfreundlich zueinander. »Du sagst uns jeden
Morgen Schalom«, stellte einer meiner Kollegen in der Redaktion fest. »Wir ›Sabras‹ tun das nicht«, sagte er ehrlich.
Tatsächlich hatte ich auch selten eine Antwort auf meinen
Gruß bekommen. »Aber es kostet doch nichts, freundlich
zu sein«, entgegnete ich. Er überlegte kurz und sagte dann
zu meiner Genugtuung: »Ja, du hast recht. Ich finde es eigentlich auch sehr nett.«

Beamten schien es Freude zu machen, Vorgänge zu
komplizieren, jedenfalls machten sie es einem eher schwerer als leichter. Entschuldigungen für Fehler waren selten.
Eine Geldsendung aus Deutschland, für die ich bereits die
Unterlagen hatte, erreichte mein Konto lange Zeit nicht.
Meine für dieses Land relativ leise vorgebrachten Klagen
führten schließlich zu einer Untersuchung. Dabei stellte
sich heraus, daß die mir zustehende Summe einem anderen
Konto gutgeschrieben worden war. Der Inhaber hieß der
Übersetzung nach »Ingenieur« – mein Vorname Inge hatte
dies verursacht. Wortlos wurde der Fehler beseitigt. Einen
Ausgleich für ausgefallene Zinsen erhielt ich nie. Die
Geldsumme, die ich aus Deutschland zu bekommen hatte,

war sicher höher als das Monatsgehalt des Bankbeamten, so versuchte ich mir seine Unfreundlichkeit zu erklären, und fast fühlte ich mich schuldig.

Aber keine Erklärung konnte mich darüber hinwegtrösten, daß am hellichten Tag in meine kleine Wohnung eingebrochen worden war. Erinnerungsstücke an geliebte Menschen, die in Auschwitz umgekommen waren, waren gestohlen worden. Auf der Suche nach Wertsachen hatten die Diebe alles aus den Schränken und Kommoden gerissen und damit ein heilloses Durcheinander angerichtet. Die Polizei? Ja, sie kam, mit Unmut. Ich glaube doch nicht im Ernst, daß man mir helfen könne. Derartige Einbrüche seien an der Tagesordnung. Wie hatte man mir doch vor kurzem noch so stolz berichtet? In den dreißiger Jahren ließ man die Wohnungstüren einfach offen, niemand wäre auf die Idee gekommen, einem anderen etwas zu entwenden! Inzwischen aber gab es soziale Spannungen im Land.

Für Einwanderer, meist aus den arabischen Staaten, von denen nur wenige den sozialen und wirtschaftlichen Stand der Juden aus Europa oder den Vereinigten Staaten erreicht hatten – die Reichen zogen es meist vor, in ein europäisches Land auszuwandern –, waren die Vorbedingungen, in ihrer neuen Heimat mehr als nur eine untergeordnete Rolle zu spielen, denkbar schlecht. Wie selbstverständlich akzeptierte man sie als Putzfrauen, Müllmänner oder Straßenkehrer. Und sie lebten natürlich nicht in den feinen weißen Häusern des Nordens von Tel Aviv, wo sich die Elite der europäischen und amerikanischen Juden angesiedelt hatte.

Die den Neueinwanderern zugewiesenen Wohnungen waren weit weniger luxuriös. Sie waren meist in aller Eile hochgezogen worden, da Einwanderungswellen, von politischen Ereignissen abhängig, nicht voraussehbar sind. Mangelnde Kenntnis im Umgang mit europäischen Installationen führte vielfach dazu, daß diese Behausungen sehr bald einen slumähnlichen Charakter annahmen. So entstand von Anfang an eine Kluft zwischen Neueinwanderern und Alteingesessenen. Und die waren ohnehin davon überzeugt, daß sie es besser wußten, alles besser wußten als jene Menschen aus dem Jemen, aus Marokko oder Indien. Eine Überheblichkeit, die ihnen nicht einmal als solche bewußt war. Ganz abgesehen von der Tatsache, daß die Menschen aus den Entwicklungsländern mit ihren Traditionen und ihrer Kultur vieles zur Bereicherung Israels mitbrachten.

»Sieh nur, wie diese Leute aussehen«, der Vertreter der israelischen Einwanderungsbehörde in Bombay, natürlich ein Europäer, wies mit dem Finger auf die Gruppe Inder, die zusammen mit mir auf dem Flughafen von Bombay auf das Flugzeug wartete, das uns nach Israel bringen sollte. Sie hatten die dunkle Hautfarbe und die kleine Statur des Südinders. Höchstens ihre Vornamen – Rachel oder Isaak – erinnerten daran, daß Juden, ähnlich wie andere Völker, vor einigen Jahrhunderten an der Westküste Indiens gelandet waren.

Noch heute zeugen alte Synagogen davon. In ihren Behausungen in der Provinz Kerala (einst Travancore-Cochin) fand man vielfach jüdische Kultgegenstände neben Abbildungen hinduistischer Götter. Die Frauen trugen den Sari, hatten schwere Ohrgehänge und breite Fußringe und manche auch einen schimmernden Stein in einem Nasenflügel. Zahlreiche Kinder schwärmten um sie herum. Die Männer waren meist in Pyjamas gekleidet. Ihrem schwerfälligen Gang nach hatten sie ihre Füße das erste Mal in feste Schuhe gepreßt. Sie alle trugen Wolljacken über dem Arm, weil sie meinten, daß es in der Höhe des Fluges kalt sein müsse. Es war schwer, mit ihnen zu kommunizieren, denn sie sprachen nur Malyala, die Sprache ihrer Provinz. Wie so viele Inder waren auch sie Analphabeten und unterschrieben ihre Auswanderungspapiere mit einem Daumenabdruck.

Mit religiösen Gesängen stiegen sie in das Flugzeug, eine norwegische Maschine, die für ihren Flug nach Israel gechartert worden war. Niemals hätten arabische Staaten ei-

nem israelischen Flugzeug ihre Einwilligung zum Über-
fliegen ihres Territoriums gegeben. Willig ließen die Einwanderer alles mit sich geschehen. Sie nahmen die ihnen
angewiesenen Sitze ein und ließen sich anschnallen. Als
man die Gurte nach Erreichen der Flughöhe löste, glitten
sie flugs auf den Fußboden, so wie sie es von zu Hause gewöhnt waren. Die ihnen angebotenen Sandwiches euro-
päischer Art verweigerten sie freundlich. Als das Flugzeug
schließlich Gegenwinden ausgesetzt war, ergaben sie sich
hilflos der Luftkrankheit. Es war eine Gruppe von traurigen, verstörten Menschen, die da in befleckter Kleidung,
erschöpft vom langen Flug, in Israel eintraf.

Und dennoch nahmen sie wahr, was nun geschah: Irgend jemand öffnete die Tür des Flugzeugs einen Spalt und
schob eine Flitspritze hinein. Nach mehreren Stößen aus
diesem Instrument wurde die Tür wieder verschlossen –
offensichtlich um das Mittel einige Minuten einwirken zu
lassen. Danach erschien eine Frau im Flugzeug. Aus einem
Beutel streute sie DDT auf unsere Köpfe. Zu mir sagte sie
nur kurz: »Sorry, du bist mit denen zusammen gewesen.«
Ich sah meine Inder zum letzten Mal, als sie mit weiß gepu-
derten Haaren verwirrt und zögernd die Gangway hinun-
terstiegen, nicht singend wie bei der Abfahrt und nicht den
heiligen Boden küssend, wie so viele Einwanderer es tun.
Einige von ihnen fanden sich nicht zurecht im Land und
mit der ihnen zugewiesenen ungewohnten Landarbeit; sie
ließen sich wieder nach Indien zurückfliegen. Manche versuchten es nach einiger Zeit ein zweites Mal, nachdem ihnen die Vorteile der Lebensbedingungen in Israel gegenüber denen in Indien bewußt geworden waren. Aber die
Flitspritze und das DDT bei der Einreise blieben ihnen als
Zeichen der Demütigung fest in Erinnerung, es richtete
von Anfang an eine Barriere zu den »Weißen« in Israel auf,
die bis heute fortwirkt.

Doch es gibt Gelegenheiten, da steht das israelische Volk
zusammen wie ein Mann. Am 8. Mai 1977 brachten vier arabische Terroristen – zwei junge Frauen unter ihnen – ein

Sabena-Flugzeug auf dem Flug Brüssel–Wien–Tel Aviv mit 90 Passagieren und zehn Mann Besatzung an Bord in ihre Gewalt. Bei der Landung auf dem israelischen Flughafen Lod forderten sie die Freilassung von 100 arabischen Terroristen, die in israelischen Gefängnissen gefangengehalten wurden. Sie drohten, das Flugzeug in die Luft zu jagen, sollte Israel es wagen, nicht auf diese Bedingungen einzugehen. 23 Stunden lang tat die israelische Regierung so, als sei sie verhandlungsbereit. Dann stürmten israelische Soldaten, als Techniker verkleidet, die Maschine, töteten zwei der Terroristen und nahmen die anderen gefangen. Eine israelische Passagierin starb später an Verletzungen, die durch den Kampf an Bord verursacht worden waren. Es gab wohl niemanden in Israel, der nicht auf seine Regierung stolz gewesen ist, weil sie, anders als andere Regierungen in der Welt, den Luftpiraten nicht nachgegeben hatte. Aber diese Einigkeit hielt nicht lange an.

Indes sind in Israel die Familienbande stärker als in vielen anderen Ländern der entwickelten Welt. Eine Ursache dafür ist Auschwitz. »Warum habe ich keinen Onkel und keine Tante wie die anderen Kinder?« Eine Frage, die vielen Überlebenden schwerfällt zu beantworten, denn sie hat meist im Gefolge die noch quälendere Frage, warum die Juden sich nicht gegen ihre Unterdrücker und Mörder zur Wehr gesetzt haben. Daß die Erniedrigungen und Demütigungen den Juden das Rückgrat brachen, noch bevor es zum Mord kam, ist für die junge Generation der Israelis schwer verständlich. Eine Tatsache übrigens, die den Kampfgeist der Israelis von heute sehr stark bestimmt. Entdeckt ein Israeli durch Zufall entfernte Verwandte, so werden sie nicht nur sofort in die Familie aufgenommen, sondern auch fest an sie gekettet.

Die zweite Ursache für den Zusammenhalt der Familien ist, daß trotz der ständig wiederholten Betonung der Zugehörigkeit zum gleichen Volk jeder Einwanderer irgendwie doch in der Fremde ist: der ehemalige deutsche Jude, der häufig mit der schweren Sprache nicht zurechtkommt und trotz seines großen Beitrages zum Aufbau des Landes wegen seiner übertriebenen Korrektheit belächelt und nicht immer seiner Leistung entsprechend gewürdigt wird; der Einwanderer aus Marokko, der sich den europäischen Juden unterlegen fühlt – da helfen auch die Versuche wenig, gerade ihn durch besondere Förderung in führenden Stellen einzusetzen. Ehemalige Amerikaner, denen das Land viel zu klein ist in Ausdehnung wie auch in Lebensbedingungen, fliegen bei jeder Gelegenheit zu Besuchen in ihre frühere Heimat. Und schließlich die Russen, deren Ausbildung häufig dem Wissensstand des Westens nicht entspricht und sie zu für sie demütigenden Umschulungen oder zur Herabsetzung ihrer Ansprüche zwingt.

Die Familie erhält dadurch eine besondere Funktion. Von ihrem Zusammenhalt bezieht man Kraft und Sicherheit. Daß sich die Familien an Feiertagen zusammenfinden und ihre Speisen denen in ihren Geburtsländern ähneln, ist nur das äußere Zeichen dafür. Der Umstand, daß es in Tel Aviv nur wenige Kleinwohnungen für Junggesellen gibt und man auch keine Veranlassung sieht, welche zu bauen, deutet ebenfalls auf die große Bedeutung der Familie hin. Ein aus Südafrika stammendes Ehepaar, das als Einwanderer ein Anrecht auf eine Wohnung zu haben glaubte, wurde abgewiesen, weil es noch keine »Familie« gegründet hatte.

Dieser Geisteshaltung entsprechend schien vielen meiner Freunde die Tatsache, daß ich unverheiratet bin, ein unhaltbarer Zustand. »Überlege es dir noch einmal. Er ist Zahnarzt.« Fast verzweifelt über meine Hartnäckigkeit, nicht heiraten zu wollen, hob eine Bekannte beschwörend ihre Hände hoch. Nicht nur ihr war es dringend notwendig erschienen, mich zu verheiraten. So sehr ich mich auch dagegen wehrte. Versuche dieser Art, die man als israelisches Gesellschaftsspiel bezeichnet, die aber durchaus ernst gemeint waren, wurden immer wieder gemacht. Der Zahnarzt, den man mir ans Herz hatte legen wollen, war nun absolut nicht mein Typ. Aber wie alle Zahnärzte in Israel übertraf sein wirtschaftlicher und sozialer Stand den vieler anderer Berufe. Zum Leidwesen meiner Freunde überzeugte mich auch diese Tatsache nicht.

»Du lebst allein?« Der Offizier, der mich um eine Mitfahrgelegenheit nach Jerusalem gebeten hatte, schien überrascht. »In deinem Alter?« Ich fragte erstaunt, was das wohl mit meinem Alter zu tun habe. »Ich muß dich doch wohl nicht erst aufklären«, sagte er verwundert. »Selbst ich muß einmal die Woche zu meiner Freundin gehen.« Nach meiner etwas verwirrten Antwort, daß es da wohl Unterschiede gebe zwischen Mann und Frau, dachte er einen Moment nach. Dann schoß es fast aus ihm heraus: »Weißt du was, mein Major, der ist auch allein. Ich bin überzeugt davon, daß er gern eine passende Frau hätte.«

Während ich Mühe hatte, mir das Lachen zu verbeißen, pries er diesen Major in den höchsten Tönen und versprach, ohne mich auch nur um mein Einverständnis zu fragen, jenen sofort auf mich aufmerksam zu machen. Ein Schild an meinem Auto wies mich als Journalistin aus. Im kleinen Israel war es nicht schwer, mich ausfindig zu machen. Immer wieder betonte er, was für einen wundervollen Charakter dieser Major hätte, was für ein herrlicher Mann er sei. »Er hinkt ein bißchen«, fügte er hastig hinzu, »aber das macht gar nichts, absolut gar nichts.«

Den gesellschaftlichen Mittelpunkt spielt, zumindest für die erste Generation, die Landsmannschaft. Dort trifft man sich regelmäßig, spricht seine Muttersprache, läßt sich durch Vorträge und Kontakte über die ehemalige Heimat informieren. Die ehemaligen deutschen Juden sind in dieser Hinsicht besonders aktiv. Sie sind aufgeteilt in Gruppen ehemaliger Danziger, ehemaliger Leipziger, ehemaliger Frankfurter und so weiter. Eine Dachorganisation verbindet sie und sorgt auch für einen sozialen Dienst, um ehemaligen Landsleuten in Not beizustehen. Natürlich ist keiner von ihnen frei von einer gewissen

Nostalgie, ob es sich nun um ehemalige Deutsche oder ehemalige Rumänen handelt.

In einem Supermarkt erzählte der Verkäufer einer Kundin nicht ohne Stolz, daß er die Sprachen Deutsch und Rumänisch beherrsche. Die Kundin, im Küchenkittel, gebeugt, grauhaarig, wohl weit über 60, übertrumpfte ihn mit den Worten, sie spreche Türkisch und fließend Französisch und Spanisch. Sie sei nämlich in der Türkei geboren und hätte in Paris gelebt. Darauf nannte der Verkäufer den Ort in Rumänien, aus dem er stammte. Wie verwandelt rief die Kundin lebhaft aus: »Aber den Ort kenne ich doch.« Nun begann eine lebhafte Unterhaltung über das Land, den Ort und was wohl aus ihm geworden sei. Die beiden schienen in diesem Moment Israel ganz entrückt zu sein.

Tatsächlich hat dieses Land Israel mit Menschen aus so vielen Nationen einen ganz provinziellen Charakter bekommen. Verstoßen oder geflohen, scharen sich die Menschen um Gleichgesinnte. Der Blick nach draußen trifft vielfach auf eine ihnen feindliche Welt. Eine Welt, die oft unverständliche Forderungen an sie stellt und anscheinend bereit ist, sie abermals preiszugeben, wenn es ihren politischen oder wirtschaftlichen Interessen dient. So wurde Israel Heimat, Trost und Horizont zugleich.

Am 30. Mai 1972 landeten drei Japaner mit einer Maschine der Air France in Lod, holten aus ihrem Gepäck Maschinenpistolen und Handgranaten und schossen blind in die Menge in der Ankunftshalle. 24 Menschen starben auf der Stelle. Unter ihnen waren elf Pilger aus Puerto Rico. Professor Aharon Katzir, ein international anerkannter Wissenschaftler des Weizmann-Institutes, war unter den fünf israelischen Opfern. 80 Personen wurden verletzt, viele von ihnen schwer. Die israelische Schauspielerin Hanna Maron, der zwei Jahre zuvor nach einem Angriff arabischer Terroristen auf die Passagiere einer El-Al-Maschine in München-Riem ein Bein teilweise abgenommen werden mußte, besuchte die Verletzten im Krankenhaus. Vor dem Bett eines jungen Mädchens aus Puerto Rico, dem man ebenfalls ein Bein hatte amputieren müssen, begann sie zu tanzen, um zu beweisen, daß man auch mit einer Prothese ein vollgültiges Leben führen könne.

»Ich mordete, nicht weil ich die Juden hasse, sondern weil ich den Befehl dazu hatte«, erklärte der japanische Terrorist Kazo Okamoto (am 2. 6. 1972), der gefaßt wurde und sich als Mitglied der Internationalen Roten Armee vorstellte. Ein zweiter wurde getötet, der dritte entfloh. Die Popular Front for the Liberation of Palestine (PFLP) übernahm stolz die Verantwortung für diesen Angriff, der an den Sechs-Tage-Krieg vor fünf Jahren erinnern sollte. Ohnmächtige Wut packte die Israelis. Es gab niemanden, der nicht Rache schwor, ohne indes zu wissen, wie er das anstellen sollte. »Wie immer stehen wir allein da«, sagten sie bitter und wiesen auf die Vereinten Nationen, die nichts, aber auch gar nichts zu dieser empörenden Tat zu sagen hatten, geschweige denn etwas zum Schutz von Israel unternahmen.

Daran hatten sich die Israelis mit den Jahren gewöhnen müssen. Im Frühjahr 1967 blockierte Präsident Nasser die Straße von Tiran und damit für Israel den Weg nach Afrika. Zur gleichen Zeit gehorchten die Vereinten Nationen sofort und ohne Widerrede dem Wunsch des ägyptischen Präsidenten auf Abzug der UN-Truppen, die den Frieden zwischen Israel und Ägypten zu überwachen hatten. Dies führte zum Ausbruch des Sechs-Tage-Krieges im Juni 1967, in dem Israel die Sinai-Halbinsel eroberte[169], das Westjordanland, den Gaza-Streifen, die Golan-Höhen und den östlichen Teil von Jerusalem.

Im Sommer 1969 hatte ein geistig verwirrter Australier Feuer in der Al-Aksa-Moschee in Jerusalem gelegt und schweren Schaden angerichtet. Der Sicherheitsrat der Vereinten Nationen klagte Israel an[170], so als habe Israel und niemand anders den »abscheulichen Akt der Schändung und Entweihung der Moschee« zu verantworten. Am 4. Juli 1972 »bedauerte« der UN-Sicherheitsrat einen israelischen Angriff auf Flüchtlingslager im Libanon, von denen jeder wußte, daß sie den arabischen Terroristen als Operationsbasen für ihre ständigen Angriffe auf Israel dienten. Nur kurz und ohne genaue Angaben wurde auch auf »alle Gewaltakte« verwiesen, die diesem Angriff vorausgegangen waren. Israels Außenminister Abba Eban stellte dazu fest[171], daß in der Geschichte des Sicherheitsrates keine Entschließung existiere, in der jemals besonders auf die israelischen Opfer von Angriffen arabischer Terroristen hingewiesen wurde.

Die uneingeschränkte Unterstützung der arabischen Staaten in den Vereinten Nationen war nicht zufällig. Schließlich waren sie in der Überzahl in internationalen Gremien im Verband mit dem Ostblock und den Staaten der Dritten Welt. Auch westliche Länder wollten es nicht mit ihnen verderben, hofften auf Einflußmöglichkeiten im Nahen Osten, trotz der kommunistischen Vorherrschaft in diesem Gebiet. Und dazu war das kleine Israel ungeeignet. Nicht sehr viel später, kurz nach dem Jom-Kippur-Krieg, brachten die arabischen Staaten noch ihr Öl ins Spiel – die Materie also, ohne die die Erhaltung der Arbeitsplätze in Europa nicht garantiert werden konnte und damit auch nicht der Wohlstand. Die Entschließungen der Vereinten Nationen waren zu jener Zeit, um 1973/74, ausgesprochen einseitig. Sie gipfelten in der Resolution, die den Zionismus dem Rassismus gleichsetzte.[172]

Kein Wunder, daß die Israelis die Vereinten Nationen nicht mehr ernst nahmen. Es war ja zu Zeiten des Holocaust nicht anders gewesen, bestätigten sie einander in ihren Gesprächen. Als die Welt damals von den schrecklichen Morden an den Juden erfuhr, unternahmen selbst die gegen Nazi-Deutschland Krieg führenden Nationen nichts, um die Gasöfen von Auschwitz zum Erlöschen zu bringen. »Vielleicht interessiert sich die Welt dieses Mal mehr für die Opfer, weil es sich doch hauptsächlich um Christen und nicht um Juden handelt?« gaben einige anläßlich des Überfalls japanischer Terroristen am 30. Mai zu bedenken. »Gerade darum, weil sie uns bekämpfen, müssen wir hier in Israel leben und zusammenstehen.«

Die Lehrerin Dina hatte Tränen in den Augen, als sie den Neueinwanderern die Richtigkeit ihrer Entscheidung bestätigte. Und dann, als Kazo Okamoto zu lebenslänglich Zuchthaus und nicht, wie erwartet, zum Tode verurteilt wurde, war wohl jeder Israeli stolz auf seine Richter. »Das muß doch der Welt endlich beweisen, daß wir bessere Menschen sind als andere Völker, was unsere Moral angeht.« Daraus sprach die große Sehnsucht, wenn schon nicht geliebt, so doch wenigstens geachtet zu werden.

»Ich muß hier raus!« Einmal im Jahr, und zwar meistens im heißen Sommer des Orients, war das wie ein Ausdruck von Klaustrophobie, die viele Israelis erfaßte. Zuviel stürmte täglich auf sie ein. Und das nicht immer nur im Zusammenhang mit Israels außenpolitischer Situation. Da riefen die Angestellten von 15 Krankenhäusern einen Streik aus, um ihren Geldforderungen Nachdruck zu verleihen, und gefährdeten die ärztliche Betreuung im Lande.[173]

Oder Beate Klarsfeld[174] entdeckte den ehemaligen Gestapochef von Lyon, Klaus Barbie, in La Paz (Bolivien), dem viele Morde an Juden, besonders an französischen Freiheitskämpfern und jüdischen Kindern, zur Last gelegt wurden. In Frankreich war er Jahre zuvor in absentia zum Tode verurteilt worden. Eine solche Meldung mußte die Israelis erregen, zumal bekannt war, daß dieser Naziverbrecher, wie so viele andere, nach dem Krieg von der katholischen Kirche außer Landes gebracht worden war, um seiner gerechten Strafe zu entgehen.[175] Inflationäre Tendenzen ließen viele Israelis um ihr Erspartes fürchten. Und so jagte eine Meldung die andere, ein Ereignis folgte dem anderen. Die Menschen brauchten ab und zu Ruhe und Abstand von ihrem Land, in dem sie ständig in Spannung gehalten wurden.

Aber wer konnte schon reisen? Jede Reise, ganz gleich

in welches Land, mußte per Flugzeug unternommen werden. Das arabische Umland blieb Israelis verschlossen.[176] Den hohen Flugpreisen fügte der Fiskus über viele Jahre eine erhebliche Reisesteuer hinzu. Die Mitnahme ausländischer Währung war der schlechten finanziellen Lage des Landes wegen begrenzt. Diejenigen, die nach langem Sparen reisen konnten, ließen nichts aus: Amsterdam, Rom, London, Paris, und das alles möglichst in 14 Tagen, mehr gaben die Finanzen nicht her. Sie wußten nur zu gut, daß ihnen eine solche Reise so bald nicht wieder beschert werden würde.

Mit Paketen und Päckchen beladen – Geschenke für die Familie oder Sachen, die im Ausland billiger oder in Israel nicht zu haben waren – kehrten sie zurück, wie jeder Mensch froh, wieder daheim zu sein. »Es war so still im Ausland, daß ich immer unruhiger wurde.« Man lachte über sich selbst. In Wahrheit hatten sie auch im Ausland mit Akribie die Geschehnisse in ihrem kleinen Land und seiner Umgebung verfolgt. Die Explosion im Gepäckraum einer Boeing 707 der El Al auf dem Wege von Rom nach Lod erregte sie nicht nur ihrer eigenen Sicherheit wegen. Der Sprengstoff war in einem Plattenspieler versteckt, den zwei britische Mädchen von arabischen Terroristen »als Geschenk« erhalten hatten.[177]

Als ich einmal in einem Blumenladen unschlüssig herumstand, was für einen Strauß ich kaufen sollte, bot mir der Verkäufer seinen Rat an: Für wen die Blumen denn seien, fragte er. Ich gab bereitwillig Auskunft: »Für die Frau meines Vetters.« »Ach«, sagte er mit einer wegwerfenden Gebärde, »da reichen doch sechs Rosen, und Zellophanpapier (das extra bezahlt werden muß) ist auch nicht nötig.« Dieser trockene Humor, der dem des Berliners ähnelt, fehlte mir, wenn ich im Ausland war. Ich wußte allerdings damals noch nicht, daß es ihn schon bald nicht mehr geben würde.

Das Land hielt den Atem an an jenem 5. September 1972. Am frühen Morgen waren acht arabische Terroristen in das unbewachte Quartier der israelischen Olympiamannschaft im olympischen Dorf, Connollystraße 31, in München eingedrungen. Zwei israelische Sportler, die sich ihnen entgegenstellten, wurden sofort erschossen. Die übrigen neun Sportler und Funktionäre wurden von den Terroristen, die sich als Mitglieder des »Schwarzen September« ausgaben, in Geiselhaft genommen. Sie sollten für 200 in israelischer Haft befindliche Araber ausgetauscht werden. Die Terroristen drohten, die Geiseln eine nach der anderen zu erschießen, falls die israelische Regierung ihren Forderungen nicht nachzugeben bereit sei. In Israel stand die Arbeit still. Niemand konnte an etwas anderes denken. Nun müßte die Welt doch endlich verstehen, mit wem man es zu tun habe, wer den Frieden im Nahen Osten wirklich störte. Bundeskanzler Brandt kommentierte das entsprechend mit den Worten: »Das sind verabscheuungswürdige Methoden. Es gibt keine politischen Ziele, welche solche Methoden rechtfertigen können.«[178] Aber das interessierte die Terroristen überhaupt nicht. Den ganzen Tag über wurde verhandelt.

Ich hatte viele Stunden jenes Tages in schrecklicher Spannung in der Redaktion verbracht, um die eingehenden Nachrichten zu verfolgen. Als schließlich der deutsche Regierungssprecher Conrad Ahlers in den frühen Morgenstunden des 6. September mitteilte, alle Geiseln seien gerettet, ging ich erschöpft, aber beruhigt schlafen. Wenige Stunden später weckte mich mein Chefredakteur mit der Mitteilung, alle Geiseln seien ermordet worden, und ich müsse sofort nach Bonn fliegen.

Was war geschehen? Am Abend jenes langen Tages waren die Deutschen schließlich auf die Forderungen der Terroristen eingegangen, ihnen samt ihren Geiseln ein Flugzeug nach Kairo zur Verfügung zu stellen, wo angeblich der Austausch der Geiseln gegen die von ihnen geforderten 200 arabischen Gefangenen, die sich in israelischer Haft befanden, stattfinden sollte. Offensichtlich hatten die deutschen Behörden die Absicht, bei dieser Gelegenheit die Terroristen zu überwältigen. Ein solcher Versuch wurde auch unternommen. Im Verlauf des Kampfes wurden zwar fünf Terroristen getötet, zwei verwundet und der achte verhaftet. Von den Geiseln aber überlebte keiner, denn der letzte nicht verwundete Araber erschoß acht von ihnen im letzten Augenblick, die neunte erstickte im durch eine Handgranate in Brand gesetzten Hubschrauber.

In Israel war man zutiefst erschüttert. Man begriff gar nicht, wie das hatte passieren können. Wie hatte es möglich sein können, daß ihre Sportler ungeschützt gewesen waren, und wie hatte es den Deutschen mißlingen können, die Mörder zur Strecke zu bringen. Aber die Israelis hatten nicht viel Zeit zu trauern; die Wirklichkeit unserer Welt holte sie sehr schnell ein.

»Sie werden nicht eine einzige Erwähnung des Wortes ›arabisch‹ in seiner Rede finden«, sagte der stellvertretende Bonner Regierungssprecher Rüdiger von Wechmar.[179] Er bezog sich dabei auf die Rede des Bundespräsidenten Gustav Heinemann, der in der wenige Stunden nach dem Mord stattfindenden Trauerfeier die Schuldigen angeprangert hatte: »Im Vordergrund ist eine Verbrecherorganisation, die da glaubt, daß Haß und Mord Mittel des politischen Kampfes sein können.« Dann fügte er unmißverständlich hinzu: »Verantwortung tragen aber auch jene Länder, die diese Menschen nicht an ihrem Tun hindern.« Es gab niemanden in der Bundesrepublik, der diese Bemerkung nicht auf die arabischen Staaten bezog, die Terroristen gegen Israel nicht nur gewähren lassen, sondern ihnen auch noch Unterschlupf bieten. Aber die Regierung in Bonn wollte sich ihre Beziehungen zu den arabischen Staaten nicht von einem Mord an elf israelischen Sportlern diktieren lassen.

Daran konnte schließlich niemand mehr zweifeln, als die Regierung in Bonn den Bedingungen arabischer Luftpiraten der Organisation »Schwarzer September«, die drei inhaftierten Terroristen von München unverzüglich freizulassen, ohne viel Aufhebens Folge leistete. Diese hatten am 29. Oktober ein Lufthansa-Flugzeug auf dem Weg von Beirut nach München in ihre Gewalt gebracht und drohten, es mit 13 Passagieren und sieben Besatzungsmitgliedern an Bord in die Luft zu jagen, falls ihre Bedingungen nicht erfüllt würden.

Man konnte kaum so schnell denken, wie Bonn die Freilassung der drei Mörder von München verfügte. Daß die zeitweilige Abberufung des israelischen Botschafters aus Protest Bonn nicht sonderlich störte, liegt auf der Hand. Ich habe mich in Bonn selten so einsam gefühlt wie in jenen Tagen. Ich sehnte mich nach dem Land, vor allem nach den Menschen zurück, denen ich mich trotz aller Schwierigkeiten im ersten Jahr meiner Einwanderung mehr denn je verbunden fühlte.

18. Von Krieg und Frieden

»Ist heute nicht ein herrlicher Tag? Wir haben Frieden!«, rief die Telefonistin in Jerusalem ihrer Kollegin in Kairo zu, mit der sie gemeinsam für mich ein Gespräch mit der Frau des Präsidenten Sadat herstellen sollte. Sie saß in der Zentrale des internationalen Pressezentrums, das im Theater der Stadt für Hunderte von Journalisten aus aller Welt hergerichtet worden war, die über den spektakulären Besuch des ägyptischen Präsidenten Sadat in Israel berichten wollten. Ein provisorisches Kabel war speziell für diesen Zweck von Jerusalem nach Kairo gelegt worden. Die Telefonistin in Kairo pflichtete ihrer israelischen Kollegin bei. »Kein Krieg mehr! Keine Toten! Wie wunderbar!« Die Israeli, die seit ihrer Flucht aus Kairo die Stadt nicht mehr hatte besuchen können, da die Grenzen arabischer Länder für Israelis hermetisch verschlossen waren, war neugierig. »Wo wohnst du?« fragte sie ihre Kollegin am anderen Ende der Leitung in Arabisch, ihrer Muttersprache. »Abu Bakr«, antwortete diese und erklärte den Stadtteil und die genaue Lage. »Nein, so was!«, die Israeli war außer sich vor Freude. »Aber dort haben wir doch auch gewohnt.« Und dann fragte sie nach Einzelheiten, ob es den Bäcker an der Ecke noch gebe und die Apotheke neben ihm. Fast vergaßen die beiden Telefonistinnen, die eine in Kairo, die andere in Jerusalem, daß sie im Dienst waren, im Dienst des Friedens zwischen Israel und Ägypten.

Die Teilnahme an der Berichterstattung vom 19. November 1977, dem Tag, an dem der ägyptische Präsident Anwar Sadat israelischen Boden betrat, um nach Jahren der Feindschaft und der Kriege den Israelis Frieden anzubieten, gehört zu den Höhepunkten meiner journalistischen Karriere. Diese unerwartete Entwicklung begeisterte uns alle. Es schien uns, als sei ein Ende aller Feindseligkeiten in Sicht, denn wir waren ganz sicher, daß die übrigen arabischen Staaten dem Beispiel Ägyptens folgen würden, ja müßten, und daß Israel nun inmitten der arabischen Welt endlich in Frieden würde leben können. Es kam nicht so. Auch nach dem Abschluß des Friedensvertrages kam es noch zu Krisen und Konflikten in den Beziehungen zwischen Israel und Ägypten, die zeitweise das Verhältnis der beiden Staaten zueinander zu einem sehr frostigen Frieden herunterstuften.

Am 6. Oktober 1981 wurde Präsident Sadat von islamischen Extremisten ermordet, und das nicht nur wegen seiner Haltung zu Israel. Dennoch spielt der erste Friedensvertrag zwischen Israel und einem arabischen Land eine bedeutende Rolle in der Entwicklung des Nahen Ostens, und wieviel Leid dessen Völkern dadurch erspart geblieben ist, kann man nur vermuten.

Es war der 6. Oktober 1973, der Tag, der eigentlich diese dramatische Wende im Nahen Osten eingeleitet hat. Ich erlebte Jom Kippur zum ersten Mal in Israel. Um die Mittagszeit, am Freitag, dem 5. Oktober, erstarb das Leben in der Stadt Tel Aviv. Die Straßen leerten sich. Bald störte kein Autogeräusch mehr die Stille. Kein Flugzeug war zu hören. Der Flugplatz Israels blieb während des Feiertages für den internationalen Luftverkehr gesperrt. Kinder übernahmen die Straße, bemalten die leeren Fahrbahnen mit Kreidezeichnungen. Cafés und Restaurants hatten geschlossen. Die Leuchtreklame der Kinos und der großen Firmen flammten nicht auf wie sonst, wenn es dämmerte. Gegen Abend beobachtete ich Fußgänger, die in festlicher Kleidung, das Gebetbuch unterm Arm, zur Synagoge gingen – gemächlich, wie der Charakter dieses Tages es vorschreibt.

Für die Gläubigen ist es der Gerichtstag, an dem, nach jüdischer Religion, Gott über Leben und Tod entscheidet. Um der Buße für ihre Sünden Gewicht zu geben, fasten sie 24 Stunden lang. Die weniger Gläubigen machen es oft ebenso – wohl mehr aus Pietät als aus Überzeugung. Es ist der einzige jüdische Feiertag, den die Mehrheit des jüdischen Volkes ernst nimmt.

In der Nacht erwachte ich. Es war mir, als hätte ich ein Flugzeug gehört. Es mußte ein Traum gewesen sein. Denn eine solche Verletzung des heiligsten aller Feiertage war undenkbar. Ich schlief wieder ein. Dann meinte ich Autos über die nahe Chaussee rasen zu hören. Ich verstand das nicht, ahnte aber nichts Böses. Am Morgen nahm diese Geschäftigkeit noch zu. Ich blieb gleichgültig. Israels Radio- und Fernsehanstalten blieben wegen des Feiertages stumm. Ich hätte ausländische Sender einschalten können. Aber ich hatte gar nicht das Bedürfnis danach. Ich wollte Freunde anrufen, wollte mich lustig machen über die Abwendung von der Religion, die auch Israel erreicht zu haben schien. Aber mein Telefon gab keinen Laut von sich, so als beteilige es sich an diesem perfekten Ruhetag. Über Mittag schlief ich ein. Es war noch sehr warm in Israel.

Ein schriller Ton weckte mich aus tiefem Schlaf. Ich hörte mich selbst aufschreien. Ich glaubte mich in Berlin, irgendwann in den Jahren des Zweiten Weltkrieges. Fliegeralarm! – Der Ton der Sirene konnte nicht deutlicher sein. Ich sprang hoch. Langsam, nur sehr langsam kam ich zu mir. Im Treppenhaus hörte ich Stimmen. Ich öffnete die Wohnungstür. »Ja, wissen Sie denn nicht, was geschehen ist?« Ungläubig sah meine Nachbarin mich an. »Es ist Krieg, die Syrer sind in Israel eingedrungen, und die Ägypter haben den Suezkanal überschritten.« Und während sie das sagte, bereitete sie Brote für ihren Mann vor, der im Nebenzimmer seine Uniform anzog. Der Abschied war kurz und, wie mir schien, ohne jegliche Emotionen, so als würde er irgendeine Geschäftsreise antreten. Sie sah ihm nicht einmal nach, als er, das Gewehr auf den Beifahrersitz werfend, sich in seinen Wagen schwang und davonbrauste. Im Augenblick schien ihr die Betreuung der drei Kinder wichtiger zu sein, die mit großen Augen die Vorbereitungen beobachtet hatten. »Meinen Sohn haben sie schon vor zwei Stunden geholt«, berichtete eine andere

Nachbarin. »Und den Sohn von Bracha haben sie vom Gebet weg aus der Synagoge herausgerufen.«

Die älteren Männer räumten den Keller aus, der natürlich nicht so bereitstand, wie das Gesetz es vorschreibt. Wir Frauen und Kinder standen auf den Gängen und im Treppenhaus herum und lauschten hinaus. Auf der Straße nicht ein Laut, kein Schuß, kein Motorengeräusch, keinerlei Bewegung. Geisterhafte Stille. Nach 30 Minuten – Entwarnung. »Ich habe keine Ahnung, wo mein Sohn ist. Seine Frau hat ein Baby bekommen.« Man sprach miteinander. Die Wohnungstüren blieben geöffnet. Man war wieder eine Familie. Frauen und Kinder waren allein und die Kinder ungewöhnlich still. Kurze Zeit darauf ein zweiter Alarm. Und wieder die gleiche Szene – kein Laut, keine Bewegung. Die Straße sah aus wie eine Bühne vor Beginn einer Aufführung. Aber es geschah nichts. Nach der Entwarnung fuhr ich in die Redaktion. Auf der Straße hielten Oberschülerinnen mein Auto an. Sie übermalten die Scheinwerfer mit dunkelblauer Farbe. Die Verkehrsampeln waren abgeschaltet. Die Vorbereitungen für die Verdunkelung waren angelaufen.

In der Redaktion wartete man bereits auf mich. Einige Redakteure waren schon an der Front. Andere kamen noch einmal kurz vorbei auf dem Weg in den Krieg, das Gewehr über der Schulter. Auch die Belegschaft der Druckerei war nicht mehr vollzählig. Kurz erklärte man mir, daß ich das Material der ausländischen Nachrichtenagenturen sichten solle, das in Massen anfiel und viele Nachrichten aus den arabischen Staaten enthielt. Große Sachlichkeit bestimmte die Atmosphäre. Und doch wurden Fragen gestellt. Wie konnte das geschehen? Wie war es möglich, daß man uns so überraschen konnte? Oder waren wir aus irgendeinem Grunde nicht vorbereitet? Dayan? Zweifel am Verteidigungsminister, dem Helden des Sechs-Tage-Krieges, wurden laut. Ich hörte von Alex, der wenige Tage zuvor wie viele andere Soldaten wegen des Feiertages auf Urlaub geschickt worden war. Er ließ seine Sachen am

Kanal, von wo aus die Vorbereitungen der Ägypter zu sehen gewesen waren. »Manöver«, hatten die Vorgesetzten erklärt. Er gehörte zu den fünfen von den 20 Mann seiner Einheit, die ihres Urlaubs wegen ungeschoren davonkamen. Sieben Soldaten fielen, vier kamen in Gefangenschaft, vier weitere wurden verletzt.

Aber zu diesem Zeitpunkt wußte man nichts, gar nichts. Ich arbeitete die Nacht durch. Die Stenotypistinnen baten darum, daß man ein Telefon frei hielt. Es könne doch sein, daß der Mann, daß der Sohn anriefe. Schließlich gebe es doch Telefon an der Front. Und »sie wissen doch alle, wie wir uns sorgen«. Aber der einzige Anruf, der in dieser Nacht kam, war für Ella. »Wo bist du?« brüllte sie ins Telefon. Sie beugte ihr Gesicht auf die Sprechmuschel herunter, als könne sie ihm so näher kommen. Sie lauschte intensiv, sprach aber nur ein paar belanglose Worte und hängte wieder ein. Ihr Gesicht, das zuvor nichts von ihrer Not verraten hatte, strahlte. »Mein Mann«, sagte sie wie außer Atem, »dem Himmel sei Dank.« Er befände sich in der Nähe von Safad (Galiläa), also nicht in Gefahr. Er habe seinen Pullover vergessen, und es sei bitter kalt dort. Sie begann zu telefonieren, gab Botschaften an andere Frauen weiter, die ihr Mann ihr aufgetragen hatte. Ella merkte gar nicht, daß sie beneidet wurde.

Als ich am frühen Morgen nach Hause fuhr, war tiefdunkle Nacht. Ich fuhr schrittweise, wie blind, denn meine verdunkelten Scheinwerfer gaben so gut wie kein Licht her. Ich gewöhnte mich schließlich daran, denn auch die folgenden Nächte verbrachte ich an den Tickern von Reuters, AP und Agence France-Presse. Unsere Zeitung erschien nur noch in wenigen Blättern, denn immer mehr Redakteure und Drucker wurden eingezogen. Sie enthielt nur noch die wichtigsten Kriegsnachrichten. Ich versuchte am Tage den Schlaf nachzuholen. Aber das gelang nicht. An den ersten zwei Kriegstagen waren die Schulen geschlossen und die Kinder zu Hause. Danach fand der Unterricht verkürzt statt, denn auch die Lehrer fehlten natürlich. Mein Telefon ging wieder. Freunde vermuteten, daß ich vielleicht mehr wüßte, da doch die Militärzensur nicht alles zur Veröffentlichung freigebe, um die Menschen nicht noch mehr zu beunruhigen.

Die Berichte klangen ohnehin nicht sonderlich günstig in den ersten Kriegstagen. Die Syrer habe man zurückgeworfen, hieß es, aber wohl noch nicht weit genug, um die Gefahr entscheidend abzuwehren. So las man es zwischen den Zeilen. An der Sinai-Front sah es zunächst nicht so aus, als habe man so leichtes Spiel mit den Ägyptern wie in früheren Kriegen. In den Zeitungen erschienen weiße Stellen, oder manches war unleserlich gemacht worden. Der Beweis, daß die Zensur noch in letzter Minute Streichungen vorgenommen hatte. Ab und zu gab es Fliegeralarm. Darum kümmerte sich schon keiner mehr. Die Menschen blieben einfach in den Kaffeehäusern sitzen. Die Nachbarn fragten an, ob sie für mich einkaufen gehen sollten. Die Geschäfte schlossen der Verdunkelung wegen früh.

Man begann zu hamstern, stand stundenlang an. Manches Regal war bereits leer. In den Postämtern »amtierten« Schulkinder. Freiwillige, meist Frauen und alte Männer, halfen aus, wo sie nur konnten. Ein älterer Kollege bat mich, einen Teil seiner Schicht mit zu übernehmen, weil sie sonst nichts zu essen haben würden. Seine Frau – wie alle Ehefrauen und Mütter Israels – säße am Telefon, immer am Telefon. »Der Sohn, wissen Sie.« Man merkte es, wenn am anderen Ende der Leitung jemand umgehend den Hörer abnahm. Die wenigsten wußten etwas über ihre Männer oder ihre Söhne. Jüdische Künstler, allen voran der Geiger Isaak Stern, kamen nach Israel, um ihre Solidarität zu demonstrieren. Der indische Dirigent und Musikdirektor des Israelischen Philharmonischen Orchesters, Zubin Mehta, eilte aus irgendeinem Lande herbei, um die Menschen durch Musik zu trösten und zu beruhigen.

Am 22. Oktober, dem 19. Tag nach Ausbruch des Krieges, stimmte Israels Regierung den vom Sicherheitsrat der Vereinten Nationen ausgearbeiteten Waffenstillstandsbedingungen zu. Die Erleichterung war spürbar. Trotz der noch anhaltenden Verdunkelung kehrte Leben auf die Straßen von Tel Aviv zurück. Es war, als ob die Kinder wieder lauter schrien als Tage zuvor. Die Frauen schienen wieder Muße zu haben, an den Auslagen der Schaufenster vorbeizuschlendern, und an den Kiosken schlürften die Alten wieder in aller Ruhe ihren Kaffee.

Am 24. Oktober hörte das Morden endgültig auf. Ägypten hielt noch zwei wichtige Brückenköpfe auf der Ostseite des Kanals, während seine Dritte Armee auf der Westseite tief auf ägyptischem Boden von den Israelis umzingelt war. Im Norden hatten die Israelis die Syrer wieder in ihr Land zurückgeworfen und waren bis zu den Vorstädten von Damaskus vorgedrungen. Schätzungen nach hatte Israel 2700 Tote zu beklagen, Syrien 3500 und Ägypten 15000. Am 18. Dezember begann unter der Schirmherrschaft der Vereinigten Staaten und der Sowjetunion die Genfer Friedenskonferenz, die eine Entflechtung der Truppen herbeiführen sollte. Syrien lehnte die Teilnahme ab. Durch die Vermittlung des amerikanischen Außenministers Dr. Henry Kissinger führten die Verhandlungen zwischen Israel und Ägypten schließlich am 18. Januar 1974 zu einem guten Ende.[180]

Vom militärischen Standpunkt aus hatten die Israelis einen beachtlichen Erfolg zu verzeichnen, wenn man noch dazu ihre prekäre Lage beim Ausbruch des Krieges bedachte. Sie haben klugerweise diesen Sieg nie zu ihren Gunsten ausgeschlachtet. Denn es offenbarte sich sehr schnell, daß der anfängliche Erfolg der Ägypter, die die israelischen Linien am Suezkanal durchbrochen und die Israelis zunächst weit zurückgedrängt hatten, einem psychologischen Durchbruch gleichkam. Ägypten, das in mehreren Kriegen von Israel geschlagen worden war und Gebiete hatte abtreten müssen, sah darin eine Wiederherstellung seiner Ehre. Ohne diesen psychologischen Erfolg wäre es mit großer Wahrscheinlichkeit nicht so schnell zu dem Entflechtungsabkommen und ganz sicher nicht zu dem späteren Friedensvertrag zwischen Israel und Ägypten gekommen.

»Schalom, Herr Doktor.« Der übergroße Portier deutscher Herkunft des »King David«-Hotels in Jerusalem in seiner grauen Livree zog seinen ebenso grauen hohen Zylinder und verbeugte sich tief, um den amerikanischen Außenminister in seiner Muttersprache zu begrüßen. Henry Kissinger, der aus Fürth stammt, guckte eine Sekunde irritiert hinter seinen Brillengläsern hervor. Dann schritt er schnellen Schrittes auf die ihn erwartenden Menschen zu. Amerikanische Touristen hinter einem Sicherheitskordon klatschten Beifall, während die Kameras der Fernsehstationen vieler westlicher Staaten surrten. Kellner und Putzfrauen stürzten herbei, um den Mann zu sehen, der es als Emigrant bis zum Außenminister gebracht hatte. Aber sie sahen nur noch den breiten Rücken des legendären Henry K. und den ihn begleitenden, auf ihn einredenden israelischen Außenminister Abba Eban. Der extra reservierte Lift schwebte schon in die sechste Etage, die dem Außenminister, den ihn begleitenden Beamten und den Sekretärinnen samt ihren Telefonen und Telexmaschinen zur Verfügung gestellt worden war.

Nach der ersten gelungenen »Pendeldiplomatie«, die am 18. Januar 1974 zum ersten Entflechtungsabkommen zwischen Israel und Ägypten geführt hatte, unternahm Henry Kissinger am 28. April 1974 einen zweiten Versuch, den Nahen Osten dem Frieden näherzubringen. Dieses Mal ging es um ein Entflechtungsabkommen zwischen Israel und Syrien. Daß diese Aufgabe schwerer sein würde als die vorige, war allen Beteiligten klar, da Syrien nicht einmal bereit gewesen war, an der Genfer Friedenskonferenz teilzunehmen.[181]

Henry Kissinger begann seine Mission mit einem Gespräch mit seinem sowjetischen Kollegen Gromyko am 28. April 1975 in Genf. Die Russen waren offensichtlich daran interessiert, bei diesen Verhandlungen nicht nur Zaungäste zu sein. Den Amerikanern war dies recht, denn

eine Friedensordnung im Nahen Osten ohne die Sowjetunion war entweder nicht zu erreichen oder in Gefahr,
torpediert zu werden. Aus »informierten Kreisen« wurde
bekannt, daß Kissinger vor seinem russischen Kollegen die
Meinung geäußert habe, Israel müsse den ersten Schritt
tun, um zu einem Abkommen mit Syrien zu gelangen.
Gromyko versicherte ihm, daß die Sowjetunion seine Bemühungen nicht behindern werde. Wir israelischen Journalisten, die Kissinger von seiner Landung in Israel bis zu
seinen häufigen Ab- und Anflügen beobachteten, mußten
erst lernen, daß die »informierten Kreise« der Außenminister selbst war, der seinen 14 ihn begleitenden Journalisten
im Fluge Brosamen von Informationen zuwarf, die aber
als gezielte Indiskretion ein Teil seiner Verhandlungstaktik waren.

Einen Tag später sprach Kissinger bei Algeriens Houari
Boumedienne vor, den er als entscheidenden Staatsmann
der arabischen Welt ebenfalls von seinen Absichten in
Kenntnis setzen wollte. Hier fügte er, deutlicher werdend,
hinzu, daß Israel den Syrern Zugeständnisse machen
müsse. Dann flog er zu dem wohl zu der Zeit bedeutendsten Mann im Nahen Osten, Präsident Sadat von Ägypten,
dem er versicherte, daß er den Vertrag zwischen Israel und
Syrien innerhalb von zehn Tagen unter Dach und Fach haben werde. Und dann bestieg er seine Boeing 707, die speziell von der amerikanischen Luftwaffe für ihn als Hotel
und Büro hergerichtet worden war. Von diesem Flugzeug
aus war er über das Pentagon elektronisch mit jedem Telefon der Welt verbunden.

Am 2. Mai nahm er seine Gespräche mit einer israelischen Delegation unter Leitung der israelischen Premierministerin Golda Meir auf, die ihm versicherte, daß Israel
im Prinzip zu Konzessionen im »Schritt-für-Schritt-
Tempo« bereit sei. Mit dieser Information flog er am nächsten Morgen nach Damaskus, verbrachte den Tag in allgemeinen Gesprächen mit den Syrern, um einen Tag darauf
Präsident Sadat wiederum in Alexandria über den Stand

der ersten Gespräche zu unterrichten. Am gleichen Abend kehrte er nach Jerusalem zurück.

Und nun entwickelte sich eine Art Routine: Am Morgen verhandelte er mit den Israelis, am Mittag flog er nach Damaskus, in der Nacht war er wieder in Jerusalem, um die auf ihn wartenden Israelis über die letzte Meinung ihrer Gegenspieler zu informieren. Ab und zu legte er noch einen Abstecher zu Präsident Sadat ein, um ihn auf dem laufenden zu halten. Zwischen den beiden entwickelte sich eine sehr freundschaftliche Beziehung. Sadat sprach nur noch von »Bruder Henry«. Kein Zweifel, daß diese Beziehung später zur Entstehung des Friedensvertrages zwischen Israel und Ägypten beitrug. Über Kissinger lernte der ägyptische Präsident die Israelis und ihre Art zu denken und zu handeln kennen.

Meine Aufgabe bestand im wesentlichen aus »Warten auf Henry« oder, genauer gesagt: auf die Brosamen der Verlautbarungen des Henry K., die uns einige unserer amerikanischen Kollegen bereitwillig zuspielten und die mit den inzwischen bekanntgewordenen Informationen über seine Vormittagsgespräche mit den Israelis kombiniert und analysiert werden mußten. Während Henry, »der Pendler«, meist noch nachts bei seiner Rückkehr ins Hotel »mit sprühender Energie« ausschritt, sah man seinen Mitarbeitern täglich mehr die Erschöpfung an. Von den Journalisten gar nicht zu reden, die erst nach seiner Rückkehr und den nächtlichen Gesprächen mit den Israelis ihre Berichte absetzen konnten. Ich verdanke dieser Aufgabe, daß ich in früher Morgenstunde einen der prachtvollsten Sonnenaufgänge über der Stadt Jerusalem miterleben durfte. Wenn ich mich dann endlich zur Ruhe begeben konnte, war Henry Kissinger meist schon wieder auf den Beinen.

Bereits am siebten Tag seiner Verhandlungen, die Kissinger gelegentlich als »dramatisch« bezeichnete, sprach er die Überzeugung aus, daß beide Seiten einem Vertrag sehr nahe seien. So jedenfalls verkündeten die »informierten

Kreise«. Er flog noch kurz nach Riad, um König Feisal von Saudi-Arabien um Unterstützung für seine Bemühungen zu bitten, so wie es Präsident Sadat und Präsident Boumedienne zu tun bereit waren. Schließlich traf er sich auch noch einmal auf Zypern mit dem sowjetischen Außenminister Gromyko, der Kissingers »Solodiplomatie« nun doch mit einem gewissen Argwohn zu verfolgen schien. Dabei schlug der sowjetische Außenminister dem Amerikaner vor, die Israelis müßten gezwungen werden, die Hälfte der Golan-Höhen zu räumen. Kissinger meinte daraufhin nur zynisch, der sowjetische Kollege solle doch an seiner Statt nach Jerusalem fahren.

Aber wann immer Kissinger glaubte, den Vertrag bereits in der Tasche zu haben, fiel es den Syrern ein, noch weitere Konzessionen von den Israelis zu verlangen. Es wurde bald klar, daß Kissinger die Zehn-Tage-Frist, die er sich zur Erlangung des Vertrages gesetzt hatte, nicht einhalten konnte. Er schlug vor, entweder die Verhandlungen zu unterbrechen, da er dringend an seinen Arbeitsplatz in Washington zurückkehren müsse, oder aber, beide Seiten sollten sich auf einen Vertrag einigen und dessen Einzelheiten bis zu einer neuerlichen Friedenskonferenz in Genf geheimhalten. Auf diese Weise würden sie ihre innenpolitischen Schwierigkeiten, die ihnen ein solches Abkommen zweifellos bereitete, leichter überwinden können.

Aber diese Vorschläge fanden keine Gegenliebe. Kissinger, der eine Niederlage seiner Bemühungen fürchtete, verschob nun doch seine Abreise und nahm die Verhandlungen wieder auf. Wenige Tage darauf, am 17. Mai, mußte er sie unterbrechen. Palästinensische Terroristen hatten eine Schule in Maalot (Galiläa) überfallen. Sie nahmen die Kinder in Geiselhaft und forderten die Freilassung von 23 palästinensischen Terroristen aus israelischen Gefängnissen. Israelische Soldaten stürmten schließlich die Schule, konnten aber nicht verhindern, daß die Terroristen 22 Kinder töteten. Die Empörung in Israel und der darauffolgende Vergeltungsangriff der israelischen Armee auf Operationsbasen der Terroristen im Libanon machten Kissinger seine Aufgabe nicht gerade leichter. Überdies hatten es sowohl Ägyptens Präsident Sadat wie auch Syriens Präsident Assad trotz der Bitte Kissingers unterlassen, ihren Abscheu über den Angriff auf die Schulkinder auszudrükken. Und so schien es Kissinger sinnlos, weiter zu verhandeln. Die Journalisten zahlten ihre Hotelrechnungen, die Koffer wurden verladen. Frau Meir dankte Henry Kissinger bei einem Abschiedsessen für seine Bemühungen. Der Kampf um einen kleinen Schritt zum Frieden schien gescheitert zu sein. Kissinger wollte über Damaskus und einem kurzen Zwischenstop auf dem Flughafen von Tel Aviv nach Washington zurückfliegen.

Ich war enttäuscht und total erschöpft in meine Wohnung nach Tel Aviv zurückgekehrt. Die Aufgabe – die Erlangung von Nachrichten, das viele Warten – war hart gewesen. Dazu hatten technische Probleme die Schwierigkeiten noch erhöht. Einmal hatte der Schnee, der in Jerusalem selten fällt, die Ankunft meines Berichtes in der Redaktion in Tel Aviv verhindert. Ein anderes Mal hatten die Kollegen in Tel Aviv versäumt, das Telexgerät mit Papier auszustatten. In solchen Fällen wurde ich noch der wenigen Stunden meines Schlafes beraubt; denn nun mußte ich meinen Bericht noch einmal telefonisch durchgeben. Ich hatte mich gerade zur Ruhe gelegt, als die Redaktion mich erneut aufscheuchte. Kissinger war nach Jerusalem zurückgekehrt. Die Gespräche in Damaskus hatten ihn dazu ermutigt. Zehn Minuten später raste ich die Hügel zur Heiligen Stadt wieder hinauf.

Und wieder begann das gleiche Spiel. Kissinger sprach von Fortschritten und behauptete, die Parteien seien sich eigentlich schon einig. Dann hörte man wieder von neuen Forderungen der Syrer. Kissinger drohte wiederum abzureisen. Aber schließlich pendelte er weiter zwischen Jerusalem und Damaskus hin und her. Und am 31. Tag seiner Bemühungen war es soweit. Um 2.30 Uhr morgens traf er, aus Damaskus zurückkehrend, noch einmal mit der israelischen Delegation zusammen, um ihr die Zustimmung der Syrer zu den so schwer erarbeiteten Bedingungen des Abkommens mitzuteilen.

Noch einmal sprach man alles durch, während wir Journalisten vor dem Amtssitz des israelischen Premierministers in der Kälte einer Jerusalemer Nacht bis fünf Uhr morgens ausharren mußten. Trotz der ungewöhnlichen Stunde trank man noch einen Toast auf den Abschluß. Als Kissinger die israelische Premierministerin zum Abschied küßte, meinte Golda Meir nur trocken: »Ich wußte gar nicht, daß Sie auch Frauen küssen.« Sie bezog sich dabei auf die »Bruderküsse« von Präsident Sadat und Kissinger. Das Ergebnis der Verhandlungen – Rückzug Israels aus der syrischen Stadt Kuneitra und ihren umliegenden Dörfern, Stationierung von UN-Truppen und Austausch von Gefangenen – schien karg im Verhältnis zu den Anstrengungen des amerikanischen Außenministers.

Es kam fast einem Symbol gleich, als sich Henry Kissinger an einem arbeitsfreien Sabbat, dem 22. März, nach Massada am Toten Meer fliegen ließ. Im Februar 1975 war er wiederum nach Jerusalem gekommen, um ein drittes Mal mit Hilfe seiner Pendeldiplomatie die Staaten des Nahen Ostens einander näherzubringen. Dieses Mal ging es um ein zweites Entflechtungsabkommen zwischen Ägypten und Israel. Ägypten verlangte die Rückgabe der Gebirgspässe Mitla und Giddi auf der Sinai-Halbinsel und der Ölfelder von Abu Rodeis, aus denen Israel seit dem Sechs-Tage-Krieg fleißig zapfte.

Aber dieser Versuch gestaltete sich noch schwieriger als das Abkommen mit Syrien, denn Israel verlangte im Gegenzug von Ägypten einen Nichtangriffspakt. Jener Sabbat, so wußte jeder Beteiligte, sollte über einen Fortgang der Verhandlungen entscheiden. Henry Kissinger war ganz der Harvard-Professor, als er auf dem historischen Felsplateau von Massada in der Wüste erschien: dunkler Anzug, passende Krawatte, schwarze Socken, die über ebenso schwarzen Halbschuhen sichtbar waren. Er wurde geführt von Israels renommiertestem Archäologen, der Massada entdeckt und die Ausgrabungen geleitet hatte. Professor Jigael Jadin trug kurze khakifarbene Hosen, ein offenes Hemd und ein Kibbuz-Hütchen auf dem Kopf. Er ließ keine Gelegenheit ungenutzt, um dem Amerikaner anhand von Beispielen zu beweisen, daß Israel nicht an dem sogenannten »Massada-Komplex« leide, wie vielfach behauptet wurde. Auf Massada hatten sich 73 v. Chr. 960 jüdische Krieger und ihre Familien das Leben genommen, um sich nicht einer Übermacht von 15 000 römischen Legionären ergeben zu müssen.

Aber niemand konnte sich von diesem Gedanken befreien, als bekanntgegeben wurde, daß die Verhandlungen fehlgeschlagen waren. Israel war nicht bereit, auf die Unterzeichnung eines Nichtangriffspaktes mit Ägypten zu verzichten. Präsident Sadat hatte ihnen in zwölf Punkten Konzessionen gemacht – Kissinger ließ eine entsprechende Liste veröffentlichen –, auf einen Nichtangriffspakt war er noch nicht bereit einzugehen. Stolz kam auf bei vielen Israelis, daß ihre Regierung sich ihre Handlungen nicht vom großen Bruder hatte diktieren lassen. Kissinger aber war den Tränen nahe, als er den Fehlschlag zugeben mußte, und das sicher nicht nur wegen seines Mißerfolges.

Aber dann kam doch noch eine Wende. Und sie kam in Schloß Gymnich bei Bonn. Israels Premierminister Jizchak Rabin war vom 8. bis 11. Mai 1975 auf Staatsbesuch in Deutschland, der erste eines israelischen Premierministers. Zufällig hielt sich auch Kissinger in Deutschland auf. Journalisten aus aller Welt warteten mit mir im Hof des Schlosses, der nicht eine einzige Sitzgelegenheit zu bieten hatte, drei Stunden lang auf ein Ergebnis. Tatsächlich fanden die beiden Staatsmänner neue Aspekte, die eine Wiederaufnahme der Verhandlungen rechtfertigten. Im August war es dann soweit. Kissinger pendelte wieder. Am 4. September wurde ein zweites Abkommen zwischen Israel und Ägypten unterzeichnet[182], das man »Interimsabkommen« nannte.

War es ein Traum, konnte es wahr sein, was sich da vor unseren Augen am Bildschirm am 14. November 1977 um 21 Uhr abspielte? CBS-Reporter Walter Cronkite fragte über Satelliten den israelischen Premierminister Menachem Begin, ob er bereit sei, den ägyptischen Präsidenten Anwar Sadat nach Jerusalem einzuladen. Am 9. November, also eine Woche zuvor, hatte Präsident Sadat im ägyptischen Parlament angekündigt: »Ich bin bereit, persönlich die Frage eines Friedens mit Israel im israelischen Parlament zu diskutieren.« Begin griff die Herausforderung auf. Sadat, der auf der anderen Hälfte des Bildschirms zu sehen war, hörte ihm zu. In Geheimverhandlungen, in denen König Hassan von Marokko und Rumäniens Präsident Ceaucescu eine Rolle spielten, war diese Sensation vorbereitet worden. Über den amerikanischen Botschafter in Tel Aviv, Sam Lewis, liefen die diplomatischen Fäden nach Kairo. Sadat nahm Begins offizielle Einladung an. Die Israelis waren erregt wie nie zuvor. Am selben Abend war es so gut wie unmöglich zu telefonieren. Alle Leitungen waren besetzt. Jeder wollte dem anderen seine Vermutungen, seine Freude, ja seine Begeisterung mitteilen.

Dabei hatte man dem Mann Begin, der im Mai 1977 so unverhofft die Wahlen in Israel gewonnen hatte, nicht zugetraut, daß gerade er bereit sein würde, Frieden mit einem arabischen Land zu schließen. Mit Begin, der am 20. Juni das Amt des Premierministers übernommen hatte, war zum ersten Mal in Israel ein Mann des rechten Flügels an die Macht gekommen, die 29 Jahre lang in den Händen der Arbeiterpartei gelegen hatte. Begin gehörte schon in Polen während der dreißiger Jahre zu den Radikalen, die das »Heimatland« mit Gewalt erobern wollten. 1942 war er nach Palästina eingewandert und sogleich einer geheimen militanten Untergrundorganisation beigetreten, deren Führer er schließlich wurde. Nach der Staatsgründung kämpfte er im Parlament für ein Groß-Israel, das das Westjordanland einschloß.

»Ich kann es nicht fassen. Das ist ein Traum, daß ich auf

israelischem Boden stehe«, so drückte ein ägyptischer Journalist seine Gefühle und die seiner Kollegen aus, die einen Tag vor der Ankunft Sadats nach Israel geflogen waren, um sich auf eine der bedeutendsten Aufgaben ihrer beruflichen Laufbahn vorzubereiten.

Im Theater der Stadt Jersusalem war innerhalb von 24 Stunden das wohl größte internationale Pressezentrum eingerichtet worden, das es je gab. Für Tausende von Journalisten, die von Japan bis Kanada, von Norwegen bis Südamerika nach Jerusalem eilten, standen in der Halle des Theaters Hunderte von Telefonen bereit. In den Garderoben der Schauspieler befanden sich zahlreiche Telexmaschinen. Auf der Bühne spannte man einen überdimensionalen Bildschirm, der sie alle Ereignisse des ungewöhnlichen Besuches miterleben lassen sollte. An den Glaswänden des Theaters drückten viele neugierige Israelis ihre Nasen platt, um wenigstens einen flüchtigen Eindruck von den Vorbereitungen für das unfaßbare Ereignis zu erhaschen und uns Journalisten bei unserer Geschäftigkeit zuzusehen. Die Spuren davon waren noch tagelang sichtbar.

Als dann am Sonnabend pünktlich um 20 Uhr Präsident Anwar Sadat an der Gangway seiner Maschine erschien, da war es kein Traum mehr. Hunderte erwarteten ihn am Flughafen. Viele von ihnen hatten Tränen in den Augen, einige vor Freude, andere in Erinnerung an die fürchterlichen vier Kriege, die beide Staaten gegeneinander geführt hatten. Nach den ersten Minuten des Umschaltens auf die Wirklichkeit wurde Beifall laut, der immer stärker zu werden schien. Ein sekundenlanges Lächeln huschte über Sadats Gesicht, der sich wie jeder andere bewußt war, daß er in diesem Moment Geschichte machte. »Ich habe lange darauf gewartet, Sie kennenzulernen«, sagte er zu Golda Meir, der ehemaligen Premierministerin, die zur Zeit des Jom-Kippur-Krieges die Regierung führte, als ihm die führenden Politiker des Landes vorgestellt wurden. »Aber Sie kamen doch nicht her«, antwortete sie. »Jetzt bin ich aber hier.«

Später überreichte ihm Frau Meir ein kleines Geschenk für seine gerade geborene Enkelin und sagte unter allgemeinem Gelächter: »von der Großmutter« – so pflegte Sadat sie hämisch zu nennen – »für den Großvater«. Aber das war schon, als die Spannung der ersten Stunden des Zusammentreffens mit dem Mann, der Israel in die Knie hatte zwingen wollen, vorüber war. Jetzt aber, so hatte Sadat einem Reporter versichert, werde er gemeinsam mit Begin alles tun, daß Friede werde im Nahen Osten.

Das Volk von Israel sah den Mann und glaubte ihm aufs Wort. Wenn es bis zu seiner Ankunft noch Zweifel gehabt hatte, ob es nicht doch träumte, erwachte in ihm nun eine fast übermenschliche Begeisterung. Eine seelische Befreiung und eine Sehnsucht nach Frieden drückten sich aus, wie ich sie nie zuvor und nie wieder in Israel gespürt habe. In den Straßen tanzten die Menschen. »Frieden, es ist Frieden«, riefen sie. Und es würde auch Frieden geben mit den anderen arabischen Staaten. Davon waren sie nun fest überzeugt. Fremde küßten einander. Bis spät in die Nacht saßen sie vor den Bildschirmen oder in den Cafés, um das Ereignis in allen seinen Einzelheiten durchzusprechen. Vor dem Jerusalemer Theater hatte der Händler reißenden Absatz, der über Nacht T-Shirts mit den Köpfen der beiden Staatsmänner Israels und Ägyptens bedruckt hatte. »Das ist die erste Begegnung eines ägyptischen Herrschers mit einem jüdischen Führer, seit Pharao dem Moses befahl, mit seinem Volk das Land zu verlassen«, sagte jemand nachdenklich. Tatsächlich war mit Sadat 29 Jahre nach der Staatsgründung Israels der erste arabische Staatsmann nach Israel gekommen. Er fuhr nach zwei Tagen mit der Versicherung ab, daß sein Besuch zu einem Friedensvertrag und zu normalen Beziehungen zwischen den beiden Staaten führen würde.

Aber auch er hatte wohl nicht bedacht, daß die Kluft zwischen den Grundpositionen der beiden Staaten so groß sein würde. Sadat wollte mit Hilfe eines Friedensvertrages mit Israel einen Schritt zu einem umfassenden Frieden für den ganzen Nahen Osten tun, der eine Lösung der Palästinenserfrage einschließen sollte. Begin hingegen hoffte, mit der Rückgabe der gesamten Sinai-Halbinsel an Ägypten freie Hand im Westjordanland zu bekommen und durch eine Form der Autonomie für die Bevölkerung dort der Sache Genüge getan zu haben. Sadats Position mußte sich noch verhärten, als selbst die mehr gemäßigten arabischen Staaten ihm ihre Unterstützung versagten und Ägypten sogar aus der Arabischen Liga ausgeschlossen wurde. Ägypten war somit im arabischen Lager isoliert.

Und dennoch gelang es mit Hilfe der Amerikaner und der Sadat eigenen Hartnäckigkeit, am 17. September 1978 in zwölf Tage währenden Verhandlungen zwischen Ministerpräsident Begin, Präsident Sadat und Präsident Carter in Camp David wenigstens zwei sogenannte »Rahmenabkommen« für Frieden im Nahen Osten abzuschließen. Ein Friedensvertrag zwischen Israel und Ägypten kam nach weiteren fünf Monaten und nach nicht minder harten Verhandlungen, wiederum mit der persönlichen Unterstützung von US-Präsident Carter, am 26. März zustande. Israels Begin hatte die Verhandlungen durch den Bau neuer Siedlungen im Westjordanland erheblich erschwert. Die Normalisierung der Beziehungen – der Austausch von Botschaftern, die Öffnung der Grenzen, der Luftverkehr und die Postverbindungen – wurde erst Anfang 1980 bewirkt. Sadat und Begin wurde am 10. Dezember 1979 der Friedensnobelpreis überreicht.

»Beeilen Sie sich, sonst verpassen wir die Fähre über den Suezkanal«, drängte der Reiseleiter, Vertreter eines Reisebüros in Tel Aviv, das das erste sein wollte, welches Touristen von Israel nach Ägypten brachte. 47 Touristen und Journalisten (ich unter ihnen) mit nicht-israelischen Pässen sollten diesen ersten Tag der Normalisierung der Beziehungen am 28. Januar 1980 in Kairo mit Ägyptern des Touristengewerbes feiern. Das Reisebüro hatte die Zusicherung aus Kairo, so wurde glaubhaft versichert, daß diese Touristen auch ohne Visum anläßlich dieses ungewöhnlichen Tages die Grenze nach Ägypten überschreiten könnten. In den Straßen von Tel Aviv winkte man dem Bus zu, auf dem in großen Lettern geschrieben stand »Nach Kairo«. An der israelischen Grenze erhielten wir Ausreisepapiere. Nach einer kurzen Fahrt durch Niemandsland sahen wir die ägyptischen Grenzbaracken vor uns. Aber anstelle eines freundlichen Empfanges marschierte eine Kolonne ägyptischer Soldaten auf – martialisch anzusehen – und riegelte, Gewehr bei Fuß, die Grenze ab.

Der Reiseleiter diskutierte, beschwor, versicherte, aber nichts konnte den Offizier der Grenztruppen erschüttern. »Ohne Visum keine Einreise.« Der israelische Reiseleiter gab so schnell nicht auf. Da kristallisierte sich plötzlich von der ägyptischen Seite her ein schwarzer Mercedes aus einer Sandwolke heraus, der auf die Grenze zugefahren kam. Ihm entstieg ein untersetzter freundlicher Mann, der Gouverneur der nahen Provinz El Arisch und ein persönlicher Freund von Präsident Sadat. »Ach ja, dies ist ein besonderer Tag«, sagte er väterlich. »Da sollen Sie auch ohne Visum die Grenze überschreiten können«, sprach's und gab Anweisung, die Pässe einzusammeln. Dann fuhr er freundlich winkend in seine Wüste zurück.

Zu diesem Zeitpunkt verließen uns die israelischen Journalisten im Glauben, daß es nur noch Minuten dauern könnte, bis wir die Grenze nach Ägypten überschreiten würden. Über Radio hörten wir dann den ganzen Tag über ihre Meldungen, daß der erste Autobus aus Israel bereits in Kairo sei. Es verging eine gute Stunde, in der unsere Ungeduld wuchs. Wir standen in der Wüste herum, um uns nichts als Sand und der Horizont in weiter Ferne. Dann erschien ein Grenzbeamter mit der Ankündigung, daß ein Norweger und der israelische Busfahrer die Grenze passieren könnten. Wir anderen…, er bedaure. Wieder diskutierte man, äußerte Erstaunen, da der Gouverneur uns doch hatte einlassen wollen. Aber nichts half.

Und wieder tauchte eine Sandwolke am ägyptischen

Horizont auf. Aus diesem Mercedes entstieg ein wenig freundlicher Mann, klein und schmächtig und seines Zeichens Polizeichef von El Arisch. Niemand von uns würde die Grenze überschreiten, sagte er energisch. Wir sollten uns von dannen scheren. Er wurde milder, aber nicht nachgiebiger, als ein Tourist empört ausrief: »Ich bin im Besitz eines Passes Ihrer Majestät der Königin von England und eine solche Behandlung nicht gewöhnt.« Noch nicht einmal ein Getränk habe man uns während der vielen Stunden des Wartens in der trockenen, warmen Wüstenluft angeboten, fügte er anklagend hinzu. Der Polizeichef ließ uns daraufhin einen Kasten Limonade bringen. Schweren Herzens bestiegen wir den Bus und fuhren in Richtung Israel zurück.

Die israelische Grenze war allerdings bereits seit zwei Stunden geschlossen. Wir standen im Niemandsland herum, bis es gelang, über Funk einen israelischen Grenzbeamten aus der Stadt Ashkalon herbeizurufen. Als ich nach diesem Ausflug von zwölf Stunden hungrig und durstig in der Redaktion ankam, glaubten meine Kollegen, die den Radiomeldungen vertraut hatten, ihren Augen nicht zu trauen. Eine Woche später versuchten wir es noch einmal, dieses Mal mit Visum. Der Polizeichef kam persönlich zu unserer Begrüßung an die Grenze. Und dann fuhren wir in den Fußstapfen des Erzvaters Abraham von vor 3500 Jahren in Richtung Kairo.

Damals begriffen wir noch nicht, daß wir mit dem Gouverneur und dem Polizeichef von El Arisch Vertreter zweier verschiedener politischer Richtungen in Ägypten getroffen hatten, wobei der Unnachgiebige die Oberhand behielt. Es schienen jene recht zu haben, die meinten, Sadat habe erkannt, daß sein Land keinen weiteren Krieg brauchen könne, wenn es sich weiterentwickeln sollte, und daß darum, ungeachtet aller Opposition, ein Weg zum Frieden mit Israel gefunden werden müsse. Aus diesem Grunde habe er einen engeren Kontakt zu den Amerikanern gesucht und ihren Einfluß auf den jüdischen Staat in

Anspruch genommen, während er die Russen ausschaltete, indem er ihre Berater sehr plötzlich des Landes verwies. Wie groß die Opposition gegen diese Pläne und seine Bemühungen wirklich war, läßt sich auch nach seiner Ermordung nicht festlegen, da sein Nachfolger Husni Mubarak den Frieden mit Israel aufrechterhielt, wenn auch mit viel weniger Enthusiasmus als Präsident Sadat.

Aber nichts deutete auf Verstimmung hin, als Jizchak Navon am 26. Oktober 1980 zum ersten Staatsbesuch eines israelischen Präsidenten in Ägypten weilte. Präsident Sadat und seine Frau Jihan taten alles, um der israelischen Delegation einen herzlichen Empfang zu bereiten. Ja, es entwickelte sich im Laufe des Besuches zwischen dem Arabisch sprechenden Navon und Sadat sowie den beiden Ehefrauen eine Beziehung, die die Bemerkung eines ägyptischen Ministers verdiente: »Sie benehmen sich wie alte Bekannte«, während wir Journalisten verwundert registrierten, daß ägyptische Soldaten sofort nach einer feierlichen Kranzniederlegung des israelischen Präsidenten am Grabe des Unbekannten Soldaten die israelischen Fahnen ganz schnell wieder einzogen.

Aber unser Mißtrauen vergaßen wir bald, als wir auch die Herzlichkeit der Bevölkerung zu spüren bekamen. Ein Taxichauffeur lehnte es ab, von mir Bezahlung anzunehmen, als er hörte, daß ich mit dem israelischen Präsidenten nach Kairo gekommen war. Auf den Landstraßen riefen junge Menschen dem israelischen Präsidenten freundliche Worte zu, als er von Sehenswürdigkeit zu Sehenswürdigkeit gefahren wurde. In dem ägyptischen Dorf im Nildelta Mit Abu 'l Kom, wo Sadat in einer Bauernfamilie geboren worden war und noch das elterliche Haus unterhielt, war man allerdings schon ein wenig blasiert. Staatsbesuche waren für die dortigen Einwohner eine fast alltägliche Angelegenheit. Die Atmosphäre war eine völlig andere im Nachbardorf Tala, in dem Jihan Sadat die Betreuung und Förderung von Frauen übernommen hatte.

Dorthin lud sie Navons Frau Ophira ein. Die Straßen,

die zum Dorf führten, waren angefüllt von Neugierigen, hauptsächlich jungen Menschen, die Plakate mit Worten der Begrüßung hochhielten und begeistert die Namen der beiden Präsidenten Sadat und Navon schrien. In einer Art Gemeindezentrum hatten sich Hunderte von Frauen, offensichtlich meist Arbeiterinnen, eingefunden. Eine Kapelle von Jugendlichen spielte auf arabischen Musikinstrumenten die Hymnen der beiden Staaten. Danach unterhielten sie die Gäste mit arabischer Musik. Es mag sein, daß ich mich im Rhythmus der Musik gewiegt habe, als eine der Frauen auf arabische Weise auf mich zuzutanzen begann – die Arme erhoben, mit denen sie die schwingenden Bewegungen des Körpers zu bestimmen schien. Als sie schließlich dicht vor mir tanzte, begriff ich, daß dies einer Aufforderung gleichkam. In einer meiner erhobenen Hände den Kugelschreiber, in der anderen den Notizblock, begann auch ich zu tanzen. Die übrigen Frauen brachen in Rufe der Begeisterung aus, deren Inhalt meist etwas mit Frieden zu tun hatte. Es war eine bewegende Atmosphäre, unvergeßlich für viele, die dabei waren, für mich im besonderen. Gab es einen besseren Beweis, daß Frieden zum höchsten Glück der Menschen gehört, als dieses Erlebnis?

19. Nahöstliche Bilanz

»Siehst du den dort?« Machmud zeigte auf einen Araber, der, im blütenweißen, wehenden Gewand feinster Qualität, seiner mit viel Gold behangenen Frau vorausgehend, dem Äußeren nach aus wohlhabender Familie stammte. »Sie sind mitschuldig an unserer jetzigen Not.« Machmud bezog sich auf die Hunderttausende von Flüchtlingen, die seit 1948 in Lagern vegetieren, von den Vereinten Nationen notdürftig ernährt. Sie waren bei der Staatsgründung 1948 vom israelischen Territorium geflohen, viele aus Angst, andere beeinflußt durch arabische Propaganda und schließlich solche, die von jüdischer Seite dazu ermuntert worden waren.

Ich hatte Machmud, der meine Identität nicht kannte, auf Zypern kennengelernt, wo ich über die Evakuierung der PLO berichten sollte, die vom 25. August bis 4. September 1982 Zwischenstation auf der Insel machte auf dem Wege in ein neues Exil. 11 000 bis 14 000 Funktionäre und Kämpfer der PLO waren gezwungen worden, den Libanon zu verlassen, in dem sie eine Art Staat im Staat aufgebaut und von wo aus sie immer beängstigender werdende Angriffe auf Israel geführt hatten. Eine in Israel und in der Welt sehr umstrittene Invasion israelischer Truppen des in sich zerfallenden Libanons zur Beendigung dieser Militanz der PLO im Juni 1982 führte schließlich mit internationaler Hilfe zu ihrer Ausweisung. »Damals schon, 1948, benutzten diese, unsere sogenannten Brüder, uns als Instrument für ihre Politik«, sagte Machmud fast haßerfüllt.

Machmud, der mich gebeten hatte, ihn ein Stück in meinem Auto mitzunehmen, war Palästinenser. Seine Eltern lebten noch im von Israel besetzten Westjordanland. Einem Beschluß des Familienrates folgend, hatte sich einer seiner Brüder der PLO angeschlossen. Er selber hatte sich

Dänemark als Exil ausgesucht. Nun war er auf Zypern, um unter den Evakuierten seinen Bruder auszumachen. »Sie sperrten die Palästinenser in Lager und ließen es nicht zu, daß wir in ihren Staaten aufgenommen wurden.« Die Welt aber wiesen sie immer auf die Not der Flüchtlinge hin, um Israel anzuklagen, stellte er mit Bitterkeit fest. »In Wahrheit ging es ihnen um die Wahrung ihrer feudalistischen Ordnung.«

Zweifellos war das von Anfang an auch einer der Gründe für die Feindschaft der arabischen Staaten gegenüber Israel. Mit seinen sozialen Neuerungen stellte Israel eine Gefahr dar für das Feudalsystem, das in dieser Region vorherrschte. Aber die »Scheichs«, wie er die arabischen Herrscher verallgemeinernd nannte, hatten noch einen anderen Grund, ihre Brüder und Schwestern in Lagern ein elendes Leben führen zu lassen. »Sie hatten Angst vor uns Palästinensern, sie fürchteten, daß wir ihre feudale Ordnung angreifen würden.« Und mit einem breiten Lächeln fügte er hinzu: »Damit hatten sie gar nicht so unrecht.«

Natürlich haßte Machmud Israel, für dessen staatliche Existenz er den Nationalsozialismus schuldig sprach. Er war heimatlos geworden. Im Juni-Krieg von 1967 hatte Israel das Westjordanland besetzt, in dem er zu Hause war. Die damalige, von der Arbeiterpartei geführte Regierung wollte diese Gebiete als Pfand für einen Frieden eintauschen, da selbst militärische Niederlagen die arabischen Staaten nicht an den Verhandlungstisch zum Abschluß eines Friedens mit Israel hatte führen können.

In den ersten Jahren der Besetzung kam dies auch zum Ausdruck. Die Israelis arbeiteten mit den Arabern nach Art der Missionare. Als Experten für landwirtschaftliche Entwicklung zeigten sie ihnen, wie man besser und rationeller wirtschaftete. Sie eröffneten Schulen und Universitäten und förderten die Einrichtung von Polikliniken, selbst in so entlegenen Gebieten wie der Sinai-Halbinsel. Israelische Besatzungssoldaten waren so gut wie nicht zu sehen. Juden und Araber bewegten sich frei und ungezwungen miteinander. Aber das hielt nicht lange an. Die arabischen Staaten ringsum mobilisierten die Flüchtlinge und jene, die in den von Israel eroberten Gebieten unter der Besatzung lebten. Es war nicht schwer, vor allem jene, die in Lagern ein hoffnungsloses Dasein führten, dazu zu bringen, ihre Feindschaft gegenüber Israel im aktiven Kampf auszudrücken. Hauptsächlich junge Menschen waren bereit dazu, sie waren schon in Lagern geboren und hatten die Heimat der Eltern nie gekannt.

Das hatte zur Folge, daß Israel sich nur noch fester an die Gebiete klammerte, daß diese quasi zum Prellbock wurden, um den Staat Israel zu schützen. Im Laufe der Auseinandersetzungen, die immer heftiger wurden, nahm der Zusammenschluß der Palästinenser den Charakter einer Freiheitsbewegung an, die die besetzten Gebiete den Israelis mit Gewalt aus den Händen reißen wollte. Auf seiten der Israelis bekamen nun Kreise die Oberhand, für die strategische oder religiöse Gründe als Vorwand dienten, die Gebiete unbedingt behalten zu wollen. Mit der Wahl Menachem Begins als Regierungschef im Jahr 1977 wurde es ganz klar, daß Israel eine Rückgabe dieser Territorien nicht in Betracht zu ziehen gedachte.

»Ich fürchte mich, wenn ich frühmorgens auf meinem Schulweg Arabern begegne, die aus den besetzten Gebieten nach Tel Aviv zur Arbeit kommen. Es passiert so viel. Woher weiß ich denn, ob der Araber, der neben mir geht, ein guter oder ein schlechter Mensch ist?« Dana, 17 Jahre alt, ist die Enkelin polnischer und russischer Einwanderer, die, den Pogromen in ihren Heimatländern entflohen, nach Palästina gekommen waren, um einen jüdischen Staat auf der Basis sozialistischer Ideale aufzubauen. Für sie war es keine Frage gewesen, daß sie auch mit den Arabern in Frieden zusammenleben würden. In diesem Geiste war Dana erzogen worden. Aber dieser Geist und die Ideale jener Pionierzeit sind abhanden gekommen – als Folge einer traurigen und gefahrvollen Entwicklung. Die Wirklichkeit im Nahen Osten hat andere Normen geschaffen.

Der Kampf der Palästinenser wurde mit den Jahren immer intensiver. Die PLO war 1964 als Dachorganisation verschiedener palästinensischer Gruppierungen gegründet worden mit dem Ziel, ganz Palästina von israelischer Besetzung zu befreien. Der ersten Charter entsprechend, sollte der Staat Israel verschwinden und an seiner Stelle ein arabisch-palästinensischer Staat in ganz Palästina entstehen. 1968 wurde diese Charter revidiert, in der es nun hieß, das Heimatland der Palästinenser solle durch bewaffneten Kampf befreit werden. Juden könnten nur als Palästinenser angesehen werden, wenn sie schon vor der »zionistischen Invasion« in Palästina gelebt hatten. Den übrigen Juden wurde jedes Recht auf Palästina abgesprochen.

Unter internationalem Druck hat der seit 1969 amtierende Führer der PLO, Jassir Arafat, in den letzten Jahren mehrfach, wenn auch zögernd und nicht sehr laut, sich von dieser rigorosen Politik distanziert und indirekt die Existenz des Staates Israel akzeptiert, indem er die UN-Resolutionen 242 und 338 anerkannte.[183] Überhaupt wuchs mit den Jahren die Überzeugung, daß Arafat zum gemäßigten Flügel gehörte, aber gezwungen war, den Aggressiveren in seiner Organisation Konzessionen zu machen, um diese zusammenzuhalten. Man sagt ihm nach, daß er seit Mitte der siebziger Jahre kein Verfechter von Terroranschlägen mehr gewesen sei, die im Namen der einzelnen Gruppierungen der PLO durchgeführt wurden.

»Man hat uns heute in der Schule beigebracht, wie wir uns verhalten sollen, wenn Terroristen unsere Schule angreifen.« Udi war 13 Jahre alt, als er seiner Mutter dies berichtete. Die Erregung des Kindes, dessen Schule wie alle anderen in Israel stets unter Bewachung steht, war spürbar. Das war nach dem Überfall von Terroristen auf eine Schule in Maalot gewesen.[184] Die Mutter reagierte sehr beherrscht. In Abwesenheit des Kindes aber sagte sie: »Ich weiß nicht mehr, was ich ihm antworten soll, wenn er mich fragt, ob Araber nicht doch schlechte Menschen seien, da sie Kinder morden.« Die Familie hatte in Jerusalem bis zur

Gründung des Staates Israel im Jahre 1948 immer in Freundschaft mit ihren arabischen Nachbarn gelebt. Am Ende des Sechs-Tage-Krieges im Juni 1967, als es israelischen Truppen gelungen war, den Ostteil der Stadt zu erobern und Jerusalem wieder zu vereinigen, waren die geflohenen Araber sofort gekommen, um die Freundschaft mit den ehemaligen jüdischen Nachbarn zu erneuern. Aber die Lage ließ derartige freundschaftliche Beziehungen zwischen Juden und Arabern nicht lange zu.

»Juden nach rechts«, mit diesen oder ähnlichen Worten, die an den Holocaust erinnerten, hatten deutsche Terroristen die Passagiere eines Air-France-Flugzeuges »selektiert«. Zusammen mit arabischen Terroristen, die sich der Unterstützung terroristischer und neonazistischer Organisationen in Europa erfreuten, hatten sie am 27. Juni 1976 die aus Tel Aviv kommende Maschine nach einer Zwischenlandung in Athen in ihre Gewalt gebracht und sie nach Entebbe (Uganda) entführt. Unter den Passagieren waren 98 Israelis und Juden aus aller Welt. Die nichtjüdischen Passagiere wurden sehr bald entlassen. Der Herrscher Ugandas, Idi Amin, der sich einst als Freund Israels gebärdet hatte, machte mit den Terroristen gemeinsame Sache und dachte gar nicht daran, an der Befreiung der jüdischen Passagiere mitzuwirken.

Daraufhin unternahm Israels Luftwaffe eine Befreiungsaktion ungewöhnlichen Ausmaßes. Die detaillierte Kenntnis des Flugplatzes von Entebbe, den Israelis zu Zeiten freundschaftlicher Beziehungen zu Idi Amin gebaut hatten, war dabei von Nutzen. In vier Transportflugzeugen und aus 4000 Kilometer Entfernung brachten die Israelis unter anderem einen schwarzen Mercedes mit sich, so wie ihn Amin zu benutzen pflegte, um die Terroristen glauben zu machen, der hohe Herr komme persönlich zu Besuch. In Wirklichkeit aber drangen israelische Soldaten in diesem Wagen auf den Flugplatz vor. Es gelang ihnen, die Geiseln zu befreien und sie nach einer Zwischenlandung in Nairobi nach Israel zurückzubringen.

Drei Israelis starben bei diesem Unternehmen. Unter ihnen eine alte Dame, die einer Verletzung wegen im Krankenhaus von Entebbe zurückbleiben mußte und dort ermordet wurde. Die arabischen und viele afrikanische Staaten sowie die Länder des Ostblocks verurteilten Israels Vorgehen als einen »Akt der Piraterie«. Der Sicherheitsrat der Vereinten Nationen konnte sich nicht zu irgendeiner Resolution in dieser Angelegenheit durchringen. In Israel war man wie trunken vor Begeisterung über die gelungene Aktion. Sie trug auch dazu bei, das durch den Jom-Kippur-Krieg angeschlagene Ansehen der Armee wieder zu heben.

Aber Entebbe war nur der spektakulärste der vielen Terrorangriffe auf und in Israel aus jener Zeit. Und die vielen Greueltaten an Frauen und Kindern, die immer wieder auftauchenden Bomben palästinensischer Untergrundzellen in Israel und in den besetzten Gebieten verstärkten das Mißtrauen, ja den Haß gegenüber den Arabern, gegenüber jedem Araber, und machten es denen schwer, die meinten, es müsse alles getan werden, um Formen des friedlichen Zusammenlebens zu finden. Die regelmäßigen Vergeltungsschläge der israelischen Armee nach einem Terroranschlag erwiesen sich als sinnlos. Denn sie machten weder der PLO den Garaus, noch beendeten sie die Angriffe oder führten die Araber an den Verhandlungstisch, wie es die Israelis wiederholt gefordert hatten.

»Bitte, wer liefert die Ware?« fragte eine Dame in einem Supermarkt in Tel Aviv. »Araber?« Die Kassiererin wußte keine Antwort. »Ich will nicht, daß Araber mein Haus betreten«, sagte die Frau erklärend. Als ich mich umwandte und ihr sagte, daß ich aus eigener Erfahrung wüßte, was es hieße, gezeichnet zu sein, bemerkte sie nur kurz: »Ich habe vier Kinder« und »Ich habe Angst«. Dagegen konnte man nur schwerlich argumentieren.

Bei dieser Entwicklung spielte noch mit, daß sich die demographische Zusammensetzung Israels verändert hatte. Kurz nach der Staatsgründung strömten 685 000 Juden nach Israel. 400000 von ihnen kamen aus Staaten Nordafrikas und des Nahen Ostens. Juden also, die als Folge der Gründung des Staates Israel und der kriegerischen Konflikte mit seinen arabischen Nachbarn allen Grund zur Furcht hatten, in der moslemischen Welt zu bleiben. Sie und nun auch ihre Kinder, in Israel aufgewachsen, sind in ihrer Haltung den Arabern gegenüber weniger zu Konzessionen bereit als Juden aus europäischen Ländern. Sie sind ohne Frage geprägt von den Demütigungen, die ihre Elterngeneration in ihren arabischen Herkunftsländern erfahren mußte.

Aufgrund ihrer hohen Geburtenrate machen sie heute etwa 60 Prozent der Gesamtbevölkerung Israels aus. Sie wurden bestimmend für den Wahlerfolg des rechten Flügels in Israel im Jahre 1977. Ihnen war die aggressive, Macht und Kraft repräsentierende Politik eines Menachem Begin weit eher verständlich als die der zu Kompromissen neigenden Arbeiterpartei, die sich ohnehin nach 29 Jahren an der Macht verschlissen hatte. Sicherheit für den Staat und für ihre Kinder bedeutet für sie einzig und allein militärische Macht, und nur die wenigsten von ihnen sehen die Möglichkeit eines Ausgleichs. Von dieser Bevölkerung und nach all den schrecklichen Erfahrungen mit palästinensischen Terroristen war es undenkbar, Konzessionen zu erwarten oder gar Verständnis für jene Palästinenser, die, in Lagern aufgewachsen, eine Heimat suchten.

»Ohne die Berücksichtigung der Existenz und der Rechte der Palästinenser wird ein dauerhafter und gerechter Friede im Nahen Osten nicht möglich sein. Wir sind uns heute darüber im klaren, daß das nicht mehr nur ein humanitäres Problem ist, sondern auch eine politische Frage«, das sagte kein Geringerer als der deutsche Bundeskanzler Willy Brandt[185], dessen Integrität auch in Israel immer unbestritten war. Er war Widerstandskämpfer gewesen, hatte im Exil gelebt, und sein Kniefall vor dem Mahnmal des Warschauer Ghettos (am 7. Dezember 1970) hatte einen tiefen Eindruck hinterlassen. Um so mehr überraschte seine Äußerung. Wenige Jahre zuvor, am 25. Februar 1970, hatte er mir in einem Interview versichert, daß er nie eine Politik unterstützen würde, die Israel Schaden zufügen könnte. Genau das aber, so sahen es die Israelis, schien diese neue Erklärung zu bewirken. Sie war ihrer Meinung nach eine klare Hinwendung zu Israels Feinden.

Aber Brandts Äußerung war in Wahrheit nur ein Markstein in einer Entwicklung. Die Europäische Gemeinschaft hatte bereits 1971 insgeheim ein »Papier« entworfen, in dem es hieß: »Maßnahmen sollten getroffen werden, den (palästinensischen) Flüchtlingen freie Wahl zwischen einer stufenweisen Rücksiedlung (nach Israel) und einer Wiederansiedlung in anderen Staaten einschließlich einer Entschädigung zu garantieren.«[186] Daß dieser Vorschlag der Rücksiedlung von Menschen in einen Staat, dessen Einwohner sie haßten, weil sie ihrer Ansicht nach schuld waren an ihrer langjährigen Not, nicht praktikabel war, lag auf der Hand. Dieses »Papier« war offensichtlich sehr stark von den Franzosen beeinflußt worden, deren Politik aus vielerlei Gründen eindeutig den Arabern zuneigte. Es sah nie das Licht des Tages; dennoch wurde dieses »Papier« zum Signal.

Es führte später (am 13. Juni 1980) zur »Erklärung von Venedig«, in der die Europäische Gemeinschaft unter anderem forderte, die PLO solle an den Friedensbemühungen im Nahen Osten teilhaben. Diese Hinwendung zu den Arabern schien damals im wesentlichen noch des politischen Einflusses und wirtschaftlichen Wohlergehens wegen zu geschehen. Für die Israelis bedeutete es aber, zur Kenntnis nehmen zu müssen, daß ihnen eine veränderte Welt gegenüberstand. Dazu waren sie nicht bereit; sie verstanden diese Welt einfach nicht mehr.

Als Willy Brandt am 7. Juni 1973 nach Israel kam – ein Besuch, den er später als »einen der größten Momente meines politischen Lebens« bezeichnete –, warnte er die Israelis, daß es so etwas wie eine Ölwaffe in den Händen der Araber gebe, die in Zukunft gegen sie wirken könne.[187]

Dem Nachrichtenmagazin ›Der Spiegel‹[188] nach habe Brandt in Israel das Bild von geschlossenen Fabriken und von Millionen Arbeitslosen als Folge eines Einsatzes dieser Waffe gemalt. Was hätten die Israelis schließlich von einem Verbündeten, bei dem zu Hause mangels Energie die Räder der Produktion stillstehen und die Revolution ausbricht.

Von nun an kam es wie eine Lawine auf die Israelis zu, auf die sie nicht vorbereitet waren. Alle ihre Proteste, Hinweise auf die fürchterlichen Angriffe der Araber auf ihre Menschen und ihr Land und das Erinnern daran, daß Israel seit Anbeginn den Arabern direkte Verhandlungen vorgeschlagen habe, die stets ausgeschlagen wurden, brachten nichts ein. Der Jom-Kippur-Krieg und das darauffolgende Öl-Embargo der arabischen Staaten gaben zweifellos denen recht, die die Macht der Araber anders sahen als die Israelis. Auch als sich das Öl-Embargo als stumpfe Waffe erwiesen hatte und im März 1974 wieder aufgehoben wurde, wirkte es als Signal weiter.

Und so rollte (im November 1974) die Lawine unaufhaltsam weiter. Vor den Vereinten Nationen trat der deutsche Vertreter Rüdiger von Wechmar als erster Diplomat des Westens für die Selbstbestimmung des palästinensischen Volkes ein. Er plädierte dafür, ihm das Recht einzuräumen, selbst zu entscheiden, ob es »auf dem von Israel zu räumenden Gebiet eine eigene Autorität« errichten oder eine andere Lösung wählen wolle. Die Palästinenserfrage sei eines der Kernprobleme für eine friedliche Lösung der Konflikte im Nahen Osten und des palästinensischen Volkes als eines der Hauptbetroffenen. Zu lange habe man die Frage der besetzten Gebiete losgelöst vom Schicksal der Menschen betrachtet. Mit keinem Wort ging er auf die Terrorakte gegen Israel ein oder zeigte Verständnis für Israels schwierige Lage.

Außenminister Hans-Dietrich Genscher, der sich immer als Freund Israels bezeichnet hatte, versicherte dann prompt (am 22. November 1974): »Wir werden Israel nicht im Stich lassen.« Für einen Israeli, selbst wenn er nicht zu den Unnachgiebigen gehörte, die eine Annäherung an die Palästinenser kategorisch ausschlossen, war dies alles nicht logisch. Denn die Möglichkeit der Schaffung eines palästinensischen Staates, eines militanten Feindes also, in dessen Programm noch immer die Vernichtung Israels deutlich zu lesen stand, in nächster Nachbarschaft schien eher eine der größten Gefahren für ihren Staat zu sein. Immer wieder jedoch wurde ihnen diese Möglichkeit als Lösung vorgestellt.

Aber es schien, als wollten Radikale auf der arabischen Seite – jene also, die Israel vernichten wollten – verhindern, daß Israel dieses Risiko wagte. Es war einer der ersten Frühlingstage, der 11. März 1975, als ich mit dänischen Touristen, von einem Ausflug kommend, auf die Schnellstraße Haifa-Tel Aviv einbiegen wollte. Da raste plötzlich ein Polizeiauto mit ungewöhnlich hoher Geschwindigkeit an mir vorbei, und ein Polizist, sich weit aus dem Wagen lehnend, rief mir zu, ich solle unbedingt auf die alte Landstraße ausweichen. Ich hatte keine Ahnung, aus welchem Grunde.

Erst Stunden später wurde ich gewahr, daß ich das Schicksal vieler Israelis hätte teilen müssen, die Opfer eines schweren Angriffs von Terroristen geworden waren, wenn ich nur Minuten früher auf die Schnellstraße eingebogen wäre. Palästinensische Terroristen waren, vom Libanon übers Meer kommend, in Israel gelandet. Sie hatten, als sie die Schnellstraße erreichten, wild um sich geschossen, auf Autos und Menschen, und schließlich einen Autobus mit Ausflüglern in ihre Gewalt gebracht. 34 Passagiere wurden ermordet, 74 verletzt. Von den Terroristen starben insgesamt neun, zwei von ihnen ertranken, bevor sie die Küste erreichten, zwei wurden gefaßt. Derartige Angriffe stärkten auch in Israel die Radikalen, die erneut eine harte Antwort auf solche Überfälle forderten und immer deutlicher in ihrer Forderung wurden, die Gebiete einfach zu annektieren.

Es war für die israelische Arbeiterpartei nicht gerade hilfreich, daß es sich bei den lautstärksten Verfechtern einer Politik der Annäherung an die PLO um »linke« Politiker handelte. Neben dem noch relativ gemäßigten Willy Brandt tat sich Österreichs Bundeskanzler Dr. Bruno Kreisky besonders hervor. Er ließ keine Gelegenheit aus, um seine Verbundenheit mit den Palästinensern auszudrücken. Bilder, die den Palästinenserführer Arafat und den Bundeskanzler (jüdischer Herkunft) beim Austausch von Küssen zeigten, gingen durch die Welt. Für Israel aber hatte Kreisky kein gutes Wort. Ganz sicher hatte sein Judentum, von dem er sich in seiner Jugend losgesagt hatte, etwas mit dieser Haltung zu tun. Ein Jude meint oft, in solchen Fällen besonders »objektiv« sein zu müssen, um nicht einer einseitigen Meinung zugunsten der Juden bezichtigt zu werden.

Ich erinnere mich an eine Tagung der Sozialistischen Internationale im Sommer 1979 in Stockholm, die sich mit Nahostfragen befaßte und an der auch Kreisky teilnahm. Als sich vor dem Tor des Tagungsgebäudes eine Handvoll palästinensischer Demonstranten mit Spruchbändern und Plakaten einfand, ging Kreisky als einziger der anwesenden Politiker zu ihnen hin, schüttelte jedem einzelnen die Hand und sprach mit ihnen.

Er war es dann auch, der Willy Brandt zu einem Treffen mit Jassir Arafat überredete (am 8. Juli 1979). »Arafat gab mir den Eindruck, daß man mit ihm argumentieren kann.« Er sei bereit gewesen, zuzuhören und auf Argumente einzugehen, sagte Brandt vor der Presse und in einer späteren Bewertung des Gesprächs[189]: »Die Begegnung war mir sehr aufschlußreich, weil sie mir bestätigt hat, was ich wußte: daß die PLO ein wichtiger Faktor ist. Auch in der arabischen Welt, und weil ich gefunden habe, daß sich das Denken auch in jenem Lager weiterentwickelt hat.« Beschuldigungen, seinen politischen Freunden in Israel einen schlechten Dienst erwiesen zu haben, beantwortete mir Brandt (am 9. Juli 1979) so: »Niemand hat das Recht, noch kann jemand ernsthaft den Eindruck gewinnen, an meiner Loyalität meinen Freunden in Israel gegenüber sei zu zweifeln.« Dennoch, das Gespräch Arafat-Brandt belastete gleichzeitig auch die deutsch-israelischen Beziehungen.

Der schwedische Premierminister Olof Palme war der dritte der europäischen Staatsmänner, der sich für die Palästinenser stark machte. Er lud Arafat zu einem Besuch nach Schweden ein (am 12. April 1983), der sich zu einem wahren Staatsbesuch ausweitete. Wo immer Arafat auftauchte, wurde er wie ein Held gefeiert. In einem Gespräch mit mir erklärte Palme seine Hinwendung zu Arafat auch damit, daß seine israelischen Freunde zuwenig Bereitschaft zeigten, die Palästinenser und ihre Lage zu verstehen. In einem Streitgespräch mit der ehemaligen Ministerpräsidentin Israels, Golda Meir, anläßlich einer Tagung der Sozialistischen Internationale in Berlin[190] sei das klar zutage getreten. Golda Meir habe sogar die Tatsache geleugnet, daß die Palästinenser ein Volk seien. Eine Ansicht, die rechtsgerichtete Kreise in Israel noch heute vertreten, während die Arbeiterpartei sie längst revidiert hat.

Den Gipfel der Auseinandersetzung mit europäischen Staatsmännern bildete wohl die Kontroverse zwischen Bundeskanzler Helmut Schmidt und Israels Premier Menachem Begin. Schmidt hatte nach einem Besuch in Riad vor dem Deutschen Fernsehen (am 30. April 1981) im Zusammenhang mit der PLO gesagt: »Wenn wir im Westen die PLO grundsätzlich als Terrororganisation betrachten und nicht lernen zu unterscheiden zwischen den verschiedenen Fraktionen, dann ist das die sicherste Methode, die PLO in die Arme Moskaus zu treiben... Abgesehen davon, daß es für mich auch eine moralische Frage ist, ob wir gegenüber Vertriebenen und Flüchtlingen von der Westbank und von der Ostbank... uns auf den Standpunkt stellen, das ginge uns weniger an.«

Begin reagierte mit beißender Schärfe, in der er seinen ganzen wohlbekannten Haß auf Deutsche und Deutschland spüren ließ. »Dem deutschen Volk im Jahre 1981 zu sagen, daß es gegenüber den Arabern Verpflichtungen habe, dagegen aber dem deutschen Volk nicht zu sagen, daß es in dieser und allen kommenden Generationen dem israelischen Volk verpflichtet sei! Es ist nackte Arroganz und Frechheit, meiner Generation, der Generation der Vernichtung und der jüdischen Wiedergeburt zu sagen, daß Deutschland Schuld gegenüber den Arabern habe.«

Die Bemerkungen Helmut Schmidts waren nicht gerade sehr geschickt. Selbst die Arbeiterpartei mußte zugeben, daß die Äußerungen des Sozialdemokraten Schmidt Zweifel an der Ernsthaftigkeit seiner sozialistischen Wertvorstellungen erweckten. Die Haltung zum jüdischen Volk sei ein Prüfstein für den wahren Sozialismus, stellte Shimon Peres, einer der Führer der Partei, fest. Der Präsident Israels, Jizchak Navon, äußerte seine Bestürzung über die Ignoranz des Kanzlers, weil dieser behauptet hatte, die Juden hätten die Araber aus dem Westjordanland vertrieben. Derartige Erklärungen, wie die des deutschen Kanzlers, waren nicht nur ungeschickt, sie bestärkten vielmehr die Israelis nur noch in ihrer feindlichen Haltung den Palästinensern gegenüber. Auf keinen Fall bewirkten sie eine Sinnesänderung, zumal die Europäer es vermieden, öffentlich auf die Araber einzuwirken, ihre mörderischen Angriffe auf Israel einzustellen, die nur eine Eskalation der Gewalt in der Region zur Folge hatten.

Dennoch gab es in Israel Kreise, die erkannten, daß die Politik der Regierungen Begin und Schamir nicht dazu geeignet war, den Frieden im Nahen Osten näherzubringen. Es entging ihnen nicht, daß Vergeltungsschläge auf Operationsbasen der Terroristen im Libanon nicht das Ende des Terrors herbeiführten, sondern vielmehr die Gefahr für den kleinen Staat vergrößerten. Es schien ein Teufelskreis zu sein, den man einmal durchbrechen mußte.

Eine nicht parteigebundene Bewegung, die sich »Frieden Jetzt« nannte, trat immer mehr in Erscheinung.[191] Von 350 Reserveoffizieren der israelischen Armee ins Leben gerufen, versuchte sie, dem israelischen Volk klarzumachen, daß Friede mit den Nachbarn wichtiger sei als territorialer Besitz, denn um den geht es der israelischen Regierung in erster Linie – ob aus vorgegebenen strategischen oder aus religiösen Gründen. Aber sie fanden wenig Gegenliebe für ihre Vorschläge bei einer Regierung, die ganz offensichtlich bestrebt war, die besetzten Gebiete Israel zuzuschlagen, und die zu diesem Zweck israelische Siedler ermutigte, dort ihre Häuser zu bauen.

Seit diese Regierung durch die Unterstützung religiöser Parteien, die dafür größere Rechte und Privilegien bekommen hatten, als ihnen ihrer Anhängerschaft nach zukam, an der Macht war, verwehrte sie den Palästinensern das Recht auf eine Heimstatt. Sie wies stets darauf hin, daß es bereits einen Staat im Nahen Osten gebe, dessen mehrheitliche Bevölkerung palästinensisch sei, nämlich Jordanien. Die Friedensbewegung und die linken Parteien blieben mit ihrer Meinung, diese Haltung sei dazu angetan, die Sicherheit des jüdischen Staates aufs Spiel zu setzen, in der Minderheit. Nur eine Verständigung mit den Palästinensern könne Frieden und Ruhe in der Region herstellen, darauf beharrten sie. Die regierende Rechte hielt dem entgegen, daß die Politik der Linken, die 1986 die Palästinenser als ein Volk anerkannt hatten, zur Schaffung eines feindlichen palästinensischen Staates führen und so die Sicherheit Israels gefährden würde. Die beiden Meinungen blieben unversöhnlich.

Die Rechten übersahen dabei geflissentlich, daß Menachem Begin anläßlich der Verhandlungen von Camp David[192], mehr oder weniger gezwungenermaßen, die »legitimen Rechte« der Palästinenser anerkannt hatte, um die vom amerikanischen Präsidenten Carter geförderten zwei Rahmenabkommen für Frieden im Nahen Osten nicht zu gefährden. Aber Begin interpretierte diese »Rechte« lediglich als ein Anrecht auf eine Art Autonomie, die die persönliche Freiheit der Bewohner des Westjordanlandes vorsah, nicht aber die nationale.

Ein von der Mehrheit der Knesset verabschiedetes Gesetz, das Treffen mit PLO-Aktivisten oder gar mit PLO-Chef Arafat unter Strafe stellt, führte tatsächlich zu Prozessen vor israelischen Gerichten und auch zu Verurteilungen. Es zeigt, daß die Bereitschaft zum Frieden mit den Nachbarn bei denen, die Israel weit von dem sozialistischen Staat – den sich die Pioniere erträumt hatten – entfernt haben, nur über das Gewehr geht. Niemand kann aber erwarten, daß die Palästinenser sich mit Brosamen der Freiheit zufriedengeben und die Abhängigkeit von und Unterdrückung durch Israel weiter ertragen werden.

Menachem Begin stärkte seine Position noch, als er am 7. Juni 1981 den von Franzosen erbauten Atomreaktor Osiraq in der Nähe von Bagdad bombardieren und zerstören ließ, von dem er behauptete, er solle militärischen Zwecken dienen. Die Welt verurteilte diesen Angriff, der Begin auch als Wahlpropaganda für die im gleichen Monat stattfindenden Wahlen in Israel diente. Derselbe Begin aber wurde ein Opfer des von ihm getragenen Libanon-Krieges oder »Frieden für Galiläa«, wie er in Israel genannt wurde, da er den Angriffen der Palästinenser aus dem Süden des Libanon auf den Norden Israels ein Ende setzen sollte.[193]

Der Vorwand für die Operation war ein Mordanschlag auf den israelischen Botschafter in London. Der auch in Israel wegen seiner Radikalität gefürchtete Verteidigungsminister Ariel Scharon plante eine militärische Aktion, die die Basen der Terroristen im Libanon, ihr Hauptquartier und die Infrastruktur der Organisation in Beirut zerstören sollte. Wie sich später herausstellte, waren die Israelis noch dazu von der etwas naiven Vorstellung geleitet, daß der mit ihnen kooperierende Führer der »Phalange«[194], Baschir Jumajil[195], nach einer gelungenen militärischen Operation Präsident von Libanon werden und einen Friedensvertrag mit Israel unterzeichnen würde.

Israels Truppen gelangten trotz großer Verluste und einer unerwarteten Konfrontation mit den Syrern bis vor

Beirut, das sie belagerten und damit schließlich auch die Evakuierung der PLO aus dem Libanon bewirkten. Dieser Krieg, der der erste war, den Israel initiierte, war auch in Israel äußerst umstritten. Die Kritik wuchs sich zur Empörung aus, als die mit Israel verbündeten Phalangisten in zwei palästinensischen Flüchtlingslagern – Sabra und Schatilla – ein Massaker ohnegleichen anrichteten (am 16. September 1982). Israel wurde angeklagt, von diesem beabsichtigten Blutbad gewußt und es nicht verhindert zu haben.

Der Krieg und dieses Verbrechen im besonderen wühlten die israelische Öffentlichkeit auf wie nie zuvor. Unter ihrem Druck wurde eine Untersuchungskommission eingesetzt, die dazu führte, daß Ariel Scharon als Verteidigungsminister zurücktreten mußte. Die Welt war voller Entrüstung, und es erübrigt sich zu sagen, daß Israels internationales Ansehen weiter sank. Begin, der gesundheitlich angeschlagen war, hielt alldem nicht mehr stand, zumal sich herausstellte, daß er von seinem Verteidigungsminister im unklaren über den vollen Umfang der Aktion gelassen worden war. Er trat am 15. September 1983 als Regierungschef zurück und entsagte von da an jeglicher politischer Arbeit.[196]

Dieser Krieg spaltete Israels Gesellschaft in zwei Lager, die nichts mehr miteinander gemeinsam zu haben schienen. Die Parteien der Mitte und der Rechten blieben der Ansicht, daß dieser Krieg ein gerechter und richtiger Krieg gewesen sei, und beschimpften die Linken, sie hätten mit ihrer lautstarken Kritik den Krieg sabotiert. Die Arbeiterpartei hatte eine militärische Aktion bis zu 40 Kilometern nördlich von Israel zum Schutz der im Norden befindlichen und ständigen Angriffen ausgesetzten Siedlungen befürwortet, aber sich gegen den Vormarsch nach Beirut ausgesprochen. Sie wies auf die Sinnlosigkeit des Krieges hin, der so wenig erbracht hatte. Die PLO existierte weiter und kehrte in den folgenden Jahren in den Libanon zurück, um von dort aus weiterhin Angriffe auf Israel zu führen. Israel bewirkte auch nicht, daß sich eine ihr freundlich gesonnene Regierung im Libanon etablierte. Auch die Syrer waren weiterhin im Libanon und bedeuteten eine zusätzliche Bedrohung. Die hohen Verluste, die Israel hatte hinnehmen müssen, standen nach israelischer Ansicht in keinem Verhältnis zu den Ergebnissen dieses Krieges.

Die Spaltung der israelischen Gesellschaft wurde noch deutlicher, die Meinungsverschiedenheiten noch schärfer, als im Dezember 1987 die »Intifada«[197], verursacht durch einen Verkehrsunfall, in den Israelis und Araber verwickelt waren, in den besetzten Gebieten ausbrach. Arabische Jugendliche, die israelische Soldaten mit Steinen traktierten, verschafften der palästinensischen Sache mehr Anerkennung in der Welt, als es der bewaffnete Kampf und die Terroranschläge jemals getan hatten. Die israelischen Soldaten, die für einen solchen Kampf nicht gerüstet waren, versuchten mit allen Mitteln, diesen Aufstand zu unterdrücken. Wenn sie die Steinewerfer faßten, zerstörten sie die Häuser der Eltern oder blockierten Fenster und Türen mit Beton, so daß die Häuser nicht mehr bewohnbar waren. Sie wiesen Anführer aus, verhafteten Täter und hielten sie nach einem Gesetz aus der Mandatszeit ohne Gerichtsentscheid in sogenannter Vorbeugehaft. Sie schossen mit Gummipatronen, aber auch mit scharfer Munition, Ausgangssperren waren an der Tagesordnung.

Aber sie erreichten lediglich, daß der Haß der arabischen Bevölkerung auf die Israelis stetig wuchs und die Israelis zum Symbol ihres Leides wurden. Zwar setzte im vierten Jahr der »Intifada« eine gewisse Beruhigung ein. Dennoch bildete sich eine kleine Gruppe von Extremisten, die Schußwaffen gebrauchten, jüdische Siedler angriffen, aber auch Palästinenser, die sie der Zusammenarbeit mit den Israelis bezichtigten. Die Israelis hatten keine andere Antwort auf all das, als die Strafmaßnahmen zu verstärken.

Die in »Gusch-Emunim« (Block der Gläubigen) zusammengeschlossenen Rechten vergrößerten ihre Anstrengungen, mehr und mehr jüdische Siedlungen in den besetzten Gebieten zu errichten, um die Berechtigung ihres Anspruchs auf dieses Land in Tatsachen umzusetzen. Die Regierung Schamir ermutigte das Tun dieser Fanatiker, die die besetzten Gebiete als Teil ihres ihnen von Gott versprochenen Heimatlandes bezeichneten. »Das gehört uns doch«, erklärte mir Daniella Weiß, Vertreterin des Gusch Emunim[198]. »Gott versprach dieses Land dem Abraham«, sagte sie zu mir. »Es ist unser.« Frau Weiß ist eine gutaussehende Frau, der man den Fanatismus nicht ansieht, die aber dabei angetroffen wurde, wie sie Steine auf arabische Autos warf als »Vergeltung« für ähnliche Taten der Palästinenser.

Viele Israelis verfolgten diese Entwicklung mit Scham und Empörung. Die Friedensbewegung machte sich zwar zu ihrem Sprecher, aber ihre Proteste waren viel zu schwach und zu leise. Zermürbt durch den ständigen Kampf und die schweren Lebensbedingungen hatten viele Israelis längst resigniert. So wie ich standen sie fassungslos vor einer erschreckenden Bilanz des Hasses, der Feindschaft und der Hoffnungslosigkeit. Die seit 1977 amtierende Mitte-Rechts-Regierung verfolgte ihre Ziele blind und schien zu keinem Kompromiß bereit. Aus diesem Grunde ließ auch eine von den Amerikanern erzwungene Nahost-Friedenskonferenz am 31. Oktober 1991, auf der Delegierte arabischer Staaten und Israels zum ersten Mal in aller Öffentlichkeit zusammentrafen, wenig Hoffnung aufkommen.

Endlich – am 23. Juni 1992 – entschied die Hälfte aller Wähler Israels, daß dieser Politik ein Ende gesetzt werden müsse. Mit einer hauchdünnen Mehrheit gelang es der Arbeiterpartei, eine Koalitionsregierung zu bilden. Sie versprach einen grundlegenden Wandel der Politik ihrer Vorgänger und kündigte ihre Absicht an, zusammen mit den arabischen Staaten und den Palästinensern eine Lösung des Nahostkonflikts zu suchen. Das Volk war zunächst skeptisch. Zu oft schon waren seine Hoffnungen enttäuscht worden. Die Gegner einer solchen Politik – die rechten und die religiösen Parteien – protestierten, denn die neue Regierung machte deutlich, daß sie, um zum Frieden zu gelangen, besetzte Gebiete zurückzugeben gedachte. Dies sei Verrat an der zionistischen Idee und bedeute Gefahr für die Existenz des Staates, die nach Meinung der Gegner nur durch eine Politik der Stärke dem Feind gegenüber zu bannen sei.

Die von der Arbeiterpartei geführte Regierung hatte die Chance erkannt, die ihr die Veränderungen im Ostblock boten. Über 40 Jahre galt Israel im Osten als imperialistisches Gebilde, das mit allen Mitteln zu bekämpfen war. Als Vorwand dienten Israels Bindungen an die Vereinigten Staaten von Amerika. Unter den Ländern der Dritten Welt, die eine antiwestliche Position bezogen, spielten die arabischen Staaten hingegen eine maßgebliche Rolle und kamen somit als Einflußsphäre für den Kommunismus in Frage. Die Sowjetunion und die Satelliten unterstützten daher die arabischen Staaten auf diplomatischen Wegen und in internationalen Gremien. Sie rüsteten Israels Feinde mit modernsten Waffen auf und bildeten arabische Terroristen gegen Israel aus. Das änderte sich erst, als die Sowjetunion und ihre Satelliten Anfang der neunziger Jahre dem Kommunismus abschworen und sich dem Westen zuwandten.

PLO-Chef Arafat und später auch Syrien erkannten die Konsequenzen, die sich aus der neuen Konstellation in der Welt für ihre Politik ergaben. So gingen sie schließlich auf die Vorschläge ein, gemeinsam mit Israel Schritte zur Lösung des Nahostkonfliktes zu unternehmen. Erste Vorbereitungen dazu wurden in aller Heimlichkeit zwischen den Vertretern der PLO und Israels in Norwegen getroffen. In Israel war man sprachlos über diese Wende, die nach 50 Jahren Feindschaft und grausamster gegenseitiger Terrorangriffe wahrlich revolutionären Charakter trug.

Natürlich führten die ersten Treffen noch zu keiner Lösung, indes zu dem Beschluß, die Versuche, zu einem friedlichen Zusammenleben zu kommen, fortzuführen. Fragen der Zukunft der von Israel besetzten Gebiete, der Zusammenarbeit auf den Gebieten des Handels, des Tourismus, der Wasserwirtschaft stießen immer wieder auf Schwierigkeiten. Alte Probleme schienen unüberwindlich zu sein, neue türmten sich auf. Und doch war es offensichtlich, daß beide Seiten eine Verständigung herbeiführen wollten. Es war ein Prozeß in Gang gekommen, der eine Rückkehr zur bedingungslosen Feindschaft nicht mehr zuzulassen schien. Und so kam es schließlich zum ersten Autonomieabkommen zwischen Israel und der PLO für einen Teil der von Israel besetzten Gebiete, den Gazastreifen und die Stadt Jericho, das am 13. September 1993 unterschrieben worden und im Mai 1994 in Kraft getreten ist. Weitere Abkommen folgten so rasch, daß es schwerfiel, mit der neuen Entwicklung Schritt zu halten.

Radikale arabische Kräfte, insbesondere die vom Iran gesteuerte islamisch-fundamentalistische Hamas-Bewegung, die sich dem Terror und der Vernichtung Israels verschrieben haben, verstärkten daraufhin ihre Angriffe auf Israel und begannen auch mit der Zerstörung jüdischer Einrichtungen im Ausland. Diese Aktionen arabischer Radikaler schienen denen in Israel recht zu geben, die auf der Seite der Rechten und der Religiösen ein friedliches Zusammenleben mit Arabern für unmöglich halten und jeden Versuch dieser Art als zu gefährlich für die Existenz des Staates ablehnen.

Sie stürzten sich in einen fanatischen Kampf gegen die von ihrer Regierung ausgehandelten Abmachungen mit den Palästinensern. Lautstarke Massenkundgebungen, Sitzstreiks vor dem Haus des Premierministers, Demonstrationen waren nun überall in Israel an der Tagesordnung und hinterließen den Eindruck, als sei der überwiegende Teil der Israelis gegen die Friedenspolitik ihrer Regierung. Nur der Frieden mit Jordanien, der am 25. Juli 1994 in Washington mit Handschlag zwischen König Hussein und Premierminister Rabin besiegelt wurde, fand bei allen politischen Richtungen in Israel Zustimmung. König Hussein hatte bereits 1988 den Anspruch auf das Westjordanland zugunsten eines möglichen palästinensischen Staates aufgegeben. Die Probleme zwischen Israel und Jordanien sind daher relativ minimal und nicht grundsätzlicher Natur.

Diese ersten Abkommen zwischen den ehemaligen Feinden sind ein Teil eines Prozesses, der sich noch einige Zeit hinziehen wird. Denn noch stehen beide Seiten vor großen Problemen, die mehr erfordern als nur die wohlklingende Bereitschaft, friedlich miteinander leben zu wollen. Auch die bisher getroffenen Abmachungen sind noch keine Garantie für eine friedliche Entwicklung der Region. So muß die PLO, die von Israel besetzte Gebiete in Selbstverwaltung übernommen hat, der palästinensischen Bevölkerung erst noch beweisen, daß sich der Frieden für sie wirklich lohnt.

Eine Aufgabe, die nur mit der finanziellen Unterstützung des Auslandes zu lösen ist. Und diese fließt aus vielen Gründen nur zögerlich. In dem übernommenen Gebiet gibt es noch zu wenig Verdienstmöglichkeiten, um ohne Hilfen Infrastruktur und Verwaltung aufzubauen und zugleich auch den Lebensstandard einer auf niedrigem Niveau lebenden Bevölkerung zu heben. Gelingt dies nicht, besteht die Gefahr, daß man auf der Suche nach Urhebern des Versagens die Verantwortung dafür Israel zuschiebt. Die Folge wäre sicherlich eine erneute Eskalation terroristischer Angriffe auf Israel, die wiederum nicht ohne Antwort bleiben würden. Die mit so viel Mühe erarbeiteten Abmachungen wären dann nicht mehr wert als das Papier, auf das sie geschrieben wurden.

Schließlich ist die von der Arbeiterpartei geführte Regierung, die 1996 vor Neuwahlen steht, gezwungen, ihre Bevölkerung davon zu überzeugen, daß Abkommen mit Arabern und Palästinensern dem Volk und dem Staat Israel lebenswichtige Vorteile bringen. Und dies besonders, da die radikalen arabischen Kräfte mit ihren mörderischen

Angriffen das Ziel verfolgen, dem israelischen Bürger das Gegenteil zu beweisen. Sollte ihnen das gelingen, könnte wiederum eine Mitte-Rechts-Regierung – möglicherweise als Konsequenz mehr rechts als je zuvor – an die Macht in Jerusalem kommen und alle Bemühungen um einen Frieden einstellen. Dies würde fatale Folgen für die ganze Region haben und Israels Zukunft erneut auf verhängnisvolle Weise gefährden. So ist trotz aller Begeisterung über die Entwicklung seit 1992 der Frieden im Nahen Osten noch weit entfernt davon, ein fait accompli zu sein. Noch begleitet mich die Furcht um dieses Land und seine Menschen, wo immer ich auch bin.

20. ›Sara‹
oder: Ein Theaterstück verläßt die Bühne

»Wie war denn das mit der Angst damals?« fragte die Schauspielerin. »War sie immer gegenwärtig?« Nina Lorck-Schierning probte die »Inge« in dem Stück ›Ab heute heißt du Sara‹. Im Jahre 1987 hatte der Leiter des Berliner Grips-Theaters, Volker Ludwig, beschlossen, mein Buch ›Ich trug den gelben Stern‹ zur Grundlage eines Theaterstückes zu machen. Ende 1988 begannen die Proben.

Zu diesem Zweck kam ich nach Berlin. Ich war begeistert. Ich war wie in einem Rausch. Ich hatte das Buch geschrieben, um denen ein Denkmal zu setzen, die ihren Kopf für unser Überleben riskiert hatten, und auch um zu zeigen, daß Hilfe für verfolgte Juden selbst in Nazi-Deutschland möglich gewesen war. Und schließlich hatte ich auch die Leiden und Qualen schildern wollen, die Juden noch vor ihrer Deportation in den Tod in Berlin erdulden mußten. Das Buch war 1978 erschienen und ist inzwischen in vier Sprachen übersetzt worden.

Als ich »meine Mutter« auf der Bühne zu mir sagen hörte: »Wir sind Juden, Inge. Für die Nazis sind wir ihre Feinde«, da glaubte ich es nicht aushalten zu können. Und ich begriff zum ersten Mal, wie tief die Erfahrung der Verfolgung, der Flucht, des Verlustes lieber und liebster Menschen saß, wie wenig sie zu verarbeiten ist, auch wenn man annimmt, nach über 40 Jahren davon frei zu sein. Ich saß zwischen den beiden Autoren, Volker Ludwig und Detlef Michel. Sie sagten später, ich hätte geweint. Ich war mir dessen nicht bewußt. Ich weiß nur, daß ich im stillen mit mir haderte, mich einen Feigling schalt, der nicht begriffen hat, daß diese beiden Männer mit ihrem Stück das gleiche erreichen wollten wie ich, nämlich vor allem der Jugend zu zeigen, was damals geschehen war, was Menschen anderen Menschen angetan hatten, nur weil sie angeblich »anders« waren als das deutsche Volk, und daß diese irre Denkweise zu den bestialischsten aller Morde geführt hatte. Langsam wich mein anfänglicher Schock und machte einem Gefühl des Vertrauens Platz, das durch den Kontakt mit den meist jungen Schauspielern entstand und wuchs.

Natürlich war es nicht leicht, der jungen Nina zu erklären, daß diese Angst eigentlich immer gegenwärtig war, daß ich mit dieser Angst aufwuchs.

Auch heute noch bin ich manchmal nahe daran, Ängsten zu erliegen – ganz anderer Art natürlich –, kann aber damit schnell fertig werden, da ich mir der Ursachen bewußt bin. Die Angst, so erklärte ich ihr, zeigten wir nicht, ja, wir überspielten sie. Wir suchten und fanden immer wieder Gelegenheiten zum Lachen. Oft lieferten uns die Nazis mit ihrem albernen Gehabe den Anlaß. Wir bezogen Kraft und Vergessen aus Theater- und Konzertbesuchen, aus Spaziergängen im Grünen – all das war uns natürlich verboten. Daß die Angst uns aber nie verließ, zeigte sich in der Schnelligkeit, mit der wir reagierten. Wir erfaßten eher als andere die Gefahren, in denen wir uns befanden oder die auf uns zuzukommen schienen. Ob Nina mich verstand?

Die gleiche Frage nach der Angst wurde mir immer wieder von den Schauspielern gestellt, die sich seitdem mit dem Stück beschäftigt haben. 25 Theater in der alten Bundesrepublik haben es in der Zeit von 1989 bis Juni 1994 nachinszeniert. Viermal ist es im Ausland (Linz, Salzburg, Tel Aviv, Toronto) nachgespielt worden. In der ehemaligen DDR stand es bisher nur bei drei Theatern auf dem Spielplan. Das Grips-Theater hat ›Ab heute heißt du Sara‹ bis Juni 1994 193mal aufgeführt. Es war zu Gastspielen in Wien, Ost-Berlin, Bonn und Moskau. Zweimal wurde die Inszenierung im Fernsehen gezeigt, wo hohe Einschaltquoten das Interesse einer großen Zahl von Deutschen bewiesen.

In der Rolle meines Vaters hatte Thomas Ahrens einen

Mann darzustellen, der um einige Jahre älter ist als der Schauspieler selbst. Einen ganzen Abend lang ließ er sich meinen Vater schildern. Diesen Mann, der bis 1933 ein unerschrockener Kämpfer gewesen war, Reden gegen Hitler hielt, in Demonstrationen gegen die Nazis immer an der Spitze ging und sich dann, als man ihn aus seinem geliebten Lehrerberuf verstieß und als Juden und Sozialdemokraten zu verfolgen begann, völlig verwandelte. Nichts erinnerte mehr an den Kämpfer. Die Begeisterung der Mehrheit der Deutschen für die Nazis verstand er nicht, sie verwirrte ihn, ließ ihn zweifeln an sich selbst, an seinem Verstand, an dem Gedankengut des Sozialismus, das ihm seit seiner Jugend heilig gewesen war.

Wohl am verwirrendsten für jeden Leser meines Buches ist die Figur des fast blinden Otto Weidt, der mit unglaublichem Mut, ungeachtet der Gefahren für sich selbst, für die in seiner Blindenwerkstatt arbeitenden Juden eintrat, sie beschützte, »untergetauchte« Juden unterstützte und schließlich auch eine ihm nahestehende Jüdin aus Auschwitz rettete. Der Schauspieler Dietrich Lehmann scheute keine Mühe, diesen Mann, der schon 1947 gestorben ist und über dessen Vergangenheit und Motivation ich so wenig weiß, zu verstehen. Bei seinen Recherchen entdeckte er, daß ein Sohn Weidts aus erster Ehe in Frankfurt lebt.

Dieser Sohn fiel aus allen Wolken, als er die Geschichte seines Vaters hörte, von dem er seit frühester Kindheit getrennt gewesen war. Auf die Frage, was den Vater wohl zu seinen aufopfernden Hilfeleistungen für Juden geführt haben mochte, erzählte er, daß sein Vater, der vor seiner Erblindung Tapezierer gewesen war, immer versucht habe, eine ihm in der Jugend entgangene Bildung nachzuholen. Literaten, unter denen sich in den zwanziger Jahren auch viele Juden befanden, hatten ihn stets angezogen. Stunden habe er in ihrem Kreis im »Romanischen Café« in Berlin verbracht. Einmal, mitten im Krieg, hatte Weidt plötzlich seinen Sohn gebeten, sich anläßlich eines Heimaturlaubs bei ihm zu melden. Als sie im Café »Haus Vaterland« zusammentrafen, war Weidts wichtigste Frage an den Sohn, was er denn von den Nazis und dem Krieg halte. Die Antwort des Sohnes, man müsse den Krieg gewinnen, die Opfer könnten doch nicht umsonst gewesen sein, muß Otto Weidt enttäuscht haben, denn das Treffen war daraufhin sehr bald beendet. Der Sohn hörte nie wieder etwas von seinem Vater. Es scheint mir nicht ausgeschlossen, daß Weidt von seinem Sohn Unterstützung für die versteckten Juden erhofft hatte, etwa durch Papiere gefallener Soldaten oder ähnliches.

Das Haus Rosenthaler Straße 39, in dem die Blindenwerkstatt Otto Weidts gewesen war, stand, als ich im Frühjahr 1988 mit den Autoren des Theaterstückes die Stätten meiner Illegalität aufsuchte, zu meiner Überraschung unversehrt da, ja, war durch die im Osten übliche Vernachlässigung völlig unverändert geblieben. Die hölzernen Stiegen, die zur Werkstatt im Quergebäude des Hinterhofs führten, waren noch genauso ausgetreten wie vor 40 Jahren und knarrten bei jedem Tritt – wie damals, als uns dieses Geräusch in Angst und Schrecken versetzte. Denn unter der Treppe hatten wir unser Versteck, in das wir hasteten, wenn Gefahr im Verzuge schien oder »unerwünschte« Besucher auftauchten.

Ungehindert konnten wir die Räume der ehemaligen Blindenwerkstatt betreten. Ich glaubte meinen Augen nicht zu trauen, als ich die Büroräume wiedersah, in denen selbst die weißen Zwischenwände mit dem Blumenmuster noch die gleichen waren, das schadhafte Linoleum wie damals die ausgedienten Dielen kaum bedeckte und die fast blinden Fensterscheiben in gesplitterten Holzrahmen steckten. Im Geiste sah ich die Menschen vor mir, die hier einmal gearbeitet hatten – zum großen Teil blinde und taubstumme Juden, die täglich die Angst verzehrte, ob nicht ihr Name am nächsten Tag auf der Liste der zu Deportierenden aufgeführt war. Ich brauchte meine ganze Kraft, um mich meiner Gefühle zu erwehren, die beim Anblick dieser Stätte in mir hochkamen. Als wir zwei Wochen später die Werkstatt noch einmal besuchten, um zu fotografieren, waren neue Zwischenwände gezogen, die Stiegen notdürftig ausgebessert und Vorkehrungen getroffen worden, saubere Büros aus den verwahrlosten Räumen zu machen. Es war, als habe man die Renovierung hinausgezögert, damit ich die alten Räume, in denen sich so viel Leid abgespielt hatte, noch einmal sehen konnte.

Die Wirren der Nachkriegszeit haben dazu geführt, daß wir Geretteten einander aus den Augen verloren. Von Alice (Ali) Licht, die Otto Weidt ihre Rettung aus Auschwitz zu verdanken hatte, wußte ich nur, daß sie noch in Berlin einen Amerikaner geheiratet hatte und mit ihm in die Vereinigten Staaten ausgewandert war. Bei einer Lesung aus meinem Buch ›Ich trug den gelben Stern‹ in Ost-Berlin, nach der »Wende« im April 1990, erfuhr ich von einem Zuhörer, der sich als Verwandter von Ali zu erkennen gab, daß sie zwei Jahre zuvor in Israel, nur wenige Kilometer von meinem Wohnsitz entfernt, gestorben war. Ihr Verwandter war überrascht, von mir etwas über Alis Schicksal während des Krieges zu erfahren, über das sie nie gesprochen hatte.

Hans Rosenthal, der Mann, dem ich während des Krieges nahegestanden hatte, war ebenfalls nach Amerika ausgewandert und hatte, sicher aus Enttäuschung über meine Absage, ihn heiraten zu wollen, keinen Kontakt zu mir aufrechterhalten. Vor wenigen Jahren erfuhr ich seine Adresse und schrieb ihm. Die Antwort aber kam nur noch von seinem Bruder, der mir mitteilte, daß auch Hans vor wenigen Jahren gestorben war. Dieser Bruder fiel ebenfalls aus allen Wolken, als er nun über das Schicksal von Hans im Berlin der Nazis erfuhr, über das Hans Rosenthal nie gesprochen hatte. Aufgefallen war nur, daß er gelegentlich im Schlaf aufgeschrien oder furchtbar gestöhnt hatte. Wie so viele, hatte auch er es vorgezogen, die durchlebten Schrecken für sich zu behalten.

Das Theaterstück ›Ab heute heißt du Sara‹ ist in jeder Hinsicht authentisch, auch wenn aus theatertechnischen

Gründen Figuren zusammengezogen oder andere unwesentliche Veränderungen vorgenommen werden mußten. Zwar enthält das Stück eine Szene, die nicht meinen unmittelbaren persönlichen Erlebnissen entspricht, gegen die ich aber nichts einzuwenden hatte, denn sie war im Nachkriegsdeutschland fast alltäglich: Ein ehemaliger Gestapobeamter forderte von Weidt einen »Persilschein«, weil er angeblich nur ein kleines Rädchen im Getriebe gewesen sei. Er habe im Grunde Juden geholfen und Schlimmeres verhütet. Zu jener Zeit lebte in Ost-Berlin eine Dame, die als Ehefrau eines jüdischen Arztes und Nachbarin der Blindenwerkstatt Otto Weidt nahestand. Als ich sie 1989 dort in einem Altersheim besuchte, erklärte sie, daß mein Buch einen Fehler enthalte: der stellvertretende Leiter des Judenreferats der Berliner Gestapo, Prüfer, sei nicht, wie mir die Berliner Staatsanwaltschaft glaubhaft versichert hatte, kurz vor Kriegsende bei einem Bombenangriff ums Leben gekommen. In den ersten Wochen nach dem Kriege sei sie Zeugin geworden, wie Frau und Tochter des Prüfer einen solchen »Persilschein« für den ehemaligen Gestapobeamten von Weidt forderten. Ein Beweis also, daß Prüfer den Krieg überstanden und möglicherweise, wie so viele Nazis, ungestört und in Frieden in dem neuen demokratischen deutschen Staatsgebilde lebte. So war auch diese zunächst erdachte Szene authentisch geworden.

›Ab heute heißt du Sara‹ hat auch für mich persönlich große Bedeutung. Ich muß zugeben, daß mich jede Aufführung aufs neue erregt, ich lebe es immer noch mit, was da auf der Bühne geschieht, denn es ist ja mein Leben, mein Schicksal. Es sind Worte, die mein Vater, meine Mutter oder ermordete liebe Freunde und Verwandte gesprochen haben, die auf der Bühne zu hören sind. Aber ungeachtet der emotionalen Belastung für mich gehe ich oft ins Theater, um die Reaktionen des Publikums auf die ›Sara‹ zu beobachten. 80 Prozent des Publikums im Grips-Theater sind junge Leute. Es fasziniert mich mitzuerleben, wie sie mit Spannung dem Geschehen auf der Bühne folgen, wie sie mitgehen, wie sie mitleiden und wie sie am Schluß geradezu begeistert applaudieren – Ausdruck ihres Verständnisses für das, was das Stück ihnen sagen will.

Das blieb nicht ohne Folgen für mich. Viele Lehrer baten mich, mit ihren Schülern über die Nazizeit zu diskutieren. Ohne Ausnahme fand ich bisher junge Menschen vor, die – anders als ihre Eltern und Großeltern – begierig waren zu erfahren, wie es zu dem Schrecklichen kommen konnte, die ohne Scheu zuhören und ihre Fragen stellen. Tatsächlich handelt es sich hier um eine Generation, deren Eltern den Nationalsozialismus nicht mehr erlebten und in einer Zeit aufwuchsen, in der in den Schulen der Bundesrepublik die schlimme Vergangenheit Deutschlands nur selten zum Lehrstoff gehörte. Sie haben ihre Kinder zu diesem Geschehen kaum oder gar nicht beeinflußt.

In den meisten Fällen sind die Schüler durch mein Buch oder den Besuch des Theaterstückes auf das Thema vorbereitet. Der ihnen gebotene Stoff geht zweifellos über das hinaus, was die meisten ihrer Großeltern zu erzählen bereit waren. Trockene Geschichtsforschung würde im Falle der Nazizeit auch nicht ausreichen, will man den Versuch unternehmen zu verstehen, wie es dazu kam, daß Menschen ihrer Herkunft wegen diskriminiert, verfolgt und schließlich kaltblütig ermordet wurden.

Daher habe ich gewöhnlich keinen Grund, mich in den zwei Schulstunden oder 90 Minuten über einen Mangel an Fragen zu beklagen. »Wußte man schon zu Beginn des Naziregimes, was die Ziele und Absichten der Nazis waren?« Eine häufig gestellte Frage, die sicher ihren Ursprung in der Behauptung vieler älterer Deutscher hat, man habe die wahre Politik der Nazis nicht erkannt. »War die Existenz der Konzentrationslager bekannt, und wußte man, was dort geschah?« Auch dies sicherlich eine Frage, die sich aus Gesprächen mit den Großeltern ergeben hat. »Wie gelang es Hitler und den Nazis, die Masse des Volkes auf ihre Seite zu ziehen, so daß sie sogar zu seinen Verbrechen schwieg?« Eine Frage, die beweist, wie schwer es für die heutige Jugend ist, die in vollkommener Freiheit und Demokratie aufwächst, zu begreifen, was ein Leben in Unfreiheit, in einer Diktatur und unter Terror bedeutet. Schließlich habe auch ich bis zum heutigen Tage Probleme mit der Frage, wie es möglich war, daß die Nazis in diesem Prozeß der qualvollen Entrechtung der Juden so viele Helfer im deutschen Volk fanden, von denen Tausende später zudem nach Möglichkeiten suchten, sie schneller, sauberer und rationeller zu morden.

Diese Gespräche und die vielen Lesungen und Vorträge, zu denen ich aufgefordert werde und die unzweifelhaft durch das Theaterstück angeregt worden sind, haben mich wieder nach Berlin gebracht, in die Stadt, in der ich soviel Unmenschlichkeit, aber auch soviel Menschlichkeit erfuhr – im Gegensatz zu früheren Blitzbesuchen nun zu längeren Aufenthalten. Dabei habe ich feststellen müssen, wieviel mich mit dieser Stadt verbindet, wie sehr ihre Atmosphäre und ihre Kultur meinem Wesen entsprechen und daß das Berlinern die einzige Sprache ist, in der ich mich richtig verständlich machen kann. Ich gebe zu, daß es Gegenden in dieser Stadt gibt, mit denen mich schlimme Erinnerungen verbinden und die ich meide. Bedeutsamer aber ist für mich persönlich die Bekanntschaft mit dieser jungen Generation, die sich so frei und offen gibt und die mir und meinem Anliegen so viel Sympathie und Verständnis entgegenbringt.

Und dennoch – nichts, gar nichts schien sich geändert zu haben, als Ende 1991 jugendliche Rechtsradikale gegen Ausländer vorzugehen begannen, sie mit Knüppeln und Steinen verfolgten und nicht einmal vor Morden zurückschreckten. Es waren schlimme Bilder, die auf dem Fernsehschirm zu sehen waren und die mich unweigerlich in jene Zeit zurückversetzten, in der in Deutschland Mensch nicht gleich Mensch war. Und wieder haben Deutsche ihre Fenster geschlossen, ähnlich wie bei den Judenverfolgungen in den dreißiger Jahren, um nicht vom Brandgeruch oder den Schreien der Menschen belästigt zu werden, denen der Zufall eine dunkle Hautfarbe oder geschlitzte Augen beschert hat. Deutsche Politiker, deren einziges Interesse der Erhalt ihrer Macht zu sein scheint, schauen der Mehrheit aufs Maul, die dem Andersartigen die Zuflucht in Deutschland verweigern möchte aus Sorge vor seiner Fremdartigkeit und vor möglicher Konkurrenz. Die Verwässerung des im Grundgesetz verankerten Asylrechts schien ihnen die Lösung.

Als in der Berliner Öffentlichkeit bekannt wurde, daß auch ich seit Ende 1991 durch nazistische Schmähschriften belästigt und am Telefon durch antisemitische Hetzparolen beleidigt wurde, erhielt ich Hunderte von Briefen, deren Verfasser ihr Entsetzen und ihre Scham darüber ausdrückten. Unter diesen Briefen waren auch Zuschriften von Kindern und jungen Leuten, die mich wissen ließen, daß sie zu mir stehen. »Wenn jemand Ihnen etwas antun will, kommen Sie zu uns, wir helfen Ihnen«, schrieb ein Dreizehnjähriger. Diese Briefe und auch die Blumen, die Unbekannte vor meine Wohnungstür legten, ermutigen mich, geben mir die Kraft, die ich brauche, um weiterhin vor jungen Menschen Zeugnis abzulegen über meine Vergangenheit und die dieses Landes, die für mich immer gegenwärtig bleibt.

Doch offenbar wenig beeindruckt von den Protesten ihrer Landsleute, fahren jugendliche Radikale fort, ihr Unwesen gegen Ausländer in Deutschland zu treiben. Urteile von Richtern, die die ganze Tragweite neonazistischer Umtriebe nicht erkennen wollen, mögen sie dazu ermutigt haben. Ebenso Erklärungen von Politikern, die sich vielfach nicht deutlich genug von den Verbrechen, deren sich Deutsche schuldig gemacht haben, distanzieren. Eine Haltung, die wohl auch darauf zurückzuführen ist, daß die deutsche Nachkriegsdemokratie es versäumte, mit dem mordenden, folternden Nationalsozialismus gründlich und eindeutig abzurechnen.

Es ist daher sicher nicht überraschend, wenn ich feststelle: Was mich persönlich angeht, so kann auch die Bindung an Berlin und an die vielen Freunde in dieser Stadt nicht die Sorge vertreiben, daß ich eines Tages hier noch einmal unerwünscht sein könnte. Und so bin ich zum Pendler zwischen zwei Welten geworden und mache mir vor, daß die Schönheit einer jeden mein Leben erfüllt.

Anmerkungen

1 Bereits am 25. Juli erließ die Sowjetische Militäradministration den Befehl Nr. 17, mit dem elf deutsche Zentralverwaltungen ins Leben gerufen wurden, die der SMAD unterstehen und nach ihren Direktiven arbeiten sollten. Der Befehl wurde aber erst am 11. 9. 45 bekanntgemacht, denn die Alliierten einigten sich erst auf der Potsdamer Konferenz Anfang August darauf, »zentrale deutsche Verwaltungsabteilungen« für ganz Deutschland zu bilden. Die Vorbereitungen zur Bildung dieser Zentralverwaltungen für die russisch besetzte Zone Deutschlands liefen sofort nach dem Befehl an. (DDR-Lesebuch I, Köln 1989)

2 Hans Mahle im Gespräch mit der Autorin am 24. 8. 1989 in Berlin. Mahle war von 1937 an im Exil in Moskau und kehrte im April mit der »Gruppe Ulbricht« nach Berlin zurück.

3 Diese Briefe fand ich im Archiv meines Vaters nach seinem Tod.

4 In Berlin überlebten nach neuesten Erkenntnissen ca. 1500 Juden, die mit Hilfe von Berlinern versteckt gelebt hatten. Die Quellenlage ließ es bis jetzt nicht zu, genaue Zahlen zu ermitteln.

5 Chupa = Trauhimmel.

6 Die Einreise nach Amerika ohne Einwanderungspapiere war ein Privileg, von dem damals nur Überlebende der KZs oder »Untergetauchte« Gebrauch machen durften.

7 Die erste zehnköpfige Gruppe (die »Gruppe Ulbricht«) traf schon am 2. Mai 1945, dem Tag der Kapitulation Berlins, ein und nahm ihre Arbeit in Berlin-Friedrichsfelde, Prinzenallee 80, auf. Insgesamt umfaßte diese Gruppe 300 bis 500 Personen. (Der Kampf um Berlin 1945, Augenzeugenberichte, Düsseldorf 1970)

8 Paul Wandel wurde am 13. 9. 1945 zum ersten Präsidenten der Zentralverwaltung für Volksbildung ernannt, später wurde er Volksbildungsminister der DDR. 1952 avancierte er zum Leiter der Koordinierung und Kontrollstelle für Unterricht, Wissenschaft und Kunst. Ab 1953 Sekretär des ZK der SED, dann Botschafter in China.

9 Siehe auch Harold Hurwitz, Demokratie und Antikommunismus in Berlin nach 1945, Bd. I, Köln 1984.

10 Ernst Hadermann war Angehöriger einer Kommission für die Umgestaltung des Unterrichtswesens im Nationalkomitee Freies Deutschland (SU). Am 1. 5. 1937 trat Hadermann in die NSDAP ein (Mitgl.-Nr. 5 698 532); später SED-Mitglied; Leiter der Schulabteilung in der ZV für Volksbildung; später Institutsdirektor und

Dekan an der Päd. Hochschule Potsdam; danach Professor in Halle; gestorben 1968.

11 Die Sozialdemokratische Partei Deutschlands wurde am 17. Juni 1945 wieder gegründet.

12 Erste Volkszählung am 12. 8. 1945: 2,8 Millionen Berliner Einwohner (ehem. 4,3 Mill.).

13 Quelle: Günther Lange, Jeanette Wolff, Neue Gesellschaft, 1968.

14 Friedrich Luft im Gespräch mit der Autorin am 13. 10. 1989 in Berlin.

15 In der ersten Ausgabe des ›Tagesspiegels‹ am 27. 9. 1945 heißt es, daß auf 1000 Männer 4585 Frauen kamen.

16 Walter Rieck wurde später Bezirksbürgermeister von Berlin-Wilmersdorf.

17 W. Leonhard, Die Revolution entläßt ihre Kinder, Köln 1955.

18 Quelle: ebd. Walter Ulbricht, geboren 1893 in Leipzig; von Beruf Tischler; seit 1919 Mitglied der KPD, von 1928–33 Mitglied des Reichstags; Emigration Paris, Prag, ab 1938 Moskau; 1945 Rückkehr; zuletzt Erster Sekretär des ZK der SED, von Honecker 1971 gestürzt.

19 B. Chamberlin, Kultur auf Trümmern (Berliner Berichte der amerikanischen Information control section July–December 1945), Stuttgart 1979.

20 Am 14. 5. 1945 – zwölf Tage nach der Kapitulation Berlins – trafen sich Berliner Künstler, unter ihnen Gustaf Gründgens, Paul Wegener, Heinz Tietjen, Ernst Legal, mit dem russischen Stadtkommandanten, General Bersarin, um über das Wiederaufleben der Kultur zu beraten. Am 6. 6. 1945 konstituierte sich die Kammer der Kunstschaffenden unter dem 70jährigen Wegener (parteilos) als Präsidenten.

21 Barlog im Gespräch mit der Autorin, Berlin, 6. 9. 1989.

22 Siehe Anm. 17.

23 Aus einem Bericht für den Senator für Arbeit und Soziales zum Thema »Berlin nach dem Kriege, wie ich es erlebte«.

24 Die Russen demontierten in den späteren Westsektoren acht Wochen vor dem Einzug der Westalliierten 85 Prozent der gesamten industriellen Ausrüstung. (DDR-Lesebuch I, Köln 1989)

25 Beschluß des Bezirksamtes Friedrichshain vom 19. 7. 1945.

26 Mahle im Gespräch mit der Autorin, Berlin, 24. 8. 1989.

27 Premiere ›Nathan der Weise‹ am 7. 9. 1945, 250mal aufgeführt.

28 Premiere ›Professor Mamlock‹ am 17. 1. 1946.

29 Premiere ›Hokuspokus‹ am 3. 11. 1945.

30 Energiequoten: 500 Watt Grundstromverbrauch, für jede Person über sechs Jahre weitere 50, für jedes Kleinkind 100.

31 Quelle: I. Spittmann/G. Helwig (Hrsg.), DDR-Lesebuch I, Köln 1989.

32 Resolution der Parteiführung der KPD von 1923 (siehe Handbuch der DDR, Köln 1979).

33 Edith Baumann war vor 1933 Jugendfunktionärin der SAP und wegen Vorbereitung zum Hochverrat von 1933 bis 1936 im Gefängnis. Sie wurde später die Frau Erich Honeckers in erster Ehe.

34 Der Zentrale Jugendausschuß war der Vorläufer der Freien Deutschen Jugend. Am 25. 6. 1945 verkündete Walter Ulbricht, daß es nur eine »einheitliche freie Jugendbewegung« geben würde.

35 Die Freie Deutsche Jugend wurde am 26. 2. 1946 gegründet.

36 Pajok (russ.) = Lebensmittelration, Marschverpflegung.

37 Besprechung mit Frau (Lore) Pieck im ZK der KPD, Berlin, Wallstraße, am 25. 9. 1945.

38 Rede Walter Ulbrichts am 19. 6. 1945 beim ersten Treffen des ZA (SPD) mit dem ZK (KPD).

39 Quelle: H. Lippmann, Honecker, Köln 1971.

40 M. Rexin, Heft 5, Schriftenreihe, Franz-Neumann-Archiv; Amtlichen Fernsprechbüchern aus dem Jahre 1946 zufolge hatte die KP 50 Anschlüsse, die SPD 14, CDU 10, LDPD 7.

41 Quelle: Erich Gniffke, Jahre mit Ulbricht, Köln 1966.

42 Zu Edith Baumann siehe Anmerkung 33.

43 Nach Richard Fuchs wurde später eine Schule in Berlin-Mitte, Große Hamburger Straße 27, benannt.

44 Dr. Siegfried Nestriepke war von 1920 an 13 Jahre lang Generalsekretär der Berliner Volksbühne, außerdem über mehrere Jahre auch Leiter des Verbandes der deutschen Volksbühnenvereine. Von 1931 bis 1933 geschäftsführender Leiter des Berliner Hauses am Bülowplatz. Nach einem kurzen Gastspiel in der Zentralverwaltung für Volksbildung für die russisch besetzte Zone wurde er nach den Wahlen vom Oktober 1946 Stadtrat für Volksbildung im Magistrat von Berlin. (Quelle: Archiv der Volksbühne Berlin)

45 Die Sechziger-Konferenz bestand aus Vertretern der SPD und der KPD zur Prüfung der Möglichkeiten einer Vereinigung.

46 Wie Anm. 41.

47 Franz Neumann. Interview 1974, Franz-Neumann-Archiv, Heft Nr. 1.

48 Manfred Klein war in sowjetischer Kriegsgefangenschaft in einer Antifa-Schule des Nationalkomitees Freies Deutschland in einem Sechs-Wochen-Kurs in die geistigen Grundlagen des Kommunismus eingeführt worden, in der Hoffnung, daß er Kommunist würde. (M. Klein, Jugend zwischen den Diktaturen, Mainz 1968)

49 Quelle: I. Spittmann/G. Helwig (Hrsg.), DDR-Lesebuch I, Köln 1989.

50 M. Rexin, Heft 5, Dezember 1989, Franz-Neumann-Archiv, Berlin.

51 Heinz Westphal war von 1965–87 Mitglied des Bundestages und

von 1987–90 dessen Vizepräsident. Vom 28. 4. 1982–1. 10. 1992 war er Bundesminister für Arbeit und Sozialordnung.

52 Die erste Sonnenwendfeier fand unter dem Motto »Welt, werde froh« am 22. Juni 1946 statt.

53 In Karlshorst war der Sitz der SMAD.

54 Quelle: E. Gniffke, Jahre mit Ulbricht, Köln 1966, Wiederauflage 1989.

55 Siehe Anm. 17.

56 Feindlicher Ausländer: eine Person, die weder britischer Staatsbürger ist noch unter britischem Schutz steht oder die Nationalität eines Staates besitzt, der sich im Kriegszustand mit der Regierung Seiner Majestät befindet (M. Seyfert, Im Niemandsland, Berlin 1984).

57 »The Movement for the care of children from Germany« brachte auf diese Weise 10 000 Kinder bis zum Alter von 18 Jahren vor Kriegsausbruch nach England. Der erste Transport traf am 2. 12. 1938 in Harwich ein.

58 Alle Auszüge stammen aus: We came as children, London 1966.

59 Die letzten englischen Truppen verließen den Kontinent nach dem Fall von Frankreich bei Dünkirchen im Mai 1940.

60 Quelle: Survivors, Birmingham 1988.

61 M. Seyfert, Im Niemandsland, Berlin 1984.

62 112 Tribunale prüften die Loyalität von 73 000 deutschen und österreichischen Flüchtlingen gegenüber dem englischen Staat.

63 Die Internierungen begannen am 25. Juni 1940. Anfang Juli waren bereits 27 000 Flüchtlinge aus Deutschland und Österreich interniert, darunter auch Frauen mit Kindern. Ausgenommen waren die unter 16- und über 70jährigen, Kranke und Gebrechliche.

64 Quelle: ›Der Spiegel‹, 2. Oktober 1955.

65 Während der Blockade Berlins 1949/1950 wurde die Stadt von den Alliierten auf dem Luftwege versorgt.

66 Im »Dreesen« pflegte Hitler abzusteigen.

67 Die von den Nazis 1983 erlassene Anordnung, daß Juden »Sara« bzw. »Israel« ihrem Vornamen hinzufügen mußten, wurde am 20. 9. 1945 durch Verordnung des Alliierten Kontrollrates außer Kraft gesetzt.

68 Siehe auch Juniheft 1955 von ›Der Monat‹. ›Der Spiegel‹ enthüllte, daß es sich bei dem erwähnten hohen Beamten der Bundesregierung um Staatssekretär Globke handelte. Dr. Hans Globke war Oberregierungsrat, später Ministerialrat in Hitlers Innenministerium gewesen. 1935 schrieb er den Kommentar zu den Nürnberger Rassengesetzen.

69 Ich blieb bis 1972 in Bonn.

70 Quelle: ›Der Spiegel‹, 3. Februar 1960.

71 Quelle: Chr. Pross, Wiedergutmachung, Frankfurt 1988.

72 Im ersten Bundestag (1949–1953) saßen mindestens 53 (von 402)

ehemalige Mitglieder der NSDAP, drei waren sogar in der SS, einer in der SA gewesen. Bis auf zehn gehörten sie alle den Regierungsparteien an – CDU/CSU, FDP und DP. Neun Prozent aller in diesen ersten Wahlen abgegebenen Stimmen fielen auf rechtsgerichtete Parteien, von denen die Hälfte ausgesprochen nazistischen Charakter hatten.

73 Siehe ›Die Zeit‹, 28. Mai 1965.

74 Nazi-Außenminister von Ribbentrop hatte nicht alle Bereiche seines Amtes mit SS-Kumpanen durchsetzen können, da vielen die diplomatische Erfahrung fehlte und auch ein entsprechender Bildungsstand. Aber dessen bedurfte es auch nicht, da zahlreiche Diplomaten, die weder der NSDAP noch der SS angehörten, beim Vollzug nazistischer Politik eifrig mitwirkten, sei es aus Karrieredenken, Furcht vor Prestigeverlust, antisemitischem Denken usw. (Hans Jürgen Döscher, Das Auswärtige Amt im Dritten Reich, Berlin 1987).

75 Bundeszentrale für Heimatdienst = amtliches Propaganda-Institut der Bundesregierung.

76 Duckwitz im Gespräch mit der Autorin am 15. Oktober 1968.

77 H. Hedtoft, »Oktober 1943«, München 1960.

78 Willy Brandt hatte das Amt des Außenministers von 1966 bis 1969 inne.

79 Neurath war Reichsaußenminister von 1932 bis 1938.

80 Stuckart/Globke, Kommentare zur deutschen Rassengesetzgebung, München, Berlin 1936; Auszug: »Artfremdes Blut ist alles Blut, das nicht deutsches Blut, noch dem deutschen Blut verwandt ist. Artfremden Blutes sind in Europa regelmäßig nur Juden und Zigeuner.«

81 ›Der Spiegel‹, 19. Oktober 1955.

82 Kardinal Frings unterstützte nach dem Kriege Nazikriegsverbrecher aller Art. »Eine besondere Tätigkeit erforderte damals die Sorge für die sogenannten Kriegsverbrecher, also Soldaten, denen man irgendein Verbrechen zur Last legte.« (Aus: Für die Menschen bestellt. Erinnerungen des Alt-Erzbischofs Josef Kardinal Frings, Köln 1973.) Siehe auch: Ernst Klee, Persilscheine und falsche Pässe, Frankfurt 1991.

83 Quelle: Die zweite Schuld, Hamburg 1987.

84 Inge Deutschkron, Israel und die Deutschen, Köln 1970.

85 »Deutschland und das Judentum«, Erklärung der Bundesregierung zum deutsch-jüdischen Verhältnis, Bonn 1951.

86 Walter Becher, Mitglied des Deutschen Bundestages von 1963 an.

87 Quelle: ›Die Zeit‹, Januar 1968.

88 Wie Anm. 84.

89 Schäffer widersetzte sich aber der »Machtergreifung« und wurde im Oktober 1944 im Zusammenhang mit dem Putsch gegen Hitler verhaftet. Nach Kriegsende setzten ihn die Amerikaner als ersten Mini-

sterpräsidenten Bayerns ein. Wegen seiner antisemitischen Vergangenheit und der vielen Nazis in seiner Regierung wurde er bald wieder abgesetzt. 1949–1957 war er Finanzminister in Bonn; von 1957 bis 1961 Justizminister in Bonn. Siehe auch S. 135.

90 Von den 214 Abgeordneten der Koalitionsparteien CDU/CSU, FDP, DP stimmten nur 106 für den Vertrag. Es gab 39 Enthaltungen und sogar fünf Neinstimmen. Nur 360 von allen 402 Abgeordneten beteiligten sich an der Abstimmung. Mit Ja stimmten 239, mit Nein 35 Abgeordnete, 86 enthielten sich der Stimme.

91 Günter Grass im Gespräch mit der Autorin am 6. Februar 1967.

92 Kurt Georg Kiesinger (CDU), von 1966 bis 1969 Bundeskanzler, war 1944/45 stellvertretender Leiter des rundfunkpolitischen Referats im Auswärtigen Amt und Mitglied der NSDAP.

93 Quelle: ›Der Spiegel‹, 4/1964.

94 H. Trossmann, Reichskommissar für Preisbildung. Im Monatsbericht vom Mai 1941 heißt es: »...Regierungsrat Trossmann wird zusammen mit dem Management der Ghettoverwaltung die Preise prüfen...« 1943 wurde Trossmann noch in Lodz Oberregierungsrat.

95 Fünfte Wahlperiode, Drucksache V/4020, Frage 121.

96 Quelle: Joachim Perels, Universität Hannover, siehe auch ›Frankfurter Rundschau‹ vom 23. April 1992.

97 Quelle: Im Namen des deutschen Volkes. Justiz und Nationalsozialismus, Katalog zur Ausstellung, Köln 1989.

98 Ebd.

99 Informationen aus: ›Die Zeit‹, vom 26. 1. 1990.

100 In meiner Eigenschaft als Korrespondentin der israelischen Zeitung ›Maariv‹ berichtete ich viele Monate über diesen Prozeß, der vom 20. 12. 1963 bis 20. 8. 1965 andauerte.

101 Im Laufe des Prozesses wurden acht der Angeklagten in U-Haft genommen.

102 Siehe auch H. Langbein, Der Auschwitz-Prozeß, Frankfurt 1965.

103 Anwälte waren u. a. Dr. Erich Schmidt-Leichner, Herausgeber der »NS-Richterbriefe«, Dr. Hans Laternser, Verteidiger von hohen Wehrmachtsoffizieren vor dem Nürnberger Gericht.

104 Wilhelm Clausen, Rapportführer, starb 1948 in einem polnischen Gefängnis.

105 29. und 30. 6. 1948, Trials and War criminals before the Nuremberg Military Tribunals BD. 7.

106 Quelle: Hermann Langbein, Der Auschwitz-Prozeß, Bd. I und II.

107 Das industrielle Bundesvermögen im Jahre 1963/64, herausgegeben vom Bundesschatzministerium, März 1964.

108 Terminus technicus für Töten mittels Phenol-Spritze ins Herz des Opfers.

109 Dieses Argument von der »Unersetzlichkeit der Fachleute«, mit der

man die Wiedereinsetzung alter Nazis begründete, fand eine erstaunliche Resonanz im Nachkriegsdeutschland, die weit in die demokratischen Führungsschichten von Staat, Parteien und Wirtschaft hineinreichten; siehe auch ›Die Neue Gesellschaft‹, Mai/Juni 1955, Kurt Nemitz, Das Regime der Mitläufer.

110 Norbert Wollheim kontra IG Farben, Frankfurt, Urteil 1. Instanz 10. 6. 1953, 2. Instanz 1. 3. 1955.

111 Rede Adenauers vor dem Bundestag am 4. 3. 1953, erste Lesung der Ratifizierung des Luxemburg-Vertrages; siehe auch: Deutschkron, Israel und die Deutschen.

112 Aus der Anklageschrift des Auschwitz-Prozesses, Frankfurt, Dezember 1963.

113 Aussage von Otto Ambros vor dem Frankfurter Schwurgericht am 12. 4. 1965; siehe auch H. Langbein, Der Auschwitz-Prozeß, Bd. I.

114 Brief an IG-Farben-Direktor Fritz ter Meer, aus: Reinhard Henkys, Die nationalsozialistischen Gewaltverbrechen, Stuttgart 1964.

115 Siehe auch: Im Namen des deutschen Volkes. Justiz und Nationalsozialismus, Köln 1989: »Was damals Recht war, kann heute doch nicht Unrecht sein.«

116 Oswald Kaduk, einer der Hauptangeklagten im Auschwitz-Prozeß.

117 Josef Klehr, ehemaliger Sanitäter in Auschwitz, war beschuldigt, Tausende durch Phenol-Injektionen getötet zu haben.

118 Bestätigt von Zeugen und Angeklagten, nahm das Gericht es als erwiesen an, daß Lucas viermal an der Rampe »selektiert« und auch Dienst an den Gaskammern getan hatte. Da das zur Zeit der Ungarn-Transporte geschah, wurde angenommen, daß in jedem Fall aufgrund der Tätigkeit des Lucas mindestens 1000 Menschen ums Leben gekommen sind. Da er schließlich doch noch geständig war, erhielt Lucas die Mindeststrafe von drei Jahren und drei Monaten Zuchthaus für zirka 4000 Morde.

119 Quelle: ›Die Welt‹, 12. November 1964.

120 Wie Anm. 106.

121 Vgl. Kapitel 10: Ach wär’ ich doch kein Deutscher!

122 Wie Anm. 96.

123 Siehe Ernst Klee, Persilscheine und falsche Pässe, Frankfurt 1991.

124 Artikel 103 Grundgesetz: Eine Tat kann nur bestraft werden, wenn die Strafbarkeit gesetzlich bestimmt war, bevor die Tat begangen wurde.

125 Archiv der Bundespressekonferenz.

126 Ebd.

127 Bundestagsprotokolle 10. März 1965, Bd. 57, S. 8516 ff.

128 Professor Ernst Benda war später Präsident des Bundesverfassungsgerichts.

129 Wannsee-Konferenz, Januar 1942, auf der die »Endlösung« der Judenfrage beschlossen wurde.

130 Bundestagsprotokolle, 10. März 1965, Bd. 57, S. 8537.

131 ›Der Tagesspiegel‹, 13. Oktober 1959.

132 Es ist kein Fall bekannt, der eine Bestrafung bei Verweigerung, eine Ermordung durchzuführen, zur Folge hatte.

133 Eberhard Jäckel in seiner Laudatio für Oberstaatsanwalt Dr. Adalbert Rückerl, dem nach 20jähriger Leitung der Zentralstelle für die Verfolgung von Naziverbrechen die Ehrendoktorwürde zuerkannt wurde.

134 Quelle: Jedioth Chadashoth, Tel Aviv, 18. Februar 1966.

135 Quelle: ›Die Welt‹, 16. Dezember 1957.

136 Quelle: Christian Pross, Wiedergutmachung, Frankfurt am Main 1988.

137 Ebd.

138 Ebd.

139 Siehe auch Kapitel 7 »Ohrfeigen«.

140 Alle Beispiele aus: Pross, Wiedergutmachung.

141 Entscheidung des Bundesgerichtshofes vom 5. Oktober 1960, RzW 1961, 28.

142 Ebd. RzW 1963, 264, Nr. 16.

143 Bundestagsdebatte vom 15. Oktober 1954, S. 1532f.

144 Bundestagsprotokolle vom 4. März 1953, Bd. 15, S. 12092.

145 Aussagen des Dr. Kessler, Tel Aviv, und Nathan Simon, Haifa (›Maariv‹, 17. April 1985).

146 Zwei Befehle beweisen das: 1. der »Barbarossa-Befehl«, erlassen am 4. Mai 1941 vom Chef des OKW, Generalfeldmarschall Wilhelm Keitel. Der Befehl gab jedem Offizier im Osten freie Hand, die in seinem Besatzungsgebiet lebende Bevölkerung nach eigenem Ermessen ohne Gerichtsverhandlung abzuurteilen. Er diente zur Rechtfertigung von Hinrichtungen von Zivilisten, vor allem in Gebieten mit Partisanentätigkeit. 2. Der »Kommissar-Befehl«, erlassen am 6. Juni 1941 vom Chef des OKH, General von Brauchitsch, nach dem alle politischen Kommissare, Juden usw., deren Existenz den Nationalsozialismus »gefährdeten«, hingerichtet werden konnten. Er wurde zum Vorwand für den Massenmord an russischen Kriegsgefangenen.

147 Pressekonferenz in Bonn, 9. Juni 1965.

148 Hallstein-Doktrin, genannt nach dem Diplomaten Walter Hallstein, seit 1955 in Kraft.

149 Interview in ›Der Spiegel‹, 24. Februar 1965.

150 Anläßlich einer Wahlversammlung in Lehmbruch (Niedersachsen), 28. August 1965.

151 111. Sitzung des Bundestages, Protokoll 64, Band, S. 5268–81.

152 Günter Grass im Gespräch mit der Autorin, 1967.

153 Aussage im Prozeß gegen den deutschen Diplomaten Gerhard von Hahn, angeklagt der Teilnahme an Deportationen von vielen Tausenden von Juden nach Auschwitz, 5. Juli 1968.

154 Aussage Globkes vor einem Darmstädter Gericht, 9. Juli 1968.

155 Carstens wurde 1979 zum Bundespräsidenten gewählt und blieb es bis 1984.

156 Notiz eines Gesprächs Ben Nathans mit der Autorin, das am 1. Juli 1991 in Tel Aviv stattfand.

157 Professor Hans Deutsch wurde 1964 verhaftet unter dem Verdacht, die Bundesrepublik als Anwalt in einem Wiedergutmachungsfall um 17,5 Millionen Mark betrogen zu haben.

158 Mohammed Abdul Hakim Amer, Oberbefehlshaber der ägyptischen Armee und enger Freund Präsident Nassers. Er beging im August 1967 Selbstmord. Nasser hatte ihn und andere Generäle für die Niederlage im Juni-Krieg desselben Jahres verantwortlich gemacht.

159 Rede von Willy Brandt anläßlich der Woche der Brüderlichkeit in Köln, 21. März 1971.

160 Bulletin des Presse- und Informationsamtes der Bundesrepublik Nr. 28, S. 221, 2. März 1968.

161 Slansky-Prozeß: Rudolf Slansky, Sekretär der KP-CSSR (Jude), der als Agent des Imperialismus und des Zionismus bezeichnet und wegen angeblicher Sabotage am Wirtschaftsaufbau des Staates hingerichtet wurde. Dies geschah in perfekter Nachahmung einer Terrorwelle in der SU Anfang der fünfziger Jahre gegen Ärzte und Wissenschaftler, denen man antisowjetische Betätigung vorgeworfen hatte oder Kontakte zum feindlichen Westen. Unter ihnen waren viele Juden.

162 Der erste Auschwitz-Prozeß begann am 20. Dezember 1963 und endete am 20. August 1965.

163 Eine langjährige Fernsehsendung des Westdeutschen Rundfunks am Sonntagmorgen um zwölf Uhr, Titel: »Internationaler Frühschoppen«.

164 Quelle: H. Sieglerschmidt, AVS-Informationsdienst, August 1990.

165 Quelle: ›Geist und Tat‹, Juni 1956.

166 Ebd.

167 Gespräch der Autorin mit Asher Ben Nathan, 1. Juli 1991, Tel Aviv.

168 6. Februar 1972; der Name »Schwarzer September« bezieht sich auf die Vertreibung der PLO aus Jordanien im September 1970. Von ihren dort errichteten militärischen und politischen Operationsbasen hatte sie Terrorangriffe auf Israel und gegen Israelis geführt.

169 Die Sinai-Halbinsel wurde schrittweise wieder zurückgegeben; im April 1982 war dieser Prozeß beendet.

170 UN-Resolution 271, 15. September 1969.

171 Quelle: ›Jerusalem Post‹ vom 5. Juli 1972.

172 UN-Resolution vom 10. November 1975; am 16. Dezember 1991 annulliert.

173 Streik der Krankenhausangestellten am 14. Juli 1972.

174 Beate Klarsfeld, eine in Frankreich mit einem französischen Juden

verheiratete Deutsche, hatte es sich zur Pflicht gemacht, Naziverbrecher ihrer Strafe zuzuführen.

175 Quelle: Ernst Klee, Persilscheine und falsche Pässe, Frankfurt 1991.
176 Nach Unterzeichnung des Friedensvertrages zwischen Israel und Ägypten am 26. März 1979 wurden Anfang der achtziger Jahre die Grenzen beider Staaten für den Reiseverkehr geöffnet.
177 Bombenattentat arabischer Terroristen am 16. August 1972.
178 Vergl. I. Deutschkron, Israel und die Deutschen, Köln 1970, S. 357.
179 R. v. Wechmar bezieht sich auf die Rede des Bundespräsidenten Gustav Heinemann am 6. September 1972.
180 18. Januar 1974: Das Abkommen sah vor, daß israelische Truppen sich aus ihren Stellungen auf der ägyptischen Seite des Suezkanals zurückzogen, daß Ägypten die Zahl seiner Truppen auf der Ostseite des Kanals reduzierte und daß Truppen der Vereinten Nationen Stellungen in einer zehn Kilometer breiten Pufferzone zwischen den beiden Armeen bezogen.
181 Genfer Friedenskonferenz am 21. Dezember 1973. Anwesend waren die USA, die UdSSR, Ägypten, Israel, Jordanien und Vertreter der Vereinten Nationen.
182 Das Interimsabkommen sah u. a. vor, Israel die freie Durchfahrt durch den Suezkanal zu garantieren, Ägypten die Ölfelder zurückzugeben sowie die strategisch wichtigen Pässe Mitla und Giddi, eine dreijährige Nichtangriffsgarantie und die Erstellung eines Frühwarnsystems auf beiden Seiten.
183 Die Resolution des UN-Sicherheitsrates 242 vom 22. November 1967 fordert u. a. den Rückzug israelischer Truppen aus den im Sechs-Tage-Krieg besetzten Gebieten, die Anerkennung der Souveränität, der territorialen Integrität und der politischen Unabhängigkeit aller in der Region befindlichen Staaten. Die Resolution des UN-Sicherheitsrates 338 vom 22. Oktober 1973 fordert den Waffenstillstand (nach dem Jom-Kippur-Krieg) und die Durchführung der Resolution 242.
184 Siehe auch Kap. 18.
185 18. April 1974. Bulletin der Bundesregierung, siehe auch I. Deutschkron, Israel und die Deutschen.
186 Mai 1971, vgl. auch I. Deutschkron, Israel und die Deutschen.
187 Gespräch mit der Autorin am 24. Mai 1982.
188 Quelle: ›Der Spiegel‹, Nr. 25, 1973.
189 Gespräch mit der Autorin am 24. Mai 1982.
190 Tagung der Sozialistischen Internationale in Berlin vom 18. bis 23. Februar 1975.
191 »Frieden Jetzt« – gegründet im Frühjahr 1978.
192 Unterzeichnung der Verträge von Camp David am 17. September 1978.
193 Am 6. Juni 1982.

194 Phalange = 1936 gegründete paramilitärische Jugendorganisation im Libanon. Sie entwickelte sich zu einem christlich-konservativen Lager, bekämpfte die PLO und unterhielt geheime Verbindung zu Israel.

195 Baschir Jumajil wurde im August 1982 zum Präsidenten des Libanon gewählt, aber am 14. September ermordet, bevor er sein Amt antreten konnte.

196 Begin starb am 9. März 1992.

197 Intifada = Aufstand.

198 Gusch Emunim = Block der Gläubigen, tritt für die Einverleibung der besetzten Gebiete zur Schaffung eines Groß-Israel ein.

Personenregister

Adenauer, Konrad 63, 96, 101, 107, 113, 135 ff., 140, 150, 160, 191, 193 f., 202, 208, 265, 269
Ahlers, Conrad 311
Ahrens, Thomas 360
Albers, Hans 36
Alex 279, 281, 283, 286–290, 317
Allende, Salvadore 295
Ambros, Otto 156–159, 161–164
Amer, Hakim 219
Amin, Idi 340
Arafat, Jassir 339, 346 f., 350, 354
Arndt, Adolf 117, 200 f.
Assad, Hafis 325

Bahr, Egon 260 f.
Barbie, Klaus 309
Barlog, Boleslaw 29, 37 f.
Bartsch, Jürgen 185
Barzel, Rainer 180
Baumann, Edith 44, 54
Becher, Walter 138 f.
Becker, Heinrich 147
Begin, Menachem 328, 330 f., 338, 342, 347–351
Ben Gurion, David 140, 207
Ben-Ari, Jizchak und Pnina 269
Ben-Gavriel, Mosche Yaakov 131
Ben-Nathan, Asher 215, 268 f., 275 f.
Benda, Ernst 180 f.
Berger, Emma 257–260
Bergner, Elisabeth 37
Best, Werner 133
Biermann-Ratjen 146

Bland, Neville 89
Blankenhorn, Herbert 137
Boger, Wilhelm 167
Böll, Heinrich 266
Boumedienne, Houari 322, 324
Brandt, Rut 150
Brandt, Willi 126, 133 f., 140, 150, 192, 213 f., 220, 260, 311, 342 ff., 346 f.
Brecht, Bertolt 34, 36
Brieden, Albert 182
Bucher, Ewald 170 f., 179
Busen, Peter Maria 107
Busse, Hermann 182, 186
Bütefisch, Heinrich 156 f., 162, 164

Callsen, Kuno 183
»Captain Beer« 61 ff.
Carstens, Karl 214
Carter, James 331, 349
Cassmann, Leon 242
Catel, Werner 148 f.
Ceaucescu, Nicolae 328
Chamberlin, Brewster 28
Che Guevara, Ernesto 273
Clausen, Wilhelm 155
Cocteau, Jean 35
Conring, Hermann 141 f.
Chruschtschow, Nikita 240

Daniels, Wilhelm 108
Dayan, Moshe 317
Dehler, Thomas 179 f.
Diehl, Günther 187
Diori, Hamani 104
Dollinger, Werner 158
Dönitz, Karl 148
Dubček, Alexander 231 f.

Duckwitz, Georg Ferdinand 133f.
Dürrfeld, Walter 156–159, 161f., 164

Eban, Abba 308, 321
Eckart, Erhard 122f.
Ehmke, Horst 187
Eichmann, Karl Adolf 185
Elizabeth II., Königin von England 107
Erhard, Ludwig 141, 158, 192, 207f., 270
Exler, Albert 123

Faust, Max 162
Féaux de la Croix, Ernst 195f.
Feisal, König von Saudi-Arabien 219
Findeisen, Wilhelm 185
Fischer, Alfred 146f.
Flick, Friedrich 158
Frank, Anne 140
Fränkel, Wolfgang 147f.
Frey, Gerhard 194
Frick, Wilhelm 134
Frings, Josef Kardinal 108, 135
Fuchs, Vera 230ff.
Fuchs, Alfred 233
Fuchs, Richard 54
Fuchs, Vilem 230–233

Gast, Willi 46f.
Gedat, Gustav Adolf 130f.
Genscher, Hans Dietrich 344
Gerstenmaier, Eugen 149
Girnus, Wilhelm 50
Gittel, Lieselotte 184
Globke, Hans 101, 134f., 214
Gniffke, Erich 57
Goetz, Curt 37
Gogol, Nikolaj 35
Gold, Käthe 104
Gomulka, Wladislaw 237f.
Grass, Günter 140, 213

Gromyko, Andrey 321f., 324
Grossmann, Hans 164
Grotewohl, Otto 52f., 56ff.
Gruber, Betty 250f.
Grynszpan, Herschel 222
Güde, Max 148

Habereck, Anneliese 182
Hadermann, Ernst 20
Haefner, August 183
Hansen (Firma Merex) 216
Hase, Karl-Günther von 141
Hassan, König von Marokko 328
Haußmann, Wolfgang 147
Hedtoft, Hans 133
Heine, Heinrich 34
Heinemann, Gustav 186, 312
Heinrich, Karl 68
Heuss, Theodor 107
Heyde, Werner (Dr. Sawade) 149
Heydrich, Reinhard 185
Himmler, Heinrich 68, 185, 187
Hirsch, Martin 190
Hitler, Adolf 11f., 18, 22, 27, 51f., 63, 68, 124, 130, 133, 145, 148, 150, 185, 187, 206, 209f., 212, 230, 251, 276, 360, 364
Ho Chi Minh 273
Höcherl, Hermann 119
Hoffmann, Kurt 104, 131
Hofmeyer, Hans 152
Honecker, Erich 54
Horthy von Nagybánya, Nikolaus 206, 210
Höß, Rudolf 161, 166
Hotz, Walter 164, 166f., 169
Hussein, König von Jordanien 355f.
Hussein, Saddam 219

Jäckel, Eberhard 188
Jadin, Jigael 327
Jahn, Gerhard 144, 179

Jansen, Adolf 183
Jesse, Willi 68
Jumajil, Baschir 350

Kaduk, Oswald 152, 154ff., 165, 167f., 170f.
Kaiser, Georg 37
Kastl, Jörg 210
Kattenstroh, Staatssekretär 160
Katzir, Aharon 306
Kiesinger, Kurt Georg 140, 172, 187, 192, 213ff.
Kissinger, Henry 320–327
Klarsfeld, Beate 309
Klehr, Josef 165, 168
Klein, Manfred 59–63
Klühs, Franz 64
Klühs, Dörthe 64
Knef, Hildegard 104
Kollat, Henryk 233ff., 237
Kopf, Hinrich 263
Kortner, Fritz 37
Kowalski, Henryk 238, 241
Kowalski, Arthur 233–239, 241–248
Kreisky, Bruno 346
Krüger, Hans 140f.
Krumey, Hermann 185
Krupp, Alfred 155, 158
Kügler, Joachim 164
Kühl, Kathie 36

Lautz, Ernst 149
Lehmann, Dietrich 360
Leiser, Gottfried 155
Leo H. 46f., 54
Leonhard, Wolfgang 27
Lessing, Gotthold Ephraim 36
Leverenz, Bernhard 149
Levy, Josef Esra 250
Lewis, Sam 328
Licht, Alice 362
Lock-Schierning, Nina 358f.
Löllke, Ernst 146f.
Lübke, Heinrich 157, 223, 268

Lucas, Franz Bernhard 164, 166f., 169
Lücke, Paul 215
Ludwig, Volker 358
Luft, Friedrich 24f., 29, 34, 36

Mahle, Hans 8, 33f.
Mann, Thomas 99
Mao Tse-tung 273
Maron, Hanna 306
Maron, Karl 28
Marquardt, Erwin 19
Mehta, Zubin 319
Meir, Golda 322, 325f., 329f., 347
Mende, Erich 211f.
Mengele, Josef 176
Mennel, Linus 181
Mertins, Gerhard 216–219
Michel, Detlev 358
Molnar, Ferenc 36
Moraes, Frank 118
Morczar 238
Moses, Julius 123
Moyal, Josef 252–255
Mubarak, Husni 334

Nadelmann, Clara Sara 168
Nasser, Gamal 227, 229, 236, 248, 307
Navon, Ophira 334
Navon, Jizchak 334f., 348
Nemitz, Kurt 123
Nestriepke, Siegfried 56
Neumann, Franz 58, 68, 289
Neurath, Constantin Freiherr von 134

O'Neill, Eugene 35
Oberheuser, Hertha 149
Okamoto, Kazo 307, 309
Oldersdorff, Beate 184
Ormond, Henry 161

Palme, Olof 347

381

Pauls, Rolf 206 f., 209, 211 f.
Paulus, Adolf 147
Peres, Shimon 208, 348
Peter M. 80, 82
Petersen, Ilke 251
Petersen, Charlotte 205
Pfarrkirchner, Georg 183
Pieck, Wilhelm 19, 53
Podkowinski, Marian 235

Rabin, Jizchak 327, 355
Rath, Ernst von 222
Ribbentrop, Joachim von 132, 187, 213
Rieck, Walter 26
Riesenburger, Martin 15
Ringelnatz, Joachim 34
Rollmann, Dietrich 144 f.
Rosenthal, Hans 362

Sadat, Mohammed Anwar as- 294, 314, 322–335
Sadat, Jihan as- 334
Sartre, Jean-Paul 35
Schäffer, Fritz 139, 193 ff.
Schamir, Yitzhak 348, 353
Scharon, Ariel 350 f.
Scheel, Walter 220 f.
Schettler, Gotthard 198 f.
Schmidt, Kurt 63
Schmidt, Helmut 347 f.
Schmidt, David 152, 154 ff.
Schoschana 298
Schröder, Gerhard 115, 211, 214, 221
Schukow, Georgij 42, 57
Schüle, Erwin 173
Schülein, Alfred 184
Schulz, Heinrich 64
Schulz, Klaus-Peter 64
Schumacher, Kurt 60, 122 f., 265
Schütt, Armin 199
Seelig, Walter 87
Sehn, Jan 165 f.
Senghor, Leopold 275

Sherman, Staatssekretär 278, 288
Shinnar, Felix 159
Simon, Antje 184
Sonnenhol, Gustav Adolf 132 f.
Speer, Albert 126
Spiel, Hilde 35
Stalin, Jossif 240
Stern, Isaak 319
Strauß, Franz Josef 208, 215, 275
Struwe, Fritz 199
Szalasi, Ferencz 210

Thaus, Erich 11 f., 18, 45, 57, 66
Thomas, Johannes 184
Tornow, Günter 183
Török, Alexander 206, 210 ff.
Trossmann, Hans 143
Trüb, Carl Ludwig 198
Tucholsky, Kurt 34
Tzarapkin, Semjon 224

Ulbricht, Walter 27 f., 60

Vogel, Hans-Jochen 188
Voigt, Konsul 134

Wandel, Paul 19, 38, 42
Wechmar, Rüdiger von 312, 344
Wegener, Paul 34, 36
Weidt, Otto 360–363
Weiß, Daniella 353
Werner, Arthur 28
Westphal, Max 64

Westphal, Heinz 64
Westrick, Ludger 158–161, 163
Wiese, Gerhard 164
Winzer, Otto 28
Wisten, Fritz 36
Wolff, Friedrich 36

Zoglmann, Siegfried 122
Zorn, Hermann 195 ff.
Zuckmayer, Carl 35

INGE DEUTSCHKRON

Verlag
Wissenschaft
und Politik
Köln

ICH TRUG DEN GELBEN STERN

216 Seiten
Leinen DM 28,–

„Die Autorin versteht es, ihre Mutter und sich in den
Mittelpunkt einer Lebens- und Überlebensgeschichte
zu stellen, die Höhen und Tiefen jener Menschen zu
schildern, denen die Deutschkrons ihre Verfolgung an-
kreiden oder denen sie ihre fast ‚wunderbare‘ Rettung
verdanken. Hier wird wohl zum erstenmal – oft mit
Angabe von Namen und Adressen – dargestellt, wieso
es überhaupt möglich war, daß nur zwölfhundert
Juden – oder angesichts der perfekten Vernichtungs-
maschinerie – immerhin zwölfhundert Juden in Berlin,
im ‚Vorhof der Hölle‘, überleben konnten.“   *Die Zeit*